中国书籍文库
China Books Library

汇集优秀原创学术论著
推动科研成果转化交流

训诂通论与实践

XunGu TongLun Yu ShiJian

孟昭水　著

中国书籍出版社
China Book Press

图书在版编目(CIP)数据

训诂通论与实践/孟昭水著 . —北京:中国书籍出版社,
2012.9

ISBN 978 - 7 - 5068 - 3111 - 6

Ⅰ.①训… Ⅱ.①孟… Ⅲ.①训诂—研究

Ⅳ.①H13

中国版本图书馆 CIP 数据核字(2012)第 209843 号

责任编辑/ 胡海涛
责任印制/ 孙马飞 张智勇
封面设计/ 中联学林
出版发行/ 中国书籍出版社
　　　　　地　　址:北京市丰台区三路居路 97 号(邮编:100073)
　　　　　电　　话:(010)52257143(总编室)　(010)52257153(发行部)
　　　　　电子邮箱:chinabp@ vip. sina. com
经　销/ 全国新华书店
印　刷/ 北京天正元印务有限公司
开　本/ 710 毫米×1000 毫米　1/16
印　张/ 20.5
字　数/ 369 千字
版　次/ 2013 年 1 月第 1 版　2014 年 10 月第 2 次印刷
书　号/ ISBN 978 - 7 - 5068 - 3111 - 6
定　价/ 58.00 元

自 序

　　这几年,我相继主持了《岱览校点集注》、《陶山诗文录校注》、《泰山戏曲标点整理》等古籍整理工作。我所取得的这些科研成果,多得力于训诂学。

　　训诂学是一门疏通历史文献中语言文字障碍的重要工具。殷孟伦先生说:"它是以语义为核心,用语言来解释语言而正确地理解语言、运用语言的科学,同时它是兼有解释、翻译和关涉各方面知识的综合性学科。"许威汉先生说:"训诂学是以研究古代文献的训诂为研究对象,以语义为主要研究内容的一门独立学科,是语言学里有综合性和实用性特征的技术学科。"纵观训诂学的发展史,可以说伴随着文字的产生,便有了对文字的解释,便有了训诂实践,而训诂学的理论方法便蕴含在训诂实践和训诂材料中。自汉至清,训诂主要是解经传经的工具,是经学的附庸,一直紧紧围绕着"解经"这个中心向前发展。两千多年来,训诂为历代统治者所重用,训诂为纯洁汉民族语言、传播儒家文化、统一思想、稳定社会发展作出了突出贡献。在数千年的训诂实践中,前贤们创造了很多的训诂方法、训诂体式、训诂条例、训诂名称、训诂术语,但这都是零散的、不成体系的,并没能形成系统的训诂学理论,用来科学地指导训诂实践。"五四"以来,章太炎、黄侃结合西方科学的理论方法,总结数千年训诂之经验,使训诂上升为一门理论体系相对完备的学科——训诂学,并使之从经学的附庸地位中解放出来,从传统的"小学"中独立出来,变成了一门独立实用的综合性学科。随后胡朴安撰写了《中国训诂学史》,何仲英撰写了《训诂学引论》,齐佩瑢撰写了《训诂学概论》,杨树达撰写了《训诂学讲义》,罗常培撰写了《训诂学纲要》,王力著有《新训诂学》,训诂学的学科体系逐渐完善起来,有些高校开始开设训诂学课。在训诂成果方面,此期还出现了《中华大字典》、《辞源》、《辞海》、《辞通》、《联绵字典》等比较大型的工具书,但总体来看,训诂学创立以来在很长一段时期内的影响并不大,训诂成果并不显著,训诂学没有形成一定的规模。

　　改革开放以来,人们重视传统文化,呼唤国学,训诂学开始广受关注。训诂学在促进汉语史研究,丰富、发展语言学理论,编纂字典词书,弘扬民族传统文化等方面起到了积极、重要的作用。很多高校的汉语言文学专业、考古专业、文献学等专业大都开设了训诂学课,训诂学著作日渐增多,训诂学理论体系日趋完善,训诂学终于焕发了青春。但目前各高校所开设的训诂学课,在某种程度上脱离了训诂实践这一环节,过于偏重于传授训诂学理论,因而使得训诂学有越来越空洞、越来越抽象、越来越难学的趋势,以致于有的学生面对训诂学望而却步。

训诂学的生命在于应用,在于指导训诂实践,离开了训诂实践,训诂学就成了无源之水,无本之木,训诂学将变得毫无价值。所以只有把训诂学与训诂实践结合起来,训诂学才可能变得更有活力,更实用。鉴于此,我在讲授训诂学的时候,有意识地把训诂学理论的传授与我的研究课题如《岱览校点集注》、《陶山诗文录校注》等结合起来,让学生参与到我的课题研究中去,让学生运用所学的训诂学的理论方法去校勘、标点、注释、翻译泰山古籍,出乎意料的是学生们表现出了极大的热情,对训诂学表现出了浓厚的兴趣,取得了非常好的学习效果。

记得2000年千禧龙年之际,笔者与临沂大学梁宗奎教授携手编写了一部《新编训诂学》教材,以满足学生学习之需。2005年,笔者吸取新的训诂研究成果,重新撰写了《训诂概论》,力求简洁、明了,便于教学应用。但今天看来,这两部教材都没能很好地突出训诂实践这一重要的环节,这是一个很大的遗憾。作为教师,我一直在考虑如何使训诂学更好学、更实用、更有吸引力,也一直在寻求机会弥补以上两部教材的缺憾。在壬辰龙年钟声敲响前夕,中联华文(北京)社科图书咨询中心约我撰写一部训诂学著作,可谓是给我送来了一份龙年大礼,我终于可以有机会弥补以上遗憾了。经过反复思索,我决定将该书定名为《训诂通论与实践》,分为"通论篇"和"实践篇"两个部分,使训诂理论和训诂实践并重。"通论篇"着重介绍训诂内容、训诂体式、训诂方法原理、训诂名称及术语、训诂学的发展简史;"实践篇"着重介绍古书的标点、翻译、注释、校勘,突出训诂实践训练。经过近半年没白没黑的写作,这部书稿终于可以杀青了,原以为可以轻松地舒口气了,然而自己却如同一个刚刚参加完高考正等待成绩的学生,非但没有丝毫的喜悦,反而如履薄冰、诚惶诚恐起来,惟恐自己的愿望不能实现。

本书采纳了训诂大师们的研究成果,吸收了时贤们的最新观点,大部分引文已随文注明出处,个别碍于行文未能注明出处的,只好以参考书目的形式附于书后,在此谨向前贤、同仁们深表谢忱。

由于笔者水平所限,加之成书仓促,书中难免错误,恳请不吝赐教。

孟昭水书于岱下书斋

目 录
CONTENTS

01

通论篇

第一章

绪　论

训诂学、文字学、音韵学构成了中国传统的语言学——"小学"。训诂学是传统语言学"小学"的三大分支学科之一,对于纯洁中国古代的语言文字,对于弘扬中华文化作出了卓越贡献。

第一节　训诂

一、训诂的由来

我国是世界文明发达最早的国家之一,是一个历史悠久的文明古国,我们的祖先创造了光辉灿烂的历史文化,我们拥有极其丰富的历史文化遗产。毛泽东同志在《新民主主义论》中指出:"中国的长期封建社会中,创造了灿烂的古代文化。清理古代文化的发展过程,剔除其封建性的糟粕,吸取其民主性的精华,是发展民族新文化,提高民族自尊心的必要条件。"我们不能割断历史,批判地继承古代文化遗产,是发展社会主义政治、经济、文化的一个必不可少的条件。古代文化遗产,除了一部分实物以外,绝大部分都是运用当时的语言——古代汉语,使用当时的文字符号记录下来的;每个时代都为后人留下了丰富的历史文献典籍。而语言是随着社会的发展而发展、随着地域的不同而变异、随着时代的变迁而变化的,作为记录汉语的汉字,也在随着语言的变化而变化。明末古音学家陈第在《毛诗古音考》序言里说:"时有古今,地有南北,字有更革,音有转移,亦势所必至。"更何况,各个时代都有自己的思想文化和社会典章制度。由于语言文字的发展变化,后人阅读前人的文献典籍就遇到了困难,看不懂了,比如鲁国的《春秋》,记载了自鲁隐公元年(前722)至鲁哀公14年(前481)前后共242年的历史,却只用了不到两万字来描写,可谓是高度概括。这样简单而极不完备的记叙,连个历史的轮廓也难以较好地勾画出来,不用说后人,在当时就有很多人已经看不懂《春秋》了。为了能让人们看懂《春秋》，春秋末期的鲁国史官左丘明就以《春秋》为纲为目撰写了《左传》，用了大约 18 万字对《春秋》一书进行了比较详细地"注释"，如《春秋》中的"夏五月，郑伯克段于鄢"9 字，在《左传》中就被左丘明补写成了一篇长达 500 字的优美的历史散文。随后，公羊高、谷梁赤也对《春秋》一书进行了补充说明，由此形成了《公羊传》和《谷梁传》两书。这种以扫除古代文献中语言文字障碍为实用目的的注释性的工作，古人称之为训诂。

训诂工作滥觞于先秦，最初是因教育的需要而产生的。许慎在《说文解字叙》中指出："保氏教国子，先以六书。一曰指事，指事者，视而可识，察而见意，上下是也。二曰象形，象形者，画成其物，随体诘诎，日月是也。三曰形声，形声者，以事为名，取譬相成，江河是也。四曰会意，会意者，比类合谊，以见指撝，武信是也。五曰转注，转注者，建类一首，同意相受，考老是也。六曰假借，假借者，本无其字，依声托事，令长是也。"班固《汉书·艺文志》载："古者八岁入小学，故《周官》保氏掌养国子，教之六书，谓象形、象事、象意、象声、转注、假借，造字之本也。""教之六书"，是最初的识字教育。

《礼记·学记》云："比年入学，中年考校，一年视离经辨志"。意思是说，古代每年都有人入学，这里指的是十五岁入"大学"，当然这"大学"与今天"大学"的概念是不一样的。每隔一年就要考试，第一年考的就是"离经辨志"。所谓"离经"就是离析经理，使章句断绝也。也就是把一段文章的层次、句子分开。韩愈在《师说》中也说："彼童子之师，授之书而习其句读者也。"这是说一个小孩子的老师主要地就是要给学生讲书并让学生熟悉句读。可见文献阅读是古代教学中的重要内容，古代从童子的时候起，就要学习句读，学习断句。时代的变迁，地域的差异，造成了语言文字的不同，使"昔之妇孺闻而辄晓者，更经学大师转相讲授而仍留疑义"①，这就需要教育者去做解释工作。这种解释工作大都是在教学过程中口头进行的，大都没能记录下来。但也有一些注释材料散见于古人的行文中，如《论语·颜渊》："政者，正也"；《庄子·让王》："无财谓之贫"；《左传·宣公十二年》："止戈为武"；《左传·昭公元年》："皿虫为蛊"；《孟子·梁惠王下》："畜君者，好君也"。这些先秦文献中的注释主要是帮助人们理解被释词语的意义，是零散的，很不成系统的，但它毕竟是先秦训诂萌芽的标志。除了文献正文中的少量注释材料，先秦更多的训诂材料表现在解经性质的"传"、"记"、"说"、"解"中，如上文提到的《春秋》"三传"，再如《墨子》"经说"、

---

① 戴震：《尔雅文字考序》，见《戴震文集》，香港中华书局 1974 年版。

《韩非子》"内储说"和"外储说"、《管子》"五解"等等,这标志着训诂工作在先秦已经有相当的基础。但就今天所能看到的先秦的训诂材料来说,先秦训诂还处于萌芽和形成状态,还没有独立为专门的学科,还没有形成完整的体系。

以解释义献语言为目的而形成系统的训诂工作是从汉代开始的。汉初的统治者重视文化建设,学者们搜集秦始皇焚书浩劫后流散的文献古籍,加以整理解释。汉武帝实行"罢黜百家,独尊儒术"的政策,使儒家经学空前昌盛,在当时形成了经今古文之争,"今文经"是指用汉代通行的文字——汉隶写成的儒家经典,古文经是指用六国古文书写而在汉代被陆续发现的一批儒家经典,如鲁恭王毁孔子宅发现的古文《尚书》、《论语》、《礼记》等。古文经中多古字古言,要明经义,必先攻克语言文字关,古文经学家们为了与今文经学相抗衡,让朝廷承认古文经学是真经学而列入学官,他们致力于识字考词,究心于名物训诂,自觉地与传统"小学"相结合,形成了《毛诗诂训传》、《毛诗笺》、《仪礼注》、《周礼注》和《礼记注》等一大批系统的训诂材料,编纂成了《说文解字》、《尔雅》、《释名》、《方言》等4部著名的训诂工具书,造就了毛亨、郑众、马融、贾逵、服虔、郑玄、许慎、刘熙、扬雄等一大批训诂大师,使得汉代的训诂空前的昌盛。透过汉代丰富的训诂材料,我们可以看到训诂的体式不仅有正文体,更有传注体和专著体,训诂的体式日渐丰富和完善;我们可以看到训诂的三大方法——形训、声训和义训被广泛地运用,如许慎的《说文解字》,全书运用了形训的方法说解了9353个汉字;刘熙的《释名》自始至终运用了声训解说名物,《尔雅》全书运用了义训解释语词。不仅如此,训诂的名称、训诂的术语也日渐丰富,所有这些,标志着汉代的训诂工作全面展开,训诂学进入了成熟期、兴盛期。

二、训诂的名称

"训诂"一词,最初是分成两个字、作为两个单音词来独立使用的。前人对"训""诂"二字,有着详细地解释。

1. 训

汉·许慎《说文解字》曰:"训,说教也。"清·段玉裁《说文解字注》:"说教者,说释而教之,必顺其理。引申之,凡顺皆曰训。"

"说教"、"说释而教之",就是"解释"的意思,解释通顺了,就叫"训"。

宋·徐锴《说文系传》曰:"训者,顺其义以训之也。"

"顺其义以训之",就是根据上下文义来"解释"的意思。

清·郝懿行《尔雅义疏》曰:"训之为言顺也,顺其意义而道之。"

郝懿行用声训的办法来解释"训"就是"顺","顺其意义而道之",也就是顺着上下文义来"解释"的意思。根据前人的解释,"训"就是"解释"的意思。读书遇到读不懂的字、词、句,就需要"解释";通过"解释",就通顺了,别人就能读懂了,这就是"训"。

2. 诂

汉·许慎《说文解字》曰:"诂,训故言也。"清·段玉裁《说文解字注》:"训故言者,说释故言以教人,是之谓诂。"

"训故言",就是解释古代的语言、过去的语言。"说释故言以教人",就是解释古代的语言,让别人能够读懂。

宋·丁度《集韵》曰:"诂,通古今之言也。"

"通古今之言",就是解释古代的语言,让今人能够看懂。

清·郝懿行《尔雅义疏》云:"诂之为言故也,故之为言古也。"

郝懿行认为"诂"、"故"、"古"三字声音相同,意义相近,是同源词。他认为"诂"就是用来解释过去的语言、古代的语言。

"诂""故"二字声音相同,在古代经常被通假使用,如《尔雅》第一篇"释诂",有很多的本子就写作"释故"。《毛诗诂训传》,《汉书·艺文传》又写作《毛诗故训传》。《诗经》早期的几家注本,《汉书·艺文志》称作《鲁故》、《齐后氏故》、《齐孙氏故》、《韩故》等,皆用作"故"。段玉裁说:"汉人传注多称'故'者,'故'即'诂'也。毛诗云'故训传'者,'故训'犹'故言'也。取故言为传,是亦诂也。"(《说文解字注·言部·诂》)郝懿行在《尔雅义疏·释诂》中说:"诂通作故,亦通作古。"可见三字经常通用,专指对古代语言的解释。

"训"和"诂"两个词,其意义基本相同,都是"解释"的意思,所以这两个词在古代经常连用在一起,逐渐演变成了一个同义合成词,有时写成"训诂",有时写成"诂训",意思就是"解释"。从历史文献来看,"训"和"诂"两词连用,最早见于汉代毛亨的《毛诗诂训传》。书名中的"诂训"就是后来所说的"训诂"。二字的顺序当时还很灵活,说明它们还没有凝结为一个词,还各自有相对独立的涵义。

关于"训诂",唐代著名学者孔颖达在《毛诗正义·关雎》中对两字进行了详细解释:"诂者,古也。古今异言,通之使人知也。训者,道也,道物之貌以告人也。……诂训者,通古今之异辞,辨物之形貌,则解释之义尽归于此。"孔颖达认为:"诂"和"训"是解释语言的两个不同的法则,"诂"是解释异言的,"训"是"道物之貌"的。所谓"异言",就是指同一个事物由于时代不同、地域不同而产生了不同的叫法。如我们今天把地球绕太阳一周的时间大约365天叫做一年,可在古代，"夏曰岁，商曰祀，周曰年，唐虞曰载。"（《尔雅·释天》）再如同样是祭祀的名称，"周曰绎，商曰肜，夏曰夏祚，祭名。"（《尔雅·释天》）这些都是因时代的不同而产生的异言。又如《尔雅·释诂》："如、适、之、嫁、徂、逝，往也。"《方言》卷一："嫁、逝、徂、适，往也。自家而出谓之嫁，由女而出为嫁也。逝，秦晋语也；徂，齐语也；适，宋鲁语也；往，凡语也。"这是因地域不同而产生的异言，也就是方言。对因时代不同而产生的异言，对因地域不同而形成的异言（方言），都可以用当时的标准语（雅言）去解释，这就是"诂"。所谓"道物之貌"，就是用描绘说明的方法对文献语言的具体含义进行详细、形象的解释。它解释的单位可能不只是字、词，也可能是句子、段落和篇章；它解释的词义不只是句中义，可能还包括了该字的形体演变、该词由本义到引申义甚至假借义的历史发展；对句子的解释也可能不只是分析其语法结构，也可能解释其修辞手法，甚至引经据典，补充大量史料，解释其微言大义，从而达到疏通文义的目的。例如《尔雅》的第三篇"释训"，其中所"训"的不仅有"明明、斤斤"、"穆穆、肃肃"等语词，而且也有"履帝武敏"、"道盛德至善"、"是刈是濩"、"式微式微"等句子，甚至还几乎引用了《诗经·卫风·淇奥》的全篇。这种对字、词、句、段、篇具体含义的解释，就是"训"。

由上可见，"诂"侧重于解释古代的语言，"训"侧重于具体形象地解释语言，二者虽有大致分工，但其主要意思是相同的。有的学者就"训"和"诂"是动词还是名词，以及"训诂"一词的内部结构是并列还是动宾问题，各执一端，争讼不一，实在是没有必要。其实，把"训"和"诂"看做是同类词，"训诂"便是并列结构；"训"作动词，"诂"作名词，"训诂"便是动宾结构。事实上，自从汉代把《毛诗诂训传》的"诂训"变为"训诂"以后，"训诂"二字就已经成为一个专有名称，其表达的意思就是"解释"，不需要也不能够分开解释了，其涵义就是以扫除古代文献中语言文字障碍为实用目的的一种工具性的工作。所以孔颖达又综合起来给"训诂"二字下了定义："诂训者，通古今之异辞，辨物之形貌，则解释之义尽归于此。"不管是解释古今异言还是方言，也不管是解释字、词、句，还是段落、篇章，只需"诂""训"二字，"解释之义"就"尽归于此"了。

清代学者陈澧在《东塾读书记》卷十一中对"训诂"也作过一个很好的解释：

"诂者，古也，古今异言，通之使人知也。盖时有古今，犹地有东西有南北，相隔远则言语不通矣。地远则有翻译，时远则有训诂。有翻译则能使别国如乡邻，有训诂则能使古今如旦暮，所谓通之也。训诂之功大矣哉！"

近代学者黄侃对"训诂"的解释，则反映了训诂学进一步发展后所具有的新的含义。黄侃认为"诂"就是"故","本来"的意思;"训"就是"顺","引申"的意思。陆宗达先生解释说:"凡是解释'本义'的就把它叫做'诂','诂'就是推源求故来说明'本义'的方法;凡是说明'引申义'的就把它叫做'训','训'就是顺循着词义的发展线索来说明'引申义'的方法。"①王宁说:"这种解释已经具有了词义系统的观点。在解释词义的时候,首先要推求它的本义,即可以追溯的最原始或最核心的意义,然后沿着词义发展的线索,找出它们不同的引申义,这样才能完成对一个多义词词义系统的解释。"②前人对"训""诂"二词的解释,反映了不同时代的认识差异。实际上,自从《毛诗诂训传》把"训""诂"二字连用在一起,汉人又把"诂训"变为"训诂"之后,"训诂"二字就已经成为一个专用术语,不需要也没有必要再将其拆开解释,其涵义就是以释词为中心,包括章句、翻译、校勘等内容,这种以扫除古代文献中语言文字障碍为实用目的的工具性的专门工作就是训诂。

换言之,所谓"训诂",就是用现代的语言解释古代的语言,用易懂的语言解释难懂的语言,用通行的语言解释方言。

三、训诂工作

训诂是一种实践活动,是一种有目的的扫除文字障碍的工作。根据训诂的体式及内容,我们可以把训诂工作分为以下三类:

1. 注释工作

注释就是用浅显易懂的语言来解释历史文献中难懂的语言。注释的内容包括注音、辨析字形、解释词语、串讲句子、揭示语法、修辞现象,探究成语典故、名物典章制度,甚至补充历史背景资料,以帮助读者更好地理解原文,这是一种综合性的语文工作。最早从事这种工作的是经学家,他们的目的是通过注经来传经。这种工作大量出现在汉代,从一开始就是系统进行的,但总体上可以分成两大类,即文意训释和词义训释。这两种训释的区别不在于注释的单位,而在于注释的要点。词义训释是对客观词义进行表述,而文意训释是在词义训释的基础上,讲解词在文中的具体含义,疏通句、段、章的思想内容。

2. 纂集工作

纂集工作就是编纂字典辞书等工具书,它是按照一定的编写原则,有目的

---

① 陆宗达:《训诂浅谈》,北京出版社 1964 年版。
② 王宁:《训诂学》,高等教育出版社 2004 年版。

的类聚字、词的工作,以便人们能够迅速地查检到所需要的资料。如清阮元的《经籍纂诂》,是一部专门收集唐代以前各种古书注解的字典。该字典按照当时作诗通用的平水韵一百零六韵编排被释的字,每韵一卷,共分为一百零六卷。每字之下,罗列唐以前各种古书注解以及文字学专著对这个字的解释。我们阅读古书,如果想要了解唐以前对某一个字有哪些不同的解释,那么使用《经籍纂诂》最为方便。

3. 考证工作

考证是指考释和证明。所谓考释,就是探求疑难词义,疏通文义;或者找出已经作出的训释的原始依据;所谓证明,就是运用有力的证据、充分的证据,证明考释的正确性。考释与证明是两个不可决然分开的过程,任何考证工作都是边考边证的。例如《论语·公冶长》:

"子路曰:'愿车马,衣轻裘,与朋友共,敝之而无憾。'"阮元《十三经注疏》云:"唐石经'轻'字旁注,案石经初刻本无'轻'字。'车马衣裘',见《管子·小匡》及《外传·齐语》,是子路本用成语,后人因《雍也》篇'衣轻裘'误加'轻'字,甚误。钱大昕《金石文跋尾》云:石经'轻'字,宋人误加。考《北齐书·唐邕传》:显祖尝解服青鼠皮裘赐邕,云'朕意在车马衣裘,与卿共敝'。盖用子路故事,是古本无'轻'字,一证也。《释文》于'赤之适齐',节音衣;为,于既反,而此衣字无音,是陆本无轻字,二证也。邢疏云:'愿以己之车马衣裘,与朋友共乘服。'是邢本亦无'轻'字,三证也。皇疏云:'车马衣裘共乘服,而无所憾恨也。'是皇本亦无'轻'字,四证也。今注疏与皇本正文有'轻'字,则后人依通行本增入,非其旧矣。"

阮元的《十三经注疏》"校勘记"与钱大昕《金石文跋尾》都认为《论语·公冶长》中"衣轻裘"的"轻"字衍文。对这一考释结果,阮元列举出了四条有力的证据加以证明:一是古本无"轻"字,二是陆德明《经典释文》的引文无"轻"字,三是邢昺《论语注疏》无"轻"字,四是皇侃《论语集解义疏》无"轻"字。证据确凿而充分,这样的考证令人信服。

四、训诂材料

训诂工作所产生的成果就叫训诂材料。有什么样的训诂工作就会产生什么样的训诂材料。注释工作的结果产生了大量随文释义的注释材料,纂集工作的结果汇集成了大量的专著体训诂工具书,而考证工作的结果就形成了大量的考证材料。

1. 随文释义的注释材料

从作注者的身份来看,随文释义的注释材料可分为两类,一类是作者自注,包括用文章中人物的话语对文章中的字词句所作的注释,这类注释属于文章正文中的一部分。如《国语·周语下》叔向解释《诗经·大雅·既醉》第六章:"诗云:'其类维何?室家之壶。君子万年,永锡祚胤。'类也者,不忝前哲之谓也。壶也者,广裕民人之谓也。万年也者,令闻不忘之谓也。胤也者,子孙蕃育之谓也。"①另一类是他注,即作者之外的人所作的注释。譬如同样是《国语》,历来作注的人颇多,东汉郑众、贾逵,三国虞翻、唐固都曾经对该书作过注释,遗憾的是都没有流传下来,我们今天所能见到的最早的《国语》注本是三国时期吴国的韦昭所作。这类注释附在文章正文后面,随文释义,它所解释的主要是该词语的句中义,其意义是具体的,单一的。这类注释最为常见,材料也最为丰富,而且有"传"、"说"、"解"、"诠"、"疏"、"注"、"证"、"正义"、"微"、"诂"、"义疏"等多种名称。

2. 专著体训诂专书

纂集工作的结果即形成了专著体训诂书,主要是指字典和词典。专著体训诂书能方便人们迅速查检到疑难词义,帮助人们疏通古书阅读中的字词障碍,这类训诂专书犹如人们生活、生产中所用的工具一样,素有工具书之称,是工具书中的一部分。专著体训诂书总是按照一定的原则编排而成的,如《说文解字》首创了部首检字法,将9353个汉字按部归类系联,分成了540个部首,便于人们使用。再如《尔雅》按照物以类聚的原则,采用义类编排法,将所释词语分成了《释诂》、《释言》、《释训》、《释亲》、《释宫》、《释器》、《释乐》、《释天》、《释地》、《释丘》、《释山》、《释水》、《释草》、《释木》、《释虫》、《释鱼》、《释鸟》、《释兽》、《释畜》等19篇。专著体训诂书解释的词义脱离了具体的语言环境,具有概括性,多义性,它所解释的是贮存状态的词义。

3. 考证材料

有些首次注释的材料比较详细,有理有据,已属于考证,但更多的考证材料则表现为二度注释或多度注释,它们常常以"正义"或"疏"的形式表现出来,对前人的注释所提出的问题补充证据,进一步加以证实;或对前人的结论提出异议,并以充分的证据将其推翻,同时提出新的证据和得出新的结论。如《十三经注疏·毛诗正义》,先是毛亨的"传"对《诗经》作了最初注释;其次是郑玄的"笺"对"毛传"进行了补充和订正,其中有些注释材料已是考证;再次是唐代孔

---

① 《国语》,上海古籍出版社1978年版。

颖达的"疏",又称"正义",不但疏解正文,而且对"毛传"和"郑笺"也作了很多解释和考证。考证常以杂记和笔记的形式呈现出来,有时也夹杂在日记中,如李慈铭的《越缦堂日记》。有些考证已经汇成专书,如王氏父子的《读书杂志》和《经义述闻》、钱大昕的《二十二史考异》、顾炎武的《日知录》、俞樾的《古书疑义举例》、沈家本的《历代刑法考》等。

第二节　训诂学

弄清楚什么是训诂、训诂工作和训诂材料之后,我们就可以来讨论什么是训诂学了。

一、什么是训诂学

训诂是以语言来解释语言,是一种以训释词义为核心的实践活动,那么这种实践活动采取什么方法进行,是通过文字,还是通过句法,还是通过修辞? 是以什么形式表现出来,这种研究的结果是什么? 所研究的语义之间有何规律,成何体系,语根是什么? 这就需要用一种理论去指导,这种理论就是训诂学。

训诂学的形成演变,经历了一个漫长的过程。古代的训诂学与当代学科意义的训诂学存有很大的不同。古代的训诂学即是"训诂"。陆宗达先生说:"我国古代的训诂学有两种类型:一种是根据书面语言的实际材料,随文逐字作出具体的语义分析,这就是古书的注释;一种是从实际语言材料里把'语言单位'抽出来,分门别类来说明意义的体系,这就是古代的字典和辞书。"[①]陆氏所说的古代训诂学的这两种形式实际上就是训诂。陆氏还说:"训诂学就是从古代的注释书和工具书(字典、词典等)里总结出来的一种工具性的学术,它和注释、工具书有着密切的联系,可是就它的性质和功能来说,又是自成体系的一门语言科学。"

古代的训诂学又称作广义的训诂学,杨端志先生把训诂学分为"广义"和"狭义"两大类,他说:"广义的训诂学,内容极为繁庶,包括解释某词某语,典章名物,直至给某部书作出注解,或者编成字典词典等。甚至后代的文献学、校勘学也是它研究的对象。实在说,它的涵义与"训诂"差不多,包括一切解释现象。

---

① 陆宗达:《训诂浅谈》,北京出版社 1964 年版。

由于它研究的内容繁芜,且语言本身的问题与语言以外的问题界限不清,语言本身字、词、句的界限不清,词汇、语法、修辞的界限不清,所以它的系统性、科学性较差。我们所说的传统训诂学当属于这一类。狭义的训诂学,则是研究解释的一般规律和方法的科学。它的任务是:第一,研究训诂的产生、发展和今后的方向;第二,研究古代的训诂著作,批判地继承古代的训诂理论、方法和成果;第三,吸取语言学其他部门研究的最新成就,不断丰富训诂理论和方法,使它走向科学化。它解释的主要对象是词义,与语义学相仿,当是汉语史研究的一个部门。"①

训诂学是根基于训诂而形成的一门科学,训诂与训诂学是含义不同的两个概念,黄侃曾辨析说:"训诂者,用语言解释语言之谓。若以此地之语释彼地之语,或以今时之语释昔时之语,虽属训诂之所有事,而非构成之原理。真正之训诂学,即以语言解释语言,初无时地之限域,且论其法式,明其义例,以求语言文字之系统与根源是也。"②所谓"论其法式,明其义例",就是研究说明训诂的体式、方法、条例等理论;所谓"求语言文字之系统与根源",就是指探求词语根源,探求语义发展规律,揭示语义系统等。

洪诚先生说:"训诂的任务是解释语言,训诂学是研究怎样正确地理解语言、解释语言,也就是讲清楚怎样注释的道理。"③殷孟伦先生指出:"训诂学是汉语语言学的一个部门,它是以语义为核心,用语言来解释语言而正确地理解语言、运用语言的科学。同时,它是兼有解释、翻译(对应)和关涉到各方面知识的综合性学科。其任务就是研究语言的训释方式,掌握其系统条贯,说明其表达情状,进一步探求语言的发展规律、本源和演变,从而促进语言的丰富和发展。"④

上海师大许威汉先生进一步总结道:"训诂学是以研究古代文献的训诂为研究对象,以语义为主要研究内容的一门独立学科,是语言学里有综合性和实用性特征的技术学科。"

总结前贤们的观点,训诂学的概念可以定义为:训诂学是一门研究训诂(解释语言)的学科,它是以前代训诂工作和训诂材料作为研究对象而建立起来的一门科学。专门研究训诂原理、训诂方法、训诂体例(体式和条例)、训诂术语、

---

① 杨端志:《训诂学》(上),山东文艺出版社 1985 年版。
② 黄侃述、黄焯编:《文字声韵训诂笔记》,上海古籍出版社 1983 年版。
③ 洪诚:《训诂学》,江苏古籍出版社 1984 年版。
④ 殷孟伦:《训诂学的回顾与前瞻》,载《文史哲》,1982 年第 3 期。

训诂名称,并对历史上各个时代的训诂实践作出评价的一门科学。

二、训诂学的分期

从古代的训诂学,到现代训诂学,根据训诂学研究的范围,大致可以分为以下三个时期:

1. 早期训诂学

时间自从汉代至明代。早期训诂学的研究范围极其广泛,无所不包,文字、词汇、音韵、语法、修辞、逻辑、篇章等都是它研究的范围。它包括一切的语言单位,它几乎就是古代语言学的全部。

2. 晚期训诂学

时间自清代至近代。晚期训诂学已经与文字、音韵分立,陆宗达说:"(清代)训诂学著作由附属于经典、随文释义而走向独立的语言文字学的专著。"①训诂学偏重于研究语义,研究范围进一步缩小和确定了。但字、词、句、段、章都有意义问题,语法、逻辑、修辞、章句仍包含在其中。尽管如此,此时的训诂学已经把词义当成了研究的重点。

3. 现代训诂学

随着现代汉语科学的发展,词汇学、词义学、注释学、语法学、修辞学、辞书学、逻辑学、文章学、校勘学等都已经发展成为独立的语言学部门或其他独立的学科。因此,"训诂学如果不满足于它在科学史上的地位,而还要在发展中独立并跻身于现代科学的行列,就必须把自己的理论研究范围确定在古代文献语言的词汇而且偏重于词义方面,与历史语义学衔接。在此基础上,借助相邻学科的成果,再去探讨综合的应用原则,从而建立起现代的科学训诂学。"②

三、训诂学与训诂的区别

过去很多人把训诂与训诂学混为一谈,这是不可以的,把训诂材料和训诂理论相混淆,便容易模糊这门学科的性质,便容易模糊二者的研究内容和范围,因此,分清训诂与训诂学,有着重要的现实意义。

其实,用语言解释语言的材料和研究语言意义的理论,是能够分清也是必

---

① 陆宗达:《训诂浅谈》,北京出版社 1964 年版。
② 王宁:《训诂学》,高等教育出版社 2004 年版。

须要分清的。从研究对象、任务、内容及其性质来看,训诂与训诂学具有如下区别:

1. **工作对象**

训诂:需要加以整理注释的古籍。

训诂学:一切现成的训诂资料。

2. **工作任务**

训诂:给既定书籍作注或校勘。

训诂学:写出专门论著,从理论高度指导训诂。

3. **具体内容**

训诂:标点、标音、释词、解句、补释、翻译、校勘、作序、揭示语法、修辞和写法等。

训诂学:研究训诂的原理、方法、体式、名称、术语等理论。

4. **工作性质**

训诂:具体的、实践的。

训诂学:抽象的,理论的。

训诂的主要任务就是解释古代文献语言的意义。古代文献是一个定数,不会再发展了,但对古代文献意义的解释和探求工作却永远不会结束。事实上,新的训诂材料仍在源源不断地产生。今天的古籍整理工作,对各种古文的注释翻译工作,对出土的古代碑刻、器物铭文的考释工作等等,都是现代的训诂工作,都在产生着新的训诂材料。新的训诂材料的出现,又势必丰富着训诂学的研究内容,促进着训诂学的发展;而训诂学的发展,又会更好地指导训诂工作,促进训诂成果。

四、训诂学的专业工作者目前的任务

训诂学的专业工作者目前所要从事的工作大致可以分为两个方面:一是介绍,二是发展。

介绍工作分为三个方面进行:

(1)介绍过去的训诂材料。也就是对古代的注释书和训诂专书进行归纳整理,以便今人阅读。

(2)介绍前人已经发现和阐述过的训诂原理。

(3)介绍训诂发展历史。也就是介绍过去的训诂专家及其著述的成就,说明其历史贡献及其历史地位,理清训诂学的发展历史。

发展工作分两个方面进行：

（1）对没有整理过的古籍作出注释，对前人的注释再作注释，对考古新发现的碑刻、器物铭文等历史文物进行考释，开展新的训诂工作，积累新的训诂材料。

（2）探讨新的训诂理论课题，使训诂理论不断丰富、深化和系统化。

第三节 训诂学与各学科的关系

古代训诂学的研究范围极为广泛，几乎包罗了语言的各要素，尽管在清代已经与文字学、音韵学相立，但它仍然包括了语音、词汇、语法、文字、逻辑、修辞、篇章等语言学的各部门，甚至涉足到科学、宗教、历史、文化、哲学等领域，如此宽泛的研究局面无法适应学术的新发展。王宁说："传统训诂学必须把自己原有的材料和已提出的课题放到业已形成的相关各部门去分属与分担，形成一个分类研究的新局面。训诂学大包大揽的时代已经过去，它自身独立研究的范围必须是也只能是古汉语词汇而且偏重于词义方面。有了这个范围，训诂学的发展绝不会受到限制，训诂学的价值也不会降低，相反，这将使训诂学的研究者们注意力更集中，任务更明确。而从它那里，便可能发展出真正切合实际的汉语词义学，来充实汉语科学的这个薄弱的部门。所以，确定训诂学的研究范围，其实是促使它更快发展的一项重要工作。"①

确定训诂学的研究范围和研究内容，界定训诂学与其他各门学科之间的关系，从而明确训诂学在当代学科中的地位，是建构训诂学学科体系的必然要求。

一、训诂学在当代学科中的地位

训诂学是一门什么性质的学问，目前还有不少分歧，有人认为训诂学就是词义学；有的认为训诂学就是语义学；而有人认为训诂学是注释学，其实，这些看法都是欠妥当的。

诚然，词义学中的好些问题，如声义同源、词义变通，在一定程度上也是训诂学本身研究的内容，也都构成了训诂学的重要原理，可以说，训诂学跟词义学有着相互补充、相互促进的关系，但训诂学的研究内容绝非词义学所能概括的。

① 王宁：《训诂学》，高等教育出版社2004年版。

洪诚先生说:"训诂学和词义学有不可分割的关系,但却不等于词义学。词义学是研究词的性质、结构及其演变规律的科学,它的研究对象是词,不包括句。训诂学不但要了解词义,还要讲明句义。"①训诂学也不能等同于语义学。许嘉璐先生在《论训诂学的性质及其他》一文中指出:"其实训诂学也不等于西方的语义学。语义学是研究语句的字面意义的科学,而不考虑语言环境(广义的)和言外之意。训诂学的一个独到之处就是既注意语词本身的意义与客观事物之间的关系,又特别注重语言环境。这个环境,既指语言中跟使用者相关的指别成分,又包括了跟语言运用有关的心理、生物、社会等现象。"而语义学不具备这些。

训诂学也不同于注释学。汪耀南先生在《注释学纲要》中指出了训诂学与注释学的区别有三:

(1)注释学的范围比训诂广。他认为训诂只包括内容的训释,不包括历史知识等。但实际上,训诂的范围要大于注释,如校勘等。

(2)注释不受时代的限制。训诂学解释历史文献的词句,而注释学可以注释现代的作品,例如注释《毛泽东选集》则不属于训诂学的范围。

(3)训诂难度大,而注释难度小。

那么,训诂学与相邻学科的关系怎样?在当代学科中的地位到底应该如何来界定呢?王宁认为:训诂学在当代的学科地位,应当从三个方面来认定:②

第一,训诂学是古代"小学"的一个分支,"小学"是中国语言文字学的前身。根据训诂学的历史状况和当代语言学已经形成的学科结构,在语言里领域里,训诂学应当与汉语词汇学和语义学相衔接。训诂学研究的重点在于古代文献语言的词汇而且偏重于词义方面,训诂学所涉及的文字、音韵、语法、修辞等方面的内容,都是为了释义这一主要目的服务的。王力先生曾明确指出语义学和训诂学之间的衔接关系:"语言学也可以分为三个部门,第一是语音之学,第二是语法之学,第三是语义之学。这样,我们所谓语义学的范围,大致也和旧说的训诂学相当。"③如果说得更确切一些,大致和旧训诂学范围相当的是历史语义学,因为训诂学研究的对象是文献典籍中的语义,而不包括现代汉语的语义内容。当然,中国的训诂学并不等于现代的语义学,它不是直接面对文献的语义,而是通过古人对文献语义的解释材料来探求和观察语义现象。其中必然有

---

① 洪诚:《训诂学》,江苏古籍出版社1984年版。
② 王宁:《训诂学》,高等教育出版社2004年版。
③ 王力:《龙虫并雕斋文集》第1册,中华书局1980年版。

一些关于文献解释的技术问题需要阐发和清理,说它与语义学相衔接,只是因为它的研究范围是属于语义方面的。

既然训诂学与汉语词汇学和语义学相衔接,那么它们之间就存在着借鉴与发展的关系:训诂学理论建设应当大量借鉴词汇学和语义学的已有成果;而从训诂学中挖掘、概括出的理论原理,也必然对汉语词汇学和语义学加以充实,结果会使这两门学科得到更快的发展,甚至使其现有的体系发生重要的变化。

第二,训诂学就其时代特点及其既定任务来说,与汉语历史词汇学和历史语义学又是不能等同的。训诂学的有些内容是汉语历史词汇学和历史语义学所无法包含的。例如训诂学这门古老的学科事实上还产生了汉语词源学和词典学(辞书学)这两大分支学科。词源学是理论科学,词典(辞书)学是应用科学。

训诂学中的很多理论命题,都与词源问题有关,如"右文说"、"声训"、"推源(因)"、"音近义通说"、"转注假借说"等等,从汉代就出现在注释书中的声训,是词源理论在词义训释中的应用。如刘熙的《释名》全面地运用声训的方法来探求语词的命名之源;再如《尔雅》、扬雄的《方言》、许慎的《说文》等也或多或少地运用词源理论来探求词义来源,说明词义特点和证实词与词之间的关系,并由此展开了音义关系的讨论,提出了"音近义通"说。"音近义通"说实际上是传统词源学的理论基础;讨论形声字标音偏旁(声符)是否带义问题的"右文说",实际上是"音近义通"说的发展。尽管当时的训诂家对词源现象的认识还很片面、很感性,还没有上升到完全理性的高度,还缺乏系统全面地理论论述,但他们努力运用词源规律进行训诂实践,为传统词源学的形成开辟了道路。因此说,汉语词源学是从训诂学中派生出来的,这是一个不争的事实。

词典学与训诂学的渊源关系也是很明显的。训诂工作中很重要的一项是纂集,也就是早期的字典编纂。从这个角度讲,训诂纂集的确是现代字典词典的前身。由这种训诂纂集的实践活动发展出后来的词典学,并进一步发展成为现代的辞书学,其渊源关系也是无可争议的。而且,古代的训诂纂集经常是现代辞书取材的来源,它们给现代辞书提供的经验方法是非常宝贵的。因此,研究辞书学的人不可不对训诂纂集给予特殊的关注。

第三,训诂学就其原有的应用价值来说,本来就承担着古代文献解读和古代文化传播的任务。这门以应用为主的实用训诂学,在理论建设逐步完善之后,体系上也会发生深刻的变化:不但会更好学,而且会更好用。

以上三个方面,可以使训诂学在当代的学科地位得到更准确的界定。很多关于训诂学学科性质的混乱说法,也将会得到进一步的澄清。

二、训诂学与各学科之间的关系

确定了训诂学在当代学科中的地位,明确了训诂学与当代学科之间的衔接关系,还需要界定它与其他相关学科之间的关系,从而明确自己的发展方向。

(一)训诂学与各语言学科的关系

1. 训诂学与文字学

训诂学与文字学、音韵学都是从传统的"小学"中发展出来的,三者有着密切的联系。汉字是表义体系的文字,汉字的形体能够表示词的本义。传统语言学中的文字学,偏重研究汉字的字形,从字形出发来辨明词义,研究汉字的造字法则与汉字形体的发展;而训诂学的研究则偏重于义,其中"形训",即从字形的角度来探求词义是训诂学的重要方法之一。从这一点来说,训诂学与文字学有其一致的地方,即都从字形的角度来探求词义。但也应该看到两者存有很大的不同,"传统的文字学在当代出现了几个大的分支,其中汉字形义学与汉字字用学应属训诂学的范围,而汉字构形学、汉字字源学(形源学)和汉字文化学才是真正的文字学的内容。这样一来,文字学和训诂学的分工就显得更加合理了……但实际上又不能截然分开,必须相互联系和贯通。一方面,我们对古代语言文字的一切研究,都是为了通晓古书的内容,了解古人的思想,使古代文献还其本来面貌,从而达到继承的目的。从这个意义上说,训诂是我们研究的落脚点。另一方面,训诂学在解释语言的思想感情时,是不能脱离文字的基础和语音的线索的。所以历代的训诂学家都是紧密地结合文字学、音韵学来阐述训诂,以文字学和音韵学的研究成果作为训诂工具的。这两门学科结论的准确程度,必将影响到训诂实践的准确性。"①反之,文字学的每一个研究成果,都会推动训诂学进一步证实或解决一批疑难的词义问题。譬如孙诒让根据龟甲文字订正《尚书》"肜日"当为"易日"。

2. 训诂学与音韵学

训诂学着重研究古代文献语言的词汇,特别是词语的意义;音韵学着重研究汉语的语音及其在漫长的历史发展中汉语语音的变化。语音是词义的内在表现形式,词义总是附着在语音之中,借助于语音来表现的,正由于此,日常交际时我们总是"听音知义"。尽管古人的声音我们今天已经无法听到了,但是透过古文献,我们依然可以"因声求义",训诂学与音韵学密不可分。

---

① 王宁:《训诂学》,高等教育出版社 2004 年版。

（1）训诂可以给古字注音。训诂所用的注音方法有譬况法、读若法、读如法、直音法、反切法、读破、如字、叶音等。

（2）训诂学离不开音韵学。训诂学运用音韵学的规律可以明通假、探求转语、解释同源词等。例如：

"方行天下，至于海表。"（《书·立政》）

王念孙注："方，读为旁。旁之言溥也、遍也。方行天下，言遍行天下也。"音韵学有条规律："古无轻唇音。""方"读为"旁"，这是训诂学运用音韵学规律来解释词义的一个用例。

由上可见，训诂工作者必须关注、吸收文字学和音韵学的研究成果，并把自己研究中有关形与音的成果及时提供给文字学、音韵学，以促进彼此学科的共同发展

3. 训诂学与语法学

中国古代没有形成系统的语法学，语法问题的探讨是包含在训诂之中的。直到清代高邮王氏父子才谈论语法，推动了训诂的发展。在训诂中探讨语法，主要表现在以下两个文面：

（1）指明虚词。例如

"蛮荆来威。"（《诗经·小雅·采艺》）

王引之《经传释词》解释说："来，是也。"按："来"的用法相当于复指代词"是"，用来复指前置的宾语"蛮荆"，是宾语前置的标志词。

（2）说明词法。

古代有一部分专有名词，古人在构造的时候喜欢用大名冠小名的方式，如"虫蝗"一词，就不能理解为"蝗虫"。

《礼记·月令》："孟夏行春令，则蝗虫为灾；仲冬行春令，则蝗虫为败。"王引之曰："蝗虫皆当为虫蝗，此言'虫蝗'犹上言'虫螟'也。"

按：读"蝗虫"、"螟虫"，是现在人的构词习惯，而古人的构词习惯则是大名冠小名，与现在正好相反。类似的例子如匠石、盗跖、草芥等，也均不能倒过来理解。

借鉴国外的语法理论，语法学从训诂学中分立出来，形成了一门独立的学科。但两者的结合、交叉是必不可少的。结合、交叉之后，对这两门学科的发展，都会起到意想不到的作用。

4. 训诂学与修辞学

二者的关系极为密切。

首先，训诂学揭示占籍里的修辞现象。如：

"节彼南山，维石岩岩。"（《诗经·小雅·节南山》）毛传："兴也。"

颜师古说："兴谓比喻也。""兴"是一种修辞手法。

《节南山》是周人痛骂太师尹氏的诗，尹氏权高势大，所以开头用大山比喻它。

其次，懂得了古汉语的修辞手法可以帮助解说词义。以互文为例，互文作为一种修辞格是将一句话或一件事分成两句话来表述，那么我们在理解的时候，就应该将上下句合在一起来解释，上下句互相补充，互相呼应，才是完整的意思。例如：

"愿无伐善，无施劳。"（《论语·公冶长》）

"伐"、"施"何义？孔安国训"施"为"置施"，即"施加"的意思，结果致使此句扞格难通。其实，此为互文句，"伐"、"施"互文，朱熹训为"张大"，即张扬夸大的意思；"劳"、"善"互文，义为功劳，两句合在一起的意思是：愿意不夸耀自己的功劳。

5. 训诂学与方言学

训诂通方俗之殊语，即用官话来解释方言俗语，这是训诂学的一大任务。反过来，现代方言词汇的研究也有助于研究印证古词、古义，阐明古今词汇、语义的传承关系。这是因为语言的发展变化在不同地域是不平衡的，在有些地区已经消失的语言现象在某些地区可能继续保存下来，这就为我们训释某些词语提供了方便条件。例如：

"鲂鱼赪尾，王室如燬。"（《诗经·周南·汝坟》）

"燬"为何义？高亨先生解释为："如火烧毁。"这个解释是否正确呢？查一下地方方言，在福州话中，"燬"音 huǐ，意思是"火"，可见高先生的解释是正确的。再如：

"有人于此，力不能胜一匹雏，则为无力人矣。"（《孟子·告子下》）

"匹"作何解？其说纷纭。查今厦门和汕头方言，称"鸭"为"匹"，可证"匹"为"鸭"。《礼记·曲礼下》："庶人之执匹。"其中的"匹"，当为"鸭"的意思。

6. 训诂学与比较语言学

训诂学探求古词古义，除了利用汉语材料外，有时也可以参考与汉语相近的语言，从而涉及比较语言学的领域。例如：

"于是汝解去衣裳，为仆鉴之结，著独力之衣。"（《后汉书·南蛮传》）

"仆鉴"、"独力"为何义？前人无法解释，现在看起来，"仆鉴"可比泰语（pak kien），义为"束发为结，辫发为髻"；"独力"可比泰语（tak lik），义为一种"羊毛布"。这样，这两个在汉语里没有依据可解的词借助于比较语言学就可以得到解释了。

（二）训诂学与其他非语言学科的关系

训诂学与其他非语言学科也有着一定的联系，训诂学对其他非语言学科也有一定的帮助。

1. 对历史学的帮助

研究历史同样离不开训诂。例如陈胜起义后建立国号为"张楚"。"张楚"是什么意思呢？《广雅》："张，施也。"《集韵》作"陈设"讲；《广韵》作"开"讲，"施"、"陈设"、"开"都有"建"的意思，可见"张楚"就是是指"建立楚国"的意思。

2. 对医学的帮助

整理《本草纲目》、《黄帝内经》等医学典籍是训诂的重要工作，注释医古文是训诂的重要任务之一。注释医学典籍要特别注意确诂，否则就有可能害人性命。如"黄藤"是一种良药，而"藤黄"则是一种毒草，如果用错了，就会引起命案。

3. 对民俗学的帮助

研究民俗学，同样也离不开训诂。例如吃饭用的筷子，原本叫"箸"，可现代人为什么叫它"筷"呢？原来，南方的船家都忌讳"箸"与"住"同音，于是反其意而用之，改用行船快的"快"来代称，以取其吉利。后来这个行业避讳词便进入了全民语言，"箸"因此变成了"快"。而"筷子"大都是用竹子做成的，于是人们又在"快"字头上加了"竹"头，以表示其意义范围，这就变成了今天的"筷"。

第四节　如何学好训诂学

一、学习训诂学需要掌握的原则

要想学好训诂学，必须端正学习态度，必须坚持如下三个基本原则：

1. 坚持古为今用的原则

这是一条根本原则。清儒们都是为了研究语言规律而研究训诂（当然汉人的训诂是为了读经），而我们学习训诂学、研究训诂则是古为今用，是为了更好地批判继承古代文化遗产。这就需要我们要学会剔除古注中的糟粕。例如：

"女心伤悲，殆及公子同归。"（《诗经·豳风·七月》）

此句意思是说:作为奴隶的女孩子心中难过,害怕自己被公子强迫一同回家受辱。但古注却违背事实,随意解说,如毛传:"伤悲,感事苦也。春女悲,秋士悲,感其物化也。殆,始;及,与也。豳公子躬率其民,同时出,同时归也。"毛亨曲解诗义,把这首诗当作对统治者的颂辞,把豳公子说成是参加劳动的人,对统治者进行了美化,而且误解了"殆"字,这些解释是我们无法接受的,应该将其剔除。

通过训诂,明辨对错优劣,既要善于剔除古注中的封建糟粕,又要善于继承古注中的文化精华,为发展我们今天的新文化服务。

2. 坚持历史唯物主义的原则

王力先生在《龙虫并雕斋文集》中总结古代训诂时指出:"只着重在汉代以前,汉代以后就很少道及。新训诂学首先应该矫正这个毛病,把语言的每一个时代看作有同等的价值。汉以前的古义固然值得研究,千百年后新起的意义也同样值得研究。无论怎样'俗'的一个字,只要它在社会上占了势力,也值得我们追究它的历史。"这就要求我们不仅要研究一个平面,即某一个时代相对稳定的语言,而且也要研究某一个词或某种训诂样式的发展过程,这一点在词义研究上特别重要。例如"革命"一词,在先秦《易·革·象辞》中就已经出现:"汤武革命,顺乎天而应乎人。"此句中的"革命",意思是"变革天命";而今天所说的"革命",则是摧毁一个旧世界的除旧布新的革命活动。再如:

"虽有拱璧以先驷马,不如坐进此道。"(《老子》六十二章)

"(秦师)及滑,郑商人玄高将市于周,遇之,以乘韦先牛十二犒师。"(《左传·僖公三十三年》)杜预注:"先韦乃入牛。古者将献遗于人,必有以先之。"

按当时的社会习惯,向人赠送东西,先送上较轻的礼品,然后再送上主要礼品。《老子》讲,先送上马匹,然后再献上拱璧;郑商人玄高先献上四张牛皮,然后再以十二头牛犒师。而有人认为"先"乃是"诜"之假借,为"聘问"义,显然是讲不通的。

研究训诂学一定要坚持唯物主义的原则,即从古籍的实际内容出发,采取唯物主义的立场和方法。仅从词义的角度讲,就是要研究其内在的形式、使用状况和运动规律,而不能强加给它一些唯心的内容。陆九渊说:"六经注我,我注六经。"这显然是很错误的。《论语》中无一"理"字,而朱熹的《论语集注》却大谈"理"与"天理",这些都是主观主义、唯心主义的突出表现。

3. 坚持辩证唯物主义的原则

这是指区别对待一般与特殊的关系,寻求语言发展的内部规律。训诂时会遇到一些特殊情况,而特殊情况并不能反映一般规律,所以要辩证地去看待它。

许威汉先生曾举过这样一个例子：

《列子·汤问》中有个句子："迁黑卵之子于门，击之三下。""下"在这里是动量词，那么能否据此认定在先秦时就已经有了动量词了？答案是否定的，因为先秦没有动量词。那么为什么有了"下"的动量用法呢？这正好说明《列子》不是先秦时期的作品，而是六朝人的伪作。

二、如何学好训诂学

1. 掌握训诂学的原理和方法

工欲善其事，必先利其器。要想学好训诂学，首先必须先学好训诂学的方法和原理，方能事半功倍。例如：

"八月剥枣，十月获稻。"（《诗经·豳风·七月》）

"剥"为何意？毛传解释为："剥，击也。"王安石《诗经新义》解释说："剥者，剥其皮而进之，所以养老也。"毛传与王解相差甚大，哪一个正确呢？有一天，王安石在钟山散步，问一居民家的老翁何在？其家人说："去扑枣。"王安石恍然大悟，立即上奏，请求删掉关于"剥"的这十三个字的注文。王安石勇于改错的精神值得我们学习，但他不懂得训诂原理、望文生训的教训也值得我们吸取。毛传为什么释"剥"为"击"呢？原来"剥"是在借音表义，其本字为"攴"。按照训诂学的术语来说，即"剥"通"攴"。"剥"的古音为帮母屋韵，"攴"的古音为滂母屋韵，二字古音相近，按照古人的习惯，可以通假而用。"攴"，《说文解字》解释为："小击也，从又卜声。""攴"后来又写作"扑"，段玉裁《说文解字注》曰："经典隶变作扑"，可见"剥枣"即"扑枣"，也就是"打枣"的意思。这一用法直到宋代还保存在方言之中，故王安石听了老百姓的方言"去扑枣"才如梦方醒。上面这个例子包含着两个训诂原理，一是因声求义，通过语音线索去解释通假字；二是可以利用方言去解释古籍文献中的词语。

掌握了训诂学的原理和方法，对一些注释，我们不但能知其然，而且还能知其所以然。例如：

"今夫佩虎符、坐皋比者，洸洸乎干城之具也，果能授孙、吴之略耶？"（《卖柑者言》）

初中语文教材注释说："皋比，虎皮。将军座位上垫着虎皮。"可"皋比"为什么是"虎皮"呢？我们可以用"因声求义"和"据形索义"这两个训诂方法去解释这一问题。首先因声求义，"皋"是"鞾"的通假字，"皋"通"鞾"，二字都从"夲"（tāo）得声。其次据形索义，"鞾"字见于钟鼎文，该字从"糸"从"虎"，

"本"声，意思是用绳子把虎皮连缀起来的意思。而"皋比"的"比"，也有联结的意思，所以"皋比"就是缝合起来的虎皮的意思。那么将军的座位上为什么又要垫虎皮呢？这与古代的军事风尚有关。大量的训诂材料告诉我们，古人在打仗的时候，经常利用敌人害怕老虎的心理，披着老虎皮，假扮成老虎去进攻敌人以取胜。例如《左传·庄公十年》记载鲁国的公子偃"蒙皋比而先犯"宋师。杜预注："皋比，虎皮。"《左传·僖公二十八年》也载，晋楚城濮之战时，胥臣把虎皮蒙在马背上进攻陈、蔡。这两次用虎皮吓唬敌人，都取得了胜利。作战时凭借着虎皮获胜，休战时便用老虎皮包裹兵器，以图威武吉祥。《礼记·乐记》说："倒载干戈，包之以虎皮，将帅之士，使为诸侯，名之曰建橐，然后天下知武王之不复用兵也。"这说明虎皮标志着威武。将军的座位上垫着虎皮，用以显示率兵者的威武，这是古代军事的一种遗风。

掌握了科学的训诂原理和方法，还可以判断前人的注释正确与否。例如：

"采采卷耳，不盈顷筐。"（《诗经·周南·卷耳》）

"采采"一词为何义，历来有两种说法。《毛传》、孔颖达《毛诗正义》、朱熹的《诗集注》均解释为"采摘"的意思；戴震的《诗经补注》、马瑞辰的《毛诗传笺通释》等，却解释为"茂盛"的意思。那么孰是孰非呢？《诗经》有一条重要的语言规律，即只有形容词才可以在名词的前面重叠，而动词在名词的前面则不可以重叠。如"悠悠苍天，此何人哉！"（《王风·黍离》）"习习谷风，以阴以雨。"（《邶风·谷风》）其中的"悠悠"、"习习"均为形容词而非动词，据此我们可以作出结论："采采"只能是形容词，是"茂盛"义，而非动词"采摘"义。

王宁说："科学原理的获得是前人训诂经验的结晶，是经受无数次训诂实践检验的真理。有了这些原理的指导，我们就可以站在前人的肩膀上，从一个较高的起点步入训诂学领域，在较短的时间内使自己迅速得到提高，避免重复前人走过的弯路，收到事半功倍的效果。科学结论是全人类长期积累的结果，不可能要求每一个研究者把前人已有的经验再从头到尾经历一遍，也不可能要求每一个研究者都去从头掌握全部材料。自汉至清的训诂学家，大多数是皓首穷经的，读了一辈子的经、史、子、集，用文言文写文章，甚至说话也模仿先秦文言。现代人要达到那种程度的十分之一，都是不容易的。如果我们只强调经验而忽视理论，强调自然地积累材料而不重视有理论指导地去统率材料，那么，只能给现代学习者带来自叹'文献底子不厚'的自卑感，使很多人永远不敢涉足这个领域。"①

---

① 王宁：《训诂学》，高等教育出版社2004年版。

2. 多读古注

古注，是前人智慧的结晶，是前人留给我们的宝贵财富。古注奠定了训诂学坚实的基础，为我们研究训诂学提供了良好的条件。我们应该好好珍惜这笔珍贵的文化遗产，发扬实事求是的精神，深入研究古注材料，从中总结训诂理论，并在训诂实践中检验这些训诂理论，从而发展训诂理论。例如许慎的《说文解字》全面采用形训的方法，充分运用"六书"原理，全面分析汉字的小篆形体，探求词的本义，指出造字方法，是我们学习形训方法、研究"六书"原理的经典著作。历来研究、注释《说文》的人甚多，其中段玉裁的《说文解字注》、朱骏声的《说文通训定声》、桂馥的《说文义证》和王筠的《说文句读》最为精良，被誉之为"说文四大家"，为我们进一步研究《说文解字》提供了重要资料。《尔雅》开创了"物以类聚"的辞书编写体例，以标准语释方言俗语，以常用语释难僻语，以当代语释古语，是中国古代最早的一部词典，被誉为"十三经"之一，在中国训诂学史上占有重要的地位。晋代郭璞的《尔雅注》、宋代刑昺的《尔雅疏》、清代郝懿行《尔雅义疏》最为著名，是我们研究《尔雅》的重要参考资料。刘熙的《释名》全面采用声训的方法，因声求义，探求事物的命名之源，是我们学习、探究声训原理的重要著作。黄生的《字诂》、《义府》、顾炎武的《日知录》、王念孙的《读书杂志》、王引之的《经义述闻》、俞樾《古书疑义举例》，堪称训诂史上的精品之作，是我们学习训诂学、研究训诂学的重要教本。

当然，我们重视古注、学习古注，但也不能盲目崇拜古注。由于历史局限性，即使一些大家的古注也难免一些错误，需要我们在学习的时候去辨析并剔除。例如：

"强自取柱，柔自取束。"（《荀子·劝学》）

杨倞注："凡物，强则以为柱而任劳，柔自见束而约急，皆其自取也。"

杨倞认为"凡物，强则以为柱"，此说甚为武断。强物用处很多，不可能都"以为柱"。王念孙《读书杂志》引王引之说：

"杨说强自取柱之义甚迂。柱与束相对成文，则柱非谓屋柱之柱也。柱当读为祝。"

王引之根据对文的修辞特点，指出"柱"不是用作本义"屋柱"，而是借音用作了"祝"，二字是通假关系。他引用《公羊传》、《谷梁传》的注文以及其他典籍中的异文，证明了"柱"与"祝"之间的通假关系，而"祝"有"断"义，因而得出了"此言物强则自取断折，所谓太刚则折也"的结论。王引之的解释是正确的，"柱"与"祝"两字古音相近，可以构成通假关系，而"祝"在古代确实有"断"的意思，如古成语"祝发文身"就是"断发义身"的意思。所谓"强自取柱"，就是质地强硬就容易被折断的意思。同样是这句话,《大戴礼记》就写作"强自取折",这更加证明王引之的分析是对的。

由此可见,我们阅读古注必须运用训诂原理去分析鉴别真伪,不能盲目信从;必须从当时的社会实际出发去理解语言,脱离社会实际的解释,就容易造成误解。例如:

"私族于谋。"(《左传·昭公十九年》)

古汉语中,介词"于"的宾语经常前置,"私族于谋"是一介宾前置句,即宾语"私族"放在了介词"于"的前面,正常语序应是"于私族谋"。而王引之认为此句是"私谋于族",将定语"私"误作为状语,造成了错误。

可见学习古注,必须结合社会时代背景,必须坚持历史唯物主义的观点,运用训诂原理去鉴别真假,去剔除糟粕。

3. 加强训诂实践

训诂学是一门实践性极强的学科,要想学好训诂学,必须多做练习。俗话说得好——熟能生巧,通过多次练习,才能逐渐提高自己的训诂能力,才能熟练地掌握训诂学的方法和原理。

在平时的学习中,要自觉养成运用训诂原理和方法解释语言现象的良好习惯,学以致用。例如《女娲补天》:

"往古之时,四极废,九州裂,天不兼覆,地不周载。"

郭锡良主编的《古代汉语》注释为:"四极:天的四方极远之处。传说天的四方有支撑着的柱子。"

把"四极"解释为"天的四方极远之处"是不妥当的。"四极"应当解释为"天的四方的擎天柱"。理由如下:

第一,"极"是"柱子"的意思。《说文解字》:"极,栋也。"王筠《说文句读》:"栋为正中一木之名,今谓之脊檩者是。"朱骏声《说文通训定声》:"栋,极也……屋内至中至高之处,亦曰阿,俗谓之正梁。"徐锴《说文系传》:"极,屋脊之栋也。"吴善述《广义校订》:"栋者,屋之正梁,居中至高,故谓之极。"《庄子·则阳》:"孔子之楚,舍于蚁丘之浆,其邻有夫妻臣妾登极者。"陆德明《经典释文》:"司马云:极,屋栋也。"《后汉书·蔡茂传》:"茂初在广汉,梦坐大殿,极上有三穗禾,茂跳取之,得其中穗,辄复失之。"李贤注:"极,屋梁也。"由此可知,"极"是"屋梁"的意思。"极"由"屋梁"义很自然地引申出了"柱子"的意思。清侯方域《拟思宗改元颁示百官廷臣谢表》:"新炼娲妃之石,玉清仍是九层;更筑共工之山,坤维安于四极。"此句中的"四极"就是指"四方的擎天柱"。据传说,天是由柱子支撑着的,《汉语大词典》就把"四极"解释成了"古代神话传说中四方的擎天柱",并且举了《淮南子·览冥训·女娲补天》中的这个例子,可见,"四极"是"四方擎天的柱子"的意思。

第二,《女娲补天》后文说"女娲炼五色石以补苍天,断鳌足以立四极。"女娲砍断鳌足,以鳌足来支撑天,可见,"立四极"就是立起四方的擎天柱,这些擎天柱是用鳌足来充当的。课文前面说"四极废",所以女娲才"断鳌足",用鳌足做柱子来重新支撑起天。结果是"苍天补,四极正",用鳌足做成的擎天柱立端正了。如果照教材解释为:"四极,天的四方极远之处",那么,"立四极"就是"立天的四方极远之处",这个句子显然主谓搭配不当。这也可以证明,把"四极"解释为"天的四方极远之处"是不确切的,正确的解释应该是:"四极,天的四方的擎天柱。传说天的四方有支撑着的柱子。极,(擎天的)柱子。"再如:

"火爁焱而不灭,水浩洋而不息。"(《女娲补天》)

郭锡良《古代汉语》注释为:"爁焱,叠韵联绵词,火势蔓延的样子。焱:火花,原作'炎',依王念孙说改。"该解释中的"火花"二字应去掉。因为"爁焱"是联绵词。所谓联绵词,就是指两个音节连缀成义而不能拆开解释的词。联绵词中的每一个字仅仅表示一个音节,即表示一个读音,而不表示意义。正由于这样,一个联绵词往往可以有多种写法,如"爁焱"又可以写作"爁炎",但决不能拆开解释。教材把"爁焱"拆开解释为"焱,火花"是错误的,应去掉"火花"二字。正确的解释是:"爁焱:叠韵联绵词,火势蔓延的样子。焱:原作'炎',依王念孙说改。"

可见,只要我们掌握了训诂学的基本原理和方法,不但可以更好地理解前人的注释,而且还可以改正别人注释中的错误,可以解决古书阅读中的许多疑难问题。

第二章

训诂实践的内容

　　任何事物都是发展变化的，语言也不例外。语言的发展变化表现在语音、汉字的形体、词义、语法、修辞等各个方面。由于语言的发展变化，昔之妇孺闻而辄晓者，现代人都读不懂了，所以就需要人们为之训诂，为之注释，以帮助今人能够读懂古书。训诂实践的内容主要表现在注音、辨形、释词、通句、阐释语法、修辞现象，解释名物典章制度、补充历史资料、校勘古书、标点古书、翻译古书等。为突出训诂的实践性，本书将校勘、标点、翻译的内容放在"实践篇"专章介绍，以强调训诂实践的重要性，切实加强能力培养。

第一节　注音

　　注音是训诂的重要内容。这是因为语音始终处在发展变化之中，它经历了上古音、中古音、近古音、现代普通话语音四个发展阶段。

　　语音非常重要，语音是词的内在形式，有什么样的语音就表示什么样的意义，这是社会约定俗成的，所以日常生活中人们能够听音知义，训诂实践中人们也能够"因声求义"。"训诂之旨，本乎声音"，历代的训诂学家都非常重视注音。自汉以来，前人发明了很多的方法来注音，如譬况法（长言、短言；急气、缓气）、直音法、读若法、读如法、读曰法、读为法、反切法、破读、如字、国语注音字母注音法，一直到我们今天使用的汉语拼音，注音方法由粗疏到精确，由不完善到完善，对古籍中的注音也就越来越准确。给古籍注音，主要表现在以下几个方面：

一、给难僻字注音

　　百里而趣利者蹶上将。（《史记·孙吴列传》

司马贞《史记索引》："蹶，音巨月反。"

莠(yòu)，禾粟下生莠。从艸秀声，读若酉。(《说文解字·艸部》)

二、给多音字注音

包括古今字异读、专有名词异读。

1. 多音异读

如恶恶臭，如好好色。(《礼记·大学》)

陆德明《经典释文》："恶恶，上乌路反，下如字。"又："好好，上呼报反，下如字。"

2. 专有名词异读

主要指古代的人名、地名、国名、族名等。例如：

"阏氏"，读作 yān zhī；可汗，读作 kè hán

3. 联绵词异读。如：

齐衰，读作 zī cuī；次且，读作 zījū

4. 古今异读

《说文·言部》："说，说释也。"从言兑声。段玉裁注："说释即悦怿，说悦、释怿，皆古今字。许书无'悦怿'二字也。说释者，开解之意，故为喜悦。"

三、给通假字注音

古人行文的时候，经常借用一个语音相同或相近的字来代替另一个字，这种用字的现象叫"通假"。所谓通假，在今天看来就是写了一个语音相同或相近的错别字，在今天是不允许的，而在古代这种借音用字的现象却比比皆是。由于通假字使用的是古音，所以给通假字注音就显得特别重要。朱骏声："不明古音，不足以识假借。"此话道出了注音与揭示通假字的重要关系。例如：

余必使尔罢于奔命而死。(《左传·成公七年》)

陆德明《经典释文》注："罢，音皮。""罢"的本字是"疲"，通假字"罢"与其本字"疲"之间的读音本是相同或相近的，可在唐朝时语音就已经发生了变化，所以陆德明注出了"罢"的本字的音为"皮"，实际上间接指出了"罢"的通假用法。

有时可以直接指明其通假用法。如：

三月，夫人孙于齐。(《春秋·庄公元年》)

陆德明《经典释文》注:"孙,本亦作逊,音同。""本亦作逊",实际上直接指明了"孙"的本字是"逊"。再如:

七月食瓜,八月断壶。(《诗经·豳风·七月》)

毛传:"壶借为瓠。"指明了"壶"的本字是"瓠"。

有时直接用本字来注。例如

无信人之言,人实迁女。(《诗·郑风·扬之水》)

毛传:"迁,诳也。"用本字"诳"直接注释通假字"迁",既注了音,又解释了词义。高亨《诗经今注》:"迁(kuáng),借为诳,欺骗。女,通'汝'。"

有时用"读为"、"读曰"的格式来说明本字和通假字之间的关系。例如:

淇则有岸,隰则有泮。(《诗·卫风·氓》)

郑笺:"泮读为畔。""泮"是借字,"畔"为本字。

播时百谷(《书·尧典》)

郑注:"时读为'莳'"。"时"为借字;"莳"为本字。

有时用"读若"、"读如"的格式来说明通假关系。例如:

虽危,起居竟信其志。(《礼记·儒行》)

郑玄《礼记注》:"信,读如屈伸之伸。假借字也。"

有时直接用"X 通 X"的格式来揭示通假关系。前者为通假字,后者为本字。如

八月剥枣。(《诗·豳风·七月》)

高亨注:"剥,通扑,击。""剥"为通假字,"扑"为本字。毛传:"剥,击也。""扑",又写作"攴",《说文·攴部》:"攴,小击也。从又,卜声。"

第二节　辨析字形

汉字是表意体系的文字,汉字的形体与其含义有着密切的联系,同时,汉字在长期的发展过程中,除了字形变化以外,有的还出现了书写上的错讹,此外还有笔势和笔意方面也发生了一些变化,这些在训诂实践中都需要引起高度的重视,否则就达不到以今识古的目的。

一、字形与字义的关系

汉字是表义体系的文字,以形表义,是汉字的性质所决定的,因此,分析汉

字的形体就成为考求词义的重要途径。分析汉字的形体历来有"六书"之说,即根据造字方法,前人将汉字分为象形、指事、会意、形声、转注、假借六大类。其中,转注和假借为用字之法,它并不能直接造出新字,所以戴震又将传统的"六书"分为"四体二用"之说。"四体",指象形、指事、会意、形声四种造字的方法。象形字,是描画事物的外形而造字的,所以根据字形我们就可以知道它所表示的事物的样子,例如"日"(甲骨文作"⊙")、"月"(甲骨文作"☽")二字,其形体就是太阳和月亮的样子。指事字,其意义是"指"出来的,如"刃"、"甘"等字;或用符号直接标志事物的特点,如"上"、"下"等字。会意字,指会合几个字的形体为一字之形体,同时也会合各个形体所表之义为该字之义,如"人言为信"、"止戈为武"等字。形声字是由形符(又称作"义符")和声符两个部分构成的,既能表义,又能表音。但形声字所表示的意义一般并不具体,它仅仅指明了该字的意义范围,如"江"、"河"、"灌"等字,仅仅表示这些字的意义与"水"有关,并不能指明具体的意义,这是值得我们注意的。假借字是"本无其字,依声托事",是借音用字,是借音表义,这类字,不能用分析字形的办法来求其意义,因为分析字形得出的是其本字的意义,这也应该引起我们的注意。转注字是"建类一首,同意相受",它没有造出新的字来,仅仅指出了某一类字所具有的共同特点,即同部首、同意义。另外还需要注意,分析字形来探求词义是有局限性的,因为分析字形只能得出该字所表示的词的本义,对于引申义、通假义等,是无法通过分析字形的办法获得的,

二、今形与古形

分析字形探求本义还必须注意汉字形体的演变。从古至今,汉字的形体经历了甲骨文、金文、大篆、小篆、隶书、草书、行书和楷书八种形体,其中隶书的出现是座分水岭,我们通常把隶书之前的文字即甲骨文、金文、大篆、小篆叫古文字,隶书以来的文字包含隶书、草书、行书和楷书叫今文字。为什么要以隶书作为分水岭呢? 这是因为隶书的出现彻底改变了古文字的形貌。隶书和古文字的根本区别,首先是全面符号化,即完全抛开古文字的象形因素,使文字变成抽象的记号;其次是笔画化,即把字形分解为若干个基本笔画。古文字用的是以弧线为主的线条,而隶书、楷书用的是点、横、竖、撇、捺等一系列笔画。从结构上说,隶书形体扁方,字形趋于简约,或相同之偏旁异化为不同形体,或数种构造归趋于同一偏旁,这种汉字笔画和结构改造,以至于打破了"六书"传统,大大

改变了古文字的面貌;从书写的角度来看,隶书变圆形为方形,变弧线为直线,大大加快了书写速度。总之,隶书的出现是汉字形体演变史上的重要转折点,人们称之为"隶变"。自此,汉字无论在字的结构还是在表义方式方面,都发生了质变,从根本上改变了古文字象形面貌,使汉字进入了今文字阶段。

分析字形探求本义,首先要分析古字形,也就是说,如果该字有甲骨文就不要分析金文,有金文就不要分析篆文,有大篆就不要分析小篆,文字的形体越古老,越能准确地显示出造字之初的本义。如"亦",甲骨文作"𡗥"。"亦"即今之"腋"字,为指事字。《说文》:"亦,人之臂亦也。从大,象两亦之形。"再如:"莫",甲骨文作"𦱤",《说文》曰:"莫,日且冥也,从日在茻中。"许慎《说文解字》根据小篆的形体对"亦"、"莫"的分析与甲骨文一致,是正确的。但应该指出,许慎《说文解字》中也有很多解释是错误的,其原因就是许慎分析汉字时依据的是小篆。例如"为"字,小篆作𦥐,许慎根据小篆的形体分析说:"为,母猴也,其为禽好爪,爪,母猴象也;下腹为母猴形。"为,甲骨文作"𤔔",是以手役象的意思。罗振玉《增订殷虚书契考释》:"案,(爲)从爪,从象,绝不见母猴之状,卜辞作手牵象形……意古者役象以助劳,其事或尚在服牛乘马以前。"由于历史的原因,许慎没有能够见到甲骨文,许慎的《说文解字》只能根据小篆的形体(个别根据古文字)来探求词义,从甲骨文到小篆,汉字的形体毕竟发生了很大的变化,所以许慎根据已经发生了很大变化的小篆形体来分析词义,这就难免出现错误。当然,这是历史的局限,我们不能苛求古人。

根据今文字分析字形时,一定要善于利用其部首偏旁。如"言"部、"水"部等。分析部首,可以帮助我们按类分析掌握词义。另外,还要注意部首所在的位置,譬如同是"阝"旁,在字的左边表示"阜"部,表示的意义与山、高有关,如"陵"、"陟"、"阴"、"阳"等;在字的右边表示"邑"部,表示的意义与生活区有关,如"都"、"郊"等。再如"心"部,置于字的左边变形为"忄",如"快"、"慢"等;置于字的下边变形为"小",如"恭"、"慕"等。这些部首的变形都是有规则的,还有一些部首的合并变形是无规则的,我们称之为"讹变"。讹变使原来不同的部首偏旁变为同一个部首,如"奉、春、泰、秦"四字,今讹变为春字头"夫",而原来的字分别为𡕥𣎬𡙕𥠄;而燕、魚、然下边的四点,也分别来自燕尾、鱼尾和火。

三、书写上的错讹

主要指在书写、传抄过程中出现的错误。王引之曰："经典之字,往往形近而讹,仍之则义不可通,改之则怡然理顺。"(《经义述闻》三十二)。王引之指出文字形讹的原因如下:

1. 一般形近致误。

误"捪"为"梏",或误为"牿"(gù);误"格"为"招";误"厎"为"底"等。

2. 古文形近而致误。

如"四",古文写作"亖",与"三"形近而致误。古文"其"写作"兀",而误作"六",或误作"介"字。"事"古文与"史"相近而误作"史"字。

隶书形近而致误。

如"笑"与隶书"先"相近而误作"先"字。"出"与隶书"士"相近而误作"士"字。"穴"与"内"相近而误作"内"。

篆书形近致误。

如"人(人)"与"九"相近而误作"九"字。

半体或体相近致误。如"民"下半近"比"而误作"比"字;"辟"与"辞"相近而误作"辞"字。

草书形近而讹。

如"靳"与草书"鞠"相近而误作"鞠"。

四、笔意与笔势

笔意,即字的笔画意义,也就是指能够表现字的本义的初文(古文字)。而笔势,则是一种笔法取势。由于文字的发展变化,汉字已经笔画化、符号化,字的笔画已经无法表示意义了,叫笔势。例如"因"字,甲骨文"因"像席子形,正表现了"因"的本义,这就是笔意。而小篆"囚"从口从大,字形已经整齐化、符号化,无法表现出字的本义,因此是"笔势"。黄侃《文字声韵训诂笔记·文字学笔记》云:"不知笔意者,不可以言笔势。"由于文字演化,后代难以得到笔意,但是由于笔意和笔势之间的继承关系,人们还是可以从笔势推求笔意。在《说文解字》中,凡许慎认为是笔意的就是最古的汉字,往往称之为"从古文之象"、"从古字之象"、"象古文之形"、"从古文省"等。如

《说文·民部》:"民，^{象形}萌也。从古文之象。^{象形}，古文民。"

"民"为笔势，笔画没有什么含义，而^{象形}为笔意，如一女子(按:即古奴字)有绳捆绑，防其逃走。后来由战俘转为生产者，到了钟鼎文写作^{象形}，亦从女械足之形。以上为笔意，至"民"为笔势了。

五、古今字

汉字是写词的，随着汉语的孳乳分化，汉字也必然相应地增加或调整；汉字有几千年的历史，使用它的人数多，地域广，在长期的发展中出现了一字写数词或一词用多字来写的复杂情况，主要表现为古今字、异体字、繁简字、通假字等情况，这些都给阅读古书带来了困难。

(一)什么是古今字

同一个词在不同时代用不同的字形来表示，就形成了古今字，在前者叫"古字"，在后者叫"今字"。例如"莫"是古字，"暮"是今字。

古今字，也就是古今分化字，我们把分化前一字写数词的字叫古字，把分化后记词各有专司的字称今字。

(二)古今字形成的原因

字与词之间的关系，以一对一为最理想，即一字写一词。但上古时代，特别是先秦时代，汉字数量少，汉字产生的速度落后于词的发展，一个汉字除了表示本义，往往还表引申义和假借义，常常是一字写数词。如"说"字，既表示形容词"喜悦"，又表示动词"游说"、"解说"，同时还表示名词"学说"、"主张"等，一字表示了三个词。多词共用一个字体，很容易造成歧义，不利于书面交际，后人为了加以区别，让使用频率高的常用词使用原字形，给非常用词另造新字，于是原字和后起的新字之间就形成了古今字之间的关系。例如"其"本义是畚箕，古书里经常被借用来表示代词和语气词，为了加以区别，后人在原字"其"的基础上增加意符"竹"，造出了今字"箕"，专门用来表示本义"畚箕"，而用原字"其"来表示使用频率高的代词和语气词，这样"其"和"箕"在"畚箕"意义上形成了古今字。

(三)古今字的来源

古今字主要有两个来源:一是因同源分化而形成的古今字;一是因同音假借而形成的古今字。

1. 同源分化而形成的古今字

词义的不断发展,使词由单义变成多义。其中有的词义为适应交际的需要,从母体中分化出来,独立成词,并由专字来表示。如:"奉"是手捧义,分化后写成"捧"。"见"是显露义,分化后写成"现"。"属"是"托付"义,分化后写成"嘱"。"唱"是倡导义,分化后写作"倡"。再如:

反——返　　责——债　　益——溢　　受——授　　竟——境
贾——價　　取——娶　　弟——悌　　昏——婚　　契——锲
章——彰　　景——影　　希——稀　　共——供　　火——伙
文——纹　　内——纳　　止——趾

2. 同音假借而形成的古今字

汉语中有些词意义比较抽象,不好造字,人们干脆就不再造字,而是直接找一个同音字来借用。某字被借用后,其本字仍然在使用,这样就造成了本字、本义和假借义共用一体,造成了字的兼职现象。为使本字、本义与假借义能够区别开来,从而使表达准确,于是人们就在原字的基础上增加形符,造出一个新字(今字)来代替原来的本字,于是形成了古今字。这类字大部分是虚词,使用频率极高,必须要有专门的书写形式,可因为音义抽象而无法造字,于是就借用同音字来解决这一矛盾。如疑问代词"何",意义抽象,难以造字,就借用"担负"义的"何"字来表示,而另造"荷"字来表示本义;必须的"须"借用"胡须"义的"须"来表示,而本义则另造"鬚"字来表示;虚词"或"也难以造字,就借用"国家"义的"或"字来表示,而另造"國"字来表示本义。今字的形成和使用,避免了书面交际的混乱,避免了一字写多词。再如:

卒——猝　　舍——捨　　咸——感　　辟——闢　　直——值
孰——熟　　辟——避　　然——燃　　皇——凰　　占——佔
果——菓　　申——伸　　匡——筐　　云——雲　　免——娩

古字和今字一般是一一对一的关系,但也有一对几的关系,即一个古字可以有两个或两个以上的今字。如古字"采",对应的今字有"採"(採摘)、"綵"(綵绸)和"彩"。

今字大都是以原形为基础,即以古字为声符,增加形符,或者改变形符。而且不论古字属于何种造字法,新造的字基本上都是形声字。如"火"是象形字,"伙"是形声字;"亦"是指事字,"腋"是形声字;"莫"是会意字,"暮"是形声字。

增加形符而造今字,如"益",加"水"作"溢";"昏",加"女"作"婚";"然",加"火"作"燃"。

改变形符而造今字,如"喜悦"的"说",改言旁为心旁作"悦";讣告的"赴",

改走旁为言旁作"讻";去世的"没",改水旁为歹旁作"殁"。

弃置原字而重造今字,如"阳",其今字为"佯";"矢"的今字为"屎"。

究竟哪一个字占用原形,哪个词分化出去另造新字,不是随意的,一般是受使用频率决定的。通常是使用频率高的词占据原形,因为它笔画简单些,能提高书写效率;而那些使用频率低的词让出原形,添加偏旁,另造新字。由此可见,占据原形的不一定就是本义、古义。如"胡须"的"须"不如"必须"的"须"使用频率高,于是鹊巢鸠占,只好让给必须的"须",自己另造"鬚"字。

(四)古今字的意义关系

古字和今字之间的意义关系有以下三种情况:

1. 今字承担本义

"州"本义是水中陆地,引申义为"九州"、"州郡",于是用今字"洲"表示本义。"队",本义为从高处坠落,后借用表"队列"义,于是用今字"坠"表示本义。"莫"的本义是"傍晚",借为虚词后,用今字"暮"来表本义。

2. 今字承担引申义

"取"的本义是获取,引申为取女人做妻。后专造"娶"字表示"娶妻"。"娶"承担了引申义。"解"的本义是分割,引申为松懈,后造"懈"来承担引申义。

3. 今字承担假借义

"戚",本指斧子,借为表感情的"戚"后,加形符"心"造出今字"慼",今字"慼"表示假借义;"辟",本指法制,借来表示"躲避"义。后来造今字"避"来承担假借义。

(五)对待古今字的态度

今字的出现是为了使语言的表达更准确,是语言发展的必然,所以我们不能轻视今字。有人认为只有古字才是正字,今字都是俗字,这种看法是错误的。我们对待古今字的态度是:既不要厚古薄今,也不要厚今薄古,要一视同仁。

六、异体字

(一)什么是异体字

异体字是同音同义而不同体的字。在任何时候都可以互相代替的字。如"岳"可以写成"嶽","峰"可以写成"峯"等。不是在任何情况下都能通用的字,就不是异体字。如"乌"和"於"原先是同一个字,后分化成两个不同形体。古书中作为鸟名的"乌"和作为介词的"於"分工明确。因此不能算是异体字。

（二）异体字产生的原因

因为时代不同，地域不同，人们在不同的时间和地域造字，由于构思不同，取材有别，方法各异，所以给同一个词造出的字体就不可能完全一样，于是就出现了异体字。早在殷商时代的甲骨文、金文中就出现了大量的异体字。战国时期诸侯割据，"言语异声，文字异形"，异体更加纷纭。秦统一中国后，推行"书同文"的政策，以小篆为规范字体，"罢其不与秦文合者"，在某种程度上限制了异体字的发展，但并没有根绝。异体字的存在，成为我们阅读古书的障碍。

（三）异体字的形体类别

1. 造字方法不同而形成的异体字

会意　泪　岳　岩　淼　竝

形声　涙　嶽　巖　渺　併

2. 构字偏旁不同而形成的异体字

（1）变换形符构成异体。如：

睹，从目，者声；覩，从见，者声。溪，从水，奚声；谿，从谷，奚声。畔，从田，半声；泮，从水，半声。

（2）变换声符构成异体。例如：

綫，从糸，戋声；線，从糸，泉声。粮，从米，良声；糧，从米，量声。

（3）声符和形符都改变而形成异体字。例如：迹，从辵，亦声；蹟，从足，责声。村，从木，寸声；邨，从邑，屯声。愬：从心朔声；诉：从言斥声。

3. 偏旁位置不同而形成异体字。例如：

和——咊；期——朞；峰——峯；秌——秋；稾——稿；群——羣；慚——慙；胸——胷；裏——裡；崐——崑；鞍——鞌

（四）对待异体字的态度：

异体字是同一个词的不同写法，在任何情况下都可以互换，而意义则不会发生变化。所以异体字的存在只能给人们的学习生活带来不便。所以我们对待异体字的态度是坚决废除。建国后，政府有关部门对异体字进行了整理，1955年底公布了《第一批异体字整理表》，精简了1055个异体字，大大减轻了人们认识汉字的负担。但异体字大量存在于古籍书中，如果想读懂古书，如果想从事古籍整理工作，那么还必须认识异体字。

关于异体字，要特别注意鉴别那些貌似异体而实非异体的字。如寘置、酤沽、亡无等，它们之间只有部分意义交搭，或偶尔相通，写的并不是一个词，不能无条件的互换，所以就不是异体字。如"置"与"寘"，除"安放"意义相同外，其余皆不同，故不是异体字。"酤"的对象只限于"酒"，而"沽"的对象除酒外，还有玉或其他东西。"亡"和"无"只是在"有无"的意义上偶然相通,更不是异体字了。异体字之间互相代替是无条件的。如果有的字互相代替是有条件限制的,那么它们就不是异体字。如"彫"、"凋"、"雕"、三字,就其形符表义来看,一是修饰,一是凋谢,一是鸟名,它们在使用过程中,偶有互代现象,属于通假关系,而非异体关系。

还应注意,异体字在历史上是有变化的。如"喻"与"谕",本来是异体字,写的是同一个词,但在词义发展中却发生了变化,成了两个词,各自有了分工。"告谕"义、"晓谕"义用"谕","比喻"义用"喻",变成了非异体字。

七、繁简字

繁简字是指繁体字以及与之相对应的简化字的合称。繁简字是根据笔画而言的,笔画多的是繁体字,笔画少的是简化字(又称简体字)。

汉字简化是汉字发展的总趋势,远从甲骨文时代,汉字就已开始简化,在群众中不断创造大量的简体字,以便于书写。1956 年,国务院公布了《汉字简化方案》。1964 年编印了《简化字总表》,共简化汉字 2238 个,1986 年重新发表《简化字总表》,对个别字作了调整,总简化字为 2235 个。凡是《简化字总表》中的简化字,就是规范的简化字。现代汉语不再要求使用繁体字,但古籍文献却是用繁体字书写的,所以我们要学习训诂学、阅读古籍文献,还必须学习繁体字。

(一)繁简字之间的对应关系

一般说来,简化字与繁体字之间是一对一的关系,不会发生混乱,只要记住繁体字就行了。如:

宝——寶　　灯——燈　　担——擔　　称——稱
断——斷　　对——對　　桥——橋　　顾——顧

简化字与繁体字之间还有一对二,一对三甚至一对四的情况,即一个简化字代表几个繁体字,这种情况不多。例如:谷,既代表山谷的"谷",又代表谷物的"穀"。发,既代表出发的"發",又代表头发的"髮"。干,既代表干戈的"干",又代表干燥的"乾",才干的"幹",树干的"榦"。再如:

彻——徹、澈;弥——彌、瀰;汇——彙匯
台——台(yí 我)、臺(楼台)、檯(桌子)、颱(台风);蒙——曚、濛、懞;复——復、複、覆

(二)汉字简化的方法

(1)声符替换

所谓声符替换是指将笔画多的声符替换成笔画少的声符,替换前后的两个字之间便构成了繁简关系。例如:

燈——灯　機——机　憐——怜　遷——迁

(2)删减笔画

删减笔画是指将一个笔画繁杂的字删掉其中的一部分,把剩下的部分作为本字的替代符号,删减前后的两个字之间就构成了繁简关系。如

親——亲　條——条　離——离　雖——虽　開——开

(3)草书楷化

为了书写的便利,古人往往将笔画繁多的汉字写得比较简单,而草书尤为简单,完全打破了汉字的形体构造,连笔带草,只保存字形的轮廓,随着文字的发展,这部分草书变成了楷书,形成了繁简关系。如

盡——尽　樂——乐　孫——孙　頭——头　報——报　韋——韦

當——当

草书楷化的简化字大体保存了繁体字的外形轮廓,距离繁体字形已经很远了。

(4)采用古字

就古今字的形体笔画而言,古字往往形体简单,笔画较少,所以在汉字简化的过程中,人们往往采用古字而废弃了今字。换句话说,古字因为笔画少而成了今天的简化字,而今字由于笔画多却成了繁体字,并且被淘汰了。例如:

启:《说文》解释为"开也。"段玉裁注:"后人用'啟'字训开,乃废'启'不行矣。"按:"启"本为古字,"啟"为今字,二者本来构成了古今字的关系,可在汉字简化的过程中,人们选择了笔画少的古字"启"作为简体字,而废弃了今字"啟"。再如"从"和"從"二字,也是古今字之间的关系。段玉裁的《说文解字注》:"从者,今之'從'字,'從'行而'从'废矣。"在清朝,本来使用今字"從"而废用了古字"从",可在今天的汉字简化中,人们又选择了笔画少的古字"从"作为简化字,而废弃了笔画多的今字"從"。

(5)同音替代

所谓同音替代,是指用一个笔画简单的同音字去替代笔画繁杂的字,这两个字原本在意义上毫无联系,而现在却构成了繁简字之间的关系。例如"幾"和"几","後"和"后","餘"和"余";

幾　《说文》:"微也,殆也。从丝,从戍。戍,兵守也,而兵守者危也。"

几　《说文》:"踞几也,象形。"

後　《说文》:"迟也。"

后　《说文》:"继体君也,象人之形。施令以告四方,故厂之,从一口。发号者,君后也。"

餘　《说文》:"饶也。"

余　《说文》:"语之舒也。"

这类繁简字,仅仅是语音相同,而在意义上是毫无联系的。再如:

征(征伐)——徵(徵求);谷(山谷)——穀(五穀);斗(盛酒器,计量单位)——鬪(争鬪);帘(古代酒家用作标志的旗帜——簾(用竹、布、苇等做成的遮挡门窗的用具)。

第三节　释词

给词释义是训诂内容的核心部分,本书拟从表义词释义和表音词释义两个方面去阐述。

表义词释义包括:单音词释义、双音词释义、合成式词语(联合、偏正、变义、偏义)释义、专有名词释义、单音词连用和复音词的区别。

表音词释义包括:摹音词、重言词、联绵词、摹声状物词等。

一、表义词释义

古汉语的单音词居多,而且往往一个词表示多个意义,容易造成歧义,给阅读古书带来了困难,所以历来训诂的重点在于解释单音词。

(一)释实词

词大都具有多义性的特点,训诂专著和传注都解释词。它们所解释的词义既有词的本义,又有词的引申义和假借义。

1. 释本义

本义是词的本来的意义,是词最根本的内容。例如:"氓",《说文解字》解释为:"氓,民也。"毛传:"氓,民也。"赵岐《孟子章句》:"氓者,谓其民也。"许慎、毛亨、赵岐都解释"氓"的本义为"民"。再如:

器:《说文解字》解释为:"皿也。象器之口,犬所以守之。"

路:《说文解字》解释为:"道也。从足从各。"

许慎认为"器"的本义是"皿","路"的本义是"道"。

2. 释引申义

引申义是从本义引申、发展出来的意义。词义引申是一种普遍的词义派生活动,无论是专著还是传注训诂,都特别注意探求引申义。例如"观"的本义为谛视(仔细看)。《尔雅·释言》:"观,示也。"引申为"显示给人看"的意思。如《左传·襄公十一年》:"围郑,观兵于南门。"杜注:"观,示也。"《国语·周语》:"先王耀德不观兵。"韦昭注:"观,示也。"《吴语》:"寡君未敢观兵身见。"韦昭注:"观,示也。"以上皆传注训法,杜预、韦昭都解释了"观"的引申义为"显示给人看"。

3. 释假借义

《诗·小雅·常棣》:"外御其务。"

郑玄笺:"务,侮也。"《尔雅·释言》:"务,侮也。"按:"侮"为侮慢,"务"的本义是"趣",疾走,与"侮"无涉,这里为同音假借(务、侮皆明母、侯部)。

(二)释虚词

虚词量少,但使用频率却很高,而且一个虚词往往有多种用法,所以历来是学习的难点。训诂专著和传注在训释虚词上有所不同,专著强调本义和原始义,因此,释义单纯,所释义项数量少,而传注是随文释义,则含义多,下面分别论述。

1. 专著释虚词

"粤、于、爰,曰也。"(《尔雅·释诂》)

"爰、粤,于也。"(《尔雅·释诂》)

"卬、吾、台(yí)、予、朕、身、甫、余、言,我也。"(《尔雅·释诂》)

"朕、余、躬,身也。"(《尔雅·释诂》)郭璞注:"今人亦自呼为身。"

"我,施身自谓也。"《说文·戈部》又:"吾,我自称也。"(《说文·口部》)

2. 传注释虚词

随文释义,方法灵活多样,往往一词多释,并且出现了一些训释虚词的术语。例如对虚词"之"字的一些传注:

"乃如之人兮,逝不古处。"(《诗·邶风·日月》)

郑玄笺:"之人,是人也。"

"知以之言也问乎狂屈。"(《庄子·知北游》)

陆德明《经典释文》引司马彪云:"之,是也。"按:以上所释"之"均为代词,相当于"这"。

"乐之弗乐者,心也。"(《吕氏春秋·适音》)

许维遹《集释》:"之,犹'与'也。"按:"之"为连词,表示并列关系。

"目好之五色,耳好之五声,口好之五味,心利之有天下。"

俞樾《平议》:"此文四'之'字,并犹'于'也。"按:四个"之"字均为介词,表示动作涉及的对象。

"又使公罔之裘、序点扬觯而语。"(《礼记·射义》)

郑玄注:"之,发声也。"陆德明《经典释文》:"之,语助。"

"介之推不言禄。"(《左传·僖公二十四年》)

杜预注:"介推,文公微臣。之,语助。"按:"语助"为一固定术语,即语气助词的意思,这一术语为西晋著名学者杜预(222~285)所用,说明至少在1700多年前已经有了解释虚词的术语。"公罔之裘"、"介之推"均为人名,其中的"之"均为语气助词,不表示意义。

(三)单音词释义要注意辨明词性

词的性质与词义密切联系在一起,要正确理解词的含义,首先必须辨明词性,这是非常重要的。否则,就会出现错误。例如:

《商书》曰:"恶之易也,如火之燎于原,不可乡迩,其犹可扑灭?"(《左传·隐公六年》)

句中"易"为不及物动词,意为"蔓延",而杜预误为形容词"容易"之"易",是搞错了词性的结果。

(四)双音词释义应注意的问题

两个音节以上的词表义应注意如下问题:

1. 大名冠小名。这是汉代以前用于专有名词的一种特殊的构词方式,其特点是名前为该人职业,或物类名,后边是该人、物名,为双音词。例如:庖丁、盗跖、奕秋、草芥、草茅、虫蝗、虫螟、鸟乌、鸟隼、鱼鲔、禽犊、巫阳、医和、祝鮀、史鱼、师旷、梓庆、匠石等等。由于这种构词方式汉以后不再有,人们往往会出现理解上的错误。如:理解"奕秋"为整个人名,实际"奕"是职业,而"秋"是人名;又如"盗跖","盗"为职业,"跖"是人名;"虫蝗"也不能说成是"蝗虫","虫"为物类名,表示的范围大,而"蝗"为具体的虫名,仅仅是"虫"里面的一种。

2. "有"字打头的词。多为民族、部落、朝代等。"有"字不必看作有何实在意义,只是一种衬托、凑足音节而已。例如:有虞、有夏、有殷、有室、有居、有方、有北、有昊、有帝、有王、有司、有政、有氏、有众、有事等。在理解时且不可视"有"为有无之有。例如陶渊明《桃花源记》:"乃不知有汉,无论魏晋。""有汉",即"汉朝"的意思,千万不能理解为"有汉代"。

3. 辨构词法

首先,在同义合成词中,两个义近语素组合成了一个双音词,其中任何一个语素都可以代表这个词的意义,这两个语素之间的顺序开始的时候并不固定。如"人民"经常写作"民人",指百姓;"阻险"经常写作"险阻",指地势不平。理解其词义,只把握其中的一个语素义就行。

其次,变义合成词中的两个相对或相类语素都失掉了原来的意义而重新形成了一个新的意义,对变义合成词,绝对不能将其拆开解释。如"社"为土地神,"稷"为谷神,凝固为"社稷"一词后变成了一个变义合成词,表示"国家"的意思,所以就不能再将其拆开解释为"土地神"和"谷神";再如"水土"也不是"水"与"土"的语素义相加,而是指自然的环境;"消息"也不再是"消减"和"滋长",而变成了"讯息";"骨肉"也不再指"骨头"与"肌肉",而是指有血缘关系的人。

第三,偏义合成词,亦称偏义复词。指组成合成词的两个相关或相反的语素,在一定的语言环境中,只有一个语素表义,而另一个语素只起陪衬作用。例如

"大夫不得造车马。"(《礼记·玉藻》)

"车马"一词的意义偏指"车","马"只起陪衬的作用,因为"马"是不能造的。再如:

"昼夜勤作息,伶俜萦苦辛。"(《孔雀东南飞》)

"作息"一词的意义偏指"作"(劳作),"息"起陪衬的作用。

4. 辨连用还是合成词

单音词连用有时与双音合成词容易混淆,因此要严格区分。例如

"天地盈虚,与时消息。"(《周易·丰卦》)

"今齐地方千里,百二十城。"(《战国策·齐策》)

"老师费财,亦无益也。"(《左传·僖公·三十三年》)(老师:军队出征日久而疲惫。)

"玉不琢,不成器;人不学,不知道。"(《礼记·学礼》)

"璧有瑕,请指示王。"(《史记·廉颇蔺相如列传》)

滕君,则诚贤君也。虽然,未闻道也。(《孟子·滕文公上》)

以上例句中带着重号的词为单音词连用,而不是双音词;如果不认真分辨,就会和今天的合成词混为一谈。

二、表音词释义

表音词是借音表义的。文字出现之前就已经出现了语言,出现了词汇,而这时人们对语言的使用和理解仅限于耳治,即听后便能明白其意思。文字产生

以后,某些词语仍以声表义,而其外在形体则是借用汉字的同音词。这类词往往为人们所疏忽,甚至将其与表义词混为一谈,结果闹出笑话。表音词主要表现为:假借字表义,摩声表义、重言、联绵词,古成语表义等。

1. 假借字表义

此条就是人们常说的识破借字求取本字表义。在古代典籍中,不用本字而用音同或音近的字的现象大量存在,人们称之为假借。借字只起表音作用,不能析形寻义。因此,要寻求它的意思,只有从其读音上去寻求它的本字,然后才能找到它的本义。清代学者段玉裁说:"治经莫重于得义,得义莫重于切音。(《广雅疏证·序》)"王念孙说:"训诂之旨,本乎声音。"(《广雅疏证·自序》)王引之说:"训诂之要,在声音,不在文字。"(《经义述闻》)

求取本字的方法,根据通假音同音近的原则,可分为:

(1)音同通假。又叫同音通假,即本字与借字在古代的读音完全一样(声母、韵部全相同)。例如:

"鹿死不择音。"(《左传·文公十五年》)

"音"通"荫"。"音"、"荫"二字音同,皆影纽侵部。

"寡助之至,亲戚畔之。"(《孟子·公孙丑上》)

畔,通叛,"畔""叛"二字古音相同,皆并纽之部。

"虽有槁暴,不复挺者,輮使之然也。"(《荀子·劝学》)

"有"通"又",二字古音全同,皆喻纽之部。

(2)音近通假,即双声、叠韵通假。

所谓双声通假,即两个字的声纽相同而韵部相近。例如

"太行王屋二山,方七百里,高万仞。"(《列子·汤问》)

"形"通"行",二字同在匣纽,形,耕部;行,阳部。

"趣赵兵急入关。"(《汉书·陈胜传》)

"趣"通"促",二字声母皆清纽。趣,侯部;促,屋部。

所谓叠韵通假,即两个字的韵部相同,而声纽相近。例如

"尺蠖之屈,以求信也。"(《易·系辞下》)

"信"通"伸",信、伸同为真部,信,心纽;伸,书纽,二纽相近。

"齐必变食,居必迁坐。"(《论语·乡党》)

"齐"通"斋",二字同为脂部韵,"齐",从纽;"斋",庄纽。二纽相近。

2. 摩声表义,即摩音词表义,完全是以声求义。例如

"关关雎鸠,在河之洲。"(《诗·周南·关雎》)

毛传:"关关,和声也。"

"黄鸟于飞,集于灌木,其鸣喈喈。"(《诗·周南·葛覃》)

毛传:"喈喈,和声之远闻也。"按:"关关"、"喈喈",均为摹声词(又叫拟声词),都是摹仿鸟的叫声构成的词。

3. 摹状表音词

即用声音来摹拟事物的性状构成的词,整个声音表达一个意思,这类词往往为人们所忽视。例如:

"小官姓巩,诸般不懂,虽然做官,吸利打哄。"(元曲《救孝子》二[滚绣球])

"吸利打哄",亦作"希利打哄",是"胡闹"、"开玩笑"、"糊里糊涂过日子"的意思。再如:

"将这领希留合剌的布衫儿,扯得乱纷纷碎。"(元曲《杀狗功夫》二[叨叨令])

希留合剌,亦作"稀里豁落",形容物不坚固之状,支离破碎的意思;也形容翻书页的声音、流水声。再如:

"你看他吸留忽剌水流乞留曲律路。"(元·孟汉卿《魔合罗》第一折)

"过了些乞留曲吕洞,重重叠叠山,扑簌簌泪滴雕鞍。"(元·无名氏《水仙子》曲)

吸留忽剌,指水流的声音。

"乞留曲律"亦作"乞留曲吕",指弯弯曲曲的样子。有时也用作象声词。例如:

"那秃二姑在井口上将辘轳儿乞留曲律的搅。"(元·无名氏《黄鹤楼》第二折)

类似的摹状表音词还有"霍霍闪闪"、"萧萧瑟瑟"、"朴朴蔌蔌"、"出出律律"等等。

4. 联绵词

联绵词是指两个音节连缀成义而不能拆开解释的词。它能够以声描物,并以声命名等。如蟋蟀、鸱鸺、斯螽是描声命名。鸳鸯是以活动地点命名的,而用于动词或形容词则更多,如徜徉、逍遥、窈窕等。联绵词具有以下几个特点:

(1)联绵词由于它是记音词,只要是能记下音节就行,因此,它具有多形体特点,即一个联绵词常常有多种写法。符定一《联绵字典·自序》云:"经典同音之字,往往形体虽异,而义实同,如委蛇八十三形,音同而义相迤;崔嵬十有五体,音近而义无殊,凡此同音异文,古字不胜枚举。"例如"委蛇"有如下写法:

委它、委佗、委舍、委虵、委施、委虎、委虒、委蛇、委迆、逶逶、逶蛇、逶佗、委移、逶移、狧移、倚移、委惰、委维、威夷、郁夷、倭夷、威迟、倭迟、逶迟、遗蛇、延维、委丽、委离、倚靡、倚丽、猗萎、披离、披靡、侈摩、侈离、崎碨、丽靡、逦倚、逦迤、靡迤、靡披……

一个联绵词出现如此多的形体，原因如下：一是由于在实践中读音发生了韵转（声纽变化不大）；二是联绵词向表义词靠拢，如委蛇，表山就写作崎嶬，表木就写作"椻迤"。又如"丸兰"，用于草木写作"芄蘭"，用于眼泪则写作"汍澜"。

（2）联绵词的另一个特点是整体表义而不可拆开分析。王念孙在《读书杂志》说："夫双声之字，本因音以见义，不求诸声而求诸字，宜其说之多凿也。"俞樾在《古书疑义举例》中说："古书叠韵之字，当合两字为一义，不当以一字为一义。"这些高明的论述都说明了表音词的表义特点，特别是分音联绵词更是如此。如"蒺藜"即"茨"的分解。但是不少人甚至语言大师都受了表义字的影响，以单字表义，析解联绵词，结果闹出了笑话。如颜师古、颜之推析解"犹豫"一词：

《尸子》曰："五尺犬为犹。"《说文》："陇西谓犬子为犹。"吾以为人将前行，犬好豫在人前，待人不得，又来迎候，如此往返，至于终日，斯乃豫之所以为未定也。故称犹豫。（《颜氏家训·书证》）

至于描摹人与物的动态的联绵词，描摹其他特征的形容性质的联绵词，都应该根据其语境来分析其意义，而不能将其拆开解释。例如"辗转"，形容人的动态，意思是翻来覆去的样子；"吁嗟"，描摹人的叹息声。这些词都不能拆开解释。

5. 音译词是外族语采用音译的方式进入汉语的词，主要是中华少数民族语。它以音表义，长期说用，大家已经习惯。例如：

来自匈奴的：单于、鲜卑、祁连、猩猩、琵琶、胭脂等。

来自西域的：葡萄、苜蓿、狮子、玻璃、八哥、空侯等。

来自鲜卑语的：可汗、阿干（哥哥）、宇文（天君）、俟汾（草）等。

来自突厥语的：可敦（妻）、附离（狼）、特勒（子弟）

来自吐蕃语的：赞普（君主）、蒙末（君长之妻）、拂庐（赞普帐）等。

来自于佛经的：浮屠、沙门、比丘僧、塔钵、阿罗汉

来自蒙古语的：站、火赤里（厨师）、罟罟（妇女头上的装饰品）、打剌孙（酒）等。

来自满族语的：吉林（临江）、戈壁（沙漠）、勃棱盖儿（膝盖）、哈拉巴（肩胛骨）、萨其马（一种民间食品）、哈腰（弯腰）、秃鲁（分开）、埋汰（脏）等。

以上音译词有些已经进入通语，有些只是音译，在读书时一定要注意。

三、解释词语容易出现的问题

1. 望文生义（训）

（1）为假借字所惑而望文生义。如《楚辞·大招》："察笃夭隐，孤寡存只。"其中"笃"为借字，即"督"字。《说文》："督，察也。"两句之意乃是"察督夭死及疾痛之人，存视孤寡也。"王逸训"笃"为"病"，洪兴祖训"笃"为"厚"，皆未找到本字而失误。

（2）为今义所惑而望文生义。词有古今义，人们往往用今之常用义代替古义而生错。如刘禹锡《天论》："今夫人之有颜、目、耳、鼻、齿、毛、颐、口、百骸而粹美者也。"引文"颜"用于本义。《说文》："颜，眉之间也。"但有的释文解释为"脸庞"，失之以今律古。

（3）不懂联绵词的特点而望文生义。联绵词是表音词，人们往往从字面拆析而失误。如前面所举"犹豫"一词。

2. 增字误释

王引之《经义述闻》卷三《通说下》"增字解经"条说："经典之文，自有本训，得其本训，则文义适相符合，不烦言而已解；失其本训而强为之说，则阢陧不安。乃于文句之间增字以足多方迁就而后得申其说，此强经以就我，而究非经之本义也。"有些训诂就犯了王氏所说之毛病。如《尚书·尧典》："汤汤洪水方割。"文中"方"为"遍"义，言洪水遍害下民。而有人解为"洪水方方为害"，无端加一"方"字而误解。（注：割，通"害"）

3. 偷换概念

训诂学上的递训法为以乙训甲，以丙训乙。《说文》："歛"下云"收也"，"收"下云"捕也"。但"歛"不等于"捕"，因为"歛"的"收"义是甲义之"收"，"收，捕也"是乙义之收，如以"捕"训"歛"，就是偷换概念。再如"践，履也"。"履，足所依也。"但"践"不能解作"鞋"。

4. 以今律古

用现代的观点和概念强加给古人。如刘禹锡《酬乐天扬州初逢席上见赠》诗："沉舟侧畔千帆过，病树前头万木春。"诗中刘禹锡将自己比作"沉舟"、"病树"，但释者却说"法家"刘禹锡充满了战斗精神。

5. 误解虚词

王引之曰："经典之文，字各有义，而字之为词语者，则无义之可言，但以足句耳，而以实义解之，则扞格（hàngé 互相抵触）难通。"这说明虚词只起结构作用,赋予实义就不通了。如《论语·阳货》:"鄙夫可与事君也与哉?""与"为虚词,解释为动词就错了。

第四节　通句

指解释和疏通句子。它既可以是一个句子,也可以指一串句子。其内容包括翻译、串讲、推因,点明含义、评析五个方面。

一、翻译

详见本书"实践篇"第三章《古书的今译》。

二、串讲

本部分包括:释词以后串讲、串讲后释词。只串讲而不释词,或只释词而不串讲几种类型,其目的都是为了使人们理解该句是什么意思。例如:

"凡宅不毛者有里布。"(《周礼·地官·载师》)

宋·朱申:"不毛者,不种桑麻也。布,帛也。宅不毛者,罚以一里二十五家之帛。"(《周礼句解》)

"王无异乎百姓之以王为爱也,以小易大,彼恶知之。王若隐其无罪而就死地,则牛羊何择焉?"(《孟子·梁惠王上》)

赵岐《孟子章句》:"异,怪也。隐,痛也。孟子言无怪百姓之谓王爱财也,见王以小易大故也。王如痛其无罪,羊亦无罪,何独释牛而取羊?"

以上两例皆为先释词后串讲。

"挟泰山以超北海,语人曰:'我不能。'是诚不能也。为长者折枝,语人曰:'我不能。'是不为也,非不能也。故王之不王,非挟泰山以超北海之类也;王之不王,是折枝之类也。"(《孟子·梁惠王上》)

赵岐《孟子章句》:"孟子为王陈为与不为之形若是,王则不折枝之类也。折枝,案摩、折手节解疲枝也。少者耻是役,故不为耳,非不能也。"

此例为先串讲,后释词。

"窈窕淑女,君子好逑。"(《诗·周南·关雎》)

毛传:"言后妃有关雎之德,是幽闲贞专之善女,宜为君子之好匹。"此例为只串讲,不释词。

三、推因

即不直解句子,而解说出正文中情况的原因。例如

"野有死麕,白茅包之。"(《诗·召南·野有死麕》)

郑玄笺:"乱世之民贫,而强暴之男多行无礼,故贞女之情,欲令人以白茅裹束野中田(畋)者所分麕肉为礼而来。"

"国君春田不围泽,大夫不掩群,士不取麛卵。"(《礼记·曲礼下》)

郑玄注:"生乳之时,重伤其类。"(孔颖达《五经正义》:"群谓禽兽共聚也,群居则多,不可掩取之。"高诱注:"掩犹尽也。"掩群:尽取兽群。)

以上两例,上例是说贞女处于乱世,希望有吉士依礼用茅包麕肉来纳采,故有"野有死麕,白茅包之"之句。下例注明了"不围"、"不掩""不取"的原因。

四、点明含义

即不解释句子的字面意义,只指明句子内容的实质,即揭示"弦外之音"。例如:

(1)"惴惴小心,如临深谷。"(《诗·小雅·小宛》)

毛传:"恐陨也。"

(2)"战战兢兢,如履薄冰。"(《诗·小雅·小宛》)

郑笺:"衰落之世,贤人君子虽无罪犹恐惧。"

例(1)指出了诗句的含义,而例(2)则道出了弦外之音。

五、评析

即对句子的思想内容和写作特点加以评论分析,以加深读者对文句的理解和把握。

1、与释词综合进行评论。例如:

"既登乃依,乃造其曹。执豕于牢,酌之用匏。"(《诗·大雅·公刘》)

毛传:"宾已登席坐矣,乃依几矣。曹,群也。执豕于牢,新国则杀,礼也。酌之用匏,俭以质也。"

既解释了"曹"的含义,又对主人的做法进行了评论。"执豕于牢"是因为

"新国则杀,礼也";"酌之以瓠"则是"俭以质也"。

2. 单独对句子进行评论。例如:

"厉王虐,国人谤王。召公告曰:'民不堪命矣'①。王怒,得卫巫,使监谤者,以告,则杀之②。国人莫敢言③,道路以目④。王喜⑤,告召公曰:'吾能弭谤矣⑥,乃不敢言。⑦'"

清人吴楚材、吴调侯《古文观止》评注:①危言悚激。②写虐命尤不堪。③非但不敢谤也,深一层说。④四字尤妙,极写"莫敢言"之状、"不堪命"之极也。⑤"喜"字与上"怒"字相对。⑥监谤、弭谤,写尽昏主作用。⑦如此四字,极写能弭谤伎俩,痴人声口如画。

吴楚材、吴调侯叔侄二人的评注,颇具点睛之妙。能助读者加深对文字以及全文主旨的理解。

3. 阐述篇题。

解释篇题是训诂的重要内容之一。其具体表现为:取题理由,介绍文章思想内容或故事情节,对文章微言的提示或交代背景等。这种写法对读者能起到一种导读作用。例如:

《主术》高诱注:"主,君也。术,道也。君之宰国,统御臣下,五帝三王以来,无不用道而兴,故曰主术也,因以题篇。"

《原道》高诱注:"原,本也。本道根真,包裹天地,以历万物,故曰原道,因以题篇。"

高诱的这两则注释均指出了文章命题的原因。

《西都赋》李善注:"自光武至和帝,都洛阳,西京父老有怨,班固恐帝去洛阳,故上此词以谏,和帝大悦也。"

李善为《文选·西都赋》所作的注文,虽则几句,却简要地对写作背景及效果作了说明。

第五节　解释语法

语法为语言的三大要素之一,解释语法对理解词语和文章内容有着重要的意义。但在中国古代并没有人能系统地阐述语法理论,只是提出了一些语法现象。尽管如此,在训诂实践中,仍起着极大的作用。本部分阐述短语中词的顺序(构词法)、句中词的顺序(句法)和词的省略问题。

关于词的顺序,古今有异,牵扯到对文章内容的理解,训诂多有说明,有的指明词法,有的则从句法方面加以说明。

一、词法方面

主要指用词的法则。古今大不一样,故训诂多有说明。例如短语中的词序古今就有不同:

(1)"瞻彼中林,侯薪侯蒸。"(《诗·小雅·正月》)

毛传:"中林,林中也。"

(2)"葛之覃兮,施于中谷,维叶萋萋。"(《诗·周南·葛覃》)

毛传:"中谷,谷中也。"

(3)"之子于归,宜其室家。"(《诗·周南·桃夭》)

毛传:"室家,犹家室也。"

(4)"其仆维何? 釐尔女士。釐尔女士,从以孙子。"(《诗·大雅·既醉》)

俞樾曰:"女士者,士女也。孙子者,子孙也。皆倒文以协韵。"高亨《诗经今注》:"釐,通'赉',赐予。女士,女男也。此句言上帝赐给你以男女奴仆。从,随也。孙子,犹子孙。此句言奴仆的子孙也随着当奴仆。"

前二例为偏正短语倒置。"中林"即"林中";"中谷"即"谷中"。这种倒置,在上古可能是一种习惯性行文。后两例为联合式短语倒置,例(3)"室"与"家"是近义词,古代男有室女有家,本例为近义词连用,次序颠倒而内容不变。例(4)俞樾的注释点明了将"士女"改为"女士"、"子孙"改为"孙子"的原因是为了押韵。

在词法方面,还要注意词类的活用,即在一定的语言环境中某个有固定属类的词临时活用作别类词,充当了别的词类使用。如名词、形容词、数词经常活用为动词,在训诂实践中就需要指明其用法或指明其活用后的意义,以帮助读者理解这种特殊用法。例如:

"以田以鄙。"(《周礼·夏官·田仆》)

郑玄注:"田,田猎也。鄙,循行县鄙。"按:"田"、"鄙"本为名词,在句中都活用成了动词,表示"田猎"、"循行县鄙"的意思。再如:

"子曰:'如有王者,必世而后仁。'"(《论语·子路》)

何晏《论语集解》:"孔安国曰:'三十年曰世',如有受命王者,必三十年仁政乃成也。"杨伯峻《论语译注》译:"孔子说:'假若有王者兴起,一定需要三十年才能使仁政大行。'"按:名词"世"、"仁"均活用成了动词,"世"表示"需要三十年"的意思;"仁"表示"使仁政大行"的意思。再如:

"大国地方百里,君十卿禄,卿禄四大夫,大夫倍上士,上士倍中士,中士倍下士,下士与庶人在官者同禄,禄足以代其耕也。"(《孟子·万章下》)

朱熹《集注》:"十,十倍之也。四,四倍之也。"按:"十"、"四"均为数词活用成了动词,表示"多十倍"、"多四倍"的意思。"倍"本为量词,此处活用为"多一倍"的意思。

还有的名词活用作形容词,例如:

"交交桑扈,有莺其羽。"(《诗·小雅·桑扈》)

毛传:"莺然,有文章。"高亨《诗经今注》:"莺,鸟羽有文采。"按:"莺"本为名词,这里用作形容词,意思是"有文采的样子"。"有莺其羽"即"其羽有莺"。

就词法特点来说,古汉语有一类特殊的动宾结构,表示了使动、意动、为动的内容,训诂实践中多有指出。例如:

"惊魍魉,惮蛟蛇。"(张平子《西京赋》)

薛综注:"惊、惮,谓皆使骇怖也。"按:"惊"、"惮"均为动词的使动用法,表示"使……惊(惮)"的意思。

"咸丘蒙曰:'舜之不臣尧,则吾既得闻命矣。'"(《孟子·万章上》)

赵岐《孟子章句》:"不以尧为臣。"按:"臣",名词的意动用法,表示"以……为臣"的意思。

"坎坎鼓我,蹲蹲舞我。"(《诗·小雅·伐木》)

郑玄笺:"为我击鼓坎坎然,为我兴舞蹲蹲然,谓以乐乐己。"高亨《诗经今注》:"坎坎,击鼓声。蹲(cún)蹲,舞貌。"按:"鼓"、"舞",均为为动用法,"鼓我"即"为我击鼓"的意思,"舞我"即"为我跳舞"的意思。

二、句法方面

主要有宾语前置、谓语前置、定语后置以及其他倒序现象。

1. 宾语前置。

在疑问句中,疑问代词作宾语时,宾语一定会前置。例如:

"吾谁欺?欺天乎?"(《论语·子罕》)

"谁欺",即"欺谁",疑问代词"谁"作宾语而前置。

否定句中,代词作动词或介词的宾语,大多要前置,但不像疑问代词作宾语而前置那样严格。例如:

"不好犯上,而好作乱者,未之有也。"(《论语·学而》)

杨伯峻注:"未之有也,'未有之也'的倒置。"

宾语前置的第三种形式是加"之"、"是"等标志词,将宾语提前。有的还在句首加"唯"字表示唯一性。如"唯利是图"、"唯命是听",宾语"利"、"命"前置,用代词"是"加以复指,且在句首用"唯"字表示强调。

有时为了突出宾语,直接将宾语提前,而不需要任何的语言标志。例如:

"尔贡包茅不入,王祭不供,无以缩酒,寡人是<u>征</u>。昭王南征而不复,寡人是<u>问</u>。"(《左传·僖公·四年》)

杨伯峻注:"犹言寡人征是。犹言寡人问是。"

"君若以力,楚国方城<u>以</u>为城,汉水<u>以</u>为池,虽众,无所用之。"(《左·僖·四年》)

"方城"、"汉水"作介词"以"的宾语而前置。

2. 谓语前置

按照现代汉语的习惯,谓语应置于主语之后,但有时为了突出谓语或押韵的需要,而将谓语置于主语之前。例如:

"<u>贤哉</u>,回也!"(《论语·雍也》)

杨伯峻《论语译注》:"颜回多么贤惠啊!"主谓倒序,起到了强调谓语的作用。再如:

<u>宜乎</u>百姓之谓我爱也。(《孟子·梁惠王上》)

此例也是为了突出谓语"宜乎"而将其前置。

桃之夭夭,<u>灼灼其华</u>。之子于归,宜其室家。(《诗·周南·桃夭》)

"灼灼其华",正常语序为"其华灼灼"。之所以倒置,主要是为了押韵。再如:

"有酒<u>湑</u>我,无酒酤我。坎坎鼓我,蹲蹲舞我。"(《诗·小雅·伐木》)

"湑",滤酒使清的意思。"有酒湑我",高亨《诗经今注》:"此乃'有酒我湑'的倒装句。"之所以倒装,也是为了押韵。

3. 定语后置

尽管目前对此还有不同看法,但确实存在这样一种句法现象,为多数人所承认。定语后置的情况主要有三种:

(1)数量词作定语有时后置,例如

命子封帅车<u>二百乘</u>以伐京。(《左·隐公·元年》)

"车二百乘"即"二百乘战车"。定语"二百乘"放在了中心语"车"的后面。

(2)修饰性定语后置。例如

"带长剑之<u>陆离</u>兮,冠切云之<u>崔嵬</u>。(《楚辞·涉江》)

此为修饰性定语后置。"陆离"为"剑"的后置定语,"崔嵬"为"冠"的后置定语。再如：

"居庙堂之高,则忧其民;处江湖之远,则忧其君。"(范仲淹《岳阳楼记》)

此例也是修饰性定语后置。"高"为"庙堂"的后置定语,"远"为"江湖"的后置定语。

(3)"者"字短语作定语可以后置,例如:

"太子宾客知其事者,皆白衣冠送之。"(《史记·刺客列传》)

"知其事者"作"太子宾客"的后置定语。再如:

"佗小渠披山通道者不可胜言。"(《史记·河渠书》)

"披山通道者"作"渠"的后置定语。

4. 其他倒序或错位。包括状谓倒置,多种成分倒置、相错成文等类型,分别叙述如下:

(1)状谓倒序。例如

"下民之孽,匪降自天。"(《诗·小雅·十月之交》)

郑笺:"下民有此,言非从天堕也。""降自天",即"自天降",状语"自天"后置。

(2)多种成分相倒。一般是由于古诗词中修辞上的需要,如为了讲究平仄、对偶、押韵等,在训诂时需要作提示,以帮助读者理解。例如:

"香稻啄余鹦鹉粒,碧梧栖老凤凰枝。(杜甫《秋兴八首》)

洪诚注:正常语序为"鹦鹉啄余香稻粒,凤凰栖老碧梧枝"。

(3)揭示倒序。在叙述事物时,由于种种原因,往往在先者后叙,在后者先叙,语序颠倒。例如:

"若崩,厥角稽首。"(《孟子·尽心下》)

杨伯峻注:"百姓便把额角触地叩起头来,声响好像山陵倒塌一样。"

(4)相错成文。训诂多有指出,以免引起歧义。例如

"迅雷风烈必变。"(《论语·乡党》)

杨伯峻译注:"迅雷风烈,"就是"迅雷烈风"的意思。

三、省略

在古代文献中经常有省略句子成分、省略词语的现象,在具体的语言环境中并不影响人们的交际。但后人在阅读古书时,或由于人们的思想角度不同,或由于不明语境,往往会忽略句中的省略内容,造成误解。古代训诂学家早就注意到了这个问题,所以在训诂实践中,往往需要指出句中的省略成分,以免出

现误解。句子成分的省略主要表现在以下方面：

1. 句子成分的省略

在一定的语言环境中，句子的主语、谓语、宾语、兼语等，都可以省略。

（1）主语省略

A. 主语可以承上省略。例如：

"或以其酒，[ ]不以其浆。"（《诗·小雅·大东》）

毛传："或醉于酒，或不得浆。"指明"不以其浆"的主语"或"承前省略。

B. 主语也可以蒙后省略。例如：

"七月在野，八月在宇，九月在户，十月蟋蟀入我床下。"（《诗·豳风·七月》）

郑玄笺："自'七月在野'至'十月入我床下'，皆谓蟋蟀也。"按："七月在野，八月在宇，九月在户"，这三个句子的主语"蟋蟀"蒙后省略。再如：

"夜闻汉军四面皆楚歌，项王乃大惊曰……"（《史记·项羽本纪》）

"夜闻"的主语应是"项王"，蒙后省略。

C. 主语在对话中省略。例如：

[1]曰："许子冠乎?"[2]曰:[3]"冠。"[4]曰:"[5]奚冠?"[6]曰:[7]"冠素。"（《孟子·滕文公上》）

[1][4]省略了问话人"孟子"，[2][6]省略了答话人"陈相"，[3][5][7]省略了谈话对象"许行"。

D. 主语有时因泛指省略。例如：

"上古[ ]兢于道德，中世[ ]逐于智谋，当今[ ]争于气力。"（《韩非子·五蠹》）

此例有三处省略了泛指主语"人们"。

（2）谓语省略。例如：

谓语省略的情况相对较少，可分为承前省略和蒙后省略两种：

A. 谓语承前省略。例如：

"臣以为布衣之交不相欺，况大国乎?"（《史记·廉颇蔺相如列传》）

洪诚曰："'大国'之后省略了'之交乃可欺'。"此为承前省略。

B. 谓语蒙后省略。例如：

"杨子之邻人亡羊，既率其党[ ]，又请杨子之竖追之。"（《列子·说符》）

洪诚注："第二分句的'追之'，探第三分句省。"按："既率其党"蒙后省略了谓语"追之"。

C. 诗词中省略。古诗词字数所限，常省略谓语，以使句式整齐。例如：

头上[ ]倭堕髻,耳中[ ]明月珠。(《陌上桑》)

上句省略谓语"梳",下句省略谓语"戴",使此二句变为五字句。再如:

"飘飘何所似,[ ]天地一沙鸥。"(杜甫《旅夜书怀》)

后句省略了谓语"似",使前后句均为五字诗句。

(3)宾语省略

宾语省略包括动词宾语的省略和介词宾语的省略两种。例如:

"仁以[之]为己任,不亦重乎?"(《论语·泰伯》)

"可与[之]言,而不与之言,失人。"(《论语·卫灵公》)

"明日,子路行,以[之]告[孔子]。"《论语·微子》

"木直中绳,輮[木]以[之]为轮。"(《荀子·劝学》)

上面所举例中,省略了介词"以"、"与"的宾语"之",省略了动词"告"的宾语"孔子",省略了动词"輮"的宾语"木"。

(4)兼语省略

古文献中的兼语经常省略,其条件是兼语式的第一个动词带有使令意义,如"使"、"拜"、"令"等。例如:

"由也为之,比及三年,可使[之]有勇,且知方也。"(《论语·先进》)

"以相如功大,拜[之]为上卿。"(《史记·廉颇蔺相如列传》)

"使"、"拜"后面的兼语都省略了。

2. 词语的省略

古文献中,经常省略动词、介词、连词、语气词等。

(1)省略动词。例如:

"一鼓作气,再[鼓]而衰,三[鼓]而竭。"(《左传·庄公十年》)

"季文子三思而后行。子闻之曰:'再[思],斯可矣。'"(《论语·公冶长》)

上二例,省略了动词"鼓"和"思"。

(2)省略介词。例如:

"死马且买之[以]五百金,况生马乎?"(《战国策·燕策》)

"陈平亡[自]楚,归汉。"(《汉书·高帝纪》)

上二例,省略了介词"以"和"自"。

(3)省略语气词。例如:

"扬之水,不流束楚?"(《诗·郑风·扬之水》)

毛传:"激扬之水可谓不能流漂束楚乎?"据此可知,诗句"不流束楚"的后面省略了语气词"乎"。再如:

"我生不有命在天?"(《尚书·西伯戡黎》)

洪诚:"《史记·殷本纪》录此文,句末有'乎'字。《日知录》'语急'条云:'不'上有一'岂'字。诚案:《尚书》中《商书》、《周书》句末不用'乎'字,但是当时口语中不会没有疑问语气词。"

(4)省略中心词。例如:

"取彼斧戕,以伐远扬。"(《诗·豳风·七月》)

洪诚:"《诗经》例'远扬'谓'远扬之枝'。"再如:

"方六七十如五六十。"(《论语·乡党》)

此例句省略了量词和中心词,这句话是说"方六七十里之国或五六十里之国"。再如:

"养弟子以万钟。"(《孟子·公孙丑下》)

"万钟"是数量词,它的后面省略了中心词"粟"。

3. 句子的省略

杨树达《古书疑义举例续补》"省句例"指出:"古人文中,常有省略一句者。其所以省略之故,有由于说者语急不及尽言,而记事者据其本真以达之者;有由于执笔者因避繁而省去者。"例如:

"蹇叔哭之曰:'孟子,吾见师之出,而不见其入也。'公使谓之曰:'尔何知?中寿!尔墓之木拱矣。'"(《左传·僖公三十二年》)

洪诚先生说:"《左传》句法实际是'尔墓之木拱矣'句上面,承前文省略了'及师之入'一句。蹇叔曰:'我看到军队开出去,不能看到军队开回来了。'秦伯听了发怒,叫人对他说:'你知道什么?你的年寿满了!等到军队回来,你坟上的树木已经有两手合抱那么粗了。'秦伯怒时语急迫,不及言'及师之入'句。"

第六节　阐释修辞

古人行文,十分注意修辞现象。在古代汉语中,有些修辞现象为现代汉语所无;即使现代汉语有的,有的修辞方式也不尽相同。因此,阐述古代汉语的修辞方式就成了训诂实践的重要内容之一。

一、指明比喻

例如:

"北风其凉,雨雪其雱。"(《诗·邶风·北风》)

毛传:"兴也。北风,寒凉之风。雱,盛貌。"郑笺:"寒凉之风,病害万物。兴者,喻君政教酷暴,使民散乱。"再如:

"呦呦鹿鸣,食野之苹。"(《诗·小雅·鹿鸣》)

毛传:"兴也。鹿得苹,呦呦然鸣而相呼,诚恳发于中。以兴嘉乐宾客,当有诚恳相招呼,以成礼也。"

二、指明互文

例如:

"葛生蒙楚,蔹蔓于野。予美亡此,谁与独处?"(《诗·唐风·葛生》)

孔颖达疏:"此二句互文而同兴。葛言生,则蔹亦生;蔹言蔓,则葛亦蔓。葛言蒙,则蔹亦蒙;蔹言于野,则葛亦当言于野。言葛生于此,延蔓而蒙于楚木;蔹亦生于此,延蔓而蒙于野中。"

"故君子约言,小人先言。"(《礼记·坊记》)

郑玄注:"'约'与'先'互言耳。君子约,则小人多矣;小人先,则君子后矣。"

三、揭示省文

例如:

"从索马牛皆百匹。"(《左传·襄公二年》)

孔颖达《五经正义》:"'牛'当称'头',而亦云'匹'者,因马而名牛曰'匹',兼言之耳。经传之文,兼言之耳。"

四、揭示变文

例如:

古代文献中,变文的例子不少。例如

1. 避重复而变换实词。例如

"兄宣,静言令色,外巧内嫉。"(《汉书·翟方进传》)

"静言"颇难理解。杨树达谓:"此用《论语》'巧言令色'之文,变'巧'言'静'者,以避下文'巧'字。"

2. 避重复而变换虚词。

"富而可求也,虽执鞭之士,吾亦为之;如不可求,从吾所好。"(《论语·述而》)

俞樾:"而"即"如"字。

"与楚则汉破,与汉而楚破"。(《史记·栾布传》)

俞樾:"而"即"则"。此二例是为了避免重复使用同一个虚字而使用了另外的虚字。

3. 协韵变文

"蓼彼萧斯,零露瀼瀼。既见君子,为龙为光。"(《诗·小雅·蓼萧》)

吴孟复曰:"本来应该说'为龙为日',因为要协韵,把'日'换成'光'。"

五、指明连文(连言)

例如:

"昔文襄之霸也,其务不烦诸侯。令诸侯三岁而聘,五岁而朝,有事而会,不协而盟。君薨,大夫吊,卿共丧事。夫人,士吊,大夫送葬,是以昭礼命事谋阙而已,无加命矣。"

孔颖达疏:"襄是文公子,能继父业,故连言之。其命朝聘之数,吊丧之使,皆文公令人,非襄公也"

兴、互文、省文、变文、连文等修辞手法为汉民族所特有,只有很好地把握其特点才能准确地理解古代文献。

六、其他修辞方式

1. 指明指代

"子毋谓秦无人,吾谋适不用也。"(《左传·文公十三年》)

陈望道:"这个'人'字,专指人中一部分'识'者。"

2. 指明双关

双关句意思较隐,因此训诂予以揭示。例如:

"杨柳青青江水平,闻郎岸上踏歌声。东边日出西边雨,道是无晴却有晴。"(刘禹锡《竹枝词》)

林庚:"晴谐情"。

3. 指明曲讳。

曲笔为讳,凡文献中采用这种方法时,往往义意曲折隐晦,不易理解,故训诂中常予以揭示。

"夏,灭项。"(《春秋·僖公十七年》)《谷梁传》:"孰灭之? 桓公也,何以不言桓公也？为贤者讳也。项，国也。不可灭而灭之乎？桓公知项之可灭也，而不知己之不可以灭也。既灭人之国矣，何贤乎？君子恶恶疾其始，善善乐其终。桓公尝有存亡继绝之功，故君子为之讳也。"冯浩菲："即谓《春秋》书'灭项'，而不言桓公灭亡，是曲笔为桓公讳。"

4. 指明对文

所谓对文就是指在平行的相同结构中处于相对应地位的两个词，它们的意义相对相反（相同相近者为互文）称作对文。例如

"天行有常，不为尧存，不为桀亡。应之以治则吉，应之以乱则凶。"（荀子《天论》）

张永言说："'存'和'亡'，'治'和'乱'，'吉'和'凶'，都是对文。"

5. 指明引用。例如

"三岁贯女，莫我肯顾。"（《诗经·魏风·硕鼠》）

毛传："贯，事也。"孔颖达疏："《释诂》文。"按：《尔雅·释诂》："绩、绪、采、业、服、宜、贯、公，事也。"孔颖达的注释指出了毛传是引据《尔雅·释诂》中的文字来注释《诗经》的。

第七节　解释典制，补充史实

一、解释典制

解释典制包括三个方面的内容：解释古代典故，解释古代风俗和解释古代制度。现分述如下：

（一）诠释典故

引经据典是古代文献的一大特点，因而要读懂古书，就要弄通典故的来历和内容，这样诠释典故就成了训诂家的一项重要内容。其内容又分为两方面：

1. 解释诗文中隐含的故事。例如

(1)"履帝武敏，歆攸介攸止，载震载夙，载生载育，时维后稷。"（《诗经·大雅·生民》）

郑笺："祀郊禖之时，时则有大神之迹，姜嫄履之，足不能满，履其拇指之处，心体歆歆然，其左右所止住，如有人道感己者也。于是遂有身，而肃戒不复御，后则生子而养。长，名之曰弃，舜臣尧而举之，是为后稷。"

(2)"司马长卿窃赀于卓氏,东方朔割炙于细君。"(扬雄《解嘲》)

司马迁《史记》:"文君夜亡奔相如,卓王孙不得已,分予文君僮百人,钱百万,为富人居。"班固《汉书》:"伏日,诏赐从官肉。太官丞日晏不来,东方朔独拔剑割肉,即怀肉去。太官奏之,上曰:'先生起自责也。'朔曰:'受赐不待诏,何太无礼也!拔剑割肉,一何壮也!割之不多,又何廉也!归遗细君,又何仁也!'上笑曰:'使先生自责,乃反自誉!'复赐酒一石,肉百斤,归遗细君。"

例一是介绍《诗经·大雅·生民》中后稷诞生的神话故事。例二则是介绍扬雄《解嘲》中有关"文君夜奔相如"和东方朔割肉的故事,交代得非常清楚。

2. 交代古代诗文中某些词语的出处。

古人使用词语讲究无一字无来处,后人作诗写文往往参照古人对某一词语的使用方法(有些含有用典之意),而训诂学家往往对古诗文中的词语进行查寻,找出其最早出处。例如:

(1)"客曰:今夫贵人之子,必宫居而闺处,内有保母,外有傅父,欲交无所。"(枚乘《七发》)

李善《文选注》:"《礼记》曰:'古者,男子外有傅父,内有慈母'。"又曰:"其次为'保母,定其居处者也。'"

(2)"援琴鸣弦发清商,短歌微吟不能长。"(曹丕《燕歌行》)

李善《文选注》:"宋玉《风赋》曰:'臣援琴而鼓之。'"宋玉《笛赋》:"吟清商,追流征。"

(3)"登东皋以舒啸,临清流而赋诗。"(陶潜《归去来辞》)

李善《文选注》:阮籍《奏记》曰:"将耕东皋之阳。"毛苌《诗传》曰:"舒,缓也。"《琴赋》:"临清流而赋新诗。"

按:例(1)李善注指出"保母"、"傅父"最早见于《礼记》。例(2)李善指出"援琴"、"清商"二词来自宋玉的《风赋》和《笛赋》。例(3)说明陶渊明《归去来辞》中的"东皋"一词来自阮籍的《奏记》,"舒"最早见于毛苌的《诗传》,"临清流而赋新诗"脱胎于《琴赋》。

(二)解释风俗

古今风俗变化很大,不懂古代风俗就读不懂古代文献,因此,解释古代风俗就成为训诂的一项重要内容。例如:

(1)"寤言不寐,愿言则嚏。"(《诗经·邶风·终风》)

郑笺:"言,我;愿,思也。嚏读当为不敢嚏咳之嚏。我其忧悼而不能寐,汝思我心如是,则我嚏也,今俗,人嚏云人道我,此古之遗语也。"

(2)"公辞焉。召孟明、西乞、白乙,使出师于东门之外。"(《左传·僖公三

十二年》)

　　杜预注:孟明,百里孟明视。孔颖达疏:《世族谱》以百里孟明视为百里奚之子,则姓百里,名视,字孟明也。古人之言名、字者,皆先字后名连言之。

　　按:首例指出打喷嚏是由于他人想念所至,这是古代的一种习俗,今天尚如此。后例杜预和孔颖达介绍了古代先字后名连言的习惯。

　　(三)解释名物制度

　　随着生产力的发展,人类社会也不断前进,但作为上层建筑的社会制度却保留下来,往往见诸于古代文献之中,阅读古籍必须懂得这些内容,因而解释名物制度也就成了训诂家所要解决的重要问题之一。例如:

　　(1)"以阴礼教六宫。"(《周礼·天官·内宰》)

　　郑玄注:"六宫,谓后也。妇人称寝曰宫。宫,隐蔽之言。后象王,主六宫而居之,亦正寝一,燕寝五。教者不敢斥言之,谓之六宫。若今皇后为中宫矣。《昏礼》:母戒女曰:'夙夜毋违宫事。'"

　　(2)"商鞅为秦立相坐之法而百姓怨矣。"(《淮南子·泰族》)

　　高诱注:"相坐之法,一家有罪,三家坐之。"

　　按:首例解释"后"称"六宫",是因为王与后均有六寝制礼而来。称"六宫"为古人对尊者不敢斥言而来。第二例讲了古代连坐制。

二、叙事补史

　　叙事补史是训诂家在传注经文时,对原文中未出现而与经文内容密切联系的历史事件、人物生平、山川河流等予以适当补充,使读者更好地把握文章内容。例如

　　(1)"及晏子如晋,公更其宅,反则成矣。既拜,乃毁之而为里室,皆如其旧。则使宅人反之。且谚曰:'非宅是卜,唯邻是卜。'二三子先卜邻矣。违卜不祥。君子不犯非礼,小人不犯不祥,古之制也。吾敢违诸乎?卒复其旧宅,公弗许。因陈桓子以请,乃许之。"(《左传·昭公三年》)

　　杜预注:"《传》言齐晋之衰,贤臣怀忧,且言陈氏之兴。"再如:

　　(2)"沭水出琅邪东莞县西北山"。(《水经》)

　　郦道元注:"大弁山与小泰山连麓而异名也。引控众流,积以成川。东南流,径邳乡南,南去县八十里许。城有三面而不周于南,故俗谓之丰城。沭水又东南流,左合岘水。水北出大岘山,东南流,经邳乡东,东南流注于沭水也。"

　　例(1)一写晏子不更宅,是他预见到田氏将代齐而采取的保护自己家族的

措施。杜注就点明了当时的时代背景——齐国"政在家门",把握住这个大的背景,也就抓住了晏子言行的动机,对原文的理解才能贴切。例(2)是郦道元对《水经》中"沭水"发源的补充,经文十一字,而注文则八十余字,对沭水的源流补充得十分清楚。

第三章

随文释义的正文体、传注体

训诂的内容按照一定的体制、样式表现出来,我们称之为训诂的体式。训诂体式可以分为正文体、传注体、专著体和考证体四类。

第一节　正文体

一、什么是正文体

正文体训诂是指文献正文中出现的训释性语句和资料,是作者在行文时因表述的需要随机作出的解释。这种出现在文章正文中的注解形式就叫正文体。正文体训诂一般不以训诂为主要的或直接的目的,而是一种间接的附带性质的训诂。尽管如此,正文体训诂是传统训诂学的发端,在释义的范围、方法、体例以及用语等方面,都为传统训诂学的产生、发展打下了坚实的基础。

正文体训诂出现较早,远在甲骨文中就已经出现了。例如:

帝于北方曰夗,风曰伇。

帝于南方曰光,□□□。

帝于东方曰析,风曰劦。

帝于西方曰彝,风[曰枀]。(合261)

在《尚书》的正文中,出现了不少训诂内容。如《尚书·禹贡》中有"济河惟兖州"、"海岱惟青州"、"淮海惟扬州"、"荆及衡阳惟荆州"等。在《尚书·洪范》中有:

"五行:一曰水,二曰火,三曰木,四曰金,五曰土。"

"五事:一曰貌,二曰言,三曰视,四曰听,五曰思。"

到春秋战国时期,正文体训诂遍及群书。例如:

"王功曰勋,国功曰功,民功曰庸,事功曰劳,治功曰力。"(《周礼·夏官·

司勋》)

"十斗曰斛,十六斗曰籔,十籔曰秉。"(《仪礼·聘礼》)

"日月为常,交龙为旂,通帛为旜,杂帛为物,龟蛇为旐,全羽为旞,析羽为旌。"(《周礼·春官·司常》)

这种训诂体式在先秦典籍中占有较大比重,是一种普遍的形式。据张新武《先秦文献正文中词义训诂辑录》一文的统计:《周易》、《孝经》、《左传》等31部古籍中有1562条正文体训诂。

正文体训诂对后世影响较大,历代文献均有使用。例如司马迁《史记》中有:

"鄙者,陋也。""德者,得也。""楚人命鸮曰服。"

再如清人著作中有:

"矣字下半何从矢? 用它出口直而疾。篇中要说死煞话,每于是字作决辞。"(清·邹丽中《虚字赋》)

《传》云:"岳,四岳也,东岱、南霍(衡)、西华、北恒。"《艺文系传》云:"《白虎通》:"岳,确也,王者巡守,确功德也。"岳各有七十二峰,实不尽称峰也。巍然高且大者曰山,极天曰顶,蟠地曰盘,突兀上锐曰峰,肩领曰岭,屏障曰嶂。"(唐仲冕《岱览》)

从历史文献来看,两汉以后的人越来越不重视这种正文体训诂,连"经典之统宗,训诂之渊数"的《经籍纂诂》也未能搜集这种体式的训诂。

二、正文体的类型

(一)解释词语

这是最常见的一种类型,包括解释实词和解释虚词两类。

1. 释实词。例如:

(1)"古者仓颉之作书也,自环者谓之厶,背厶谓之公,公厶相背也,乃仓颉固已知之矣。"(《韩非子·五蠹》)

(2)"老而无妻曰鳏,老而无夫曰寡,老而无子曰独,幼而无父曰孤。"(《孟子·梁惠王上》)

(3)"洚水者,洪水也。"(《孟子·滕文公上》)

(4)"传曰:'谓吾舅者,吾谓之甥。'"(《礼仪·丧服》)

(5)"生曰父曰母曰妻,死曰考曰妣曰嫔。"(《礼记·曲礼下》)

(6)"南冥者,天池也。齐谐者,志怪者也。"(《庄子·逍遥游》)

（7）“礼者，人之所履也。”（《荀子·大略》）

2. 释虚词。例如：

（1）“三月，越有小旱。越，于也。记是时恒有小旱。”（《大戴记·夏小正》）

（2）“而者何，难也；乃者何，难也。曷为或言‘而’或言‘乃’？‘乃’难乎‘而’也。”（《左传·宣公八年》）

（3）“公及邾娄仪父盟于蔑。及者何，与也。会、及、暨，皆与也。”（《公羊传·隐公元年》）

（4）“必，不已也。”（《墨子·经上》）

（二）串解句义。例如：

（1）“晏子饮景公酒，日暮，公呼具火，晏子辞曰：《诗》云‘侧弁之俄’，言失德也。‘屡舞傞傞，’言失容也。‘既醉以酒，既饱以德，既醉而出，并受其福’，宾主之礼也。‘醉而不出，是谓伐德’，宾之罪也。婴已卜其日，未卜其夜。”（《晏子春秋·内篇杂上》）

（2）“‘小人见奸巧，乃闻不言也，发罪钧。’——此言见淫辟不以告者，其罪亦犹淫辟者也。”（《墨子·尚同下》）

（3）“鄙谚曰：‘长袖善舞，多财善贾。’此言多资之易为工也。”（《韩非子·五蠹》）

（三）说明章旨。例如：

（1）《昊天有成命》，颂之盛德也。其诗曰：‘昊天有成命，二后受之，成王不敢康，夙夜基命宥密。于，缉熙，亶厥心，肆其靖之。’是道成王之德也。成王能明文昭，能定武烈者也。夫道成命者而称昊天，翼其上也。二后受之，让于德也。成王不敢康，敬百姓也。夙夜，恭也。基，始也。命，信也。宥，宽也。密，宁也。缉，明也。熙，广也。亶，厚也。肆，固也。靖，和也。其始也，翼上德让，而敬百姓；其中也，恭俭信宽，帅归于宁；其终也，广厚其心，以固和之。始于德让，中于信宽，终于固和，故曰成。（《国语·周语下》）

这是晋大夫叔向对《诗经·周颂·昊天有成命》一诗的解释。开头一句“颂之盛德也”（歌颂昊天盛德），就揭示出了这首诗的章旨。这是一首阐述成王的德行的诗。所谓成就王业，就是能够发扬文德奠成武功。阐述成命而尊敬上天为昊天，是尊敬他至高无上。文武两王能接受成命，是向有德行者谦让的缘故。既成就王业而不敢享乐，是示敬于百姓。夙夜，表示谦恭。基，表示始；命，表示信；宥，是宽的意思。密，是宁的意思。缉是明，熙是广，亶是厚，肆是固，靖是和的意思。诗的开头说先王尊敬上天，谦让有德，并敬百姓。中间说他们谦恭俭朴，诚信宽厚，归根到底是为了安抚民心；结尾说他们加深自己的德行，来维护

安定的局面。全诗从谦让有德开始,中间讲到诚信宽厚,最后归结为维护安定,所以称为"成"。再如:

(2)"《驺虞》者,乐官备也。《貍首》者,乐会时也。《采蘋》者,乐循法也;《采蘩》者,乐不失职也。"(《礼记·射义》)

三、正文体对后世的影响

正文体是训诂的萌芽,对于系统的论述某些理论之类,还谈不到。但毕竟是已经开始,对后世的影响还是不小的。主要表现在以下几个方面:

(一)保留了大量训诂材料

在正文体的训诂内容中,有很多解释精当的训诂材料为后世训诂学家所采用。例如:

(1)"夏曰校,殷曰序,周曰庠,学则三代共之,皆所以明人伦也。"(《孟子·滕文公上》)

(2)"心之官则思。"(《孟子·告子上》)

(3)"凡师有钟鼓曰伐,无曰侵,轻曰袭。"(《左传·庄公二十九年》)

(4)"视之不见名曰夷,听之不觉名曰希。"(《老子》)

(5)"凡师一宿为舍,再宿为信,过信为次。"(《左传·庄公三年》)

(6)"白与黑谓之黼"。(《考工记》)

例(1)同是学校,但因时代不同,形成了不同的名称,这是因时间差异而造成的。例(6)被许慎《说文解字》所吸收:"黼,白与黑相次文,从黹(zhǐ),甫声。"

(二)形成了训诂方法

形训、声训、义训,训诂的三大方法在先秦时期的正文体中已经具备了。例如:

"止戈为武。"(《左传·宣公二十年》)

"皿虫为蛊。"(《左传·昭公元年》)

"讼",争也,言之于公也。(《周易·讼卦》

——以上为形训。

"政者,正也。"(《论语·颜渊》)

"乾,健也。"(《易·说卦》)

"象也者,象也。"(《易·系辞下》)

"娣者何?弟也。"(《公羊传·庄公十九年》)

按："娣"的本义是长妇对稚妇的称呼,不正相当于男子兄对弟的称呼吗?

——以上为声训。

(1)"勤,劳也;遵,循也;肇,始也;怙,恃也;享,祀也;锡,与也;典,常也;糠,虚也;惠,爱也;敏,疾也;捷,克也;载,事也;"(《逸周书·谥法解》)

(2)"天、帝、皇、后、辟、公,皆君也。弘、廓、宏、溥、介、纯、夏、幠、冢、晊、昄,皆大也。"(《尸子·广泽》)

(3)"夫山、泽、林、盐,国之宝也。"(《左传·成公六年》)

(4)"子曰:'刚、毅、木、讷,近仁。'"(《论语·子路》)

(5)"庸也者,用也;用也者,通也;通也者,得也。"(《庄子·齐物论》)

(6)"夫礼,天之经也,地之义也,民之行也。"(《左传·昭公二十五年》)

(7)"诸侯来曰朝,大夫来曰聘。"(《公羊传·隐公十一年》)

(8)"得雨曰雩,不得雨曰旱。"(《谷梁传·僖公十一年》)

(9)"四体偏断曰败。"(《谷梁传·成公十六年》)

以上皆为义训。从上例可以看出,义训的办法已经很多,有的用直训,即直接找一个同义词或近义词去解释另一个词,如例(1)。有的用同训,即找一个词去解释几个义同义近的词,如例(2)、例(3)、例(4)。有的用递训,即一个词既用来解释前面的词,又是后面词的解释对象,这样递相解释下去,如例(5)。还有的采用了下定义的办法来解释词义,如例(6)(7)(8)(9)。

(三)保留了训诂格式

正文体训诂已经形成了丰富的训诂格式,有些格式和用语被保留了下来,为后人所习用。例如:

"地者,政之本也;朝者,义之理也;市者,货之准也。黄金者,用之量也。"(《管子》)

"解者,缓也。"(《周易·序卦》)

"畜君者,好君也。"(《孟子·梁惠王下》)

"麟者,仁兽也。"(《公羊传·哀公十四年》)

——以上格式为:甲者,乙也。

"孛者何? 彗星也。"(《公羊传·文公十四年》)

"京者何? 大也。"(《公羊传·桓公九年》)

"初者何,始也。"(《公羊传·隐公五年》)

——以上格式为:甲者何,乙也。

"庸也者,用也;用也者,通也;通也者,得也。"(《庄子·齐物论》)

"和也者,天下之达道也。"(《礼记·中庸》)

"仁也者,人也。"(《孟子·尽心下》)

——以上格式为:甲也者,乙也。

"仁,仁爱也。"(《墨子·经说下》)

"肆,失也。"(《谷梁传·庄公二十二年》)

"京,大也。"(《谷梁传·文公九年》)

——以上格式为:甲,乙也。

"从流下而忘反谓之流,从流上而忘反谓之连。"(《孟子》)

"白与黑谓之黼。"(《考工记》)

"水逆行谓之洚水。"(《孟子·告子下》)

——以上格式为:甲谓之乙。

"阴阳不测之谓神。"(《周易·系辞上》)

——以上格式为:甲之谓乙。

"下湿曰隰,大野曰平,广平曰原,高平曰陆,大陆曰阜,大阜曰陵,大陵曰阿。"(《尔雅·释地》)

"天子死曰崩,诸侯曰薨,大夫曰卒,士曰不禄,庶人曰死。"(《礼记·曲礼下》)

"天子之妃曰后,诸侯曰夫人,大夫曰孺人,士曰妇人,庶人曰妻。"(《礼记·曲礼下》)

——以上格式为:甲曰乙。

"害贤为嫉,害色为妒。"(王逸《楚辞》)

"君能制命为义。"(《左传·宣公十五年》)

——以上格式为:甲为乙。

"五谷皆熟为有年也。"(《谷梁传·桓公三年》)

——以上格式为:甲为乙也。

"河之为言荷也。"(《春秋说题辞》)

《孟子·尽心下》:"征之为言正也。"

"齐之为言齐也,齐不齐以致齐也。"(《礼记·祭统》)

——以上格式为:甲之为言乙也。

"父犹傅也。"(《谷梁传·隐公元年》)

——以上格式为:甲犹乙也。

"龙,凉;冬,杀;金,寒;玦,离。"(《左传·闵公二年》)

——以上格式为:甲,乙。

从上例可见,训诂学的三大方法——形训、声训和义训,正是由正文体训诂所开创的,并在后代训诂实践中被广泛使用。正文体的训诂成果,有的直接为传注体、专著体训诂所接受,成为后人解释语词的依据。正文体训诂的形式甚至还影响到了后代文人的创作。如欧阳修的《秋声赋》:"商,伤也,物既老而悲伤;夷,戮也,物过盛而当杀。"近人章太炎《革命军序》:"同族相代,谓之革命;异族攘窃,谓之灭亡。改制同族,谓之革命;驱除异族,谓之光复。"(章太炎《革命军序》)

　　总之,正文体训诂开后代训诂之先河,为后代训诂提供了方法和丰富的训诂成果,值得我们学习和借鉴。在过去,正文体中的不少东西,如词义、社会制度、风俗等,一直不被人们所重视,这是不可以的。陆宗达《训诂简论》曰:"如果我们把这方面的资料收集起来,总结它的规则,阐明它的体例,进一步理解训诂的意义,探讨解释的奥妙,对于训诂学的发展一定有较大的帮助。"

第二节　传注体

一、什么是传注体

　　古代儒家经典有经、传之分。经指古籍原文,传为后人所作,又叫传注,是对经书的解释。

　　传注体训诂是对经籍原文单独进行注释的训诂形式,由于它依附于"经"书,随"经"而注,故章太炎先生又称之为"驸经"。传注体训诂体式是随文释义,具有特定的语言环境。对于多义词只能解释该语境中的一个义项,因而释义方法灵活,词义具体明确。

　　传注的内容极为广泛,如注音释词、段意章旨、篇章凡例、行文修辞,甚至旁征博引,叙事补史,考订辨误也都属于其内容。

　　传注体训诂体式十分复杂,这是由于一本古籍多家注释,虽然都是随文释义,但所释对象不尽一致,所用方法不尽相同,采用体例也各有不同,因而训诂内容相差较大,呈现出不同的类型。

二、传注体训诂的类型

　　从不同的角度,传注体训诂可分为不同的类型。从传注的对象来说,可分为注与疏两类。注只释原文,疏不仅解释原文,而且也解释前人的注;从传注的作者来划分,可分为自注和他注两大类;从训诂的内容来看,可分为释义类和叙事类两种;从注解之间的关系来看,又有原注、被注、集注之区别。不同的人对传注体训诂又有不同的分类,如冯浩菲将其分为单用、合用、考辨等 11 类,而传注单用体又分为 22 小类,可见非常繁琐。

参考诸家观点,今把传注体训诂体式细分为传注类、章句类、义疏类、集注类、补注类、征引类、音义类等七种。

1. 传注类

"传",本指古代驿站传递公文的交通工具。许慎《说文解字》曰:"传,遽也。从人,专声。"引申为由此达彼之义,以言语递达者亦谓之传,故把古代的语言解释为现代的语言也叫做"传"。汉代毛亨解释《诗经》的语言叫《毛诗诂训传》,简称《毛传》。孔颖达:"传者,传通其义也。"左丘明解释《春秋》经的语言叫《春秋左氏传》,简称《左传》。公羊高解释《春秋》经的语言叫《公羊传》,谷梁赤解释《春秋》经的语言叫《谷梁传》,可见"传"就是对古代经书的解释。

"传"又分为"大传"、"小传"、"内传"、"外传"。"大传"一名,源自西汉张生和欧阳生的《尚书大传》,是"撰其大义"的意思。"小传"是相对"大传"而言的,是"不贤识小"的意思,是谦虚的说法。"外传"一词源自西汉时齐人辕固生、燕人韩婴解说《诗经》。《四库提要》称"其书杂引古书古语,证以诗词,与经义不相比附,故曰外传。"那么,与经义相比附的注释就是"内传"了。

对经书的注释,古人还称作"笺"。《说文解字》曰:"笺,表识书也。"徐楷《说文系传》曰:"于书中有所表记之也。"东汉郑玄注释《诗经》的文字叫"笺"。(见《十三经注疏·毛诗正义》书影)郑玄在《六艺论》中指出了为《毛传》作"笺"的方法:"注《诗》宗毛为主,毛义若隐,略更表明。如有不同,即下己意,使可识别也。"可见,《郑笺》是对《毛传》的补充、阐述和订正。例如《诗·召南·摽有梅》:"摽有梅,其实七兮。"毛传:"兴也,摽,落也。盛极则隋(同'堕')落者,梅也,尚在树者七。"郑笺云:"兴者,梅实尚余七未落,喻始衰也。谓女二十,春盛而不嫁,至夏则衰。"

后人继承了这种补正他人成说的注释方法,如清人胡承珙著有《毛诗后笺》。

传注类训诂最重要、最通行的训诂样式是"注"。《说文·言部》:"注,灌也。"《仪礼·士冠礼》贾公彦疏:"注者,注义于经下,若水之注物。"文义艰涩,需要适当的解释才能通晓,就如同水道堵塞了,必须经过灌注后方能通畅,所以"注"就是诠释、注释的意思。如郑玄的《周礼注》、《仪礼注》和《礼记注》,号称是"三礼注"。

坎坎伐檀兮，寘之河之侧兮。河水清且涟猗。不稼不穑，胡取禾三百廛兮？不狩不猎，胡瞻尔庭有县貆兮？彼君子兮，不素餐兮。

坎坎伐辐兮，寘之河之侧兮。河水清且直猗。不稼不穑，胡取禾三百亿兮？不狩不猎，胡瞻尔庭有县特兮？彼君子兮，不素食兮。

坎坎伐轮兮，寘之河之漘兮。河水清且沦猗。不稼不穑，胡取禾三百囷兮？不狩不猎，胡瞻尔庭有县鹑兮？彼君子兮，不素飧兮。

伐檀三章章九句

硕鼠硕鼠，无食我黍！三岁贯女，莫我肯顾。逝将去女，适彼乐土。乐土乐土，爰得我所。

硕鼠刺重敛也。国人刺其君重敛，蚕食于民，不修其政，贪而畏人，若大鼠也。

"注",又可以分为"自注"和"他注"两大类。

所谓"自注",就是作者给自己的作品添加注释。又叫子注、本注或原注。这种训诂形式与正文体并没有本质上区别。只是在表现形式上,正文体训诂直接寄寓于文章正文里面,而自注体则是将注文用小号字与正文相区别。《汉书·艺文志》中就有这种体式。如班固《汉书·艺文志》的"春秋"条:

《左氏传》三十卷。左丘明,鲁太史。

《公羊传》十一卷。公羊子,齐人。

《世本》十五篇。古史官记皇帝以来讫春秋时诸侯大夫。

后面的"左丘明,鲁太史"、"公羊子,齐人"、"古史官记皇帝以来讫春秋时诸侯大夫"都是班固的自注,均用小一号字来表示。又如《水经注·河水》中对"昆仑墟在西北,河水出其东北陬"的注文:

《山海经》曰:"昆仑墟在西北,河水出其东北隅。"《尔雅》曰:"河出昆仑墟,色白。所渠并千七百一川,色黄。"《物理论》曰:"河色黄者,众川之流,盖浊之也。百里一小曲,千里一曲一直矣。"

"昆仑墟在西北,河水出其东北陬",是《水经》的原文。《山海经》以下是郦道元的注。其中"《物理论》曰:'河色黄者,众川之流,盖浊之也'",是注中夹注的一种自注形式,在原书中就是用比注文更小的字体来显示的。

所谓"他注",就是由作者之外的人对古籍文献所作的注释。与"自注"相对。

他注的格式,一般是正文用单行大字,注文用双行小字,置于相应的正文语句之后。

他注又有一人注、多人注(集注)等类型,又可分为"章句"、"义疏"、"集解"、"征引"、"音义"等类型。

2. 章句类:

章句就是离章析句的意思。《后汉书·桓谭传》注:"章句谓离章辨句,委曲枝派也。"这种训诂体式通常是把对字词的注释融嵌进句子的直译中,进而达到对章旨的探讨。

这种训诂体式的优点是对文献的注释更富于整体性,有利于对全篇主题的揭示。如王逸《楚辞章句》、赵岐《孟子章句》(见焦循《孟子正义·滕文公章句上》书影,其中正文下用"注"标出的部分是赵岐章句的内容)。

赵岐《孟子章句》以随文注释的形式对《孟子》原文进行了分章析句,注释内容非常丰富,既包含了作为章句体训诂专书所重视的篇章训释内容,如释篇名、阐明篇章大意、分析篇章结构,同时也包含了传注体训诂专书中常见的解词、

相曰。冠也。曰奚冠。圖孟子問許子何冠也。曰以巾索。圖相曰許子冠素。曰自織之與。圖孟子曰許子

自織素乎。曰否以粟易之。圖相曰許子以粟易素。曰許子奚為不自織。圖孟子曰許子寧

不自織素乎。曰害於耕。圖相言許子以粟易素。故不自織也。曰許子以釜甑爨。以鐵耕乎。圖

曰然。圖相曰用之自為之與。圖孟子曰許子自冶鐵陶瓦器邪。圖

曰否以粟易之。圖

释句、揭示语法、说明修辞等内容。

《孟子》全书分为《梁惠王》、《公孙丑》、《滕文公》、《离娄》、《万章》、《告子》和《尽心》七篇。赵岐在每篇之始，首先介绍了篇名中涉及的人物姓名、身份和生平经历等，然后再说明为何以此作为篇名。如《公孙丑章句上》赵注：

"公孙丑者，公孙，姓。丑，名。孟子弟子也。丑有政事之才，问管晏之功，犹《论语》子路问政，故以题篇。"

再如《告子章句上》赵注：

"告子者，告，姓也。子，男子之通称也。名不害。兼治儒墨之道者。尝学于孟子，而不能纯彻性命之理。《论语》曰'子罕言命'，谓性命难言也。以告子能执弟子之问，故以题篇。"

从上例可以看出，赵岐认为《公孙丑》、《告子》篇均是仿照《论语》的《子路》、《子罕》来命名的。赵岐释篇名时虽然没有直接对该篇的主要内容进行概括叙述，但是通过介绍篇名中的人物，间接交代了篇章内容所涉及的一些背景，起到了"导读"的作用，为读者进一步阅读文献进行了铺垫。

《孟子章句》共十四卷，赵岐根据文句之间的意义联系，把每卷分为若干章，共分为二百六十一章，其"章"大致相当于今天的"段"，并于"每章之末，括其大旨，间作韵语，谓之章指"。如《梁惠王章句上》"寡人之于国也"，这一章的章旨是："王化之本，在于使民养生送死之用备足，然后导之以礼义。责己矜穷，则斯民集矣。"再如《滕文公章句上》"有为神农之言者许行"，该章的章旨是："神农务本，教于凡民；许行蔽道，同之君臣；陈相倍师，降于幽谷，不理万情，谓之敦朴，是以孟子博陈尧舜上下之叙以匡之也。"

赵岐在每章的末尾用章旨来概括原文内容，阐明篇章大意，构成了《孟子章句》的主要特色，对读者理解文意有很大帮助作用。

赵岐在注解《孟子》原文之后，又作《孟子篇叙》，专门分析《孟子》的篇章顺序之所以如此安排的原因："孟子以为圣王之盛，惟有尧舜；尧舜之道，仁义为上，故以梁惠王问利国，对以仁义，为首篇也。仁义根心，然后可以大行其政，故次以公孙丑问管晏之政，答以曾西之所羞也。政莫美于反古之道，滕文公乐反古，故次以文公为世子，始有从善思礼之心也。奉礼之谓明，明莫甚于离娄，故次之以离娄为明也。明者当明其行，行莫大于孝，故次以万章问舜往于田号泣也。孝道之本，在于情性，故次以告子论情性也。情性在内而主心，故次以尽心也。尽己之心，与天道通，道之极者也。是以终于尽心也。"这样就将《孟子》七篇贯通成为一个整体，对读者掌握文章的组织线索是很有帮助的。

另外，《孟子章句》还有 1362 条随文注释。这些注释或释词，或释句，或兼而有之,而绝大多数注释都以释句为主,释词则服务于释句,充分体现了章句体训诂体式在训诂内容上以释句为主的特点。先看释词例:

《滕文公章句上》:"后稷教民稼穑,树艺五谷,五谷熟而民人育。"赵注:"弃为后稷也,树,种。艺,植也。五谷谓稻、黍、稷、麦、菽也。"

再如先释词,后释句例:

《公孙丑章句上》:"无若宋人然:宋人有悯其苗之不长而揠之者,芒芒然归,谓其人曰:'今日病矣,予助苗长矣!'其子趋而往视之,苗则槁矣。"赵注:"揠,挺拔之,欲亟长也。病,罢也。芒芒然,罢倦之貌。其人,家人也。其子,揠苗者之子也。趋,走也。槁,干枯也。以喻人之情,邀福者必有害,若欲急长苗而反使之枯死也。"

再如释句义例:

《滕文公章句上》:"尧以不得舜为己忧,舜以不得禹、皋陶为己忧。夫以百亩之不易为己忧者,农夫也。分人以财谓之惠,教人以善谓之忠,为天下得人者谓之仁。"赵注:"言圣人以不得贤圣之臣为己忧,农夫以百亩不易治为己忧。"

从上面所引《孟子章句》中的例子,可以看出章句训诂体式的主要特色。

3. 义疏类

义疏是一种比较复杂的注释体式,是在讲解经书的底稿基础上形成的,所以最初又叫讲疏。"义疏"就是疏通其义的意思,这是魏晋南北朝时期出现的一种新的训诂体式,唐代又称之为注疏或正义。由于语言的发展变化,南北朝时期的人们已经看不懂先秦时期的典籍,甚至连前人的注释也看不懂了,于是训诂学家们在注释先秦典籍的时候,对汉代经师们的传注又作了进一步的注释,于是就产生了义疏体。义疏体是对前人的注释再作注释,故又名"二度注释"。其体例一般是先注古书正文,然后再分别疏通前人注释。"疏",就是疏通;义疏,就是疏通经文、注释的意思。义疏又有疏、注疏、正义等别称。如六朝皇侃的《论语义疏》、唐贾公彦《周礼注疏》、《仪礼注疏》,清郝懿行《尔雅义疏》。(见郝懿行《尔雅义疏》书影,其中与正文同在一列的双行小字是晋郭璞的注,其余的是郝懿行的义疏。)

"正义"一名来自唐代孔颖达的《五经正义》。为了适应唐代的政治、文化需要,唐太宗诏令孔颖达撰写五经义疏,定名为《五经正义》。"正义"就是"正前人之疏义"的意思。由于孔颖达是受皇帝的诏令注释五经的,他的注释代表了官方的权威,被视之为"义之正者",所以《五经正义》作为官本发行以后,使儒家经典空前的集于一尊,从而形成了"五经正义出,六朝义疏亡"的局面。六朝义疏今多不存,现存义疏最有名的是《十三经注疏》:

馹、遽傳也

馹，傳車、馹馬之傳名。

說文云，傳遽也，遽傳也，互相訓，古以傳遽並稱，故周禮行人云，傳遽之小事，鄭注云，傳遽若今時乘傳騎驛而使者也。傳遽之臣，以傳遽名，若今時乘傳之小事，鄭注曰，傳遽以鳥曰馹，晉侯以車、馬給而使者也。傳遽玉藻云，士曰傳遽以車告於鄭必告於成五年，以傳以馹馬，故左氏傳伯世則知以召伯宗必以召伯於遽轉而期於遠到也。以發傳之名，以為馬意促，而期於遽達傳起於此，為矣。

言遽者也，以驛騎也，馬皆跨馬也。

矣，馹者，傳也，十六年正義引馬也。是作驛傳義作驛傳。

別。馹者，說文故云，左氏之文傳也，楚子乘馹，又云，子壺文及乘遽又引舍人之意，蓋據傳云，傳車者乘馬也，左氏昭二年云，子壺正文及正遽。

又引證舍人乘云，傳車驛馬也，郭注本孫炎，今詔雅注。

故知其孫乘云，傳車驛馬也，郭注本孫炎，釋文云，馹亦驛字同。

義云，驛又引本或作馹矣，釋文，馹亦驛字同。

《周易正义》:魏王弼、晋韩康伯注,唐孔颖达正义。

《尚书正义》:汉孔安国传(伪),孔颖达正义。

《毛诗正义》,汉毛亨传,郑玄笺,孔颖达正义。

《周礼注疏》:郑玄注,唐贾公彦疏。

《仪礼注疏》:郑玄注,唐贾公彦疏。

《礼记正义》:郑玄注,孔颖达正义。

《春秋左传正义》:晋杜预集解,孔颖达正义。

《春秋公羊传注疏》:汉何休解诂,唐徐彦疏。

《春秋谷梁传注疏》:晋范宁集解,唐杨士勋疏。

《论语注疏》:魏何晏集解,宋刑昺疏。

《孝经注疏》:唐李隆基注,刑昺疏。

《尔雅注疏》:晋郭璞注,刑昺疏。

《孟子正义》:汉赵岐注,旧题宋孙奭疏。

下面以《十三经注疏》中的《诗·鄘风·相鼠》第一章为例,说明注疏的体例:

相鼠有皮人而无仪 相视也无礼仪者虽居尊位犹为暗昧之行笺云威亦与人无威仪者同〇 人 仪也视鼠有皮虽处高显之处偷食苟得不知廉耻 行下孟反之处昌虑反

而无仪不死何为 笺云人以有威仪为贵今反无之 ［疏］ 相鼠至何为〇正义曰文公能正其群 伤化败俗不如其死无所害也 有皮犹人之无仪何则人有皮鼠亦有

臣而在位犹有无礼者故刺之视鼠何异于鼠乎人以有威仪为贵人而无仪则伤化败俗此人不死何为若死则 皮鼠犹无仪故可耻也人无礼仪,也〇笺视鼠至者同〇正义曰大夫虽居尊位为暗昧之行无礼仪而可恶犹 无害高显之居偷食苟得不知廉耻鼠无廉耻与人无礼仪者同 鼠处故喻焉以传曰虽居尊位故笺言虽处高显之居以对之。

原文为竖排版,为方便大家阅读,今将其改为横排版。大字单行的是正(经)文,小字双行的是注文。《毛诗正义》的体例是:紧跟在正文后面的注释是毛传,如"相,视也"至"暗昧之行"。毛传后面用"笺云"二字起头的注释是郑玄的注释,叫郑笺。郑笺既注正文,又注毛传。如"笺云:仪,威仪也"至"亦与人无威仪者同"。郑笺注完,后面若有"o",表示圆圈后面的内容是唐代陆德明的《经典释文》的注音,既注正文的字音,也注前注的字音。如"行,下孟反。之处,昌虑反。"后面若有带方括弧的大大的"疏"字,表示这是孔颖达的《五经正义》的注疏。孔疏的体例一般是先举出所疏经文或注文开头和结尾的两三个字,并用圆圈隔开,然后再疏解。如"'相鼠'至'何为'",就是指对经文从"相鼠有皮"到"不死何为"的注释。"笺'视鼠'至'者同'",就是指对郑笺"视鼠有皮"到"亦与人无威仪者同"这几句话的疏解。

4. 集注类

集注，是指汇集各家对同一部古书的注解而形成的一种训诂体式，又称"集解"、集释。集注的特点是集众家之长，使读者对各家注释一目了然。这种训诂体式大约产生于南北朝时期，其中还可以发现许多已经亡佚注本的内容，具有很高的文献价值。比较著名的集注有三国魏何晏的《论语集解》，清王先谦《荀子集解》、《庄子集解》等。

何晏的《论语集解》，引用了孔安国、包咸、周氏、马融、郑玄、王肃、周生烈等人的注解，凡所引注均注明"某曰"。未标明的才是何晏自己的注解。例如何晏《论语集解》中对《子路行而后》的集解：

子路从而后遇丈人以杖荷蓧（包曰丈人老人也蓧竹器）子路问曰子见夫子乎丈人曰四体不勤五谷不分孰为夫子（包曰丈人云不勤劳四体不植五谷谁为夫子而索之邪）植其杖而芸（孔曰植倚也除草曰芸）子路拱而立（未知所以答）止子路宿杀鸡为黍而食之见其二子焉明日子路行以告曰隐者也使子路反见之至则行矣（孔曰子路反至其家丈人出行不在）子路曰不仕无义（郑曰留言以语丈人之二子）长幼之节不可废也君臣之义如之何其废之（孔曰言女知父子相养不可废反可废君臣之义耶）欲洁其身而乱大伦（包曰伦道理也）君子之仕也行其义也道之不行已知之矣（包曰言君子之仕所以行君臣之义不必自己道得行孔子道不见用自己知之）［疏］……

再如清唐仲冕《岱览》卷第十四"岱阳之东"：

《道里记》序云："古奉高，在今泰安石汶东。故古登封入奉高境西行，度环水而北，至天门，历尽环道，跻岱巅，乃得封所。"殆奉高城与……东北七里，北禅村旁有大冢，则未知谁氏墓也。《檀弓》："延陵季子适齐，于其反也，其长子死，葬于嬴、博之间。孔子曰，延陵季子，吴之习于礼者也，往而观其葬焉。"《水经注》云："县北有吴季札子墓，在汶水南曲中。"《从征记》云：嬴县西六十里有季札儿冢，冢圆，其高可隐也。前有石铭一所，汉末奉高令所立，无所述叙，标志而已。碑石糜碎，惟趺存焉。今铭趺俱佚。而嬴邑故城在莱芜境，惟《方舆纪要》谓嬴城在州东南五十里，北魏始改置于废莱芜城，即今莱芜县治。是冢东距嬴故城数十里，或即札所葬儿乎！陵谷靡常，传闻异说宜多踳驳不合也。

孟昭水主编《岱览校点集注》对"季札儿冢"、"嬴城"进行了集注。如：

季札儿冢：姜丰荣曰：在泰安城东约 48 华里的北墦村附近，今无踪迹可寻。〇袁爱国《泰山名人文化·孔子与泰山》云："季札子墓，在泰山以东莱芜口镇。季札是吴工寿梦的第四个儿子，曾三次放弃继承王位，周游列国学习礼乐，是吴文化的集大成者。孔子八岁时,季札曾专程赴鲁观看周代乐舞,并进行了全面系统的评价。后来出使齐国,返途中长子夭折于泰山脚下,只好就地安葬。《礼记·檀弓》记载,孔子认为季札是吴国最熟悉礼乐制度的,曾专程前往观看季札长子的殡葬仪式。现在季札子墓旁,仍立有'孔子观札处'石碑。"

嬴城:孟昭水曰:明萧协中《泰山小史》载:"嬴城,在岳东,距州东南五十里。汉置县,属泰山郡。唐属东泰州,后改博城。"○刘文仲曰:嬴城,古嬴邑。汉为奉高,汉武帝元封元年封禅泰山至此,置以奉祀泰山,故名。为泰山郡治。隋改为岱山,不久即废。唐初又在此置岱县,贞观中复省,故城在今泰城东四十里,名曰故县。○周郢曰:嬴城:其地为古嬴族所居(何光岳《东夷源流考》考嬴地为伯益部族所居地),故名"嬴"。春秋时为齐国之嬴邑。○严承飞曰:《春秋·桓公三年》:"公会齐侯于嬴。"《左传·哀公十一年》:"公会吴子伐齐。克博,至嬴。"汉置嬴县,唐省。故城即今莱芜城子县村。○周郢曰:秦置嬴县(《秦集史·郡县志》)。至唐始废。关于嬴邑故城,史书凡有二说:一为本志所谓"在州治东南五十里"(其地即今泰安市岱岳区故县村),乾隆《泰安府志》卷三十《辨误》论云:"《方舆纪要》:'嬴城在州东南五十里,北魏移置于废莱芜城,即今莱芜县治。'——则是北魏以前嬴在泰安,北魏以后嬴在莱芜,沿革甚明。"一云"在(莱芜)县治西北四十里城子县庄"。宣统《莱芜县志》卷四《地理志·古迹》论云:"《水经注》:汶水出原山,西南过嬴县故城,又西南过奉高,又西南过博城。《括地志》:嬴县故城,在博城县东北百许里。奉高今泰安故县,博城今泰安旧县。旧县至故县三十里,故县至城子县六十余里,则城子县为古嬴城无疑。而《泰安府志》谓嬴城在泰安县东五十里,即故县庄。《泰安县志》辨之曰:据《水经注》:汶出莱芜原山,西南过嬴县南。计原山至此百里许,何独不详何经。且嬴、博、奉高三邑皆在三十里内,今莱芜县北不置一县,亦非汉时牙错棋置之制。且《从征记》云:嬴西六十里有季札儿冢。今嬴距博三十余里,安得其西为嬴、博之间乎?则嬴在莱芜明矣。"所辨甚确,嬴邑故城当在莱芜为是(关于嬴城历史及遗址考证,可参看今人柳明瑞著《嬴姓溯源》〔中国文史出版社2003年版〕第五章第一节《"嬴城遗址"确在莱芜》)。

以上两例汇集了姜丰荣、袁爱国、孟昭水、刘文仲、周郢、严承飞等人对"季札儿冢"、"嬴城"两词进行的注释。

需要注意的是,有的注释书虽然冠以"集解"二字,但其内容并不汇集各家注释,如晋杜预的《春秋左传集解》,它汇集了《春秋经》和《左氏传》而加以注释,因此从训诂体式上来说不能将其归入集注类。

5. 补注类

补注一般可分为两种，一是补原文的阙略，如刘知几《史通·补注篇》所谓的"补注"。一是补旧注的遗漏，这就是通常所说的补注，如洪兴祖《楚辞补注》、宋咸《易补注》，都是比较有名的补注。

宋洪兴祖的《楚辞补注》是继东汉王逸《楚辞章句》之后的又一重要注本，是东汉至宋代一千多年《楚辞》研究的总结性著作，对楚辞学的研究做出了巨大贡献。洪兴祖的补注主要着眼于解说旧注、补释语意、驳正旧注、阐发新意、载录遗说、考订异文等方面。例如：

（1）《离骚》："溢埃风余上征。"王注（指王逸注，下同）："溢，犹掩也。"洪注："《远游》云：掩浮云而上征。故逸云：'溢，犹掩也。'"

东汉王逸《楚辞章句》发展到宋代，有些已很难被当时的人们所理解，如王逸训"溢"作"掩"，不易理解。于是洪兴祖对王逸的注释进行了补注，说明"溢"和"掩"出现的语言环境相似，意义相通。

（2）《招魂》："容态好比，顺弥代些。"王注："言美女众多，其貌齐同，姿态好美，自相亲比，承顺上意，久则相代也。"五臣注："好相亲密和顺，次以相代也。"洪注："好，王逸作美好之好。五臣作好爱之好。"

王逸和五臣对"容态好比，顺弥代些"的解释不同，洪兴祖说明原因，关键在于"好"字，王逸当做"美好"讲，五臣当做"爱好"讲。

（3）《离骚》："夫唯灵修之故也。"王注："言己将陈忠策，内虑之心，上指九天，告语神明，使平正之，唯用怀王之故，欲自尽也。"五臣注："灵修，言有神明长久之道者，君德也。言我指九天，欲为君行平正之道，而君不用我，故将欲自尽。"洪注："王逸言自尽者，谓自竭尽耳。五臣说误。"

洪兴祖补充了王逸对"自尽"的注释，并指出五臣的解说是错误的。

（4）《离骚》："曰勉升降以上下兮。"王注："勉，强也。上谓君，下谓臣。"洪注："升降上下，犹所谓经营四荒、周流六漠耳，不必指君臣。"

洪兴祖虽然推崇王注，但不被王逸注所局限，他在王逸注的基础上时时提出己见，如此例中"不必指君臣"即是洪兴祖阐发新意。

洪兴祖《补注》广征博引，除引用儒家经典，还征引先秦诸子、汉魏、六朝、隋唐以及宋代的各家各派的学说。其中，所引的一些著作现已失传。如：

（5）《离骚》："女嬃之蝉媛兮。"洪注："贾侍中说：楚人谓女曰嬃，前汉有吕嬃，取此为名。"

贾侍中即贾逵，据《离骚后序》记载，贾逵曾作《离骚经章句》，此书早已失传。洪兴祖征引了贾逵《离骚经章句》中的注疏，保留了部分已经失传的古书资料。

三良詩一首　五言　曹子建

五百五十四卷　人文五

功名不可爲忠義我所安。言功立不由於己故功名之立不可爲也。呂氏春秋曰功名之立天

秦穆先下世三臣皆自戮。毛詩注曰秦穆公名任好也孝經注曰義我所宜也三良死君也君子永

能制命曰義列女傳曰于嗟惜哉三良誅下世謂君子逝

生時等榮樂既没同憂患。應劭漢書注曰飲酒

誰言捐軀易殺身誠獨難。蒍人兮美人兮黃

攬涕登君墓臨穴仰天歎。埤蒼曰涕泣也穴塘

長夜何冥冥一往不復還。長夜恃恃慈母去厰火潛

黃鳥爲悲鳴哀哉傷肺肝。

太玄經曰說文曰身爲說文曰語注曰
焦曰東説文揜息爲公戢文灑
日視芙蓉揜也等許之息也曰
肺莫荄蕖息也諾公公是搴
古既死也及説登
歇曰其説日文文君
日大窮日大曰曰墓

6. 征引类

王宁说:"征引的训诂体式是以钩稽故实、征引出处的形式来探明文献中的词语源流,并将说解语义与阐明文意的训释目的融于其中。东汉蔡邕为班固《典引》作注已经多次使用了直说故实而不加说解的方法。"①征引类训诂著作,最有名的当属唐代李善的《文选注》(见《文选·三良诗》书影)。

《文选》是由南朝梁太子萧统(501~531)主编的我国第一部文学总集,本名《昭明文选》,后简称《文选》,共三十卷,收录了先秦至南朝梁代近一千年间、一百三十多位作家的七百余篇作品,被誉为"百代之琼林,文章之渊薮"。李善注解《文选》,遍搜古籍,广征博引,树立了文学训诂的新范式。例如:

(1)"卢子谅《赠刘琨一首并书》:处其玄根,廓焉靡结。"

李善注:"《广雅》曰:玄,道也。张衡《玄图》曰:玄者,无形之类,自然之根,作于太始,莫与为先。"

李善征引《广雅》和张衡《玄图》来解释"玄"。

(2)陆士衡《文赋》:"吐谤沛乎寸心。"

李善注:"《列子》:文挚谓叔龙曰:吾见子之心矣,方寸之地虚矣。"

例(2)李善征引《列子》文句,注明了"寸心"一词命名的由来。

(3)"颜延年《赭白马赋》:作镜前王。"

李善注:"《孟子》曰:诗云:殷鉴不远,在夏后之世。赵岐曰:以前代善恶为明镜。"

李善征引《孟子》的引诗以及赵岐对诗句句义的解释,来解释颜赋文句的意义。

(4)"孙兴公《游天台山赋》:泯色空以合迹。"

李善注:"郭象《庄子注》曰:泯,平泯也。又曰:本末内外,畅然俱得,泯然无迹。《维摩经》:喜见菩萨曰:色色空为二,色即是空,非色灭空,色性自空,如是受想行识。识空为二,识即是空,非识性自空,于其中通而达者,为入不二法门。"

李善注引郭象和佛经详述佛学的色、空思想。

(5)"宋玉《风赋》:生病造热。"

李善注:"《素问》:黄帝问岐伯曰:人伤于寒,而转为热,何也?曰:夫寒盛则生于热也。"

李善注征引医学典籍来讲述医理。

---

① 王宁:《训诂学》,高等教育出版社2004年版。

(6)"张平子《东京赋》:囚耕父于清泠,溺女魃于神潢。"

李善曰:"《山海经》有神耕父处丰山,常游清泠之渊,出入有光。又曰:大荒之中,有山名不勾,有人衣青衣,名曰黄帝女魃,所居不雨。"

李善注征引神话传说故事,来补充资料,解释文句。

(7)"左太冲《魏都赋》:盖音有楚夏者,土风之乖也。"

善曰:"《史记》曰:淮北沛陈汝南南郡,此西楚也。颍川南阳,夏人之居,故至今谓之夏人。"

李善征引《史记》地理资料来注释。

(8)"王元长《永明九年策秀才文》:魏称黄星之验。"

李善注:"《魏志》曰:初,桓帝时,有黄星见于楚、宋之分。辽东殷馗善天文,言后五十岁,当有真人起于梁、沛之间,其锋不可当。至是凡五十年,而太祖破袁绍,天下莫敌。"

李善注征引史事来解释。

(9)"范蔚宗《后汉书二十八将传论》:显宗……乃图画二十八将于南宫云台,其外又有王常、李通、窦融、卓茂。"

李善注:"范晔《后汉书》曰:王常,字颜卿,颍川人,封山桑侯,拜为横野大将军,位次与诸将绝席。又曰:李通,字次元,南阳人,封固始侯,拜大司空。又曰:窦融,字周公,扶风人,封安丰侯,为卫尉。又曰:卓茂,字子康,南阳人,为密令。世祖即位,以茂为太傅。"

李善征引《后汉书》历史资料,注释了王常、李通、窦融、卓茂等4人。再如:

(10)"沈休文《恩倖传论》:人主谓其身卑位薄,以为权不得重,曾不知鼠凭社贵,狐藉虎威。"

李善注:"《战国策》:荆宣王问群臣曰:吾闻北方之畏昭奚恤也,何如? 群臣莫对。江乙对曰:虎求百兽而食之,得狐。狐曰:子无敢食我。天帝命我长百兽,今子食我,是逆天命。子以我为不信,吾为子先行,子随我后,观百兽之畏我。虎不知百兽之畏己而走也,以为畏狐也。今王之地,方五千里,带甲百万,而专属之于昭奚恤。故北方之畏昭奚恤,其实畏王之甲兵也,犹百兽之畏虎。"

"狐藉虎威"一事出自《战国策·楚策一》,李善注指出了典故来源,可谓源出而义明。

总之,李善以文学作品为训诂对象,注释内容广及词义、音读、文字、语法、名物、典制、史事、典故、校勘、解题等诸多方面,囊括了补充史料、阐发玄言佛理、网罗异义等诸多方面,形成了独具特色的征引式训诂体式。这种征引式训诂体式,并不着重于寻求引文词句与被释词句的简单对应,也不只是满足于解释词语典故的来源，而是通过引文与被释词语思想感情和意境的沟通，来引导读者对文章进行欣赏，真正适应了文学创作的本质特征，实现了真正意义上的文本解读。从这一意义来说，征引式训诂已经超出了以往经、史、子、集的注释仅仅满足于消除文字障碍、显示典籍原貌这一单纯的目的。

7. 音义类

辨音的书叫做音，释义的书叫做义，合在一起叫做音义。该类注释以注音、辨音、释义为本，也兼及解说字体和校勘，最有代表性的音义类注释书是唐代陆德明的《经典释文》（见陆德明《庄子音义》书影）。

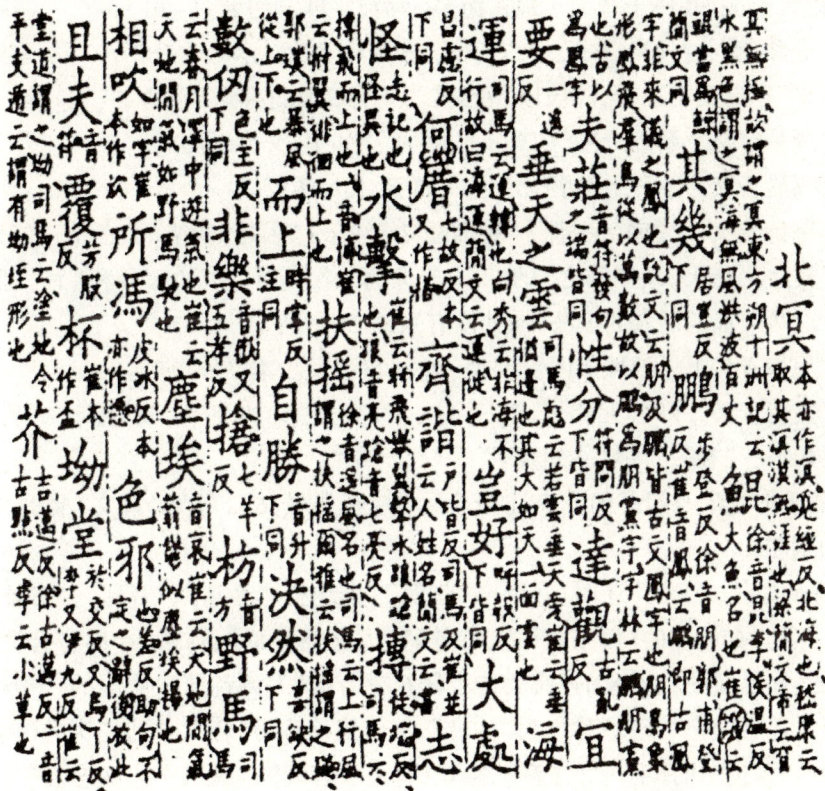

陆德明（约 550 ～ 630），名元朗，字德明，唐代苏州吴（今江苏吴县）人。曾受学于玄学大师周弘正，先后为文学馆学士、国子博士，是著名的经学家、训诂学家。他撰写的《经典释文》，为阐释经学和老庄之学，博采汉魏六朝音切凡 230 余家，保存了唐以前诸经典中文字的音读，是《切韵》以前汇集反切资料最为丰富的一部著作，为我们研究这一时期的语音变迁提供了重要资料。

《经典释文》首为《序录》1 卷，次《周易音义》1 卷、次《尚书音义》2 卷、《毛诗音义》3 卷、《周礼音义》2 卷、《仪礼音义》1 卷、《礼记音义》4 卷、《左传音义》6

卷、《公羊传音义》1 卷、《谷梁传音义》1 卷、《孝经音义》1 卷、《论语音义》1 卷、《老子音义》1 卷、《庄子音义》3 卷、《尔雅音义》2 卷,共 30 卷。陆德明的主要目的虽然在于考证字音,但由于古代文字多以声寄义,注音即等于注义,所以《经典释文》也兼及字义的辨释,兼采诸家训诂,考证各本异同,是汉魏六朝以来群经音义的总集,保存了众多已经失传的训诂资料。

《经典释文》收集音义资料有两个原则:一为广采博收,"或字有多音,众家别读,苟有所取,靡不毕书"。二为标举正音,"若典籍常用,会理合时,便即遵承,标之于首"。在一字多音的情况下,把"会理合时"的音即正音放在最前,以便"遵承"。例如《庄子音义·逍遥游》"而后乃今培"注云:

"音裴,重也。徐扶杯反,又父宰反,三音扶北反。本或作陪。"

"培"字有四个读音,陆氏以"音裴"为正音,"标之于首"。再如:

《周易音义·系辞上》"子曰书不尽"注:"如字,又津忍反。"

《周易音义·系辞上》"河出"注:"如字,又尺遂反。"

《毛诗音义·周南·关雎》"钟鼓乐之"注云:"乐之,音洛,又音岳,或云协韵,宜教反。"陆氏认为"乐之"的"乐"应读为"洛",而"岳"(yuè)和"宜教反"(yaò)这两个音是别人的读法,他并没有采纳。再如:

《毛诗音义上·卫风·氓》"乡其"注:"许亮反。本又作'向'。"

《左传音义·隐公元年》"长三"注:"直亮反,又如字。""高"字注:"古报反,又如字。""径三"注:"古定反。"

陆氏把对十四部书的音义注释合称为《经典释文》,可见"释文"也是"音义"的别名。

除此之外,"音义"还叫"音训"、"音解"、"音注"、"音诂"、"音释"、"音证"、"音隐"等。如服虔的《汉书音训》、许翰的《太玄经音解》、杨慎的《周官音诂》、虔薛的《周易音注》、罗复的《诗集传音释》、刘芳的《毛诗音证》、服虔的《春秋音隐》等。还有的把"音义"称之为"注音",或干脆简称为"音",如陆德明的《周易并注音》、鲁世达的《毛诗并注音》、臧竞的《范汉音训》,《唐书·艺文志》把鲁世达的《毛诗并注音》就叫做《毛诗音义》,把臧竞的《范汉音训》叫做《后汉音》。可见凡是以"音"命名的书,不一定只是注音,也有兼释词义的,如程贲的《太玄经手音》就属于这一类。程贲的《太玄经手音》,《通志》作《太玄经音训》。

三、传注的附经

传注与经书虽是解释与被解释的关系,但二者最初是分卷别行的,并没有合成一书。后来,为"省学者两读"之劳才开始把传注附于经下。关于传注附经的起源有不同的说法,有人认为在郑玄、王弼之后,有人认为始于马融,有人认为始于刘歆,有人认为始于费直。但自郑、王之后附经的盛行是无疑的。

传注附于相应的经文之下的格式,自汉以来,主要有如下几步大的逐步完善的过程:

第一,把注和经合为一书,但经仍是经,注仍是注,只把注书附在经书的后面,也就是说,注和经成为一部书的两大组成部分。如汉代田何的今文经《周易》,只把《十翼》附录在《上下经》的后面,但经是经,传是传,没有搀在一起。

第二,把传注分别附在与经文相应的各篇或各章之后。如郑玄的《易注》把《彖》和《象》杂入卦中,经传已经搀合在一起了,但还没有句句相附。

第三,传注和相应的经文句句相附,置于相应的经文之后。如郑玄的《毛诗笺》、《礼记注》。

第四,把注文附在句中相应的字、词之下。如裴松之的《三国志注》、李善的《文选注》,所注音切和一些简短的词语多半如此,但其余注释仍置于句末。

第五,义疏与经注合刻。这种做法始于南宋。此后又有两种不同的办法,一是经与注(包括疏)相连,经用大字,注用小字,起初都是单行,后来为避免经、注混淆,又把注文改为双行,夹注于经下。二是经、注不相连,注文提行,低一二格。明代朱升注《四书五经旁训》,就是经文用大字正行,注用小字刻在本字旁边,间或有说明段落大意的另作一行。

自从传注附经的办法通行以后,有的书有几家著名的注解,为了便于查阅,省却读者翻检之劳,有人便把这几家注解一齐拆散,一并附于正文各句之下,如"史记三家注"即是如此。有的书有注,有音义、又有疏,如《五经正义》,就把注、音义、疏全都拆散附于各句之下。注用双行小字,紧接着经文。音义又接着注,中间加一圆圈,以示区别。疏也用双行小字,列在注和音义之后,中间用方括弧标个大大的"疏"字作标志。

现在的注解,无论是自注还是他注,无论是传注、章句、义疏,还是集注、征引、音义,虽然还有各种不同的表现形式,但比古代旧注的格式更加简便实用了。

第四章

通释语义的专著体

第一节　专著体及其编排方法

一、什么是专著体

专著体训诂是指字典、词典等训诂纂集类专书,它是按照一定的原则编排起来的,有目的的类聚字、词的形、音、义系统的训诂材料。因为它解释所收录的每一个字词的所有意义,所以又称之为通释语义的专著体。

从训释的方法和目的来看,传注体训诂采取的方法是随文释义,其训诂的目的是疏解阅读中的语言障碍,因此它所作出的解释必须针对某一本书、某一句话、某一具体的语言环境,它所解释的词义是具体的,是单一的,甚至是特指的,离开具体的语言环境就不一定是这个意义了;而专著体训诂则是脱离了具体的语境,它所解释的词义并不局限于某一本书或某一句话中的含义,它所采用的方法也不是随文释义,而是立足于众多的随文释义的训诂材料,全面研究这个字、词的产生及其发展演变,全面解释这个词的本义、引申义乃至假借义,它的解释目的是对所收录的所有词语的所有含义进行全面的、穷尽性的解释。它解释的意义是抽象的,概括的,是多义的、全面的。从形式上来说,传注体训诂材料是零散的、不成系统的,其特点是随文释义,只释具体语境中的一个意义;而专著体训诂则是把对字、词的所有解释汇集成书,形成了一本本的字典、词典等工具书,便于人们查阅,其特点是通释语义。从这一点来说,专著体的"专"字,本身还有一层意思,就是书的内容是专门性的,如字典、词典等各有专司。

秦汉时期,人们便将散见的训诂材料通过一定的方式类聚起来,形成了《尔雅》、《方言》、《说文》、《释名》等训诂专著,对后世产生了极大影响。其后,专著体训诂著作日趋增多。

二、专著体的类型

专著体训诂书较多，分类方法也不尽一致，人们通常把专著体训诂书分为以下几类：

1. 词典类

该类以《尔雅》、《方言》为代表。《尔雅》类专书有《小尔雅》、《广雅》、《埤雅》等，其编写体例为义类相归，在解释词语方面用同义词相释。《方言》类专书有《续方言》、《吴下方言考》等，就其体例来说应属雅类，集古今方言按意义同近编条，然后说明使用地区。

2. 字典类

该类以《说文解字》为代表，其体例是分析字形，解释字义。解释《说文解字》的专著有著名的四大家：段玉裁《说文解字注》、桂馥《说文解字义证》、朱骏声《说文通训定声》、王筠《说文句读》和《说文释例》。该类书还有《字林》、《玉篇》、《类篇》、《康熙字典》等。

3. 释名类

以刘熙《释名》为代表，主要用声训的手段来探求事物的命名之源。该类书有《续释名》、《释名补遗》等。

4. 韵书类

以《切韵》为代表，其体例为以韵编排，词后又有释义。该类书有《广韵》、《集韵》等。

5. 音义类

既注音又释义，有针对某一部书的，如《孟子音义》、《汉书集解音义》，胡三省《资治通鉴音义》；有的是针对某一群书的，如唐陆德明的《经典释文》、唐玄应《一切经音义》等．

周大璞先生将专著体训诂书划分为单释语义、音义兼注、形音义皆注三大类。其中，单释语义的专书，又将其细分为以下五类：

1. 总释群书语义的，如《尔雅》、《小尔雅》、《释名》、《广雅》、《拾雅》、《比雅》、《经籍纂诂》、《转语》、《文始》、《读书杂志》、《经义述闻》、《群经平议》、《诸子平议》等。

2. 只释一书语义的，如《毛诗传义类》、《说雅》、《选雅》等。

3. 解释部分词语的，如《通俗文》、《通俗文字略》、《恒言录》、《通俗编》、

《常用字训》、《难字》、《杂字解诂》、《异字》、《错误字》、《埤雅》、《尔雅翼》、《毛诗草木鸟兽虫鱼疏》、《石药尔雅》、《本草尔雅》、《骈雅》、《别雅》、《辞通》、《果裸转语记》、《释大》、《语助》、《虚字说》、《助字辨略》、《经传释词》等。

4. 解释方言的,如《方言》、《续方言》、《新方言》、《蜀方言》、《吴下方言考》等。

5. 解释少数民族语言或外国语的,如《羌尔雅》、《番尔雅》、《佛尔雅》等。①

三、专著体的编排方法

专著体训诂书是按照一定的方法编排起来的。面对众多零散的训释材料,纂集专书遇到的第一个问题就是通过什么方式把它们类聚、系联在一起。

分类类聚与相关系联是纂集训诂专书的基本原则。

分类类聚与系联的方法很多,字词的形、音、义都可以成为类聚和系联的方法。黄侃先生说:"现存完全切用的十种根柢书",按其类聚方式,可以归为以下三种:

义书:《尔雅》、《小尔雅》、《方言》、《释名》、《广雅》

形书:《说文》、《玉篇》、《类篇》

音书:《广韵》、《集韵》

纵观中国古代的专著体训诂书,其编排的方法无非是从汉字的形、音、义这三个角度加以编排的。

一般说来,一部工具书,不管它解释的对象是一个汉字,还是两个或两个以上的汉字构成的词语、人名、地名、书名、句子等,大都是选取该词语、人名、地名、书名、句子的第一个字进行编排的(极个别的选取该词语的最后一个字的音去加以编排)。

那么作为任何一个字,都是有形、音、义三个要素构成的。专著体训诂书的编排也正是从字形、字音、字义这三个角度进行的。任何一部工具书的排检方法,都不会超出从字形的角度、字音的角度、字义的角度去编排的。

(一)从字形的角度排列字、词、句、篇

从字形的角度排检字词句篇的方法,主要有部首检字法、四角号码检字法、笔画(笔顺)检字法等

部首检字法首创于中国古代最早的字典——《说文解字》。许慎采用了"分

---

① 周大璞:《训诂学初稿》,武汉大学出版社 1987 年版。

部别居"的编排方式,通过对小篆的形体构造进行分析和归类,从中概括出了五百四十个偏旁作为部首,把《说文解字》所收的 9353 个汉字分别列入 540 个部首中去。这 540 个部首就是 540 个分类单位。540 部首的排列又采用了"据形系联"的方法,即根据部首形体的相近、相关依次编排。如《说文》的前七个部首,根据其形体关联编排如下:一二(上)示三王王(玉)珏(珏)。对同一个部首的字来说,编排时既考虑形体上的联系,又考虑意义上的联系。如"男"部有"舅"、"甥"二字,形体上都含有"男",意义上都与"男"相关。

部首检字法,是许慎的一大发明创造,对后世编排工具书产生了极为深远的影响。今天的工具书,一般都附有部首检字法。

所谓部首,就是把具有某一相同部分的字汇集成一个大的部类,取其相同的部分,列于该部之首,故称之为部首。

现代工具书中的部首检字法,就是把同一部首的字归为一类,部首的先后以笔画的多少而定,同部首的字也以笔画为序,笔画少的在前,笔画多的在后。例如:"口"是三画,排在"木"部(四画)之前;同在"口"部,"吹"字四画,排在"味"字五画之前。

许慎发明的部首检字法,开创了中国工具书按形排列汉字之先河,在中国文化史上具有重要的意义。

(二)从字音的角度去排列字、词、句、篇

一个汉字就是一个音节,每个音节又分为声母、韵母和声调。

因此可以从声母、韵母(实际上是韵)和声调三个角度去排检汉字。按照声、韵、调来排列汉字的方法又叫音序排列法。

1. 从声母的角度排列汉字

现在通行的是按照汉语拼音字母的顺序排列,只要会汉语拼音,就能很快找到所要查的字。如:《新华字典》、《现代汉语词典》等。

汉语拼音方案公布之前,有的工具书是按照国语注音字母的顺序排列的。如近人杨树达的《词诠》,收古汉语虚词五百多个,按照注音字母的顺序加以排列。

还有的按照古声母的顺序来排列汉字。如清代王引之的《经传释词》,共收字 160 个,全书分为十卷,按古声母排列。第一卷至第四卷为喉音,第五卷为牙音,第六卷为舌音,第七卷为半齿半舌音,第八卷为齿头音,第九卷为正齿音,第十卷为唇音。

2. 从声调的角度排列汉字

中古汉语有四声,即平上去入。有的工具书是按照平上去入四声排列汉字的,如:清代刘淇的《助字辨略》,全书按照平上去入四声分卷,依韵编排。

3. 从韵的角度排列汉字

"韵"和"韵母"不一样,韵母包括韵头、韵腹和韵尾;而"韵"只包括韵腹和韵尾,不包括韵头。只要韵腹和韵尾相同,就是相同的韵。

《广韵》采用了按韵编排的原则,它将所收之字归并到206韵部,又按平、上、去、入四声分卷,这206韵与四声就是《广韵》的分类类聚单位。每一韵内又采取了"依韵归字"的办法,每韵部所收的字,其韵母和声调都相同。再把声母相同的字归在一起,形成一个个小类,叫"小韵"。同一小韵的字,声、韵、调全部相同。如"东"韵的第一个小韵依次收字为:东、菄、鶇、䍶、倲、涷、蝀……

南宋时,平水人刘渊把《广韵》的206韵合并成了106韵,这就是著名的平水韵。很多工具书开始按照平水韵的106韵排列字词。如《经籍纂诂》,这是一部专门收集唐代以前各种古书注解的字典。在编排上用的是韵目排列法,按当时作诗通用的平水韵一百零六韵编排被释的字。每一韵为一卷,共分为106卷。

《佩文韵府》是一部按韵编排的比较大型的古代辞书。根据平水韵106韵分类,按词语末一字归韵。先列单字,略加注音释义,然后列举两字词语、三字词语和四字词语,注明出处,用双行小字列于各条词语之下。例如卷一上平声东韵的第一个字是"东"字,先略释"东"字音义,然后列举"南东、自东、在东、徂东……涧瀍东、首阳东……宿西食东、有文者东"等词语。——每一个词不管有几个字构成,都是按照该词语的末一字归韵编排。所以我们在使用《佩文韵府》这类训诂书时,一定要按照词语的最后一个字的韵去查检。

(三)从字义的角度去排列工具书

——即按照意义分类,把意义相同、相近的字词编排在一起,这种方法又叫义类编排法。

义类编排法是利用词语的性质和义类进行排列汉字的方法。如《尔雅》和仿《尔雅》体例的《方言》、《骈字类编》、《小尔雅》、《广雅》、《埤雅》、《骈雅》、《通雅》、《别雅》、《比雅》、《叠雅》等,都使用了义类编排法来排列汉字。

《尔雅》最早创立了义类编排法,它把所释语词按照意义类别分成了19大类:《释诂》、《释言》、《释训》、《释亲》、《释宫》、《释器》、《释乐》、《释天》、《释地》、《释丘》、《释山》、《释水》、《释草》、《释木》、《释虫》、《释鱼》、《释鸟》、《释兽》、《释畜》。

《尔雅》的前三篇《释诂》、《释言》、《释训》是解释普通词语的,《释亲》以下都是解释事物名称的。先由人事和人所做的宫室、器物列起,然后叙列天地自然的名称和植物、动物的名称加以解释,这代表古人对事物名称的一种粗疏的分类法。

因为《尔雅》是按照意义类别来排列词语的,因此,当我们要使用这类工具书来查检词语时,首先必须了解该词语所属的义类,否则,无法查找该词。例如查"澜、沦",因为该字从"水",故可以到《尔雅·释水》篇中查找该词:"大波为澜,小波为沦"。再如查"兄弟姊妹姑",这些词都是亲属方面的词语,故可以到《尔雅·释亲》篇去查:"男子先生为兄,后生为弟,男子谓女子先生为姊,后生为妹。父之姊妹为姑。"

但也有一些词语,由于很难分清它所属的义类和性质,因此,就无法使用该类工具书去查检词语。例如:"淫"字从水,似乎应该到《尔雅·释水》篇去查找,但事实上在《尔雅·释水》篇是查不到"淫"字的,因为《尔雅》的编纂者把"淫"字放在了《释天》篇:"久雨谓之淫。"可见,义类编排法并不很科学,使用起来有时很不方便,后人在编纂训诂专书时慢慢地淘汰了这种方法。

上面所介绍的专著体训诂书排列汉字的方法,实际上就是我们查检字典、词典等训诂专书的方法。现代编排的字典、词典等训诂专书,一般每一本都有部首检字法、音序检字法等数种检字方法,便于我们从不同的角度迅速地查找到所需要的资料。而古代训诂专书的编排方法则相对单一。

当我们使用某部古代训诂专书的时候,一定要先看看这部书的"凡例"、"前言"等,从中了解该书的编排方法。一部书,尤其是专著体训诂书,作者往往于正文之前先叙述全书的编写目的和体例,一般称为凡例,或称"例言"、"发凡"等。好的"发凡"能起到导读的作用。唐代以前的专著体训诂书,其凡例多散见于著作的各部分之中,不集中,起不到导读的作用。因此训诂学家往往有发凡起例之作,给读者一个读此书的向导。例如:

《说文·一部》:"凡一之属皆从一。"段玉裁《说文解字注》:"凡云'凡某之属皆从某'者,《自序》所谓'分别部居,不相杂厕'也。"

第二节 《尔雅》与《方言》

一、《尔雅》

《尔雅》是我国古代最早的一部解释词义的专著,是我国第一部词典,大约成书于战国末期。书名《尔雅》,体现了该书的纂集目的,至今有多种说法。刘熙主张"近正说"。刘熙《释名·释典艺》:"尔雅:尔,昵也;昵,近也。雅,义也;义,正也。五方之言不同,皆以近正为主也。"刘熙认为,《尔雅》的编纂目的就是为了沟通各地的方言,使它接近于雅言。张晏注《汉书·艺文志》时也阐述了这一观点:"尔,近也;雅,正也。"黄侃主张"近夏说"。黄侃《尔雅略说》:"雅之训正,谊属后起,其实即'夏'之借字。《荀子·荣辱篇》:'越人安越,楚人安楚,君子安雅。'《儒效篇》则云:'居楚而楚,居越而越,居夏而夏。'二文大同,独'雅'、'夏'错见,明'雅'即'夏'之假借也。"黄侃认为"雅言"即"夏言",也就是华夏的共同语。他说:"明乎此者,一可知《尔雅》为诸夏之公言,二可知《尔雅》皆经典之常语,三可知《尔雅》为训诂之正义。"(《黄侃论学杂著》)。综合二人的观点,《尔雅》是一部解释古代词语的经典专著,其编纂目的是以标准语释方言俗语,以常用语释难僻语,以当代语释古语。

《尔雅》是一部分类词典,共有19篇,前3篇为"释诂"、"释言"、"释训",主要解释一般词语。后16篇分类解释名物,即"释亲"、"释宫"、"释器"、"释乐"、"释天"、"释地"、"释丘"、"释山"、"释水"、"释草"、"释木"、"释虫"、"释鱼"、"释鸟"、"释兽"、"释畜"。

《尔雅》首创了按事物内容、性质分类释词的体例,全书19篇可以分为五大类。

第一类,解释普通词语,含前3篇"释诂"、"释言"、"释训"。这3篇所释词语有什么区别呢?郝懿行《尔雅义疏》认为:《释诂》"皆举古言,释以今语";《释言》"约取常行之字,而以异文释之";《释训》"多形容写貌之词,故重义叠字累载于篇"。仔细分析,这3篇的区别实际上并不明显。例如:

爰,粤,于也。(《释诂》1A.24)

卬、吾、台、予、朕、身、甫、余、言,我也。(《释诂》1B.1)

畴、孰,谁也。(《释诂》1B.12)

关关、噰噰,音声和也。(《释诂》1B.15)

还、复,返也。(《释言》2.4)

宣、徇,遍也。(《释言》2.5)

肃、噰,声也。(《释言》2.9)

疾、齐,壮也。(《释言》2.23)

雍雍、优优,和也。(《释训》3.6)

晏晏、温温,柔也。(《释训》3.9)

朔,北方也。(《释训》3.79)

勿念,勿忘也。(《释训》3.83)

是刈是濩,煮之也。(《释训》3.97)

从上面的例子可以看出,《释诂》中也有重义叠字,《释训》中也有释古今之语的,头三篇的区别的确不大。所以陆德明《经典释文》说:"《释诂》以下三篇,皆释古今之语、方俗之言",没有对之进行区别。

第二类,解释人、事、物的名称,含"释亲"、"释宫"、"释器"、"释乐"4篇。如:

父为考,母为妣。(《释亲》4.2)

男子先生为兄,后生为弟。男子谓女子先生为姊,后生为妹。父之姊妹为姑。父之从父晜弟为从祖父。父之从祖晜弟为族父。族父之子相谓为族晜弟,族晜弟之子相谓为亲同姓。(《释亲》4.8)

宫谓之室,室谓之宫。(《释宫》5.1)

木豆谓之豆。(《释器》6.1)

璧大六寸谓之宣。(《释器》6.81)

宫谓之重,商谓之敏,角谓之经,徵谓之迭,羽谓之柳。(《释乐》7.1)

第三类,解释四时、星辰、风雨、祥瑞、灾异等名称,含《释天》1篇。如:

东风谓之谷风。(《释天》8.34)

扶摇谓之猋。(《释天》8.38)

第四类,解释地理名称,含"释地"、"释丘"、"释山"、"释水"4篇。如:

中有岱岳,与其五谷鱼盐生焉。(《释地》9.35)

邑外谓之郊,郊外谓之牧,牧外谓之野,野外谓之林,林外谓之坰。(《释地》9.44)

丘上有丘为宛丘。(《释丘》10.27)

泰山为东岳,华山为西岳,霍山为南岳。(《释山》11.22)

水注川曰谿,注谿曰谷,注谷曰沟,注沟曰浍,注浍曰渎。(《释水》12.29)

第五类,解释各种动植物的名称。解释植物的有《释草》、《释木》2篇,解释动物的有"释虫"、"释鱼"、"释鸟"、"释兽"、"释畜"5篇。如:

木谓之华,草谓之荣,不荣而实者谓之秀,荣而不实者谓之英。(《释草》13.217)

楙,木瓜。(《释木》14.10)

蚍蜉,大蚁。(《释虫》15.46)

有足谓之虫,无足谓之豸。(《释虫》15.80)

科斗,活东。(《释鱼》16.27)

二足而羽,谓之禽;四足而毛谓之兽。(《释鸟》17.96)

猩猩,小而好啼。(《释兽》18.48)

牛七尺为犉。(《释兽》19.82)

《尔雅》的第一类内容,可以看作普通词语词典。第二类至第五类内容,相当于百科词典。它把古今异言、方俗殊语以及各种名物进行了全面研究、系统整理,汇集成了通释语义、粗具条例的汉语分类词典,开创了"物以类聚"的编写体例,在训诂学史上具有重要的地位。

《尔雅》使用了同义词共训、异义同训、同类词分训、反训、具体描述等多种训诂方法,尽管还存有不够严密的地方,但它不失为辞书释义的先河,具有开创性的意义。

《尔雅》的功能是用标准语解释古语和方言,因此《尔雅》的广泛流传,在促进语言规范化、普及儒家经典方面发挥了巨大的作用。《尔雅》保存了汉语词语的很多故训,这些故训不仅可以帮助我们解经,而且也可以帮助我们来解释先秦的其他文献。如果没有《尔雅》这部书,先秦的很多作品就无法理解。正由于此,《尔雅》被封为"十三经"之一,有"七经之检度,学问之阶路"之美誉。它为我国训诂学奠定了很好的基础,对后世产生了极大的影响。《尔雅》成书之后,"雅"字号的辞书层出不穷,如孔鲋《小尔雅》、三国魏张揖《广雅》、宋代陆佃《埤雅》、罗愿《尔雅翼》、明代朱谋㙔《骈雅》、方以智《通雅》、清代吴玉清《别雅》、洪亮吉《比雅》、史梦兰的《叠雅》,都是仿《尔雅》而成的专著体训诂书。

当然,我们在充分肯定《尔雅》成绩的同时,也要看到它的不足,如所收词语不够全面,解释词义不够准确,分类不够科学等,这些问题也应该引起我们的注意,以免以讹传讹。

二、扬雄的《方言》

《方言》是我国也是世界上第一部方言著作,记载了西汉时代不同方域的词汇。作者扬雄(前53~18年),字子云,蜀郡成都人,西汉著名的词赋家、哲学家和语言学家。扬雄《答刘歆书》云:"故天下上计孝廉及内郡卫卒会者,雄常把三寸弱翰,赍油素四尺,以问其异语。归即以铅摘次之于椠,27岁于今矣。而语言或交错相反,方复论思,详悉集之,燕其疑。"可见扬雄二十余年如一日,深入调查方言,给我们留下了这部"悬诸日月不刊之书"。直到今天,《方言》仍然是我们研究汉语词汇发展的宝贵资料,对汉语方言学、词汇学的研究有着重要的作用。

《方言》全称《輶轩使者绝代语释别国方言》,书名包含了"绝代语释"和"别国方言"两部分内容。"绝代语释"指从历时角度对前代语言的解释;"别国方言"指从共时角度对不同地域的方言所作的解释。在训诂体例上,《方言》与《尔雅》相似,即每条先列出各个方言区的同义词,然后用一个比较常见的大家都能懂的通语对它们进行解释,再指出各方言词使用的地域,从而构成了方言的互译,构成了方言与雅言共存的语言体系。此种体例约占《方言》的百分之九十。例如:

"嫁、逝、徂、适,往也。自家而出谓之嫁,由女而出为嫁也。逝,秦晋语也。徂,齐语也。适,宋鲁语也。往,凡语也。"(《方言·卷一》)

"党、晓、哲,知也。楚谓之党,或曰晓,齐宋之间谓之哲。"(《方言·卷一》)

"敦、丰、厖、夽、憮、般、嘏、奕、戎、京、奘、将,大也。凡物之大貌曰丰。厖,深之大也。东齐海岱之间曰夽,或曰憮,宋鲁陈卫之间谓之嘏,或曰戎。秦晋之间,凡物壮大谓之嘏,或曰夏。秦晋之间,凡人大谓之奘,或谓之壮。燕之北鄙,齐楚之郊或曰京,或曰将,皆古今语也。"(《方言·卷一》)

"修、骏、融、绎、寻、延,长也。陈楚之间曰修,海岱大野之间曰寻,宋卫荆吴之间曰融,自关而西秦晋梁益之间,凡物长谓之寻。《周官》之法,度广为寻,幅广为充。延、永,长也。凡施于年者谓之延,施于众长谓之永。"(《方言·卷一》)

"逞、晓、恔、苦,快也。自关而东或曰逞,江淮陈楚之间曰逞,宋郑周洛韩魏之间曰苦,东齐海岱之间曰恔,自关而西曰快。"(《方言·卷三》)

"凡语",即当时的共同语,又叫做"通语"、"通名"、"雅言",相当于今天的普通话。从上例可见,扬雄是用当时的共同语来解释方言的,并且形成了一套专用术语来说明某词的使用地区,如凡说"某地语"、"某地某地之间语"、"某谓之某"、"某某谓之某"或"某处通语"的,都是方言,只不过通行区域大小不同而已。其中方域的称谓,或用秦代以前的国名、地名,或用汉代通行的地名。东起东齐海岱,西至秦陇凉州,北起燕赵,南至江湘九疑,东北至北燕朝鲜洌水之间,西北至秦晋北鄙,东南至吴越,西南至梁益蜀汉。地域包括极广,几乎囊括了汉代的全部版图。

《方言》还有一体例,即先列举一个词作为话题,然后分别说明这个词在各地的不同称谓。如:

箭:自关而东谓之矢,江淮之间谓之鍭,关西曰箭。(《方言·卷九》)

蚍蜉:齐鲁之间谓之蚼蟓,西南梁益之间谓之元蚼。(《方言·卷十一》)

《方言》还第一个提出了"转语"这一术语,并用来解释语音演变现象。例如:

蝇,东齐谓之羊。陈楚之间谓之蝇,自关而西秦晋之间谓之羊。"

郭璞《方言注》:"此亦语转耳。今江东人呼羊声如蝇。凡此之类皆不宜别立名也。"(《方言·卷十一》)

"緤、末、纪,绪也。南楚皆曰緤,或曰端,或曰纪,或曰末,皆楚转语也。"(《方言·卷十》)再如:

"蜘蛛,蛛蝥也。自关而西秦晋之间谓之蛛蝥,自关而东赵魏之郊谓之蜘蛛,或谓之蠾蝓。蠾蝓者,侏儒语之转也。北燕朝鲜洌水之间谓之蟏蛸。"(《方言·卷十一》)

"铤,空也,语之转也。(《方言·卷三》)

扬雄是中国乃至世界上第一个搞方言调查的人,他从活生生的口语入手研究语言,并将研究成果撰写成书,为我们提供了汉代方言及其共同语的重要资料,开创了语言研究的新领域,创建了方言学这门新的语言学科,丰富了中国古代语言学的内容,在中国古代语言学史上占有非常重要的地位。

历来研究《方言》的人颇多,第一个为《方言》作注的人是晋代的郭璞。郭璞在《方言注序》里说:"余少玩雅训,旁味《方言》,复为之解,触事广之,演其未及,摘其谬漏,庶以燕石之瑜,补琬琰之瑕,俾之瞻涉者可以广寤多闻尔。"[①]表现了他注《方言》的目的和纲领。王国维在《书郭注方言后二》赞扬郭璞用今语说明古语,即用晋代语言解释汉代语言的一贯精神。周祖谟在《方言校笺自序》总结了郭璞《方言注》的五个条例,并给予了充分肯定。

清代注释《方言》的有戴震的《方言疏证》、钱绎的《方言笺疏》、钱侗的《方言义证》、王念孙的《方言疏证》、章炳麟的《新方言》、刘台拱的《方言补校》、顾震福的《方言校补》、杭世骏的《续方言》、沈龄的《续方言疏证》、程先甲的《广续方言》、徐乃昌的《续方言又补》等,足见扬雄《方言》的影响之大。

第三节　《说文解字》与《释名》

一、许慎的《说文解字》

《说文解字》是中国古代最早的一部字典,作者许慎(约58～147),字叔重,汝南召陵(今河南郾城)人,是东汉著名经学家、文字学家。曾任汝南郡功曹、太

---

① 郭璞:《方言序》,见钱绎《方言笺疏》,上海古籍出版社1984年版。

尉府南阁祭酒等职。许慎师事贾逵,受古文经,博学经籍,为马融所重,时人以"五经无双许叔重"誉之。许慎精通文字训诂,历经 21 年编成《说文解字》。许慎还撰有《五经异义》十卷、《淮南子注》二十一卷、《史记注》等,惜均亡佚。

《说文解字》共有十五卷,解释字 9353 个,重文 1163 个,凡 133441 字。面对如此众多的汉字如何进行有序详解,这是许慎编写《说文解字》首先要解决的一个问题。许慎从分析字形入手,创立了 540 个部首,以此来统摄 9353 个字,从而确立了"类聚群分"的编纂思想,确定了"分别部居、不相杂厕"的编辑体例,开创了部首检字法之先河。

540 部首之间,也不是杂乱无章的,许慎采用了"据形系联"的原则,使得部首之间井然有序。如卷一(上)前八部"一、丄、示、三、王、玉、珏、气",以"一"相系联,由简至繁,逐步引申。段注云:丄(二),"蒙一而次之";示,"从二,蒙二而次之";三,"蒙示有三垂,以三次之";王,"蒙三而次之";玉,"亦蒙三而次之";珏,"蒙王而次之";气,古"文象形,而次此者,为其列多不过三"。黄侃《说文略说》指出:"许书列部之次第,据其《自序》,谓'据形系联'。徐楷因之以作部叙,大抵以形相近为次,如一、丄、示、三、王、玉、珏相次是也。"

凡部首之间,均采用"凡 X 之属皆从 X"的格式来表示。例如:

一:惟初太始,道立于一;造分天地,化成万物。凡一之属皆从一。(《说文解字》)

玉:石之美,有五德:润泽以温,仁之方也;䚡理自外,可以知中,义之方也;其声舒扬,专以远闻,智之方也;不桡而折,勇之方也;锐廉而不技,絜之方也。象三玉之连丨,其贯也。凡玉之属皆从玉。(《说文解字》)

至于各部首内部,排列汉字的顺序,则是以义相连。黄侃《说文略说》云:"许书列字之次第,大抵先名后事,如玉部自璙以下,皆玉名也;自璧以下,皆玉器也;自瑳以下,皆玉事也;自瑀以下,皆附于玉者也;殿之以霝,用玉者也。其中又或以声音为次,如示部,禛、祯、祇、禔相近;祉、福、祐、祺相近;祭、祀、祟相近;祝、榴相近。又或以义同异为次,如祈、祷同训求,则最相近;祸训害,祟训祸,训相连则最相近。大抵次字之法,不外此三者矣。"

许慎之所以能够创立 540 部首,得力于他对"六书"造字法的深刻理解。许慎第一次对"六书"的概念进行了详细解释,规定了条例和原则,并举出了例字:"一曰指事。指事者,视而可识,察而见意,上下是也。二曰象形,象形者,画成其物,随体诘诎,日月是也。三曰形声,形声者,以事为名,取譬相成,江河是也。四曰会意,会意者,比类合谊,以见指撝,武信是也。五曰转注,转注者,建类一首,同意相受,考老是也。六曰假借,假借者,本无其字,依声托事,令长是也。"①虽然假借的例字举错了,虽然个别概念的定义还不够很准确,但在当时的历史条件下,许慎第一个率先解释了六书的细目,并一一举了例字,而且全面应用"六书"原理来分析汉字,这是非常难能可贵的,这是对汉字史的重大贡献。

对于每字的说解体例,段玉裁在《说文解字注》中说:"凡篆一字,先训其义,若'始也'、'颠也'是。次释其形,若'从某、某声'是。次释其音,若'某声'及'读若某'是。合三者以完一篆,故曰形书也。"也就是说,《说文解字》释字格式是:先写出一个小篆作字头,紧接着释义,然后再分析字形,最后注出读音。例如(下面例子均出自《说文解字》,所举例字之前的篆文省略):

牲:牛完全。从牛生声。

苕:草也。从艹各声。

丕:大也,从一不声。

禧:礼吉也。从示,喜声。

禄:福也。从示,录声。

莠:禾粟下生莠。从艹秀声,读若酉。

唉:譍也。从口矣声,读若埃。

皇:大也。从自。自,始也。始皇者,三皇大君也。自读若鼻,今俗以始生子为鼻子。

吏:治人者也。从一从史,史亦声。

珥:瑱也。从玉耳,耳亦声。

牭:四岁牛。从牛从四,四亦声。

从上例可以,许慎对每一个汉字均进行了字形分析,指出了其造字方法,并形成了独具特色的释字条例。下面按"六书"分类说明之。

(1)象形字

象形字的释字格式主要有:"X,X 也。象形。"例如:

手:拳也,象形。凡手之属从手。

耳:主听也,象形。凡耳之属皆从耳。

户:护也。半门曰户,象形。凡户之属皆从户。

如果所象之形不很明显,则采用"象……之形"、"象……"的条式予以指明。例如:

马:怒也,武也。象马头、髦尾、四足之形。凡马之属皆从马。

---

① 许慎:《说文解字叙》,见《说文解字》,中华书局 1963 年出版。

豕:彘也,竭其尾,故谓之豕。象毛足而后有尾,读与豨同。

有时用"从 X,象形"的格式。例如:

朵:树木垂朵朵也。从木,象形。

雲:山川气也。从雨,云象雲回转形。

日:实也,太阳之精不亏,从口一,象形。凡日之属皆从日。

有时还对字形作更细致的分析。例如:

目:人眼。象形。重,童子也。

(2)指事字

指事字的释字条例主要有:"X,X 也。指事。"例如:

上:高也,此古文上,指事也。凡上之属皆从上。

丁:底也,指事。

有时用"象 X 形"或"象 XX"的格式来表明指事。如:

刃:刀坚也,象刀有刃之形。

亦:人之臂亦也。从大,象两亦之形。

虽然这种格式中有"象……之形",但因为前面有"从 X",说明该字绝不是单纯的象形字,而是指事字。

有时用"从 X,X 在……"的格式表示指事。例如:

本:木下曰本。从木,一在其下。

末:木上曰末,从木,一在其上。

朱:赤心木,松柏属。从木,一在其中。

这种格式与会意字的表达方式相似,但它不是会意字。其区别在于后面的"一在……",许慎是在用"一"这个符号指出该字形所表示的意义所在。

(3)会意字

会意字的释字条例主要有:"从 X 从 X",例如:

初:始也。从刀从衣,裁衣之始也。

则:等画物也。从刀从贝。贝,古之物货也。

作:起也。从人从乍。

有时直接指明会意。如:

丧:亡也。从哭从亡,会意。

信:诚也。从人从言,会意。

有时用"从 XX"的格式指明会意。例如:

佰:相什伯也。从人百。

什:相什保也。从人十。

好:美也。从女子。

有时用"从 x 从 x 从 x"、"从 x 从 x 从 x 从 x"或"从 x x x"、"从 x x x x"的格式表明该会意字是由三个或四个独体字构成的。例如:

僉:皆也。从亼从吅从从。

暴:晞也。从日从出从収从米。(小徐本作"从日出廾米"。)

(4)形声字

形声字的释字条例主要有:"从 X,X 声。"例如:

吐:写也。从口土声。

岱:太山也。从山代声。

由两个义符和一个声符构成的形声字,则用"从 X 从 X,X 声"或"从 X X,X 声"的格式来表示。例如:

疑:惑也。从子止,矢声。

嗣:诸侯嗣国也。从册从口,司声。

对于会意兼形声字,则用"从 X 从 X,X 亦声"的格式来表示。例如:

娶:取妇也。从女从取,取亦声。

婚:妇家也。礼,娶妇以昏时。妇人,阴也,故曰婚从女从昏,昏亦声。

有些会意兼形声字,有时直接说"从 X,X 声",或"从 X,从 X"。如:

祰:告祭也。从示,告声。

芝:神艸也。从艸从之。

(5)转注字

转注不是一种造字方法,而是一种用字法。根据许慎下的定义"转注者,建类一首,同意相受,考老是也"去考察《说文解字》,符合这个定义条件的转注字并不是很多。例如:

"呻,吟也";"吟,呻也。"

"咽,嗌也";"嗌,咽也。"

"讽,诵也";"诵,讽也。"

两字之间虽然可以构成转注关系,但每个字均有自己的造字方法,所以许慎并没有为这类字专门再作解释。

(6)假借字

许慎说:"假借者,本无其字,依声托事,令长是也。"这是一种借声用字的方法,但许慎把"令"解释为"发号也",而没有释为"县令";把"长"解释为"久远也",而不训为"县长",也就是说,只解释了"令"、"长"的本义,而没有解释其借声用字,所以许慎关于假借的例字举错了。

尽管如此,《说文解字》中还是解释了一些假借字。例如:

西:鸟在巢上,象形。日在西方而鸟栖,故因以为东西之西。凡西之属皆从西。

乌:孝鸟也。象形。孔子曰:乌,肟呼也,取其助气,故以为乌呼。凡乌之属皆从乌。

《说文解字》的注音方法主要有两种,一是指明声符,注明某声、某亦声、某省声、某某皆声;一是用打比方的方法,注明"读若"、"读与某同"、"读若某同"、"读若某相似"、"读如",或只用一个"读"字。例如:

珉:民也。从民亡声,读若盲。

裾:衣袍也。从衣居声。读与居同。

许慎编纂《说文解字》的态度是极为严谨的。他确立了"博采通人,信而有征"和"闻疑见疑,不知盖阙"两个说解原则。这种严谨的治学态度是非常值得我们学习的。

《说文解字》在我国语言文字发展史上有着重要的历史意义。第一,它系统地阐发了六书理论,为古文字研究奠定了基础。他把六书理论和汉字形体分析结合起来,研究了整个汉字的结构系统,朱骏声盛赞"其功殆不在禹下"(《说文通训定声述》)钱大昕也说:"所赖以考见六书之源流者,独有许叔重《说文解字》一书。"(钱大昕《说文解字跋》)尽管学术界一直存在着争论,但都公认他是中国文字学的开山祖师。第二,首创了部首检字法,开创了部首分类编纂字书之先例。许慎将 9353 个汉字分为 540 部类,据形系联,把纷繁无比的汉字统摄起来,编排成书,这种编纂字典的方法对中国文化的发展是一个卓越的贡献。段玉裁称赞道:"此前古未有之书,许君之所独创,若网在纲,如裘挈领,讨原以纳流,执要以说详。"(段玉裁《说文解字注》)《说文解字》开创的部首检字法,纷纷为后人所效法。如南朝梁顾野王的《玉篇》、宋代司马光的《类篇》、明代梅膺祚《字汇》、清代《康熙字典》等都采用了部首编排方法。第三,保存了大量上古汉语的重要语料,是上古汉语词汇的宝库。《说文解字》"博采通人,信而有征",广泛引用了《周易》、《诗经》、《尚书》等经书材料,为我们研究先秦汉语词汇、语音提供了重要资料。据宋举成统计:《说文解字》"全书注明引经据典的,计有:引《易》七十八条,《诗》四百二十二条,《书》一百五十九条,《礼》一百三十九条(其中《周礼》九十五条,《礼记》十四条,《仪礼》三十条),《春秋》一百八十一条(其中《左氏传》一百七十八条,《公羊传》三条),《论语》三十一条,《孝经》三条,《尔雅》二十八条,《孟子》八条。儒家十三经他引用了十二种(缺《谷梁传》)。并且又增引了《逸周书》、《国语》、《孝经说》以及《三家诗说》五种,共计一千零八十四条。又引诸家释经之语二十五条,还特别称引了"孔子曰十二条,引董仲舒、京房、欧阳乔、杜林、贾逵等儒家'通人'之说二十七家,一百零三条,还有一语两引的现象。"①另外,许慎借助分析字形抓住了词的本义,对我们探求词义的引申发展找到了根源,提供了重要帮助。王力先生说:"《说文解字》在古代词义的保存上,它是卓越千古的。"(王力《中国语言学史》)《说文解字》还反映了秦汉时代的生产、生活知识,是我们研究中国古代历史文化的珍贵资料。例如《说文·牛部》:"牬,二岁牛。""㸬,三岁牛。""牭,四岁牛。""㹔,黄牛虎纹。""犊,牛子也。""特,朴特牛父也。""犅,驳牛也。""𤙳,黄牛黑唇也。"这些众多的关于"牛"的词汇,反映了远古时代人们的生活与牛之间的密切关系。《说文·后叙》云:"六艺群书之诂,皆训其意。而天地鬼神山川草木、鸟兽蚰蟲,杂物奇怪,王制礼仪,世间人事,莫不毕载。"可见《说文解字》就是一部我国古代的小型百科全书,具有无比珍贵的文化遗产。

当然,《说文解字》也存有一些不足,如受历史条件的局限,许慎没能见到甲骨文、金文,某些字在许氏时代已经无法找到最早的本义,许慎的解释就难免主观臆测,反映了唯心主义的思想甚至封建迷信思想。例如:

"示,天垂象,现吉凶,所以示人也。从二(古文"上"),三垂,日月星也,观乎天文,以察时变,示神事也。

"三:天、地、人之道也,从三数。"

"王,天下所归往也。董仲舒曰:古之造文者,三画而连其中,谓之王。三者,天地人也;而参通之者,王也。孔子曰:一贯三为王。"

这种解释,显然脱离了文字的本义,表现了阴阳五行、天人感应的唯心主义的思想。我们在学习、研究《说文解字》的时候,一定要注意剔除其中的糟粕。

二、刘熙的《释名》

《释名》是一部用声训方法推求名源的专书,也是我国第一部语源学专著。

世传各本《释名》,皆题汉代刘熙撰。《三国志·吴书·韦曜传》云:"(曜)见刘熙所作《释名》。"《隋书·经籍志》:"《释名》八卷,刘熙撰。"《旧唐书·经籍志》、《新唐书·艺文志》、《宋史·艺文志》、《文献通考·经籍考》并与《隋书》同。但由于《后汉书》不载刘熙事迹,而其《文苑传》载有刘珍事迹,言其"又撰《释名》三十篇,以辨万物之称号云",于是引起了后人对《释名》一书作者的

---

① 宋举成:《略谈许慎和他的〈说文解字〉》,载《内蒙古师大学报》,1983年第3期。

怀疑,乃至聚讼纷纭。清人毕沅《释名疏证叙》提出"误以刘熙为刘珍"的观点,清人赵怀玉《广释名序》提出"珍与熙岂即一人"的疑问,姚振宗《隋书·经籍志考证》指出"岂刘熙为刘珍之孙"的观点。

据《后汉书》载,刘珍字秋孙,一名宝,南阳蔡阳人。少好学,曾为谒者仆射,邓太后诏使与马融及五经博士校书东观,并作建武以来《名臣传》,迁侍中越骑校尉。延光四年(125)拜宗正。明年转卫尉,卒官。"著《诔讼连珠》凡七篇,又撰《释名》三十篇,以辨万物之称号云。"

刘熙字成国,北海(今山东昌乐)人,曾避乱交州(今两广一带),生活在汉灵帝至献帝年间,是当时名儒,可能曾受征辟而不就,故号为"征士"。宋李石《续博物志》称之为"汉博士刘熙",其博士身份已难考辨。其所撰《释名》,旧本又题安南太守。汉代没有安南郡,或当作南安。根据现有史料以及学者考证,刘熙确是《释名》一书的作者。

《释名》共8卷27篇,释天、释地、释山、释水、释丘、释道、释州国、释形体、释姿容、释长幼、释亲属、释言语、释饮食、释采帛、释首饰、释衣服、释宫室、释床帐、释书契、释典艺、释器用、释乐器、释兵、释车、释船、释丧制、释疾病。《释名》分类较《尔雅》细致而且合理。

刘熙在自序中说:"夫名之于实,各有义类,百姓日称而不知其所以之意,故撰天地、阴阳、四时、邦国、都鄙、车服、丧记,下及民庶应用之器,论叙指归,谓之《释名》,凡27篇。至于事类,未能究备。凡所不载,亦欲智者以类求之。""名之于实,各有义类",这句话说明了音义相通的道理。刘熙认为一切事物的命名皆有其原因,他提出了"义类"说,并通过《释名》去推求这些事物的命名之源,也就是要探求语源。虽然他所论叙的事类可能还不完备,但是聪明人会按照他的方法去推求。刘熙的方法就是因声求义,也就是根据语音去探求语源。例如:

土,吐也,吐生万物也。(《释地》)

川,穿也,穿地而流也。(《释水》)

胃,围也,围受食物也。(《释形体》)

发,拔也,拔擢而出也。(《释形体》)

人,仁也,仁生物也。(《释形体》)

颈,俓也,俓挺而长也。(《释形体》)

妇,服也,服家事也,夫受命于朝,妻受命于家也。(《释亲属》)

德,得也,得事宜也。(《释言语》)

纪,记也,记识之也。(《释言语》)

功,攻也,攻治之乃成也。(《释言语》)

迹,积也,积累而前也。(《释言语》)

宅,择也,择吉处而营之也。(《释宫室》)

城,盛也,盛受国都也。(《释宫室》)

仓,藏也,藏谷物也。(《释宫室》)

囷,屯也,屯聚之也。(《释宫室》)

契,刻也,刻识其数也。(《释书契》)

书,亦言著也,著之简纸永不灭也。(《释书契》)

记,纪也,纪识之也。(《释书契》)

饼,并也,溲面使合并也。(《释饮食》)

皮,被也,被覆体也。(《释形体》)

负,背也,置项背也。(《释姿容》)

涕,弟也。(《释言语》)

燥,焦也。(《释言语》)

弟,弟也,相次弟而生也。(《释亲属》)

山夹水曰涧。涧,间也,言在两山之间也。(《释水》)

《释名》大量运用声训,探索了事物命名的原因,同时又证明了以声音为线索探求名源的原理。《释名》的理论与方法大致是正确的,因而它所揭示的名源有相当一部分是可信的。但音义相关或者音近义通的现象并不是绝对的,它必须以同源派生词为前提,非同源派生词和原始根词的音义关系应该是约定俗成的,不一定能追溯出音义之源;另一方面,也不是所有的音同音近的词都具有渊源关系。《释名》中有许多牵强附会的解释甚至是错误的解释,就是没有把握好音义关系的度,在系联意义关系时缺乏证据。周大璞说:"声训是探索语源的方法,但不是唯一的方法,因为语义的形成和流变,不仅和语音有关,也牵涉到其他许多方面。首先,它是由社会决定的,要由社会上的人们约定俗成。因此,要探索某种语言的语源,必须了解使用这种语言的社会,了解这社会的历史发展、政治、经济、文化、宗教,以及人们的生活情况,各个阶级的风俗习惯等等,不能单凭语音这条线索;否则,便缺少确实可靠的根据,只不过是玩弄一些音同、音近、音转的词语,胡乱猜想,那就会陷入唯心主义的泥坑。《释名》的缺点就在这里。"[①]从上面的例句可知,刘熙采用声训的办法解释词语,有些解释确实非常精到;但也有一些解释牵强附会,如"人,仁也,仁生物也";"涕,弟也";"迹,积也,积累而前也";"德,得也,得事宜也"。像这些解释滥用声训,主观臆测,令人

---

① 周大璞:《训诂学初稿》,武汉大学出版社1987年版。

无法信服。

　　尽管如此,刘熙的《释名》第一次对事物的命名之源进行了全面、系统地探讨,开创了语源学之先河。它保存了很多词语的古义,保存了很多东汉末年的语音资料,记录了许多名物、典章、制度、风俗方面的知识,对我们研究东汉时期的历史、语言提供了重要资料。它注重解释百姓日常生活用品之名称,不追求所释词语在经典文献中的含义,从而摆脱了经学的附庸地位,将训诂研究纳入了语言学的范畴,突破了旧有的学术观念,对后世产生了较大的影响。《释名》被《艺文类聚》、《一切经音义》、《初学记》、《太平御览》、《渊鉴类涵》、《广韵》等书大量征引。如《广韵》即引用《释名》达 139 条之多,足见其影响之大。《释名》问世不久,吴国韦昭(因避司马昭讳,改为曜)就为它补作《官职训》一篇,并撰《辨释名》一卷。清代为《释名》作注的有毕源的《释名疏证》、王先谦的《释名疏证补》、成蓉镜的《释名补正》、吴翙寅的《释名校议》、王仁俊的《释名集校》、顾广圻的《释名略例》等。

第五章

考释语义的考证体

第一节 考证体

一、什么是考证体

考证,即考据,是考释与证明的合称,即根据历史文献资料来考核、证实和说明。王宁《训诂学》说:"考释指考求审核原始文献材料,据以对已作出的或尚未作出明确训释的疑难词义进行探求,或对原有的训释提出质疑,重新解释。证明则是根据所找出的文献材料证据,论证说明,得出结论。任何词义考证工作都是考释与证明相互伴随的。考核史料是证明工作的基础和前提,证明工作是文献考核的目的,无考核之证明等于主观臆测,是不能成立的。证据在考核的过程中产生,在考核有了结果后,论证时需要统一罗列出来,以说服别人,所以,考与证是两个不可绝然分开的过程,只是在对考证结果进行表述时分开阐述而已。"①

清代乾隆、嘉庆两朝考据之学最盛,后世称之为考据学派或乾嘉学派。乾嘉学派考据的范围甚广,训诂、校勘、辨伪、目录、版本、辑佚等几乎都成为其考证的对象。训诂学所讲的考证,仅仅是指以训诂为对象而展开的对字、词、句、篇的考证工作,这种考证工作的结果产生了大量的考证体训诂著作。在古代,这些考证体训诂著作主要表现为"札记"或"笔记"的形式,而在今天则表现为以"考"("考证"、"考释"、"考据")名篇、名书的论文或论著。关于训诂学方面的札记和笔记,白兆麟先生解释说:"所谓札记,并非一般随手记录的零星材料,而大多是前代学者把自己阅读群书时遇到的疑问以及所作的考释记录下来,汇

---

① 王宁:《训诂学》,高等教育出版社2004年版。

集成册；或者把各类问题加以条分缕析，总结出一些通例，甚至进行理论性的归纳。当然也有一些是所见所闻或读书心得的笔记。此类文字，均由一小段或一小节的考证与论述组合而成。古代学者有关语言文字方面重要的发现、分析、探讨、见解与结论，有很多是以此类形式发布的。其中有不少是超越前人的真知灼见，在训诂学中有其独特的重要价值，很值得我们注意。"①这类以考证字、词、句、篇为主要内容的训诂材料，并以札记、笔记、论文、论著的形式呈现出来，就叫考证体。

考证体训诂工作早在隋唐之前就已经开始，其表现形式就是早期的二度注释，也就是"疏"或"正义"，即对前人的注释材料再作注释，对没有结论的问题证明其结论；对已有结论的，进行考察审核，补充材料，证明其结论的正确性，前者属于初证，后者称为复证。唐代孔颖达的《五经正义》，其中很多内容已是考证。前面已经说过，"疏"和"正义"是随文释义，其中虽然零星地存在一些考证的内容，但这些考证属于"传注体"，而不能算是考证体。考证体训诂是指能够独立成篇或成书的考证材料。如果把《五经正义》中的考证材料抽出来，汇集成册，那么它就是考证体；否则随文释义，就是传注体。这是我们区别传注体训诂与考证体训诂的一个方法。

那么专著体训诂与考证体训诂有时都表现为著作，它们之间又如何区别呢？专著体训诂是按照一定的原则编排起来的，有目的的类聚字、词的形、音、义系统的训诂纂集专书，其使用的方法是汇集，其追求的目标是尽可能全面地汇集相关资料，如字典、词典所收的字词一定要尽可能地"多"，所解释的义项一定要尽可能地"全"；而考证体训诂使用的方法是考证，所考证的对象可能只是一个字、一个词，它不求考证的对象"多"而"全"，只求在一篇考证文章中论点明确，论据充分，论证严密而且深入，有说服力。所以从这个角度来说，全面解释每一个字形、读音、词义的书就是专著体训诂书，而引用大量证据，深入探索某一个字词句篇，且具有考证性质的书就是考证体训诂书。

二、考证体训诂的步骤

考证体训诂一般分为三个步骤：

第一，发疑，即提出问题，指出考证对象，说明考证的原因。

第二，取证，即考求文献材料，列举证据。取证可以说是考证的最主要的

---

① 白兆麟：《新著训诂学引论》，上海辞书出版社 2005 年版。

工作。

第三,释理,即根据证据加以论证,并得出结论。释理是考证非常重要的部分,有证据而无释理,是堆砌材料,不可能有说服力。释理错误,则证据起不到证明结论的作用。例如:

《诗经·周南·兔罝》:"肃肃兔罝。"《传》:"肃肃,敬也。"郑《笺》从毛传。马瑞辰《毛诗传笺通释》说"肃、宿古通用,《少牢·馈食礼》郑注:'宿读为肃'是也。肃亦训缩,《豳诗》:'九月肃霜',《毛传》:'肃,缩也'是也。肃肃盖缩缩之假借。《通俗文》:'物不申曰缩。'兔罝本结绳为之,言其结绳之状则为缩缩。缩缩为兔罝结绳之状,犹赳赳为武夫勇武之貌也。……《传》《笺》俱训肃肃为敬,似非诗义。"(马瑞辰《毛诗传笺通释》)。

根据这个例证,可看出其考证的步骤如下:

1. 发疑

马瑞辰提出了考证的对象,即毛传、郑笺训"肃肃"为"敬",并对这个解释产生了疑问。

2. 取证

马瑞辰考求文献资料,列举了两个方面的材料,一是"肃"与"缩"古音相同,二字通用,有郑注和《毛诗》"肃"借为"缩"的直接证据。二是在文义方面,根据兔罝是绳索所做以及《通俗文》对"缩"的解释。

3. 释理

根据以上材料,马瑞辰认为"肃肃"就是"缩缩",并运用因声求义和对文见义两种方法进行了论证,同时指出了"《传》《笺》俱训肃肃为敬,似非诗义"。

再如:

"造舟于河。"《正义》曰:"《诗》云:'造舟为梁。'是比舟以为桥也。《释水》云:'天子造舟。'李巡曰:'比其舟而渡曰造。'孙炎曰:'比舟为梁。'郭璞曰:'比船为桥。'皆不解'造'义。盖'造'为'至'义,言船相至而并比也。"家大人曰:"造之言曹也,相比次之名也。(造、次一声之转,故凡物之次谓之篷。《昭十一年·左传》:'僖子使助薳氏之篷。'杜预注:'篷,副倅也。'张衡《西京赋》:'属车之篷'。薛综注曰:'篷,副也。'义与'造舟'并相近。)故薛综注《东京赋》曰:'造舟,以舟相比次为桥也。'李巡、孙炎皆言'比舟',正释'造'字之义,冲远不得其解,而转训为至,《尔雅释文》训'造'为作,《宣十二年·公羊传》疏引旧说训'造'为诣,又转训为成,皆由不知造为比次之义,故望文生训,而卒无一当矣。"(王引之《经义述闻》卷十九)

王宁分析上述考证,并得出如下步骤:

（1）提出考证对象（发疑）

考证对象是《左传·昭公元年》"造舟于河"（同时也是《诗经·大雅·大明》"造舟为梁"，《尔雅·释水》"天子造舟"）的"造"的词义。孔颖达不知道李巡、孙炎、郭璞的"比其舟"、"比舟"、"比船"就是以"比"训"造"，而根据它的形符认为"造"是"至"义，王引之转述他父亲王念孙的意见，认为"造"是与"曹"同源的"比次"义。

（2）考求材料证据（取证）

王念孙考索得到的证据，一是声近义通方面的，一是古代文献及其训释方面的。

声近义通方面，一是"造"与"曹"声近义通（造之言曹也），"曹"有并比、比次义；二是"造""次"一声之转，物的副次叫作"簉"，是比次义，"次"也有比次义。

文献方面的证据，除了新考得的薛综《东京赋》的注："造舟，以舟相比次为桥"等，就是经王氏重新解释的孔颖达所举的李巡、孙炎、郭璞对《诗经》《尔雅》的训释。

（3）论证（释理）

结合《诗经》、《尔雅》、《东京赋》材料及孙炎等人的训释，加上"曹""次"的音近义通材料，用因声求义的方法，证知"造舟"的"造"是"比次"义，并顺便指出孔颖达《正义》、陆德明《尔雅释文》、徐彦《公羊传注疏》训"造"为"至"、"作"、"诣"都是望文生训。①

三、考证体训诂的类型

根据考证的内容，考证体训诂材料可以分为证实与反驳两大类。比如唐代的二度注释因采取"疏不破注"的原则，其主体多属于证实类。清代的训诂学在对先秦经传和训诂专著进行整理注释时，直承汉学，这种情况下以证实类为多；对魏晋以后的注释，往往提出怀疑，重新考证，这方面多以反驳类的成就著称。

1. 证实类

对未有结论的问题证明其结论；对已有的结论加以考察核实，证明其正确，均属于证实类。前者为初证，后者为复证。

初证是对初次发现的问题加以论证。

---

① 王宁：《训诂学》，高等教育出版社 2004 年版。

这种考证事先没有已然确立的定论，一切从头开始。汉代及汉代以前的词义训释，注释者心中都有文献的依据，但没有把考释过程写下来，而只是记下其结论，都可归为初证类。例如：《尔雅·释训》："之子者，是子也。"这是对《诗经》及《论语》中众多的"之子"的解释，说明"之"是指示代词。再如：

《论语·公冶长》："子路曰：'愿车马，衣轻裘，与朋友共，敝之而无憾。'"阮元《十三经注疏》云："唐《石经》'轻'字旁注，案《石经》初刻，本无'轻'字，车马衣裘。见《管子·小匡》及《外传·齐语》，是子路本用成语，后人因'雍也'篇'衣轻裘'误加'轻'字，甚误。钱大昕《金石文跋尾》云：'石经轻字，宋人误加。考《北齐书·唐邕传》：'显祖尝解服青鼠皮裘，赐邕。云：朕意在车马衣裘，与卿共敝，盖用子路故事，是古本无轻字，一证也；《释文》于'赤之适齐，节音衣，为，于既反。'而此衣字无音，是陆本无轻字，二证也；刑疏云：愿以己之车马衣裘，与朋友共乘服，是邢本亦无轻字，三证也。皇疏云：车马衣裘，共乘服而无所憾恨也，是皇本亦无轻字，四证也。今注疏与皇本正文有'轻'字，则后人依通行本增入，非其旧矣。"

阮元认为句中的"轻"字是衍文，并提出了四条证据证明这一观点，一是古本无"轻"字，二是陆德明《经典释文》的引文无"轻"字，三是邢昺《论语注疏》无"轻"字，四是皇侃《论语集解义疏》无"轻"字。通过以上证据，阮元指出了致误的原因是"后人依通行本增入""轻"字。

初证如果有直接证据，可视为定论。但由于各方面条件的限制，初证往往是先提出疑问，往往有待后人的复证。例如《战国策·赵策四》："触詟说赵太后"章："左师触詟愿见太后，太后盛气而揖之。"《史记·赵世家》作"左师触龙言愿见太后，太后盛气而胥之。"元代吴师道认为，《赵策》中的"触詟"与《说苑》中的夏桀之臣"触龙"同名，字作"詟"以别之；同时指出"揖"当从《史记》作"胥"。王念孙《读书杂志》指出"触詟"当作"触龙言"，"揖之"当作"胥之"，即"须之"。王氏的根据如下：一是《史记·赵世家》作"左师触龙言愿见太后"；二是《太平御览·人事部》引此策正作"左师触龙言愿见"；三是《汉书古今人表》"左师触龙"；四是姚宏注云："一本无言字"，说明姚宏本原有言字；五是《荀子·议兵》注曰：《战国策》赵有左师触龙。王念孙说"揖"字不通，因为下文说触龙"入而徐趋"，说明这时他尚未进来，太后无从揖之。1973年长沙马王堆汉墓出土大量帛书，其中《战国纵横家书》一组，正有此篇，正作"左师触龙言愿见，大（太）后盛气而胥之"。地下挖掘的材料千古不变，可证王说正确，王说可以成为定论。

复证指对已经提出的问题补充证据或补充论证思路，再一次加以证实。例如对汉魏小学著作,如《尔雅》、《说文》、《方言》、《广雅》等,清人考稽先秦及西汉文献,重新训释。对于汉魏人的意见,清人是复证。至于对先秦经传,历代均有注释,清人重加考证,赞同的补充证据;不赞同的则提出反驳的根据,是为复证。例如王念孙《读书杂志》中的"少朕"条:

> "惠帝怪相国不治事,以为岂少朕与"。师古曰:"言'岂以我为年少故也',《史记索引》曰:'案少者,不足之词也,故胡亥亦云:丞相岂少我哉?'"念孙案:"小司马说是也。《晏子春秋外传篇》亦云:'夫子何少寡人之甚也!'"

按:司马贞的《史记索引》引胡亥话证明"少者,不足之词也",此为初证。王念孙引《晏子春秋外传篇》中的例子证明"小司马(司马贞)说是也",此为复证。

2. 反驳类

对已有的结论提出异议,以证据推翻之;同时提出新的证据而易以新的结论,属于反驳类。如前面所举的马瑞辰《毛诗传笺通释》对"《传》《笺》俱训肃肃为敬"的否定,"造舟于河"条王念孙对孔颖达释"造"为"至"的不同意见,都属于反驳类。再如王念孙《读书杂志》"追邪径"条:

> "御史大夫军至追邪径,无所见,还。"师古曰:"从疾道而追之,不见虏而还也。"念孙案:"下文有速邪焉,是地名,则此追邪径亦地名,言御史大夫军至此地不见虏而还也。师古以'邪径'为'疾道','追邪径'为'从邪道追之',皆是臆说,且'御史大夫军至追邪径'作一句读,与下'重合侯军至天山',文同一例。若如师古所云,则'御史大夫军至'当别为一句矣,但言'至'而不言'所至之地',恐无是理也。"

王念孙根据下文、句读、情理,驳斥了颜师古"以'邪径'为'疾道'"的观点。

纵观考证体训诂材料,东汉班固的《白虎通义》应是最早的考证体训诂著作,应劭的《风俗通义》紧随其后。两书内容虽然一释礼制,一释风俗,但都采用了考证体训诂的形式,由解释礼制、风俗方面的词语入手,全面、深入地考证其形成原因以及演变过程,是名副其实的考证体训诂学著作。宋代的一些笔记,如沈括的《梦溪笔谈》、欧阳修的《归田录》,其中也有很多对语言文字方面的考证。至清代,考证体训诂著作大量出现,如黄生的《字诂》、《义府》,顾炎武的《日知录》、王念孙的《读书杂志》、王引之的《经义述闻》、俞樾的《古书疑义举例》等雨后春笋般地涌现出来,标志着考证体训诂著作达到了鼎盛。

第二节 《白虎通义》与《风俗通义》

一、班固的《白虎通义》

《白虎通义》又名《白虎通》、《白虎通德论》,是东汉班固奉汉章帝之命,对建初四年(79)白虎观经学会议的讨论结果加以总结整理而写成的一部著作。该书以天神为核心,以阴阳为经、五行为纬,纳入全部自然现象和社会现象,甄别诸礼义理、确定礼制框架,构建了封建社会的理想模型,成为东汉的"礼典",深刻影响了近两千年的中国封建社会。

《白虎通义》本为"通经释义"之作,但人们大都推崇其哲学思想,而忽略了其训诂价值,忽视了该书在训诂学史上的重要地位。

《白虎通义》不仅是一部哲学著作,而且也是一部训诂著作。东汉著名学者蔡邕说:"昔孝宣会诸儒于石渠,章帝集学士于白虎,通经释义,其事尤大。"(《后汉书·蔡邕传》)蔡邕以"通经释义"四字概括白虎观经学会议的内容,实际上也就点明了《白虎通》一书的性质。黄侃《礼学略说》云:"汉以来说经之书,简要明哲者,殆无过《白虎通德论》。"(《黄侃论学杂著》黄侃先生也把《白虎通》视为"说经之书"。卢烈红说:"《白虎通》尽管可算作一部哲学著作,但它并不象其他哲学著作那样以说理文的方式直接阐述哲学观点,它的哲学思想是在通经释义的过程中间接表现出来的,因此,确切地说,它首先是一部训诂著作。在内容上,它对群经所涉及到的礼制及有关字词进行训解阐释,不仅释其然,而且释其所以然,并将后者作为侧重点。在形式上,它仿效《公羊传》、《谷梁传》,采用自问自答的训释格式,但它并不象《公羊》、《谷梁》那样随文释义,而是通释群经,独立成书,用训释之语构成正文,属正文训诂的范畴。"①我认为:正文体训诂是随着文章正文对个别字词所作出的解释,而就《白虎通》来说,该书的通例则是先解释说明礼制方面的字词,然后征引典籍加以论证,所以《白虎通义》应属于考证体训诂的范畴。

(一)在内容上,围绕礼制方面的词语,全面、深刻考释了礼仪制度方面的具体内容。

有时从释词入手,对相关礼制进行全面考释。例如:

---

① 卢烈红:《〈白虎通〉对训诂学的贡献》,载《武汉大学学报》(社会科学版),1992 年第 5 期。

(1)"天子之妃谓之后何？后者,君也。天子妃至尊,故谓后也,明配至尊,为海内小君,天下尊之,故系王言之曰王后也。"(《嫁娶篇》)

此例释"后"为"君",并进而说明天子之妃称"后"的原因。再如:

(2)"族所以九者何？九之为言究也。亲疏恩爱究竟,谓之九族也。父族四,母族三,妻族二。"(《宗族篇》)

释"九"为究,即分清父族、母族、妻族之间的"亲疏"。

(3)"圣人所以制衣服何？以为絺绤蔽形,表德劝善,别尊卑也。所以名为衣裳何？衣者隐也,裳者障也,所以隐形自障闭也。"(《衣裳篇》)

先解释"衣裳"有"蔽形"和"表德劝善,别尊卑"两个功能,然后根据衣服初始的"蔽形"作用,推究了"衣""裳"二词得名的由来。

有时直接入手,对礼仪制度进行深入考释。例如:

(4)"王者所以有社稷何？为天下求福报功。人非土不立,非谷不食。土地广博,不可遍敬也;五谷众多,不可一一而祭也。故封土立社,示有土尊。稷,五谷之长,故立稷而祭之也。稷者得阴阳中和之气而用尤多,故为长也。岁再祭之何？春求秋报之义也。……祭社稷以三牲何？重功故也。"(《社稷篇》)

此例三问三答,层层推进,不仅考释了古代每年祭祀土地神和谷神的次数以及祭品的规格,而且准确、透彻地阐释了祭祀"社"、"稷"二神的原因和目的。

今传《白虎通义》共有43篇,从其篇目就可看出,《白虎通义》全面考释了东汉时期的礼仪制度。如《爵》、《谥》、《封公侯》、《王者不臣》诸篇,阐释了分封赐爵、赐谥制度以及官员的结构体系;《巡狩》、《考黜》,考释了官吏的考核奖惩制度;《致仕》阐释了官员的退休制度;《瑞贽》阐释朝觐制度;《三军》、《诛伐》阐释军事制度;《五刑》阐释刑罚制度;《五祀》、《社稷》、《蓍龟》、《封禅》阐释祭祀制度及卜筮礼仪;《三正》、《日月》涉及历法;《礼乐》阐释礼乐制度;《辟雍》、《三教》、《三纲六纪》阐释教育制度;《宗族》阐释宗法制度;《姓名》阐释姓氏制度;《嫁娶》阐释婚姻嫁娶的礼仪制度;《丧服》、《崩薨》阐释丧葬礼仪……凡是东汉社会生活中的礼仪制度,都在该书中得到了阐释。

(二)在形式上,大量地采用征引体式。例如:

班固征引了很多古文经学派、今文经学派著作中的资料来增强考释的说明力。例如:

"或曰:家宰视卿,《周官》所云也。"(《爵篇》)

《社稷篇》:"社稷所以有树何？尊而识之也,使民人望见即敬之,又所以表功也。故《周官》曰:'司徒班社而树之,各以土地所宜。'"

《周官》一书,《白虎通义》征引过的篇目还有《耕桑篇》、《蓍龟篇》、《嫁娶篇》、《丧服篇》等。

(三)保存了大量史料

关于春秋五霸,今人只知道有两种说法,而《白虎通义·号篇》则列出了三种不同说法,丰富了历史资料:

"五霸者何谓也?昆吾氏、大彭氏、豕韦氏、齐桓公、晋文公也……或曰:五霸谓齐桓公、晋文公、秦穆公、楚庄王、吴王阖闾也……或曰:五霸谓齐桓公、晋文公、秦穆公、宋襄公、楚庄王也。"

(四)运用了多种训诂方法

在训诂方法上,《白虎通义》使用了义训的方法来解释词语。例如:

"天有三光,日月星。"(《封公侯》)

"何谓五瑞?谓珪、璧、琮、璜、璋也。"(《瑞贽》)

"六府者何谓也?谓大肠、小肠、胃、膀胱、三焦、胆也。"(《情性篇》)

但《白虎通义》最常用的释词方法是声训。例如:

月之为言阙也。(《日月》)

族者,凑也,聚也。谓恩爱相流凑也。(《宗族》)

子者,孳也,孳孳无已也。(《三纲六纪》)

龟之为言久也。(《蓍龟》)

弁之为言攀也,所以攀持其发也。(《绋冕》)

霸犹迫也,把也。迫胁诸侯,把持王政。(《号》)

绋者,蔽也,行以蔽前者尔。(《绋冕》)

衣者,隐也。(《衣裳》)

裳者,障也。(《衣裳》)

棺之为言完,所以载尸令完全也。(《崩薨》)

女者,如也,从如人也。(《嫁娶》)

谥之为言引也,引列行之迹也。(《谥》)

琴者,禁也,所以禁止淫邪,正人心也。(《礼乐》)

士者,事也。任事之称也。(《爵》)

父者,矩也,以法度教子也。(《三纲六纪》)

死之为言澌,精气穷也。(《崩薨》)

灾之为言伤也,随事而诛。(《灾变》)

嫁者,家也。妇人外成,以出适人为家。(《嫁娶》)

教者,效也,上为之,下效之。(《三教》)

婚者,昏时行礼,故曰婚。(《嫁娶》)

姻者,妇人因夫而成,故曰姻。(《嫁娶》)

土之为言吐也。(《五行》)

《白虎通义》还用声训的办法解释双音节词。例如:

大夫之为言大扶,扶进人者也。(《爵》)

所以名之为东方者,动方也。万物始动生也。(《五行》)

北方者,伏方也。万物伏藏也。(《五行》)

泮宫者,半于天子宫也(《辟雍》)

这些例句中的声训并非条条正确,但由此可以看出班固最擅长用声训来解释语词。据粗略统计,《白虎通义》全书使用声训达 380 条之多。《白虎通义》解释字词,百分之八九十的地方采用了声训方式,对许慎、刘熙等人,对后世产生了深刻影响。卢烈红说:"从宏观上看,《白虎通》的声训有两方面的意义。其一,由先秦正文训诂中零星的声训,到这里大规模集中地使用声训,标明人们对词语相互之间音义关系的认识已由模糊趋向明朗,由自发趋向自觉。《白虎通》几乎凡事都以声训的方式穷究其得名之由,可以肯定,作者已认识到事物的命名,有它的参照物,词语之间在音与义两方面都有相承关系。这种认识显然符合词汇在初步形成之后进一步发展时所遵循的客观规律,标志着人们对语言特征的把握进入到一个新的层面。其二,《白虎通》大规模集中地使用声训,对汉代声训的兴盛和发展起了推动作用。这本书出现在《说文解字》、郑玄注、《释名》之前。《说文解字》和郑玄注较多地使用声训显然受到它的影响,一些字词的训释有明显的传承关系,而《释名》的出现,更与它的启发分不开,《释名》的作者刘熙正是在它大量集中用声训的基础上再进一步,写出了我国第一部用声训求语源的专著,在训诂学史上竖起了第一块声训的里程碑。从微观上看,《白虎通》声训并非都是妄逞臆说,有一定数量的声训符合语言实际,或至少包含这样或那样的正确因素,它们对语源学、语义学的研究作出了贡献。"①

二、应劭的《风俗通义》

《风俗通义》是一部反映东汉风俗的重要著作。该书不仅对研究东汉社会历史、文学、民俗学、方志学有着重要的价值,而且对研究训诂学也有着重要的作用。

作者应劭(生卒不详),字仲远(亦作仲瑗),东汉汝南郡南顿县(今河南项

---

① 卢烈红:《〈白虎通〉对训诂学的贡献》,载《武汉大学学报》(社会科学版),1992 年第 5 期。

城)人。出生于官僚世家,《后汉书》本传称"少笃学,博览多闻"。灵帝初年举孝廉,熹平二年(173)为郎,辟车骑将军何苗掾,又曾为萧令。中平六年(189)擢为泰山太守,曾镇压过黄巾起义军。兴平元年(194),曹操之父曹嵩及其弟曹德由琅邪郡到泰山郡,曹操令应劭派军队接送。在劭军未到达之前,陶谦已密派数千骑袭杀了曹氏父子,应劭怕受到曹操之惩罚,遂弃官投奔冀州牧袁绍。二年,诏拜为袁绍军谋校尉,最后病死在邺地(今河北临漳县西南)。

应劭学识渊博,著有《风俗通义》、《汉官仪》、《礼仪故事》、《中汉辑叙》等,"凡所著述,百三十六篇,又集解《汉书》,皆传于时"。(《后汉书·应劭传》))其对汉代典章制度,百官仪式贡献突出,数千年来为历代学者所重视。而其训诂方面的卓越成果,则一直为人们所忽视。

应劭为《汉书》所作集解,是他对史学、训诂学的一大贡献。这部集解虽然没有流传下来,但颜师古在注《汉书》时将其成果作了大量的征引,并列于众多征引资料之前,足见该书之重要。

应劭的《风俗通义》虽然内容是解释风俗,但它全面使用了训诂方法考释东汉时期的风俗名物典章。《后汉书·应劭传》说:"劭撰《风俗通》,辨物类名号,释时俗嫌疑。"因此我们说《风俗通义》是一部非常重要的考证体训诂专著。

《隋书·经籍志》记载《风俗通义》为三十一卷,《旧唐书·经籍志》、《新唐书·艺文志》记载为三十卷。但到北宋神宗元丰年间只剩了十卷,苏颂据此写了《校风俗通义题序》(载《苏魏公文集》卷六十六),从而使剩下的十卷能较为完好地流传下来。今人吴树平的《风俗通义校释》一书,是迄今为止最好的注本。

《风俗通·序》表明了应劭撰写该书的原因:"汉兴,儒者竞复比谊会意,为之章句,家有五六,皆析文便辞,弥以驰远。缀文之士,杂袭龙鳞,训注说难,转相陵高,积如丘山,可谓繁富者矣,而至于俗间行语,众所共传,积非习惯,莫能原委。"作者敏锐地看出了当时训诂的弊病,忽略俗间行语。他要对俗间行语进行解释,并探索和总结其规律,因此将该书取名为《风俗通义》。

《风俗通义》运用训诂学的方法,解释、考证了东汉时期的风俗名物。其内容可分为以下几类:

1. 解释俗语由来。例如:

(1)"车一两,谓两两相与为体也。原其所以言两者,箱装及轮,两两为藕,故称两也。"(《佚文》十三)

(2)"农者,天下之本,其开藉田。今民间名曰官田,古者使民如借,故曰藉田。"(《祀典》)

(3)"笛,谨案:乐器。武帝时丘仲之所作也。笛者,涤也,所以涤荡邪秽,纳之于雅正……长一尺四寸,七孔,其后又有羌笛。"(《风俗通义》)

例(1)考释了为什么"车辆"称"两"。例(2)考释了"藉田"的形成原因。例(3)先训笛为乐器,后释何人所作及其象征意义,然后考证其长短等。

2. 辨析俗语。例如:

(1)"咸如炭。俗说咸亦与热正等,炭火不可以入口,人食得大咸亦吐之。谨按东海朐人晓知盐法者云:搅盐木多日,每焦黑如炭,非谓灶中火炭也。"(《佚文》十九)

(2)"武王戎车三百辆,虎贲三千人,擒纣于牧野。言猛怒如虎之奔赴也。"(《正失》)

例(1)考证了"咸如炭"的"炭"并非"火炭"。例(2)考释了"虎贲"一词的形成含义。

3. 探求词义发展。例如:

(1)"朕,我也。古者尊卑共之,贵贱不嫌,则可同号之义也。尧曰:'朕在位七十年。'皋陶与帝舜言曰:'朕言惠,可厎行。'屈原曰:'朕皇考',此其义也。至秦,天子独以为称,汉因而不改也。"(《风俗通义》)

(2)"《诗》云:如山如陵……《尔雅》曰:陵莫大于加陵。言其独高厉也。陵有天性自然者。今王公坟垒各称陵也。"(《山泽》)

例(1)先训"朕"的含义,然后考证了其词义的发展。例(2)介绍了"陵"的引申用法。

4. 揭示通假字。例如:

(1)"宁相六,不守熟。按蒸饭更泥谓之馏,音与六相似也。"(《佚文》二十)

此例指出了"六"是"馏"的通假字。

5. 辨析同义词。例如:

(1)"《论语》:夫子宫墙数仞。《礼记》:季武子入宫不敢哭。由是言之,宫、室一也。室也实。《弟子职》曰:室中握手。《论语》曰:譬如宫墙。由此言之,宫其外,室其内也。"(《佚文》二)

此例辨析了同义词"室"与"宫"之不同。

应劭采用了形训、声训、义训等多种训诂方法来解释风俗名物。例如:

(1)"州,畴也。字从重川,尧遭洪水,居水中,高土曰州。"(《佚文》六)

(2)"十千谓之万,十万曰亿。"(《佚文》十三)

(3)"天子治居之城曰都;旧都曰邑。"(《佚文》三)

(4)"黄者,光也,厚也。颛者,专也。尧者,高也、饶也。"(《皇霸》)

例(1)为形训,例(2)(3)为义训,直接解释词义。例(4)为声训。再如:

(5)"俗说鸡本朱公而为之,今呼鸡者,朱朱也。谨按《说文》解鹑鹑,二口为谨,州其声也。读若祝祝者,诱至禽育和顺之意,鹑与朱音相似耳。"(《佚文》十九)

例(5)引用《说文解字》,据形索义,又因声求义,考释了呼鸡为"朱朱"、"鹑鹑"、"祝祝"的原因。这个例子,恐怕是最早应用《说文》成果来训释词语的例子。

《风俗通义》体例完整,论证严密。在每一篇中,都是先总论,再分举各事。撰写每一事时,先引现象或"俗说"作为考释对象,然后用"谨按"来表现作者的考据。在考证每个问题时,总是找出各种证据,进行严密推理。例如:

"夫死者,澌也;鬼者,归也。精气消越,骨肉归于土也。夏后氏用明器,殷人用祭器,周人兼用之,视民疑也。子贡问孔子:死者有知乎? 曰:赐,尔死自知之,由未晚也。予以为桀纣所杀,足以成军,可不须汤武之众。古事既察,且复以今验之,人相啖食,甚于畜生,凡菜肝鳖瘕,尚能病人,人用物精多,有生之最灵者也,何不芥蒂于其脑而割裂之哉! 犹死者无知审矣。"(《怪神》)

先用声训"死者,澌也;鬼者,归也"论述"死而无知";再用三代习俗说明人们怀疑"死而有知";再用孔子之言否定"死而有知";再用桀纣杀人成军,若死者有知,可不须汤武革命将其推翻来反证"死而无知";最后用人为生灵之物,而冤死后为什么不割裂仇家脑腹以反证"死而无知"。

《风俗通义》文字简洁,无论是解释词义,还是考释名物典故、注释地理等,大都简洁明了,通达流畅。如解释河东郡的地名"闻喜":"今曲沃也,秦改为左邑,武帝于此闻南越破,改曰闻喜。"(《地理志》卷二十八)寥寥数语,便将"闻喜"一名的来龙去脉,交代得清清楚楚。

当然,《风俗通义》也存有一些不足,如《风俗通义》记载了许多"二头之象"、"草妖之兴"等"灾异"之说,表现出了一些迷信思想。在方法上,《风俗通义》也犯了滥用声训的毛病,如"尧者,高也";"街者,携也"。

第三节 《字诂》、《义府》与《日知录》

一、黄生的《字诂》、《义府》

黄生(1622~?),明末诸生,原名珀,又名起溟,字扶孟,别号白山,安徽歙县人。《徽州府志》载《黄生文稿》十八卷，又著有《三礼会》、《三传会》等书，皆不传。可知黄生著述颇富。黄生著作的《字诂》、《义府》两书为姊妹篇，共3卷，都是随手笔录的读书札记。

《字诂》一书，考证了122个经史群书中的语词，《四库全书总目提要》评价说："于六书多所发明，每字皆有新义，而根据博奥，与穿凿者有殊……盖生致力汉学，而于六书训诂，尤为专长，故不同明人之剿说也。"《义府》分为上下两卷，侧重于考证名物典制，上卷考释经书词语157条，下卷考释诸史、子、集以及金石碑刻词语也是157条。《四库全书总目提要》评价说："生于古音古训，皆考究淹通，引据精确，不为无稽臆度之谈……虽篇帙无多，其可取者，要不在方以智《通雅》下也。"章太炎《说林（下）》称赞该书"其言精确，或出近世诸师之上"。这些评论，足以奠定黄生在训诂学史上的地位。

《字诂》、《义府》两书的主要特点如下：

（一）因声求义

1. 解释通假字。例如：

（1）信，古通借为申字，《易》"屈信相感"，《孟子》"屈而不信"是也。按：《诗·周颂》"有客信信"，毛传："再宿曰信。"余谓当读为申，申一训重，即再宿义。注家知训为再宿，而不知读为申，何欤？（《字诂》"信"条）

（2）《论语》"亡之，命矣夫"，亡读为无，言病势已极，无所复之也。《汉书·宣六王传》引作"蔑之，命矣夫"（《义府卷上》"亡之"条）

黄生认为"亡"应读为"无"，可读为"蔑"，也就是说："亡"、"无"、"蔑"三字通借。

2. 解释联绵词。例如：

（1）欸乃，舟人节歌声。本有声而无字，诗家因取字音相近者书之。如元结、柳宗元作欸乃，刘言史则作暧迺，刘蜕则作霭迺，是也。自山谷误读《柳集注》，以欸乃作襖霭音，今人悉踵其讹。不知柳《注》云"一本作襖、霭"者，此特指欸字而言。谓此字亦作襖，亦作霭，正明借字寓声，故无一定之字，岂以襖霭音欸乃哉？（《义府》卷下"欸乃"条）

黄生指出"欸乃"是船夫用力拉船时的歌声，有声无字，诗家在书写时用语音相近的字来代替，因而有多种不同的书写形式。这个解释可谓抓住了联绵词借音表义的特点

（2）犹豫，犹容与也。容与者，闲适之貌；犹豫者，迟疑之情。字本无义，以声取之尔。俗人妄生解说，谓兽性多疑，此何异以蹲鸱为怪鸟哉？考诸传记，惟《文帝纪》作"犹豫未定"，《杨敞传》"犹与无决"，《陈汤传》"将卒犹与"，《后汉

·来歙、伏隆传》皆作"尤(即尤字)与未决"。盖以声状意,初无一定之字,妄解兽名,有眼缝自未开尔。(《义府·犹豫》)

例(2)黄生运用因声求义的训诂方法解释联绵词,证明了"犹豫"、"容与"、"犹与""尤与"等是同一个词的不同写法而已。黄生明确指出:"字本无义,以声取之尔";"盖以声状意,初无一定之字"。这些观点,深刻阐释了联绵词的形成原理,对后人产生了极大影响。王念孙说:"凡连语之字,皆上下同义,不可分训。说者望文生义,往往穿凿而失其指。"[1]"夫双声之字,本因声以见义,不求诸声而求诸字,固宜其说之多凿也。"[2]黄生的观点无疑启发了王念孙。刘文淇赞扬黄生说:"夫声音训诂之学,于今日称极盛,而先生实先发之。"[3]

3. 解释转语。例如:

(1)哉、载,皆始也。秦汉以来,谓始为纔(裁、才、财同),即此音之转。(《字诂·哉载纔》)

(2)唐明皇自蜀还京,道中闻驼马所带铃声,谓黄幡绰曰:"铃声颇似人言语。"幡绰对曰:"似言'三郎郎当,三郎郎当'。"明皇愧且笑。郎当之转口即笼东,《北史》:李穆云:"笼东军士。"轻转即伶仃。笼东之搭舌即龙钟。郎当之仄声即落托。大抵皆失志增蹬之意,特古今方言转口有异耳。(《字诂》"朗当"条)

例(1)黄生把"哉"、"载"、"纔"系联为一组同源词,并指出"秦汉以来,谓始为纔",为转语。例(2)黄生指出联绵词"朗当"因轻转、搭舌、仄声而产生了不同的转语,并认为郎当、笼东、伶仃、龙钟、落托因方言转口有异而书写形式有别,但它们有共同的语源,都有"失志蹭蹬"的意义。

4. 解释同源词。

(1)物分则乱,故诸字从分者皆有乱义。纷,丝乱也。雰,雨雪之乱也。袡,衣乱也。鳻,鸟聚而乱也。芬芬,乱貌也。(《字诂·纷雰 鳻 袡 芬》)

例(1)黄生认为从"分"而形成的字一般都具有"乱"义,并举例说明。这种系联同源词的方法是对宋代以来"右文说"的发展,对清代学者产生了一定的影响,如段玉裁在《说文解字注》中阐发此规律:"凡于声字多训大","凡从奇之字多训偏","凡从辰之字皆有动意","声与义同原,故谐声之偏旁多与字义相近"。

---

① 王念孙:《读书杂志》,中国书店1985年版。
② 王念孙:《广雅疏证》,中华书局1983年版。
③ 刘文淇:《字诂义府跋》,中华书局1984年版。

（2）尔，语辞也。……借为称人之谓。古或借爾，或借汝，或借乃，或借若，或借而，方土不同，各取其声之相近者耳。（《字诂·尔》）

例（2）"尔"、"爾"、"汝"、"乃"、"若"、"而"为一组同源词，因方言的不同发生了音转。黄生明确地指出："方土不同，各取其声之相近者耳。"这表明他能够突破文字形体的束缚而因声求义。

（二）据形索义。例如：

（1）兄字，《说文》以为长者，盖谓以言语教诲其子弟，故字从口。此凿也，以长诲少，父师皆可，何必定兄？愚以为当从儿省，会意。兒象小儿头囟未合形，兄长于弟则囟合矣，故作兄。《六书正义》，歙吴元满著。知不从口，而遂改作兄，亦妄。（《字诂》"兄"条）

黄生依据生活常理，否定了"兄"字从"口"，认为"兄"是小儿头囟已合者，是从兒省。再如：

（2）《艳歌行》："故衣谁当补，新衣谁当绽。（古谓补绽为绽。）赖得贤主人，览取为吾组。"按：组字当作系旁旦，乃古绽字，古诗不嫌重押。由传写者二字古今互出，复讹而为组，义遂不明。（《义府》卷下"绽"条）

黄生依据古诗行文不嫌重押的规律，认为"览取为吾组"中的"组"应为"绽"。并指出"绽"与"组"形体相似而致误。

（三）引文证义

即引用古籍文献或金石碑刻资料来正误。如：

（1）《左传·隐十一年》："餬口于四方"，言不足于食，仅给其口而已。此庄公自谓不能和协其弟，而使其在外求食，以自给其口也。《说文》训餬为寄食，小徐引《左传》为证，则于《正考父鼎铭》所谓"饘于是，鬻于是，以餬余口"者，不可通矣。《疏》云："稠者曰糜，当作糜。滓者曰鬻，餬、饘是其别名。将糜向口，故曰'以餬余口'。犹今人以粥向帛，黏使相著，谓之餬帛。"此说亦非。黏糊之糊字从黍，二字固有辨。餬、饘为鬻异名，鬻乃食之薄者，考父自谦，苟以得食为幸，与仅给其口意合。（《义府》"餬口"条）

此例引用《正考父鼎铭》来证明小徐之引证、孔氏之疏解是错误的，黄生认为《左传》中"餬口"之餬为"鬻"的别名，显然，黄生之说符合《左传》"餬口"之原意。再如：

（2）《说文》"好"字训云："爱而不释也。女子之性柔而滞，有所好则爱而不释，故于文'女、子'为'好'。"若如所训，则叉中"于"为赘设矣。予谓：好，从女从子，盖和合二姓以成配偶，所谓好也。《诗》"君子好逑"、"妻子好合"乃其本义。借为凡相睦之称。《孟子》"言归于好"，《左传》"修旧好"，言和好如婚姻也。"好"为美德,故借为"恶"之对。人情慕好而恶恶,故转去声为爱慕之义。……又璧孔曰"好",《考工记》:"璧美度尺;好,三寸以为度。"按《诗》"岂无饮酒,不如叔也,洵美且好","好"音吼,乃谐"孔"音。则知古"孔、好"二字音相近,故通借之。(《字诂》"好"条)

黄生引用《诗经》、《孟子》、《左传》、《考工记》来证明《说文》释"好"之错误,先分析字形,指出本义;再分析其引申义,最后分析其通假义,理清了字词转变的脉络,信而有征,令人信服。

黄生考释字词,因声求义、据形索义,旁征博引,在训诂方面多有发明,受到了时贤及后人的高度评价。其训诂实践及训诂成果,对乾嘉学派产生了深刻影响,堪称清代训诂学复兴之先导。

二、顾炎武的《日知录》

顾炎武(1613~1682),著名思想家、史学家、语言学家,被誉为是清朝"开国儒师"。本名继坤,改名绛,字忠清。后改炎武,字宁人。居亭林镇,号亭林,江苏省昆山县人。青年时发愤为经世致用之学,并参加昆山抗清义军,败后漫游南北,晚岁卒于曲沃(今山西临汾)。顾炎武学识渊博,一生致力于研究经学、史学、小学、金石考古、方志舆地以及诗文诸方面,著有《日知录》、《肇域志》、《音学五书》、《亭林诗文集》等,取得了巨大成就,开创了清代朴学之风。

《日知录》是顾炎武积三十余年之力著成的,被誉为"通儒之学"。其内容包括"论经义"、"论政事"、"论世风"、"论礼制"、"论科举"、"论文艺"、"杂论名义"、"论古事真妄"、"论史法"、"论注书"、"论杂事"、"论兵及外国事"、"论天象数术"、"论地理"、"杂考证"等15类。诚如潘耒"序"所说:"综贯百家上下千载,详考其得失之故;而断之于心,笔之于书。""其术足以匡时,其言足以救世。"(《日知录序》)该书在文字、词汇、文法、修辞等方面多有创见,今分类说明如下:

(一)文字方面

1. 分析字的本义。例如:

《说文》:"宙,舟舆所极覆也。"此解未明。《淮南子·览冥训》:"燕雀佼之,以为不能与之争于宇宙之间。"高诱注:"宙,栋梁也。"似合。"宙"从"宀",本是宫室之象,后人借为往古来今之号耳。(卷三十二"宙")

顾炎武认为《说文》对"宙"的解释"未明",根据"宙"的形体结构,其本义当取高诱注"宙,栋梁也"。

2. 分析通假现象。例如：

《庄子·在宥篇》："灾及草木，祸及止虫。""止"当作"豸"，古止、豸通用。《左传·宣十七年》："庶有豸乎！"豸，止也。（卷三十二"豸"）

顾炎武指出文献中"豸"与"止"通用的现象。

3. 说明古人"用字之密"。例如"泰山立石"分析说：

始皇刻石之处凡六，《史记》书之甚明。于邹峄山则上云"立石"，下云"刻石颂秦德"。于泰山则上云"立石"，下云"刻所立石于之罘"；则二十八年云"立石"；二十九年云"刻石"。于琅邪则云"立石""刻颂秦德"。于会稽则云"立石"，"刻颂秦德"。无不先言"立"，后言"刻"者。惟于碣石则云"刻碣石门"；门自是石，不须立也。古人作史，文字之密如此。使秦皇别立此石，秦史焉得不纪？使汉武有文刻石，汉史又安敢不录乎？（卷三一）

4. 说明古人"不避重字"。例如"古人不忌重韵"分析道：

诸葛孔明《梁父吟》云："问是谁家墓，田疆古冶子。"又云："谁能为此谋，国相齐晏子。"用二"子"字。古人但取文理明当而已，初不避重字也。今本或改作"田疆古冶氏"，失之矣。（卷二一）

5. 说明避讳字。例如：

《汉书·五行志》："严公二十年。"师古曰："严公，谓庄公也，避明帝讳，改曰严。"凡《汉书》载谥、姓为"严"者皆类此。则是严姓本当作"庄"。今考《史记》有"庄生、庄贾……"，而独有"严君疾、严仲子、严安"。邓伯羔谓"安"自姓严。然《汉书·艺文志》曰："主父偃二十八篇，徐乐一篇，庄安一篇。"是"安"本姓庄，非严也。严君平亦姓庄，扬子《法言》"蜀庄沈冥"是也……《汉书》之称"庄安"，班氏所未及改也。《史记》之称"严安"，后人所迫改也。（卷二十五）

此例阐释了因避讳而改字的现象。

（二）词汇方面

考释词语的古今变化。例如：

古人称其父子兄弟亦曰亲戚。《韩诗外传》："曾子曰：'亲戚既没，虽欲孝，谁为孝？'"此谓其父母。《左传·僖公二十四年》："封建亲戚，以蕃屏周。"此谓其子弟。《昭公二十年》："棠君尚谓其弟员曰：'亲戚为戮，不可以莫之报也。'"《三国志》："张昭谓孙权曰：'况今奸宄竞逐，豺狼满道，乃欲哀亲戚，顾礼制。'"此谓其父兄。《战国策》："苏秦曰：'富贵则亲戚畏惧。'"盖指其妻嫂。（卷二十四"亲戚"）

此例辨析了"亲戚"一词的古今词义差异，并指出"亲戚"在古代可指父母、子弟、父兄等。再如：

汉曰郡,唐曰州,州即郡也。惟建都之地乃曰府。唐初止京兆、河南二府,武后以并州为太原府,玄宗以薄州为河中府,益州为成都府,肃宗以岐州为凤翔府,荆州为江陵府,德宗以梁州为兴元府。惟兴元以德宗行幸于此,其余皆建都之地也。后梁以汴州为开封府,后唐以魏州为兴唐府,镇州为真定府。至宋,而大郡多升为府。(卷八"府")

此例考证了"府"这一行政区划的历史沿革。再如:

人君之号,唐虞曰帝,夏曰后,商曰王。然帝王,天子所专,后则诸侯皆得称之。……诸侯谓之群后,故天子独称元后。汉时郡守之于吏民,亦有君臣之分,故有称府主为后者。(卷二十四"后"》)

此例考证了"后"这一称谓的发展演变情况。

(三)文法方面

顾炎武重视语法规范,订正非规范词句,提出了不合语法的术语——"不成文"。例如:

《新唐书志》,欧阳永叔所作,颇有裁断,文亦明达。而《列传》出宋子京之手,则简而不明。二手高下,迥为不侔矣。如《太宗长孙后传》:"安业之罪,万死无赦;然不慈于妾,天下知之。"改曰:"安业罪死无赦,然向遇妾不以慈、户知之。"意虽不异,而"户知之"三字,殊不成文。(卷二六《新唐书》)再如:

《高帝纪》:"诸侯罢戏下,各就国。"注引一说云"时从项羽在戏水之上",此说为是。盖羽入咸阳而诸侯自留军戏下尔。他处固有以"戏"为"麾"者,但云"罢麾下",似不成文。(卷二七《汉书注》)

顾氏还对"文章繁简"、"程文格式"作出了阐释。例如"文章繁简"论说道:

辞主乎达,不论其繁与简。繁简之论兴而文亡矣,《史记》之繁处,必胜于《汉书》之简处,《新唐书》之简也,不简于事而简于文,其所以病也。(卷一九)

"程文"论说道:

文章无定格。立一格而后为文,其文不足言矣。唐之取士以赋,而赋之末流最为冗滥。宋之取士以论策,而论策之弊亦复如之。明之取士以经义,而经义之不成文又有甚于前代者,皆以程文格式为之;故日趋而下。晁(错)、董(仲舒)、公孙(龙)之"对",所以独出千古者,以其无程文格式也。欲振今日之文,在毋拘之以格式,而俊异之才出矣。(卷一六)

(四)修辞方面

1. 阐释"修辞"。例如:

《典》、《谟》、《爻》、《象》,此二帝、三王之言也。《论语》、《孝经》,此夫子之言也。文章在是,性与天道亦不外乎是。故曰:"有德者必有言。"善乎游定夫之言！曰："不能文章而欲闻性与天道，譬犹筑数仞之墙，而浮埃聚沫以为基，无是理矣。"后之君子于下学之初即谈性道；乃以文章为小技，而不必用力。然则夫之不曰："其旨远，其辞文乎？"不曰："言之无文，行而不远乎？"曾子曰："出辞气，斯远鄙倍矣。"尝见今讲学先生从语录入门者多不善于修辞，或乃反子贡之言以讥之曰："夫子之言性与天道，可得而闻，夫子之文章不可得而闻也。"（卷一九）

2. 说明古人之文"无冗複"。例如：

古人之文不特一篇之中无冗複也，一集之中亦无冗複。且如称人之善见于祭文，则不复见于誌；见誌则不复见于他文。后之人读其全集可以互见也。又有互见于他人之文者，如欧阳公作《尹师鲁誌》不言"近日古文自师鲁始"，以为范公祭文已言之，可以互见不必重出。盖欧阳公自信己与范公之文并可传于后世也。亦可以见古人之重爱其言也。（卷一九）

3. 说明"隐语"。例如：

《襄二十八年》："陈文子谓桓子曰：'祸将作矣，吾其何得？'对曰：'得庆氏之木百车于庄。'文子曰：'可慎守也已。'解曰'善其不志于货财'，非也。邵国贤曰：'此陈氏父子为隐语以相喻也。'"愚谓：木者，作室之良材；庄者，国中之要路。言将代之执齐国之权。（卷二七）

4. 说明"解嘲"。例如：

庾亮出奔，左右射贼，误中舵工，应弦而倒，船上咸失色欲散。亮不动，徐曰："此手何可使著贼？"注曰："言射不能杀贼，而反射杀舵工，自恨之辞也。"非也。亮意盖谓：有此善射之手，使著贼身，亦必应弦而倒耳。解嘲之语也。（卷二七）

"解嘲之语"，即修辞里的委婉语。

5. 说明"互辞"。例如：

《易》"幹父之蛊，有子考，无咎"，言"父"又言"考"。《书》"予恐来世，以台为口实"，言"予"又言"台"；"汝猷黜乃心"，言"汝"又言"乃"；"予念我先神后之劳尔"，先言"予"又言"我"。……《诗》"岂不尔受，既其女迁"，言"尔"又言"女"。《论语》"吾不欲人之加诸我也"。《孟子》"我善养吾浩然之气"，言"我"又言"吾"。《左传》"尔用而先人之治命"，言"尔"又言"而"；"女畏而宗室"，言"女"又言"而"。《史记·张仪传》"若善守汝国，我顾且盗而城"，言"若"言"汝"又言"而"。《诗》"王于出征，以佐天子"，言"王"又言"天子"；"乃命鲁公，俾侯于东"，言"公"又言"侯"；……《史记·齐世家》"子、我盟诸田于陈宗"，言"田"又言"陈"：皆互辞也。（卷二四）

互辞,即互文。为避免行文重复,在同一语言环境中互用同义词。

6.说明"重言"。例如:

古经亦有重言之者。《书》"自朝至于日中昃,不遑暇食","遑"即"暇"也。《诗》"无已太康","已"即"太"也;"既安且宁","安"即"宁"也;"既庶且多","庶"即"多"也。《左传》"一薰一莸,十年尚犹有臭","尚"即"犹"也;"周其有颓王,亦克能修其职"。"克"即"能"也。《礼记》"人喜则斯陶","则"即"斯"也。(卷二四)

"重言",即同一字的重复使用。为避重言,行文时可以换用同义词。

(五)注释方面

顾氏对古注中的语法错误多有指正。例如:

《僖十五年》:"涉河,侯车败。"解曰"秦伯之军涉河,则晋侯车败",非也。秦师及韩,晋尚未出,何得言晋侯车败? 当是秦伯之车败,故穆公以为不祥而诘之耳。(卷二七《左传注》)

旧注张冠李戴,错把秦伯当晋侯,造成主谓搭配不当。再如:

《孙膑传》:"……批亢捣虚。"索隐曰"亢言敌人相亢拒也",非也。此与《刘敬传》"搤其肮"之"肮"同。张晏曰:"喉咙也。"下文所谓"据其街路"是也。(卷二七《史记注》)

"批亢"为动宾关系,而《史记索引》则释为并列关系,造成失误。再如:

《僖公二十二年》:"大司马固谏曰",解曰"大司马固,庄公之孙公孙固也",非也。"大司马"即司马子鱼,"固谏",坚辞以谏也。……《定十年》"公若藐固谏曰",知"固谏"之为坚辞以谏也。(卷二七《左传注》)

"固",本为形容词,结果被旧注释为名词"公孙固",造成了错误。

司空,孔传谓"主国空土以居民",未必然。颜师古曰:"空,穴也。古人穴居,主穿土为穴以居人也。"(见《汉书·百官公卿表》注。此语必有所本。)《易传》云:"上古穴居而野处。"《诗》云:"古公亶父,陶复陶穴,未有家室。"今河东之人尚多有穴居者。洪水之后,莫急于奠民居,故伯禹作司空,为九官之首。(卷二"司空")

顾炎武认为"司空"之"空"非孔传所谓"空土",而是颜师古所说"空,穴也"。这是纠正前人注释之误。

有时不作考释,直接用"非"字指出错误的旧注。例如:

《广陵王胥传》:"……千里马兮驻待路。"言神魂飞扬将乘此马而远适千里之外。张晏注以为驿马;非。(卷二七《汉书注》)

《萧育传》:"鄠名贼梁子政。""名贼"犹言名王,谓贼之有名号者也。师古

曰："名贼者,自显其名无所避匿;言其强也";非。(卷二七《汉书注》)

(六)校勘方面

1. 顾氏校勘古书,指出古籍中多处脱文、衍文、错字、称谓混乱等。例如:

《旧书·段秀实传》:"阴说大将刘海宾、何明礼、姚令言判官岐灵岳同谋杀泚;以兵迎乘舆。"三人者皆秀实凤所奖遇。此谓姚令言之判官岐灵岳与海宾、明礼为三人耳。按文"姚令言"上当少一"及"字。(卷二六《新唐书》)

《蔡泽传》:"岂道德之符而圣人所谓吉祥善事者与?""岂"下当有"非"字。(卷二七《史记注》)

《元帝纪》:"永光元年,秋罢。"如淳曰"当言罢某官、某事。烂脱,失之。"是也。《左传·成二年》"夏,有"亦是缺文;杜氏解曰:"失新筑战事。"(卷二七《汉书注》)

《司马相如传》:"其为祸也,不亦难矣。"衍"亦"字。(卷二七《史记注》)

《楚元王传》:"……上数欲用向为九卿,辄不为王氏居位者及丞相御史所持;故终不迁。"衍一"不"字;当云"辄为王氏居位者及丞相御史所持"。持者,挟制之义,而非挟助之解也。(卷二七《汉书注》)

《淮南厉王传》:"……孝先自告反,告除其罪。"按《史记》无下"告"字,是衍文;师古曲为之说。(卷二七)

《陆抗传》:"拜镇军将军,都督西陵,自关羽至白帝。"于文难晓。按《甘宁传》曰:"随鲁肃镇益阳,拒关羽,羽号有三万人……"据此则当云"自益阳至白帝"也。(卷二六《三国志》)

《钟离意传》:"光武得奏以见霸。""见"当作"视",古"示"字;作"视"谓以意奏,示霸也。(卷二七《后汉书注》)

2. 指出前人用典之误。例如:

《吕氏春秋》:"箕子穷于商,范蠡流乎江。"范蠡未尝流江,必伍员之误也。《史记》:"孙叔敖三得相而不喜,三去相而不悔。"孙叔敖未尝去相,必令尹子文之误也。《淮南子》:"吴起、张仪车裂支解。"张仪未尝车裂,必苏秦之误也。(卷二十五"人以相类而误")

(七)《日知录》的学术贡献

梁启超盛赞顾炎武说:"亭林之《日知录》,为有清一代学术所从出,尚矣。"①《日知录》的学术价值主要表现在以下几个方面:

---

① 梁启超:《论中国学术思想变迁之大势》,见《清代学术概论》,中国人民大学出版社 2004 年版。

第一,确立了由小学通经明道的治学宗旨。顾炎武明确指出:"读九经自考文始,考文自知音始。"①顾氏以身作则,撰写《日知录》等书,考辨经学、史学,在文字、音韵、训诂方面取得了卓越成就,开启了由小学以通经明道的治经宗旨,对清代学者产生了巨大影响。乾嘉学者戴震、段玉裁、王念孙、王引之等人受顾炎武之影响,秉承顾炎武的治经宗旨,在小学方面取得了巨大成就。

第二,开启了清代"实事求是"的治学学风。顾炎武说:"史书之文中有误字,要当旁证以求其是,不必曲为之说。"顾炎武的《日知录》既不盲目崇古,也不草率非古,对经史文献中的错误总是引用丰富的资料、运用多种训诂方法来考证辨误,力求恢复文献典籍的原貌和探求文献典籍的原意。《四库全书总目提要》高度评价顾炎武说:"炎武学有本原,博赡而能通贯,每一事必详其始末,参以证佐,而后笔之于书,故引据浩繁,而抵牾者少。"钱大昕、汪中、阮元、段玉裁、王念孙、王引之等皆高举"实事求是"之大旗,共同树立了有清一代优良的学风。

第三,彰显了田野调查的学术精神。为寻求例证,顾炎武走出书房,去寻求鲜活的语料。其"足迹半天下,所至交其贤豪、长者,考其山川风俗、疾苦利病,如指诸掌"(潘耒《日知录序》)。全祖望亦道顾炎武此精神云:"凡先生之游,载书自随,所至厄塞,即呼老兵退卒询其曲折,或与平日所闻相合,即发书而勘之。"②这种深入调查研究的精神是非常值得后人学习的。顾炎武运用调查、观察的方法来获取资料,来纠正前人之讹误,开辟了学术研究的新角度。

第四节 《读书杂志》与《古书疑义举例》

一、王念孙的《读书杂志》

王念孙(1744～1832),字怀祖,号石渠(又作石臞),江苏高邮人,自幼聪慧,八岁读完十三经,博学多才,为乾隆进士。《读书杂志》为其晚年的研究精华,以读书札记的形式,校读了《逸周书》、《战国策》、《史记》、《汉书》、《晏子春秋》、《墨子》、《荀子》等子史书有十七种之多,在我国语言学史上占有极其重要的位置,是训诂史上的重要文献。王念孙的《读书杂志》和《广雅疏证》,以及他儿子王引之的《经义述闻》、《经传释词》共四种,再加上段玉裁的《说文解字注》,世

---

① 顾炎武:《答李子德书》,见《亭林文集》卷四。民国白纸石印本。
② 全祖望:《鲒埼亭集·亭林先生神道表》。民国线装四部丛刊。

称"段王之学",足见他们在小学史上的地位和影响。

王念孙《读书杂志》的训诂内容如下:

1. 辨字形。例如《读书杂志·汉书第一·高帝纪》"荥阳"条:

"陈平灌婴将十万守荥阳。"宋祁曰:"荥,旧本作荧。"又《高后纪》"灌婴至荥阳。"宋祁曰:"景德本'荥'作'荧'。"念孙案:作"荧"者是也。凡《史记》、《汉书》中"荥阳"字作"荥"者,皆后人所改,唯此二条作"荧",乃旧本之仅存者,而子京未能订正也。段氏若膺《古文尚书撰异》曰:"考荧泽字古从火,不从水。……《释文》凡六"荧"字,皆从火。《玉篇》焱部"荧"字下云:亦荧阳县。…今按:宋祁,字子京。段玉裁,字若膺,其著《古文尚书撰异》共三十三卷,为研究《尚书》之重要专著。

当上下文句意不合的时候,对上、下文进行了考释,去寻找错误原因。例如《逸周书第二·武顺篇》"比"条:

"貌而无比,比则不顺"。引之曰:比,《象传》曰:比,辅也;下顺,从也。《祭统》曰:身比焉顺也;《管子·五辅篇》曰:为人弟者,比顺以敬。是比与顺同义,不得言比则不顺。"比"当为"北"字之误也,北,古"背"字,故曰"北则不顺"。孔注比者,比,同也,失之。

又如《读书杂志·汉书第九·贾谊传》"颐指"条:

"今陛下力制天下,颐指如意。"如淳曰:"但动颐指麾,则所欲皆如意。"念孙案:人之动颐,不能指麾。如说非也。颐,当为顾。顾指,谓目顾人而指使之也,顾与颐草书相似因讹而为颐。《庄子 天地篇》曰:"手挠顾指四方之民莫不俱至。"是其证。

2. 考异文。例如:

异文是指同一语言环境中出现的不同的字词。利用异文可以探求或证明某些词义。例如《读书杂志·汉书第一·高帝纪》"生此"条:

"此沛公左司马曹毋伤言之,不然,籍何以生此?"念孙案:生当为至,字之误也。《史记·项羽纪》、《高祖纪》并作"至"。《通鉴·汉纪》一同。

"何以生此"句,文义不通,王氏依据相似史籍中的异文材料求得确诂。再如《逸周书第二·大聚篇》:

"水性归下,农民归利"。念孙案:此本作"水性归下,民性归利","民性"与"水性"对文,民字总承上文士农商贾而言,非专指农民而言,今本作农民者,即涉上"农民归之"而误。《玉海六十》引此正作"民性归利"。

又如《读书杂志·汉书第三·景武昭宣元成功臣表》"陆彊"条:

"酒庆陆彊。"念孙案:陆彊,《史·表》作"隆彊"。《索隐》本作"李隆彊",

而不言《汉·表》作"陆彊",则今本作"陆"者,讹也。《水经注·马河》注云:"涞水东南流迳逎县故城东。汉景帝中三年,以封匈奴降王隆彊为庋国。"字亦作"隆"。

按:通过异文对比,王氏改"陆"为"隆",判断准确。

3. 破假借。例如《读书杂志·汉书第一·高帝纪》"辨告"条:

"吏以文法教训辨告,勿笞辱。"念孙案:辨读为班。班告,布告也,谓以文法教训布告众民也。《王莽传》曰:"辨社诸侯。"孟康曰:"辨,布也。"师古曰:"辨读曰班。"萧该曰:"班,旧作辨。"韦昭曰:"辨,布也,音班。"皆其证。师古曰:"辨告者,分别义理以晓喻之。"此望文生训而非其本旨。

按:王念孙云:"训诂之旨存乎声音,字之声同声近者,经传往往假借,学者以声求义,破其假借之字而读以本字,则焕然冰释;如其假借之字而强为之解,则诘籬为病矣。"此例中"辨"通"班","班告"的意思。此为通假用法,颜师古望文生义,造成了错误。再如《管子·小匡篇》:

"无夺民时,则百姓富,牺牲不劳,则牛马育"。念孙案:古无"捞"字,借劳为之。"齐语"作牺牲不略,则牛羊遂。韦注曰,略,夺也。略与劳一声之转,皆谓夺取也。无夺民时,不轻用民也。牺牲不劳,不妄取于民也。今俗语犹谓略取人物曰捞矣。

王念孙认为古无"捞"字,古借同音字"劳"字来用,并举俗语以证之。

4. 因声求义。例如《读书杂志·汉书第十五·王莽传》"備"条:

"所征殄灭,尽備厥辜。"備"字师古无注。"念孙案:"備",读为"伏"。《汉书》言"伏辜"者多矣。字或作服。服、伏、備三字,古皆读如"匍匐"之"匐",故字亦相通。《赵策》:"今骑射之服。"《史记·赵世家》"服"作"備",是其例也。

"古无轻唇音","服、伏、備、匐"四字古音相同,故义也可相通。再如《读书杂志·汉书第八·张耳陈余传》"乃"条:

"乃求得赵歇。"宋祁曰:"乃求,旧本作仍求,非是。"念孙案:《说文》"仍,从乃声。"仍、乃声相近,故字亦相通。……是"仍"字古通作"乃"也。《尔雅》:"仍,乃也。"则"仍"可训为"乃"。《史记·匈奴传》:"乃再出定襄。"《汉书》"乃"作"仍"。子京未识古字,故以为非而改之。

按:"仍""乃"声近,故字义相通。

5. 校勘古书。例如《读书杂志汉书第九·蒯伍江息夫传》"被服冠"条:

"自请,愿以所常被服冠见上。"宋祁曰:"浙本'冠'字上有'衣'字。"念孙案:浙本是也。既言被服,则当有"衣"字。下文"衣纱　禅衣",即承此"衣"字言之,脱去"衣"字,则上与"被服"不相属,下与"禅衣"不相应矣。《太平御览·

居处部一》引此无"衣"字,亦后人依误本《汉书》删之,其《人事部二十》、《布帛部三》引此皆有"衣"字。

按:"被服"与"衣冠"、"禅衣"上下文互相呼应,《汉书》脱"衣"字则义不明矣。

再如《汉书·荆燕吴传》:

"楚兵击之,贾辄避不肯与战。"念孙案:"避",本作"壁"。"壁不肯与战",谓"筑垒壁而守之,不肯与战"也。……后人不知其义而改"壁"为"避",其失甚矣。

按:改"壁"为"避",大失其义,这是因为语音相同而造成的错误。

再如《淮南·氾论篇》:

"楚人有乘船而遇大风者,波至而自投于水"。念孙案:波至而下当有恐字,《群书治要》、《意林》、《艺文类聚·舟车部》、《白帖六十三》、《太平御览·地部三十六舟部二》引此皆作"波至而恐"。

又如《读书杂志·汉书第五·五行志》"雪"条:

"元鼎二年三月,雪。"念孙案:上下文皆言雨雪,则此亦当有"雨"字。《太平御览·咎征部五》引此正作"雨雪"。

按:"雨雪"上下文皆出现,所以此句也应当有"雨"字。

6. 校正旧注错误。例如:

有的正文与注文混在了一起,如果不指明就会引起误解。例如《淮南·主术篇》:

"故善建者不拔"。今本此下有注云,言建之无形也。念孙案,此六字乃正文非注文也。故善建者不拔者,引老子语也。言建之无形也者,释其义也。《精神篇》曰,故曰其出弥远者,其知弥少。以言夫精神之不可外淫也,亦是引老子而释之。后人误以此六字为注文,故改入注耳。

有时直接指明注文中的讹误。例如《逸周书第三·谥法篇》:

"纯行不二曰定"。孔注曰:行一不伤。念孙案:"不伤"与"不二"异义,若正文作"不二",则注不得训为"不伤"。今考"不二",本作"不爽"。

7. 解释联绵词。例如《读书杂志·汉书第一·高后纪》"犹豫"条:

计犹豫未有所决。师古曰:"犹,兽名也。《尔雅》曰:犹善登木,此兽性多疑虑,常居山中,忽闻有声,即恐有人且来害之,每豫上树,久之无人,然后敢下,须臾又上,如此非一,故不决者称犹豫焉……"念孙案:犹豫,双声字,犹楚辞之言夷犹耳,非谓兽畏人而豫上树,亦非谓犬子豫在人前。师古之说皆袭颜氏家训而误,说见《广雅》。

按:"犹豫"为联绵词,不可拆开解释,王氏此说堪为定论。

8. 解释修辞现象。

对文是指处于结构相似的上下两句或同一句前后两部分相对应位置上的词语,它们之间往往具有同义或反义关系。据此,可以确定某些词语的语义。例如:《读书杂志·汉书第九·郦陆朱娄叔孙传》"马上治"条:

"马上得之,宁可以马上治乎?"念孙案:"治"下亦当有"之"字,与上"得之"对文。《太平御览 人事部一百七》、《治道部四》引此并作"治之",《史记》、《汉纪》、《通鉴》同。

根据对文的修辞特点,治之"与"得之"对文,据此可知,"治"的后面少了一个"之"字。

又如《读书杂志·汉书第四食货志》"农民户人"条:

"农民户人已受田,其家众男为余夫,亦以口受田如比。"念孙案:农民户人本作农民户一人,"一人"二字对下"众男",为余夫言之,下文工商家受田,五口乃当农夫一人,又承此农民户一人言之,今本脱一字,则文义不明。《通典·食货一》无"一"字,亦后人依误本《汉志》删之。《周官·载师》注及疏引此并作"农民户一人"。陈氏《礼书》引同,则北宋本尚未误。

按:"一人"与"众男"对文,王说甚是。

9. 解释语法现象。

例如《读书杂志·汉书第四·食货志》"蝗虫"条:

"枯旱蝗虫相因。"念孙案:"蝗虫",本作"虫蝗"。"枯旱"、"虫蝗"相对为文,后人不解"虫蝗"二字之义,故改为"蝗虫"。案:"虫蝗",犹言"虫螟",亦犹《礼》言"草茅"、《传》言"鸟乌"、《荀子》言"禽犊"、今人言"虫蚁"耳。……凡《汉书》之纪"蝗",犹《春秋》之书"螽"也。加一"虫"字,则大为不词,《后汉书·酷吏传》注引《汉书》无"虫"字。

按:王氏列举了大量例证说明了古代大名冠小名的构词规律,如果倒过来,就会造成"不词",即不符合构词规律。

再如《汉书·王贾传》:

"偃盛言朔方地肥饶,外阻河,蒙恬筑城以逐匈奴。"念孙案:"筑"字后人加之,景祐本所无也。"城",即筑城也。《小雅·出车》曰"城彼朔方"是也,无庸更加"筑"字。《史记》作"蒙恬城之以逐匈奴"。

按:"城"为名词活用为动词,"筑城"的意思,故"无庸更加筑字"。王氏所说极是。再如《墨子·内篇杂下》:

"食脱粟之食,炙三弋五卵苔菜耳矣。"孙曰:"耳矣,前文作而已,与此音相近。"念孙案:"耳矣"者,"而已矣"也,疾言之则曰"耳矣",徐言之则曰"而已矣"。凡经传中语助用"耳"字者,皆"而已"之合声也。

王氏释语助词"耳"为"而已"之合声,其区别在于"疾言之"、"徐言之",所言甚是。从此例看出,土氏已经使用"疾言"、"缓言"、"语助"、"合声"等语法术语来解释语法现象。

总之,《读书杂志》校读了我国古代多部传世文献,其训诂内容涉及到了文字、词汇、语法、修辞、音韵、校勘等诸多方面,综合运用了多种考释方法,内容丰富精深,考释精彩纷呈,令人抚案称绝。该书在训诂史上具有重要的地位,对于我们整理古籍、阅读古书、教学古文具有重要的参考意义。

二、俞樾的《古书疑义举例》

《古书疑义举例》(以下简称《举例》)是晚清朴学大师俞樾撰写的一部训诂名著,它既总结了传统的训诂学,又开了近现代训诂学的先声,在中国的训诂学领域占有极为重要的地位。

俞樾(1821~1907),字荫甫,号曲园,浙江德清人,清末著名学者。道光进士,曾官翰林院编修、河南学政,后因出考题触犯文字禁忌,被革职回籍,永不叙用。俞樾自此以高邮王氏之学为宗,潜心钻研经学、小学、文学、书法,其全部著述汇集为《春在堂全书》,共五百余卷。其中训诂研究方面的代表作是《群经平议》、《诸子平议》和《古书疑义举例》,而《古书疑义举例》最为著名。

《古书疑义举例》共七卷,前四卷主要阐述文字、音韵、训诂、语法、修辞的条例,共51例。有关于文字方面的,如"上下文异字同义例"、"上下文同字异义例"等;有关于语音方面的,如"以双声叠韵字代本字例"、"以读若字代本字例"等;有关于语法方面的,如"倒句例"、"句中用虚字例"等;有关于修辞方面的,如"错综成文例'、"参互见义例"等;有关于词汇方面的,如"倒文协韵例"。后三卷主要是校勘、句读、句段、篇章方面的释例,共37例。有关于衍文方面的,如"两字义同而衍例"、"两字形似而衍例"等;有关于篇章错乱的,如"分篇错误例";有关于句读的,如"误读夫字例"。每例下面都会列举多条例证来加以说明,便于人们学习借鉴。《举例》一书虽然也有一定的不足,但该书中所运用的一些原则和方法,其中一些独到精辟的见解,对我们有很大的启发意义,是我们阅读先秦、两汉典籍不可或缺的一部重要参考书。

《古书疑义举例》的训诂价值主要表现在以下几个方面：

（一）辨析文字

俞樾重视对假借现象的研究和分析,他在《群经平议·序》中说:"尝以为治经之道,大要有三:正句读,审字义,通古文假借。得此三者以治经,则思过半矣。三者之中,通假借为尤要。"又说:"诸子之书,文词奥衍,且多古文假借字。注家不能尽通,而儒者又屏置弗道,传写苟且,莫或订正,颠倒错乱,读者难之。"因此,俞樾在他的训诂实践中特别重视运用通假原理来解释词义。例如:

《孟子·梁惠王下》篇:"从流下而忘反,谓之流;从流上而忘反,谓之连。从兽无厌谓之荒,乐酒无厌谓之亡。"按:"亡"当读为"芒"。《荀子·国富》篇:"芒轫僈楛。"杨倞注曰:"芒,昧也。或读为荒。"是荒、芒义通。（卷一）

按:"亡"和"芒"是同音字,上古同属于明母阳韵,"芒"和"荒"是叠韵字,上古同属于阳韵。再如:

《尚害·微子》篇:"天毒降灾荒殷国。"《史记·宋微子世家》作"天笃下灾亡殷国"。笃者,厚也。言天厚降灾咎以亡殷国也。"笃"与"毒","亡"与"荒",皆叠韵。此以叠韵字代本字之例也。（卷三）

俞樾认为两字音声同（即"双声"）或"韵同"（即"同韵"）即可构成古音通假,进一步阐释了古音通假的理论。再如:

《孟子·公孙丑》篇:"有仕于此而子悦之,不告于王而私与之吾子之禄爵;夫士也,亦无王命而私受之于子。"按:"有仕于此"之"仕",即"夫士也"之"士"。"夫士也",正承"有仕于此"而言。"士",正字;"仕",叚字,是上下文用字不同而实同义也。（卷一）

《周书·太子晋》篇:"远人来驩,视道如咫。"又曰:"国诚宁矣,远人来观。"按:观,正字也;驩,叚字也。（卷一）

"正字"即通常所说的"本字","叚字"即假借字。俞樾通过指明"士"与"仕"属于同音假借、"驩"与"观"是叠韵通假。

钱大昕《潜研堂集》曰:"汉人言'读若'者,皆文字假借之例,不特寓其音,并可通其字。"俞樾高度评价钱氏的这一观点:"钱氏此论,前人所未发,颇足备治经之一说。"俞樾在《举例》中明确提出:"凡读若字,义本得通,故彼此可以假借也。"他列举了大量的例子来证明这一观点。例如:

《周易·鼎象传》曰:"鼎,象也。"按:六十四卦,皆观象系辞,而独于鼎言象,义不可通。虞注曰:"象事之器,故独言象也。"此亦曲为之说耳。周易"象"字,依《说文》当作"像"。《说文》人部:"像,象也。从人象声,读若养字之养。"然则"鼎,象也",犹曰"鼎,养也"。下文云:"圣人亨以享上帝,而大亨以养圣

贤。"是其义也。学者不知"象"为"养"之叚字，故不得其义。（卷三）

"象"为"像"之声符，二字音同。"像"和"养"是叠韵字，属于古阳韵，故二字构成通假。

"读若"字有时只用来注音，而不表义，俞氏所谓"凡读若字，义本得通，故彼此可以假借也"之观点，显然有些太绝对。

（二）分析词法

俞樾是第一个明确提出"实字活用"这一语法概念的学者，他在书中专门列举了十余条"实字活用例"，为后代的训诂学、语法学开辟了新领域。例如：

《公羊传·宣六年》："勇士入其大门，则无人门焉者。""上'门'字实字也，下'门'字则为守是门者也。"《左传·襄九年》："门其三门。"下'门'字实字也，上'门'字则为攻是门者矣。此实字而活用者也。（卷三）

俞樾所说"实字"，指名词、动词、形容词等有实在意义的词。所谓"活用"，即该类词在一定的语言环境中临时用作了别类词的语法功能和意义。"门"字本是名词，表示"大门"、"门口"的意思，但在此例中却活用成了动词，意思是"守门"、"攻打城门"的意思。再如：

《公羊传·庄三十一年》："旗获而过我也。"解诂曰："旗获，建旗县所获得以过我也。"按：此解非是。《左传·闵二年》："佩，衷之旗也。"杜注曰："旗，表也。"然则"旗获而过我"谓表示其所获之物而过我也。盖旌旗之属，所以表示行列。《国语·晋语》："车无退表。"韦注曰："表，旌旗也。"故旌与旗并立有表义。《左传·僖二十四年》："且旌善人。"《左传·哀十六年》："犹将旌君以徇于国。"杜注并曰："旌，表也。"旗之为表，犹旌之为表也。旌、旗，皆实字，而用作表示之义，则实字而活用矣。（卷三）

"旌"、"旗"都是名词，在句中都活用为动词，是"表示"的意思。再如：

执持于手即谓之手。《公羊传·庄十二年》："手剑而叱之。"《礼记·檀弓》篇："子手弓而可"是也；怀抱于腹即谓之腹。《诗·蓼莪》篇："出入腹我"是也；《史记·司马相如传》："手熊罴，足野羊。"注曰："手足，谓拍蹄杀之。"手所拍即谓之手，足所蹄即谓之足，古人用字之法也。（卷三）

"手"、"腹""足"都是名词活用为动词，在这里都用作状语，分别是"用手拿剑"、"用身体怀抱"、"用手拍"、"用脚踢"的意思。

《举例》一书不仅解释了实字活用，而且还解释了虚词的意义及用法。例如：

"蛊斯羽"，言蛊羽也；"兔斯首"，言兔首也。毛传以"蛊斯"为"斯蛊"，郑笺以"斯首"为"白首"，均误以语词为实义。《礼记·射义篇》："又使公罔之裘"，郑注曰："之,声也。"《左传·僖二十四年》,"介之推不言禄",杜注曰："之,语助。"按:于人名氏之中用语助,此亦句中用虚字之例也。(卷四)

按:俞氏所谓"语词",又称为"语助",主要指结构助词和语气助词,属于"虚字"范围;俞氏所谓"虚字",即指虚词。"斯"、"之"在文中都是语气助词,无实义,而《毛传》、《郑笺》、《郑注》都解释成了实词意义,造成失误。再如:

《尚书·洪范篇》:"水曰润下,火曰炎上,木曰曲直,金曰从革,土爰稼墙。"上四句用'曰'字,下一句用'爰'字。爰,即曰也。《尔雅·释鱼篇》:"俯者灵,仰者谢,前弇诸果,后弇诸猎。"前两句用"者"字,后两句用"诸"字。诸,即者也。《史记·货殖传》:"智不足与权变,勇不足以决断,仁不能以取予。"上一句用"与"字,下二句用"以"字。与,即以也。《论语·述而》篇:"富而可求也,虽执鞭之士,吾亦为之;如不可求,从吾所好。"上句用"而"字,下句用"如"字。(卷四)

同样句式结构中的相同位置所用的虚字虽然不同,但其表示的意义和用法是一样的。俞氏经常用"两句相对成文,特虚字不同耳";"两句一律,亦虚字变换之例"之类的话来阐释这一现象。

(三)分析句法

指明倒装句。例如:

《左传·僖公二十三年》:"其人能靖者与有几?"《昭公十九年》:"谚所谓室于怒市于色者。"皆倒句也。(卷一)

俞氏所谓"倒句",就是倒装句。即"与有几"是"有几与"的倒装,"室于怒,市于色"是"怒于室,色于市"的倒装。再如:

《史纪·乐毅传》:"蓟丘之植,植于汶篁。"《索隐》曰:"蓟丘,燕所都之地也。言燕之蓟丘所植,皆植齐王汶上之竹也。"按:此亦倒句。若顺言之,当云"汶篁之植,植于蓟丘"耳。宋人言宣和事云:"夷门之植,植于燕云",便不及古人语妙矣。(卷一)

句子倒装,能给人一种新鲜感。俞氏一句"古人语妙",道出了倒装句的修辞效果。

为便于人们理解,俞氏还经常揭示省略的成分。例如:

《左传·定四年》:"楚人为食,吴人及之。奔,食而从之。"此文"奔"字一字为句,言楚人奔也。"食而从之"四字为句,言吴人食楚人之食,食毕而遂从之也。"奔"上当有"楚人"字,"食而从之"当有"吴人"字,蒙上而省也。(卷二)

俞氏指出了两个省略的成分"楚人"和"吴人",使得句义明了。

俞氏还经常指出古人行文的习惯、特点。例如:

《尚书·君奭》篇,"迪惟前人光"犹云"惟迪前人光"也。故枚传曰:"但欲蹈行先王光大之道。"又曰"天惟纯佑命",犹云"惟天纯佑命"也。故枚传曰:"惟天大佑助其王命。"乃经文不曰"惟迪",而曰"迪惟";不曰"惟天"而曰"天惟",此亦句中用虚字之例,乃古人文法之变也。(卷四)

经文不曰"惟迪",而曰"迪惟";不曰"惟天"而曰"天惟",俞氏指出了经文特有的行文格式。

(四)阐释修辞

1. 揭示"错综成文"的修辞方式。例如:

古人之文,有错综其词以见文法之变者。如《论语》:"迅雷风列";《楚辞》:"吉日兮辰良";《夏小正》:"剥枣栗零",皆是也。(卷一)

按:如果按照正常的语序,"迅雷风列"会说成"迅雷列风";"吉日兮辰良"就是"吉日兮良辰";"剥枣栗零"即"剥枣零栗"。古人"故意使用参互交错的语句,使句型错综变化,整散相间",追求一种特殊的效果。

2. 揭示互文辞格。例如:

古人之文,有参互以见义者。《礼记·文王世子》篇:"诸父守贵宫贵室,诸子诸孙守下宫下室。"又云:"诸父诸兄守贵室,子孙守下室,而让道达矣。"郑玄注:"上言父子孙,此言兄弟,互相应也。"(卷一)

按:从句"诸父诸兄守贵室",可知前句"诸父守贵宫贵室"实际上含有"诸父诸兄守贵宫贵室"的意思;反过来,后面的"诸父诸兄守贵室"也应含有"诸父守贵宫贵室"的意思,上下文互相补充,方能表达完整的意思。

3. 解释借代修辞现象。例如:

《春秋》之例,通都大邑得以名通,则不系以国,如"楚丘"不书"卫","下阳"不书"虢"是也。若小邑不得以名通,则但书其国而不书其地,如"盟于宋"、"会于曹",必有所在之地;而其地小,名亦不著,书之史策,后世将不知其所在,故以国书之。此亦举大名以代小名之例也。后儒说《春秋》,谓不地者即于其都也,失之。(卷四)

所谓"举大名以代小名",就是现代所说的借代辞格中的以全体代部分。由于"盟于宋"、"会于曹"发生在不出名的小地方,史家在书史时,为了避免"后世将不知其所在",所以没有点出该地的名字,而只是笼统地用该地所在国国名"宋""曹"来代称。也就是说,"盟于宋"、"会于曹"里的"宋"、"曹"都不能作国名理解,而是借以指代某两个具体的地名。

那么,反过来也可以以小名代大名,也就是今天所说的以部分代全体。如俞氏曾举例说明"二秋"代指"三岁"(三年)的例了。

4. 指明排比句式。例如：

《大雅·绵》篇："乃慰乃止,乃左乃右,乃疆乃理,乃宣乃亩。"四句中叠用八个"乃"字。《荡》篇："曾是疆御,曾是掊克,曾是在位,曾是在服。"四句中叠用四"曾是"字。

俞氏用"叠用"术语,指出了排比句式。

(五)校勘古籍

《举例》卷五、卷六、卷七校勘了大量的古书,解决了很多历史文献中的疑难问题,并总结出了先后错乱、正文误入小注及小注误入正文、后人妄改等 37 种致误的原因,概括出了一些带有规律性的东西,俞樾将古书校勘上升到了一定的理论高度。例如：

《商子·兵守》篇："四战之国,好举兴兵以距四邻者国危。""举"字即"兴"字之误而衍。《管子·事语》篇："彼壤狭而欲举与大国争者。""举"字即"与"字之误而衍。《吕氏春秋·异宝》篇："其主俗主也,不足与举。""举"字亦即"与"字之误而衍。《淮南子·泰族》篇："夫欲治之主不世出,而可与兴治之臣不万一。""兴"字亦即"与"字之误而衍。(卷五)

"举"、"与"、"兴"这三个字的形体在古代是非常相似的,因而在使用的过程中容易混用,导致讹误,对其一定要仔细地从字体和词义上去辨认。再如：

《管子·霸言》篇："故贵为天子,富有天下,而伐不谓贪者,其大计存也。"按："伐"乃"代"字之误。《管子》原文本作"世不谓贪",言一世之人不以为贪也。唐人避讳,改"世"为"代",后传写又误"代"为"伐"。(卷五)

"伐"字误为"代"字,同样也是因为字形相似。

俞氏往往通过语音线索去校正古书。例如：

《吕氏春秋·淫辞》篇："罪不善,善者故为畏。"此"故"字当读为"胡","胡"与"故",古字通用。言所罪者止是不善者,则善者胡为畏也。杨倞注《荀子·解蔽》篇引《论衡》正作"善者胡为畏",是其明证。

按："胡"与"故"是叠韵字,上古同属于鱼韵,故古音通用。俞氏通过语音线索来校勘词义,并引例证明,更具说服力。

根据古籍原文校正注文,或以注文校正注文。例如：

《荀子·仲尼》篇："求善处大重,理任大事,擅宠于万乘之国,必无后患之术。"按："处大重"、"任大事"相对为文,"重"下不当有"理"字。杨注曰："大重,谓大位也。"亦不释理字之义,是"理"字衍文,盖即"重"字之误而衍者也。(卷五)

俞氏根据杨倞的注解,校勘出"理"字是衍文。

俞氏《举例》一书虽然也存在一些不足,如存有滥释通假等毛病,但该书对文字、词法、句法、校勘等方面多有创见,所以该书一出即赢得了很高评价,梁启超称之为"训诂学之模范名著"①,刘师培叹之为"发千古未有之奇"②,马叙伦称赞该书是"发蒙百代,梯梁来学,固悬之日月而不刊者也"③后之学者纷纷仿效俞氏做法,或者增补,或者校订,问世了一批非常有分量的研究成果,如刘师培的《古书疑义举例补》、杨树达的《古书疑义举例续补》、马叙伦的《古书疑义举例校录》、姚维锐的《古书疑义举例增补》等,形成了"古书疑义举例派"。

---

① 梁启超:《清代学术概论》,上海古籍出版社 1998 年版。
② 刘师培:《〈古书疑义举例〉补》,见《古书疑义举例五种》,中华书局 1956 年版。
③ 马叙伦:《〈古书疑义举例〉校录》,见《古书疑义举例五种》,中华书局 1956 年版。

第六章

训诂原理及方法

第一节　训诂原理

一、字与词的关系

古今汉语视字、词的概念有时是不一致的,如清人戴震在《与是仲明论学书》中说:"经之至者,道也;所以明道者,其词也;所以成词者,字也。由字以通其词,由词以通其道。"这段话中所谓的"字",其实就是指今天的词;而所谓的"词",则是指用以表达思想的语言。在这段话中,戴震是视字为词的,把字与词混在了一起。不仅清人戴震如此,就是现代人也经常把字、词混在一起,有时视字为词,有时视词为字,这对于训诂实践来说是非常不利的。其实字与词是两个概念,彼此是能够分清,也是必须要分清的。

从现代语言学的角度来看,词是能够独立运用的最小的语言单位,是音与义的结合体,是语言的建筑材料。字是用来记录语言的符号,字是用来写词的,字以它的字形将已经具备语音、语义的词记录下来,从而使词成为形、音、义的统一体。相对于语言中的词来说,字是第二位的,字是写词的符号。就汉语发展的历史事实来看,先有了语言中的词,尔后才有了记录词的汉字;汉字的出现远远地晚于语言中的词。古代汉语的词以单音词居多,而现代汉语则是以双音词为主,这是古今汉语在词汇构成方面的一个重要差异。由于古代汉语是以单音词为主的,训诂材料又是针对书面文献的,因此我们所见到的古代文献,绝大部分时候一个汉字就是一个词,所以在古人心目中,字与词仿佛是一个概念;在古注中,前人经常以"字"的概念表示现代语言学意义上的"词",前代训诂学家对字、词的概念没有明确的区分,并且与现代语言文字研究中的字词概念有混淆现象。因此,科学地区分字词概念对于学习训诂学有着重要的意义。

仔细考察,字与词的关系在语言运用中实际上表现得非常复杂:

(一)字与词不全是一一对应的关系

从一个汉字所记录的语言单位来看,主要有以下几种现象:

1. 一个字记录一个单音词,字与词是一一对应的关系。例如《曹刿论战》:"十年春,齐师伐我。"这句话中的每一个字都各自记录一个词,这种现象在古汉语书面语言里最常见。

2. 一个字记录两个单音词,是两个单音词的组合,有的语法书上称之为兼词,如《论语·子罕》:"有美玉于斯,韫椟而藏诸? 求善贾(价)而沽诸?""诸"是代词"之"和语气词"乎"的合音词。有时"诸"还相当于"之于",是代词"之"与介词"于"的合音词,如《列子·汤问》:"投诸勃海之尾,隐土之北。"

该类字常见的有"焉"(于是、于此)、"盍"(何不)、"曷"(通"盍")、叵(不可)、旃(之焉)、甭(不用)等。

3. 一个字记录复音合成词中的一个语素(语素是指最小的语音语义结合体)。如:执事、稽首、左右、冬至、春分等。

4. 一个字记录复音单纯词中的一个音节,联绵词、重言词、音译外来词中的字均属于这个情况,如:参差、匍匐、倜傥、彷徨、逶迤、关关、区区、葡萄、苜蓿、萝卜、沙发等。

(二)字与词的对应关系又是发展变化的

在语言的三个要素——语音、词汇、语法中,词汇的发展变化最快。词义的引申发展、词的读音的变化,导致了记录词的汉字的变化,从而使字与词之间的关系变得更为复杂。

1. 一字写数词

这里又分为两种情况,一种是由于词义的多次引申,分化出了新词,而记录新词、旧词的文字未变,从而形成了一字记录两词的现象。如"朝",本义是"早晨",名词,由此引申出动词"朝见",名词"朝廷"、"朝代"等义,读音也发生了变化,但记录这两个词的字形却没有发生变化。再如"骑马"的"骑"是一动词,"骑兵"的"骑"是一名词,二词也共用一字来书写。另一种是由于假借用法,使一个汉字记录了两个或两个以上的词。例如"莫",本义为天黑,后来假借为无定代词,表示"没有什么人","没有什么事";又假借为表示禁止性的否定副词,表示"不"。一个"莫"记录了名词、无定代词和否定副词三个词。

2. 数字写一词

主要指异体字,以及记录联绵词、拟音词、音译词、同源词的字。

由于时代不同,地域不同,人们对同一概念造出了不同的字,从而出现了多字记录一词的异体字现象。如"哲",有"喆""悊"、"嚞"等几种异体,这四字共同记录一个词。

由于联绵词、拟音词、音译词自身的特点,造成了记录这些词的汉字多不定形,因此出现了多字记录一词的现象。如匍匐、蒲伏、蒲服记录的是同一个联绵词。

由于词义引申或意义使用的范围不同,造成了以不同的汉字记录音义相通的同源词的现象,如"句(勾)"是曲的意思,曲鉤为"鉤",曲木为"枸",轭下曲者为"軥",曲竹捕鱼具为"笱",曲礙为"拘",曲脊为"痀"(驼背),曲的干肉为"朐"。这些字共用一个声符"句",都表示"曲"的意思,尽管字体不一,但都是音义相通的同源词。

上面所说的仅是字词对应关系中的一部分现象,但足以看出其复杂性。字和词的关系是训诂学不可回避的问题,因此我们必须正确地认识字与词的关系。

二、义与训的关系

义指词义,是词所负载的客观内容;训指训释,是对词义内容的人为表述。如何将词义客观、准确地阐释出来,这是训诂学的核心任务。由于训释者水平所限,训释有时很难达到与所训释的客观词义完全对等的精确程度。

一般来说,每一个词义都表现为两种状态,一是字典、词典等训诂专著中的词义,我们称之为贮存状态的词义;一是文章正文中的词义,我们称之为使用状态的词义。这两种状态的词义,其表现特点是很不一样的。

1. 贮存状态的词义及训释

贮存状态的词义总是尽可能多地汇集了一个词的意义,其中既有这个词的本义,也有众多的引申义,甚至包括假借义等,这是人们对于一个词的所有使用状态的词义所作出的全面总结概括,表现了使用该语言的人们对这个词的总体认识。贮存状态的词义具有概括性、抽象性、稳定性、多义性等特点,是前人语言运用的积累和贮存,是后人训释文献词义的依据。

由于编纂目的不同,对贮存状态词义的训释侧重点也是不一样的,如许慎的《说文解字》侧重于分析字形,训释一个词的本义。刘熙的《释名》只求通过声训探求事物的命名之源。《康熙字典》则侧重于汇集、通释一个词的所有意义,《古汉语常用字字典》只解释一个词的常用意义。

对贮存状态词义的训释一定要力求概括准确、全面,这是其生命力所在。例如《说文解字》对"口"的训释:

"口,人所以言食也。象形。"

这个训释准确地概括了"口"的功能,这个训释就非常有生命力,非常有价值,经过近两千年的历史检验,这个训释至今仍被引用,如《汉语大词典·口部》:"口,人类用来发声和进饮食的器官。"

事实上,要想全面准确地概括词义决非易事。首先是由于词义附着了许多经验性的内容,其次有一部分词义在客观上有模糊性的特点,再加上训释者个人水平局限,所以很难达到绝对等同的训释。例如《尔雅·释诂》:

"如、适、之、嫁、徂、逝,往也。"

这些词虽然都有"往"的意思,但在实际应用、具体含义方面却存在着很大的差异。再如"解"字,《辞海》列了 27 个意义,其实"解"的词义并没有这么复杂。"解"的本义是解牛,引申为分解动物,由此引申为解体、开放的意思;由分解动物还引申为解绳结,再引申为解脱、解说、晓悟、见解、和解的意思。再如《康熙字典》、《经籍纂诂》罗列了很多训释,其中有些训释是重复的。如《经籍纂诂》卷十七对"摇"的训释:

摇:作也。(《尔雅·释诂》)

摇:动也。(《说文·手部》)

"作也"、"动也",实际上训释的是同一个意义,即"摆动、晃动",但《经籍纂诂》却训释成两个义项。由此可见,全面地准确地阐释贮存状态的词义,是非常不容易的。

2. 使用状态的词义及训释

使用状态的词义指书面语言及个人言语中的具体意义。由于受具体语言环境的制约,使用状态的词义不一定是该词固有的词义,可能是临时的活用,也可能是特定的使用,可能还带有说、写者个人的经验和感情色彩,但不管怎样,使用状态的词义总是具体的,单一的,在句子中总是表现出一个具体的意义;而贮存状态的词义则是多义的,抽象的、概括的。

使用状态的词义如果是该词固有的词义,那么可以参考字典、词典中贮存状态的词义来作训释;使用状态的词义如果是临时义或特定义,那么就必须结合具体的上下文去作出新的解释。是否符合上下文义是检验使用状态的词义训释正确与否的唯一标准。例如:

"门启而入。"(《左传·襄公二十五年》)

"启"为何义?《古汉语常用字字典》解释为"开,打开",这个贮存状态的词义显然切合"门启而入"中的"启"字的含义,那么这句话中"启"的使用状态的词义就是"开,打开"的意思。再如:

"启叔孙氏之心。"(《左传·昭公二十七年》)

《古汉语常用字字典》解释"启"为"启发",这个贮存状态的词义也完全切合"启叔孙氏之心"的"启"的含义,可见"启发"就是此句中"启"的使用状态的词义。再如:

"城朔方城。"(《汉书·武帝纪》)

《古汉语常用字字典》解释"城"有三义:①城墙;②城市;③[城濮]古地名。"城朔方城"的第二个"城"字是"城墙"的意思,与贮存状态的词义①相符合。可第一个"城"到底是什么意思呢?《古汉语常用字字典》没有解释,这时就应该根据具体的上下文进行分析解释。第一个"城"处于谓语的位置,后面带上了宾语"朔方城",可见第一个"城"活用成了动词,充当了动词的语法功能,其使用状态的词义应是"筑(城)的意思。""城朔方城"就是"筑朔方城"的意思。

从上面可见,训释使用状态的词义首先要根据贮存状态的词义选择、确定义项,确定义项的原则就是看是否符合上下文义。其次根据具体上下文准确描述使用状态的词义。在古注中,使用状态的词义训释通常以传、注、笺、章句、义疏、集解等多种训诂形式表现出来,其特点就是随文释义。使用状态的词义为专著体训诂书的编纂提供了大量的鲜活的语料,而专著体训诂书贮存的词义又反过来为训释使用状态的词义提供了参考和依据。

王宁说:"从西汉开始,训诂学确立了两种基本体式,即随文释义的注释书和通释语义的训诂专著。这两种体式在训释词义的目的、方法和释词范围方面各有差异:随文释义的注释重在沟通,通释语义的专著重在贮存。训释方法方面,两种训诂体式共同使用直接用同义词或近义词训释的方法、区别特征的比较方法、描写方法等。二者的差异在于训诂专著更侧重于对词义由来的解释,重视形、音、义关系的分析;而注释书重在解释具体文句中的词义,因而更多采用较为简捷的直训方法。就解词范围而言,训诂专著收录、解释的词汇是十分广泛的,常用词更是主要部分;注释书解释的对象仅是可能产生阅读障碍的词,如在上下文中有特殊含义的词、较为生僻的词、因用字问题而容易造成意义混淆的词等。随文而释的注释为训诂专著提供了大量的训诂材料,是训诂专著搜集原始资料、概括词义的基础。注释书中为确定义项而做的训释,很多可以直接用作贮存。为明确指向和具体含义而做的训释,一部分经过概括也可以进入贮存。训诂专著对词汇贮存意义的训释,则为社会提供了依据,为词义演变历史的研究提供了材料。因此,这两种训诂体式是互为源流、相辅相成的。"①

———————————

① 王宁:《训诂学》,高等教育出版社2004年版。

第二节　形训

　　形训是一种非常重要的传统的训诂方法。所谓训诂方法,就是指训释词语的方法。由于训诂的范围较广,不仅释词析句,而且还注音校勘、说典明篇,所以训诂的方法也不一而足,有注音法、析句法、校勘法等。但是,由于汉语自身的特点,词在表达句意方面,其作用是非常明显的,通常情况下,我们理解了词义,了解句意也就畅然无碍了。训诂学方面的诸多先贤也正是从这一点出发,主要从事词语的训释。汉字是表意文字,由形而知义,形与义关系密切,而汉字绝大部分又是形声字,有表音的成分,音与义之间同样存在着某种关系,所以清代著名学者段玉裁在为王念孙《广雅疏证》所作的序中说:"小学有形、有音、有义,三者互相求,举一得其二,有古形、有今形、有古音、有今音,有古义、有今义,六者互相求,举一可得其五。"前代训诂学家通常把解释词义的方法分为形训、声训和义训。其实形训、声训的目的仍然在于解释词义,应属于广义义训的下位概念。这里我们仍然沿用前人的分类和术语分别介绍三种训诂方法:形训、声训、义训。

一、形训原理

1. 何谓形训

　　形训就是借助文字形体结构来说明词义的训诂方法,也就是人们常说的据形索义。

　　语言中的词本来只有语音和语义,无所谓形体,形的概念,产生于文字。早期的汉字是根据汉语的词义来构形的,汉字的形体在通常情况下与其反映的词义有直接或间接的关系,也就是说汉字具有表意性。这就使得通过分析字形这一外在的形式来探求和证明词的本义成为可能。实际上,早在春秋时期,人们就意识到了汉字形与义的关系,并对一些汉字作了形体的解释,如《左传·昭公六年》:"皿虫为蛊。"又《宣公十二年》:"止戈为武。"虽然这些说解不尽正确,但是为后人训释词语指明了一个方向,提供了一种可资借鉴的方法。到了东汉的许慎,他在《说文解字》中则全面地采用了形训的方法,分析字形,推求本义。可以说《说文解字》在某种程度上是一部形训专著。例如:

　　《说文·刀部》:"刀,兵也。"系古代的一种兵器。甲骨文写作〈刂〉。小篆写作ㄅ。

《又部》："取，捕取也。从又耳。"该字为会意字，从又（手）持耳，表示以手取割下来的耳朵。古代战争当中，割取敌方战死者首级或耳朵以统计战果。甲骨文为ㄅ，小篆为ㄅ。从甲骨文可以看出"取"正是以手取耳。

《子部》："字，乳也。从子在宀下，子亦声。"这是一个会意兼形声的字。本义是在房屋中生孩子。段玉裁注曰"人及鸟生育曰乳。"金文作ㄅ，小篆作ㄅ。

这些字在形体上都可以看出其表示的意义或声音。历史上训诂学中的形训，多以小篆为分析对象，这是由于甲骨文、金文晚于小篆被发现的缘故。而更重要的是这两种文字识别的难度较大，且观点多不一致，因而对它们的研究、重视程度远不及小篆的高。

2. 六书：形训的理论依据

"六书"一词最早见于《周礼·地官·保氏》：

"保氏掌谏王恶，而养国子以道，乃教之六艺：一曰五礼，二曰六乐，三曰五射，四曰五驭，五曰六书，六曰九数。"

当时"六书"的具体内容是什么已不得而知，也许与汉字教学有关。西汉时才将其解释为六种造字方法。较有名的是以下三家之说：

班固：象形、象事、象意、象声、转注、假借。

郑众：象形、会意、转注、处事、假借、谐声。

许慎：指事、象形、会意、形声、转注、假借。

郑氏因是随文注经，后世多不采其说，以班固、许慎为重点，又因许氏之说影响最广，后世采用许氏的名称、班固的顺序，这就是后来的"六书"。但是，通常看法则是转注、假借不是造字方法，而只是用字方法。所以戴震说："指事、象形、形声、会意四者，字之体也；转注、假借二者，字之用也。"四体二用之说恰恰说明了六书的特点。实际上"六书"中也只有象形、指事、会意、形声与汉字的形体结构有关。我们也主要从这四个方面来探求汉字的形体与意义的关系。

二、形训的类别

1. 以形说义

（1）象形字的形训

象形是通过描摹词所概括的客观事物的形态、状貌来表达词义的一种造字方法。由此造出的字是象形字。这部分字的字体与客观事物之间有着非常密切而直接的关系，这部分文字最易于用形训法推求字义。在形体构造上，象形字可分为独体象形、合体象形。独体象形又包括整体象形、局部象形。整体象形所表现的是词所概括的客观实体的全部,形象齐全,特征鲜明,具有明显的区别性特征和强烈的直观性。例如:

口　甲骨文 ㅂ,小篆 ㅂ。《说文·口部》:"口,人所以言食也。""口"是嘴的象形,是用来说话、吃饭的,本义是嘴。段玉裁注:"言语、饮食者,口之两大耑。"

欠　甲骨文 ,小篆 。《说文·欠部》:"欠,张口气悟也,象气从人上出之形。"段玉裁注:"悟,觉也。引申为解散之意。由字形上来看,"欠"的本义当是打哈欠。甲骨文所表现的是一个人张着大口,打哈欠;小篆则是将口变成了气,打哈欠时气从口出。

自　甲骨文 。小篆 。《说文·自部》:"自,鼻也,象鼻形。"从字形上来看,"自"是鼻子的象形。段玉裁注:"然则许谓自与鼻义同音同,而用字为鼻者绝少也。"后世用例虽然少有,但甲骨卜辞里有"疾自"一词,是说鼻子有了毛病,这就说明许氏的训释是正确的。我们现在常常指着鼻子来表明自己,这也从一个方面说明"鼻子"与"自"之间的关系。

目　甲骨文 ,小篆 。《说文·目部》:"目,人眼也,象形。"王筠《句读》:人眼横,兽眼纵,鱼鸟眼圆,形不一也。篆特象人眼之形。"

吕　甲骨文作 ,小篆作 。《说文·吕部》:"吕,脊骨也,象形。"颜师古注:"吕,脊骨也。"段玉裁注:"吕象颗颗相承,中象其系联也。"

犬　甲骨文 ,小篆 、 ,《说文·犬部》:"犬,狗之有悬蹄者也。"在字形上不难看出,这正是狗的象形,狗的尾巴是上卷的,汉字正突出了这一点,以区别其他的动物。

万　甲骨文 、 ,小篆 。这是蝎子的象形。上方为两只钳,下方弯而翘者为尾。《说文》:"萬,虫也,从厹,象形。"

局部象形是指描画客观事物的局部,借以表现这一客观实体。这类字由于抓住了事物最突出的特征,所以看上去特点突出、形象鲜明,从字形可以推知其代表的事物及意义。例如:

牛　甲骨文 ,小篆 。这是牛头的象形。牛的角是向上翘起的,这一特征极为突出。牛头代表全牛,本义是牛。《说文·牛部》:"牛,大牲也"。

竹　甲骨文 ,小篆 ,是竹子茎叶的象形。两根竹子,表示竹子丛生,叶了朝下是竹了的突出特点。以局部代替整体,本义是竹子。《说文·竹部》:"竹,冬生草也。"段玉裁注:"云冬生草者,谓竹胎生于冬,且枝叶不凋也。云草者,《尔雅》'竹'在《释草》。"

臣　甲骨文 ,小篆 。"臣"是一只竖立的眼睛。人在低头时,眼睛是竖立的,该字表示了俯首屈从之义。这里用一只竖立而显惊恐的眼睛,代表了处于受压迫、受迫害地位的奴隶,《说文·臣部》:"臣,牵也,事君也。象屈服之形。"按:许氏之说当为引申义。

羊 甲骨文⊕,小篆羊。这是羊头的象形。羊角向下弯曲的特点被突出地表现了出来,且不同于"牛"字。《说文·羊部》:"羊,祥也。"按:这是用声训的方法说明"羊"字命名的语源。许氏所云并未释出本义。

合体象形是指不仅描画出客观事物的形体,而且还附之以相关的其他形体加以衬托。这类字的构成不是同类事物象形,而是多种事物象形的组合,有主次之分,二者之间有衬托与被衬托、表现与被表现的关系。如果失去了用以衬托的象形部分,主要部分的意义就难以很好地体现出来。相反,其特点会更加明显,从整体上就可以容易地观察出其字义,其代表的事物就会更加具体,例如:

瓜 甲骨文凮,小篆𤓰。外部是瓜蔓的象形,内部是瓜的果实,本义是瓜。如果没有外部形体加以衬托,不可能只从内部形态就看出是瓜的象形。《说文·瓜部》:"瓜,蓏也。"徐楷《说文系传》释为:"外形象其蔓,中象其实。古华切。"段玉裁注云:"瓜者,藤生布于地者也。"

页 甲骨文𩑔,小篆𩑣。上部是人头的象形,为了突出头,下面又画了一个跪坐的人加以衬托。本义是头。《说文·页部》:"页,头也。"

由于象形字自身的特点,任何一个象形字都可以通过形训来探求其本义。又由于文字的发展,许多象形字要么作了形声字的义符,要么成了会意字、指事字的主要部件。而在《说文》之后,部首建立,不少象形字作了偏旁或部首,这就使得我们可以从这些构成成分——偏旁、部首之中推知所构成字的本义、引申义或意义类别。例如:《说文·艸部》,凡是以"艸"作为偏旁的,我们可以推知这类字都与草木有关;又《人部》,以"亻"作偏旁的一类字,其字义都与人有关,其余类推。由于汉字的这一特点,就使得这类汉字的训释更具有了准确性和参考价值。

(2)指事字的形训

具体的客观事物是有形可象的,但是有些现象是无法描画的,单靠象形已不能解决问题,因此"事无形,故须有所指以见意",这就出现了指事字。指事是指用指事性符号或在象形字基础上加上指示性符号表示意义的造字方法。由指事造出的字叫做指事字。指事字也因此分为两类:一类是纯符号性的指事字。这类字不具有象形性,也不依赖于象形形体,独立成字。对其进行形体分析,只要搞清楚其数量、结构等因素即可推知其意义。例如:

十　甲骨文丨,小篆十。《说文·十部》:"十,数之具也。"

廿　甲骨文〇,小篆廿。《说文·十部》:"廿,二十并也。"

卅　甲骨文卅,小篆卅。《说文·十部》:"卅,三十并也。"

另外,一至九均为此类纯符号性指事字,当由契刻发展而来,从其所刻数目上可以看出每个字所表达的意义。又如:

上　甲骨文二,小篆上。通过分析字的结构,可以看出短横在长横之上,由此来推知有上方之意。本义是上。《说文·上部》:"上,高也。……指事也。"

另一类是在象形字的基础上加上指示性符号而构成的指事字。该类指事字依托于象形字,只要搞清楚这个象形字所代表的客观事物,就可以按照指示性符号的位置来确定该字的意义了。例如:

亦　甲骨文夼,小篆夼。中间的"大"是一个人的象形。《说文·大部》:"大,天大,地大,人亦大焉。象人形。"两个点是指事符号,表示"腋"的所在,本义为腋。"亦"是"腋"的古字,后来借作他用,假借义成了常用义。《说文·亦部》:"亦,人之臂亦也。"

朱　甲骨文作朱,小篆朱。朱是木(树)的象形,中间的一点表示赤色所在的位置。本义是赤心树。《说文·本部》:"朱,赤心木,松柏属。从木,一在其中。"

寸　甲骨文作寸,小篆作寸,寸是手的象形。所加的点或横表示距离手一寸的位置。《说文·寸部》:"寸,十分也。人手却一寸动脉谓之寸口。"

刀　甲骨文刀,小篆刀。刀象刀形,而增加的一点表明刀的锋芒所在。本义是锋芒。

亡　《说文·亾部》:"亾,逃也。从人乚。"段玉裁注:"逃者,亡也。二篆为转注。亡之本义为逃。"

元　甲骨文为元,小篆元。元是人的象形,上部的横表示头的位置,元上的一小横是后加的。依照汉字的造字规律,顶端是一横的,其上可以加一短横。元的本义是头。《说文·元部》"元,始也。"按:"始"当是引申义。

本　甲骨文本,小篆本。"木"是树的象形,下面的指示性符号短横,指明树根之所在。本义为树的根部。与"末"相对。《说文·木部》:"本,木下曰本。"

(3)会意字的形训

会意是指两个或两个以上的独体字及所表达的意义合起来表达新的意义的造字方法。由此造出的字称为会意字。对会意字进行形训,首先要明白各个独体字所表达的意义,然后才能去体察组合在一起之后表达的是什么意义。独体字包括象形字、指事字,而会意字的构成成分多是象形字。所以对会意字的

形训,要分训各个部件的形体所代表的意义,然后合训几种形体组合在一起之后所代表的意义。例如:

丈 小篆为𠀋。𠂇是手的象形,十表示十尺。本义当是一丈。《说文·十部》:"丈,十尺也。从又持十。"段玉裁注:"周制八寸为尺,十尺为丈。"

及 甲骨文𠬛,小篆𢓤。𠂇是人的象形,又是手的象形。手抓住人合起来表示追上、赶上的意思。本义为追上、赶上。《说文·又部》:"及,逮也,从又人。"

之 甲骨文𣥂,小篆𠔽。上面是一只脚,下面是地,一只脚踏在地上,表示离开原地前进。本义是往、到……去。《说文·之部》:"之,出也,象草过中,枝茎益大有所之,'一'者地也。"按:许氏的析形、释义均有误。《尔雅·释诂》:"之,往也。"罗振玉《增订殷墟书契考释》:"按:卜辞从止,从一,人所之也。"释义正确。

兄 甲骨文𠃜,小篆𠑽。上面的部分是口的象形,下面是人的象形,一个人张口说语。本义是祈祷、祝告,是"祝"的初文。古代的祝告一般由兄长承担,因此有兄长之意。《说文·兄部》:"兄,长也,从口,从儿。"按:许氏所释非本义,但是析形是对的。

戍 甲骨文𢦏,小篆𢍸。上部是戈,下部是人,表示一个人持戈守卫之意,本义是戍守、保卫。《说文·戈部》:"戍,守边也,从人持戈。"

以上为异体会意字,构成会意字的各个组成部分是不同的,由两个或两个以上不同的表意图象组合而成,而这些图象多半是局部的夸张或表现,象"兄"中的"口","之"中的"止",这是由文字的特点所决定的。文字终究不是图画,为了便于交际,必须做到既能明快地反映特征,又能做到结构简洁,示义明了。另一类会意字是同体会意字,这类字是由两个或两个以上的相同独体字构成的。这类字不同于异体会意字,构成新字形体与新的字义关系极为密切,对该类会意字的形训,通常情况下只要分辨出构成部分所表达的意义,组合之后所表达的意义便不难辨识出来。例如:

斦 小篆𣂶。两个斤,表示二斤之意。《说文·斤部》:"斦,二斤也。阙。"段玉裁注:"二斤也,言行而意在其中。《尔雅》、《毛传》曰'斦,明也',盖其义与?阙者言其义其音未之闻也。"

林 甲骨文𣏟,小篆𣜿。两个木(树)并排在一起表示树木丛生而成林。《说文·木部》:"林,平土有丛木曰林。"

兼 金文𥛾,小篆𥛪。𥝩是秉的象形,表示手拿一把禾(庄稼);兼则是手拿两把禾。《说文·秝部》:"兼,并也,从又持秝。兼持二禾,秉持一禾。"段玉裁

注："并,相从也。"

并 甲骨文𨑕,小篆𨑕。𦣻即立,是一个人站在地上,表示站立,两个人立在地上,则表示并排站立。"并"有一起的意思。《说文·竝部》："并,併也,从二立。"

棘 金文𣓀,小篆𣓀。𣏟是刺的象形,也是刺的初文。因为酸枣树丛生多刺,所以用并"𣏟"表示丛生的枣树。《说文·朿部》："棘,小枣丛生者,从并朿。"

品 甲骨文品,金文品,小篆品。一人一张口,三个口表示人多。《说文·品部》："品,众庶也。从三口。"段玉裁注："人三为众,故从三口。会意。"又在"晶"字下注云："凡言物之盛,皆三其文。"

皛 小篆皛,《说文·白部》："皛,显也,通白曰皛。从三白。读若皎。"

森 甲骨文𣛜,小篆𣛜。木为树之意,三木重叠或者并列,表示树木很多。"森"的本义当是很多树长在一起,即森林。《说文·林部》："森,木多貌。从林从木。"段玉裁注："从林从木,止谓有木出平林之上也。"按:段玉裁析形有误。

磊 小篆磊。从三石,说明石头多。《说文·石部》："磊,众石也。"本义当是石头很多。

惢,小篆惢。多个心在一起,表明不能一心一意,心中多疑,即俗谓"多心"。《说文·心部》："惢,心疑也。"段玉裁注："今俗谓疑为多心。会意。"

以上为同体会意,有的是同一独体使用两次,如"𣏟、林"等,而有的同一独体则是使用三次,如"磊、森"等。这种造字方法体现了汉字的特点,用"三"表示"多",正如段玉裁所说:"凡言物之盛,皆三其文。""三"在汉语中表示多,仍有不少词语,如:事不过三、三心二意、三人成虎、三人行,必有我师焉、三令五申、三头六臂、三宫六院等,根据这一特点进行结构分析,是会意字形训的又一可行的方法。

从会意字的结构去分析意义,要从实际出发,同时还要结合文献资料加以证明,否则会出现仁者见仁、智者见智的情形。如"卡"是不是可以理解为"中间";"休"为什么要靠在树上才是休息。

(4)形声字的形训

形声是由义符和声符结合在一起表示字义的一种造字方法。由此而造出的字叫做形声字。由于义符、声符可以大量地重复使用,所以,汉字中形声字的数量是很大的。《说文》的 9353 个汉字中,就有 7000 多个是形声字。形声字的义符表示该形声字的意义类别,可以引导我们去探寻该字的本义,但是不能像象形、会意那样推知具体的意义。如"箕"可以推知与竹有关,"笔"也与竹有关,但是具体的含义仅从字面上是看不出来的。声符表示该形声字最初的读音,然而有的形声字的声符也表示意义。如"线、浅、钱、贱"的声符都是"戋"。《集韵·狝韵》:"戋,少意。"《字汇·戈部》:"戋,浅少之意。"以此为声符的例字大都与"少"有关。《说文》中许氏对形声字作了细致的形训,凡形声字均标明"从某,某声"。例如《说文·竹部》:

箭　矢竹也。从竹,前声。

節　竹约也。从竹,即声。

笢　竹肤也。从竹,民声。

筱　箭属,小竹也。从竹,攸声。

簜　大竹也。从竹,汤声。

筍　竹胎也。从竹,旬声。

符　信也。汉制以竹,长六寸,分而相合。从竹,付声。

篁　竹田也。从竹皇声。

笥　饭及衣之器也。从竹,司声。

这些形声字都从竹,意义都与竹有关,但是每个字的具体意义并不是仅从"竹"就可以看得出来的,"竹"只是给我们提供了一个推求本义的意义范围,或者说线索。尽管如此,形声字的义符仍是形训的重要依据。又如《说文·金部》中的部分形声字:

锺　酒器也。从金,重声。

铜　赤金也。从金,同声。

银　白金也。从金,艮声。

铤　铜铁朴也。从金,廷声。

镕　冶器也,从金容声。

锴　九江谓铁曰锴。从金,皆声。

这些字都从"金",表明它们都与"金"有关,告诉了我们这些字所属的义类,给我们的训释提供了一个方向。

对于有些形声字,古人有"亦声"的说法,指的是这些形声字的声符一方面表音,同时还表意。现代研究者又称之为"会意兼形声"。这就意味着,在训释这些形声字的时候,不但考虑其义符的意义,还要考虑其声符的意义,将二者结合起来探究汉字所表达的意义。如:

《说文·人部》:"仲,中也。从人中,中亦声。"

又《贝部》:"贫,财分少也。从贝分。分亦声。"

"分"是声符,"贝"是形符,"贝"表示钱,把钱"分"了就少了,没有了钱便是"贫"。段玉裁注曰:"合则见多,分则见少。"

《说文·水部》:"汲,引水也。从水及。及亦声。"

"水"是形符,"及"是形符兼声符,"及"有逮住、赶上的意思,从井中打水(引水)就是获取水、得到水的意思。

《说文·女部》:"娶,取妇也。从女从取。取亦声。"

本字的义符是"女"和"取","取"兼表音,"取"就是拿来,把女子从别处拿(娶)来,正是"娶"的意义。

2. 说明字体

由于汉字在不同的地域、不同的时间,由不同的人群创造出来的,随着汉语词汇的孳乳分化、汉字本身的增加、调整,汉字的形体出现了一义多形、古今异形、繁简有别及在使用过程中的错讹、假借等现象。借助形训,可以辨识它们之间的区别及联系,说明它们之间孰古孰今,孰繁孰简,帮助我们从结构上的差异探求文字形体上的变化、发展情况。下面我们分别加以说明。

(1)古今字

上古时期,汉字的数量是很少的,甚至汉代的《说文解字》也只收录了9353个汉字。而汉字的产生又远不能满足词的发展的需要,加之假借、引申的关系,一字写多词也就不可避免,这就给正常的语言交际带来了诸多不便。于是,后人便给那些次常用词另造新字,而常用词则保留了原形,这一先一后便产生了古字与今字。古今字实质上是汉字分化的结果,就是区别字。在分化之前的原形是古字,分化之后而产生的新字是今字。对这部分字形训,可以辨识哪是古字,哪是今字。例如:

莫 甲骨文茻,小篆茻。《说文·茻部》:"莫,日且冥也。从日在茻中,茻亦声。""莫"的本义是太阳落在草丛中,即傍晚、黄昏意。后来假借为无定代词,表示没有谁、没有什么人之意。为了加以区别,后来又加了一个义符,另造一字"暮",成为形声字,表示原来的意义。莫、暮便成为一对古今字。

景 小篆景。景的本义是日光。《说文·日部》:"景,日光也。从日京声。""景"由日光义引申出"影子"义,于是人们,便又造出一个"影"来表示其引申义。景与影便形成了古今关系。

益 甲骨文益,小篆益。从字形上看,水从容器中流出,"益"的本义是水满外溢。《说文·皿部》:"益,饶也。从水皿。水皿,益之意也。"段玉裁注:"《食部》曰:'饶,饱也。'凡有余曰饶。"按:许氏所释为引申义,这个字由水满引申为富饶、更加。为了区别,又造了一个"溢"表示本义,"益"与"溢"成为古今字。

止　甲骨文ᕕ，小篆ᗐ。这是一只脚的象形，本义是脚。停止与脚的动作有关，所以又引申出停止义，停止成为常用义。为了区别，又造出一个表示脚的"趾"字，因而"止"就成了古字，趾就成了今字。《说文·止部》："止，下基也，象草木出有址，故以止为足。"按：许氏形训牵强，与甲骨文字形不符。我们还可以从"步"（ᕽ）的形体结构中看出止的本义与草无关。

要　甲骨文ᑌ，小篆ᑗ。这是一个会意字，中间是一个人，两边是手，表明两手掐腰。《说文·臼部》："要，身中也。象人要自臼之形。从臼。"段玉裁注："上象人手，下象人足，中象人腰，而自臼持之。"引申之后，出现了险要、要害、重要之意，且成为常用义，后又造出了"腰"字以示区别。要、腰成为一对古今字。

受　甲骨文ᕗ，小篆ᗟ。从甲骨文的形体结构来看，上面是一只手拿着东西交付，下面是一只手表示接受，就是一个人拿着东西交给另一个人。本义是交付、交给。《说文·叉部》："受，相付也。从叉舟省声。"段玉裁注：'受者自此言，受者自彼言，其为相付一也。"按：两手之间的部分不必是"舟"，也可能是盛物的器皿，所以"舟省声"并非可靠。后来这个意义写作授。受与授成为古今字。

（2）异体字

异体字是指同音同义而不同体的字，也就是音义相同而形体不同的字。又称为俗体字、古体字、或体字等。异体字同古今字的不同在于异体字都属于本字，所表示的义项无宽窄之分，所以这些字在任何情况下都可以互换，不会造成意义上的差别。例如"嘆"与"歎"，"迹"与"蹟"、"跡"等。异体字的出现与汉字的使用关系密切，由于地域广，人数多，时间长，产生异体字当在情理之中。汉字非一人一地一时造出，不同的时空，不同的人物，对汉字理解的不同，很自然地便出现了异体字。早在战国时期，"言语异声，文字异形"的现象大量存在，即使是秦国统一后下令"书同文"，仍然有大量的异体字出现，直到清末。这些异体字的存在给语言研究特别是古文研究带来了诸多不便。通过形训，可以找出他们之间的关系，探求造字的规律，寻找字义的源头，辨别形体差异。

从字形上分析，异体字大致有以下几种情况：

形声字的义符不同

形声字的义符常常体现字义的范畴与类别，但是同字义相联系的义符又往往不止一个，所以同一个声符与不同的义符结合起来便形成了异体字。如：

唇脣　形符一个是口，一个是肉（月）。肉（月）常常用来表示人身体的某一个部位，例如：肌、肤、肝、肚、臂、胳等。

粳秔　米表示粮食，禾表示庄稼，所以一个从米，一个从禾。

暖煖　在阳光下是暖的，靠近火也感到暖，所以一个从日，一个从火，

迹跡　辶是辵的变形,辵的意思是忽走忽停,与走有关,足是脚,与走亦有关,所以一个从辶,一个从足。

形声字的声符不同

声符所表示的是形声字的读音,而表同一读音的声符又不止一个,便出现了一些义符相同而声符不同的异体字。例如:

蚓螾　他们的声符一个是引,一个是寅。《广韵》:"引,余忍切";"寅,翼直切"。

裤袴　他们的声符一个是库,一个是夸。《广韵》:"库,苦故切";"夸,苦瓜切"。

线線　他们的声符一个是戋,一个是泉。《广韵》:"戋,昨干切";"泉,疾缘切"。

声符、义符都不同

椀盌　椀,从木,宛声;盌,从皿,夗声。

剩賸　剩,从刀,乘声;賸,从贝,朕声。

偏旁位置不同

相同的构成部件,由于位置的不同而形成异体字,如:

和咊　峰峯　棠稾　憋愍　秋秌

因为汉字不是一人一地一时所造,人们对汉字的理解也不同,人们造字往往采用不同的造字方法,由于造字方法的不同也就产生了异体字。如:

泪淚泪,水从目中出,会意;淚,从水,戾声,形声。

岳嶽　岳,会意;嶽,形声,从山,狱声。

三、形训的作用和局限

1. 形训的作用

(1)探求本义

随着语言的发展变化、文字的形体也随之发生了变化,但是汉字毕竟是表意文字,从字形上我们还可以看出某些汉字的基本意义。例如:"采"是一个上下结构的字,上部的"爪"是一只手的象形,下部的"木"是一棵树的象形,一只手在树上,似在采摘果实,而实际上"采"的本义就是采摘、采集的意思。《诗经·大雅·桑柔》:"捋采其刘。"《梦溪笔谈》:"古法采草药,多用二、八月,此殊未当。"这里用的都是本义。《说文·木部》:"采,捋取也。"许氏所释正是本义,而事实上《说文》探求本义的方法主要是分析字形。

（2）寻求引申义

语言文字的发展不仅表现在字的形体上，更主要的是表现在字（词）的意义上。在文字的使用过程中，部分汉字的本义不再使用，引申义成为常用义，而这些常用义人们会认为是基本义。借助形训，我们可以寻求本义与引申义之间的关系。例如"行"，《说文·彳部》："人之步趋也。"按：此释为引申义，非本义。从字形上可以看出，"行"类似于十字路口，表明四通八达的道路，本义当是道路。《诗经·豳风，七月》："遵彼微行。""微行"即小路。又《周南·卷耳》："置彼周行。""周行"就是大路。由道路引申为走。"向"现在的常用义是朝向、面向。但从字的形体上分析，该义项并非是本义。外部的"ᐱ"是"∩"的变形，表示房屋之义，内部的"口"表示窗户。《说文·向部》："向，北出牖也。""本义是向北开的窗子，又如"牧"，《说文·攴部》："牧，养牛人也。"按；许慎所释为引申义。从字形上来看，"牧"是左右结构，"牛"是牛的象形，"攴"是"ᚾ"楷化的结果，是一只手拿着树枝一类的东西，手拿树枝赶一头牛，会意，表示放牧，是动词，而不是许氏所解释的名词。

抓住了本义，也就理清了引申的线索。

2. 局限性

（1）限于本义

汉字是表意文字，其表意性与形体密不可分，形训正是从字体的结构入手探求字的意义的。而字体所反映的只是字的本义，单从字形上看不出字的引申义。所以形训所训释的意义只能是词的本义，这是形训的一大局限。例如"节"，繁体字作"節"，从形体上可知，该字与竹有关。《说文·竹部》："節，竹约也。"段玉裁注："约，缠束也。"本义是竹节。至于由此引申的木节、关节、节气、节奏、礼节、节操、节制等意义，仅仅从字形上是看不出来的，无法用形训的方法释义。

（2）因字形讹变产生误解

形训所依据的形体应该是造字之初的形体，这样才能正确训释字义。而传统的训诂学是以小篆形体为分析对象，这往往就会出现因为字形的变异导致误释的情况。例如：《说文·斗部》："斗，两士相对，兵杖在后，象斗之形。"许氏所谓"兵杖在后"是据小篆字体ᚓ所作的臆测。"斗"字的甲骨文写法ᚓ、（ᚓ）正象两个人在伸手相搏的情形。商承祚在《殷虚文字类编》中说："说文解字'斗，两士相对，兵杖在后，象斗之形'。卜辞诸（斗）字，皆象二人相搏，无兵杖也。许君殆误以人形之ᚑᚑ与？自字形观之，徒手相搏之谓之斗矣。"显然此话是对的。

《说文·爪部》:"爲,母猴也。其为禽好爪。下腹为母猴形。"许慎的解释是错误的,其后的段玉裁也作了错误的解释:"好爪故其字从爪也。""上既从爪矣,其下又全象母猴头目身足之形也。""爲"字的甲骨文写法是🐾:上部为一只手,下部是大象的象形,整个字就是以手牵象役使之的形象,从手,从象,是会意字。所以商承祚说:"'为'字古金文及石鼓文并作🐾,从爪,从象,绝不见母猴之状。卜辞作手牵象形,……意古者役象以助劳,其事或尚在服牛马以前,微此文几不能知之矣。""为"当是由于因字形讹变而误释的典型的例子。许慎也在其《说文解字》序中批评了"马头人为长"、"人持十为斗"、"虫者屈中也"之类的望文生训的主观臆测。这些都表明,形训所依据的字体,仅仅以小篆为训释的对象是靠不住的,还要追溯到金文、甲骨文,而且形训时应当谨慎从之,不可妄说。

第三节　声训

一、何谓声训

声训又称因声求义,它是通过以声音为线索解说词义的训诂方法。由于它是通过语言的内容形式——语音来揭示声音和词义之间的各种关系,较之形训有更广泛的适应性,因而显得更为重要。

声训有着悠久的历史,远在周秦时代已开始萌芽,某些古籍中就已经采用了这种训诂的方法。《周易·说卦》:"乾,健也。坤,顺也。""乾"、"健"上古同为群母元部;"坤"、"顺"上古同为文部,"坤",溪母;"顺",船母,二字音近。《孟子·滕文公上》:"庠,养也,校,教也。""庠"、"养"二字上古皆为阳部,只是前为邪母,后为余母,二字相近。"校"、"教"二字上古皆为宵部,"校"匣母,"教"见母,二字音近。后来产生的训诂专著《尔雅》、《说文解字》、《方言》等书,其中一些词语的解释使用了声训的方法。两汉魏晋时期为鼎盛期,出现了声训专著,如东汉刘熙的《释名》,其对名物解释几乎全部采用了声训的方法,是一部声训代表作。例如:

"雨,羽也,如鸟羽动则散也。"(《释天》)

"川,穿也,穿地而流也。"(《释水》)

"冢,肿也,言肿起也。"(《释山》)

"裙,群也,联接群幅也。"(《释衣服》)

东汉许慎的《说文解字》也不乏声训的用例,只是远没有《释名》多而已。

据孙雍长先生统计,《说文解字》一书纯声训字 30 余个,今举几例说明。例如:

士,事也。(卷一上)葬,藏也。(卷一下)君,尊也。(卷二上)诰,告也。(卷三上),政,正也。(卷三下)羊,祥也。(卷四上)枰,平也。东,动也。(卷六上)家,居也。室,实也。帐,张也。席,籍也。(卷七下)。

天,颠也;至高无上。帝,谛也。王天下之号也。礼,履也。所以事神至福也。(卷一上)父,矩也,家长率教者。(卷三下,《段注本"矩"作"巨》)臣,牵也,事君者。

声训到唐代以后,逐渐趋于消失,而且其旨趣也不为人们理解。加上名辨之学衰微,因而声训渐为"因声求义"和"右文"说所取代。声训作为一种训诂条例、方式,便不再那样重要,训诂学家不再或极少使用这种训解法。只在考释训诂中人们才使用它。另一方面,声训的真谛及价值,到了今天更不为人们所理解,甚至为某些人简单否定。

到了清代,段玉裁、王念孙等学者对声训的性质认识颇深,他们在以声训释词义方面都作出了突出贡献。王念孙曾指出:

"窃以训诂之旨,本乎声音。故有声同字异,声近义同,虽或类聚群分,实亦同条共贯,譬如振裘必挈其领,举网必挈其纲,故曰'本立而道生,知天下之至啧而不可乱也'。此语不窹,则有字别为音,音别为义,或望文虚造而违古义,或墨守成训而鲜会通,易简之理既失,而大道多岐矣。(《广雅疏证·序》)

孙雍长按:这里所说的"声同字异、声近义同",不仅指出了用通假字的问题,它还暗含了两个重要的训诂原理,一是声义同源,一是语音及字音的流转。

今人张舜徽有声训专著《演释名》,但影响不大,倒是杨树达在这方面采用科学方法,取得了可喜成绩。

二、声训原理

训诂之要在声音不在文字。训诂要"以字音为枢纽",这就是声训的根据原理。这要从两个方面说起:

语言的词(字)是音义的统一体,文字是词的外在形式,而语音则是词的内在形式,是词的内容。因此,通过词的内部形式去探求语义要比通过词的外部形式——形体去探求词的意义要好得多。

明白词的音义关系非常重要,这是因为词的音义关系十分复杂。首先,词的音义关系开始是任意的,即用什么声音表达词的意义开始没有必然的联系,选取何种声音去表达某一词义是任意的、偶然的。马克思说:"物的名称,对于物的本性来说,完全是外在的。即使我们知道一个人的名字叫雅各,我们对他还是一点不了解。"(《马克思恩格斯全集卷二十三》P119)我国古代学者也明白这一点,大哲学家荀子也说:"名无固宜,约之以命,约定俗成谓之宜,异于约则谓不宜。"(《荀子·正名》)陆宗达也指出:"词在其产生初期,是由音和义按约定俗成的原则任意结合的。"(《传统字源学初探》P6)因此,我们对某一事物的命名,是偶合的,约定俗成的,如"杯",我们呼之为"bēi",但如开始叫它"gǒu"也未尝不可。第二,依存性,即音义是不可分割的,语音离开语义,就不成其为语音。反之,语义失去了语音,就无所依托;因此对语音和语义必须作为一个整体来对待。另一方面,某词读某音,一旦约定俗成后其音义关系就相互制约、相对稳定。如上文所说"bēi"就不能再称之为"壶",否则语言就乱了套。第三,非单一性。即某一语音所表示的意义不只一个,如"bēi"音有悲、北、陂、卑、碑等书写形式,它们是同音词。同样,某一语义亦可用不同的语音形式表达,这即产生了同义词,例如《尔雅·释诂》:"初、哉、首、基、肇、祖、元、胎、俶、落、权舆,始也。"第四是相对的严整性,即语言在发展过程中,由于人们心理上的联想作用,由于客观事物在性质、状态、用途等方面的相似之处,而人们又多半是在已有的词和概念的基础上创造新词,新词与相关的旧词在音义关系上不是任意的,而是存在着有规律的对应关系,即相同意义的词语往往音同或音近,一些文字形体虽不同但是有相同或相近语音形式的词群,也往往从其中抽绎出某种共同的义类或找出它们意义之间的某种联系,也就是存在前人所说的"音同义近"、"义近音通"的现象。如:耳为人的器官,塞入耳中的玉饰称"珥",割耳刑罚称"刵",古"耳"、"珥"、"刵"同音,这是同源词。

对于词的音义关系的相互依存性和相对严整性,古人亦多有论及:

黄承吉:"盖声起于义,义根乎声,……非声音不足以为训诂。"(《字诂义府合按后序》)

戴震:"训诂声音,相为表里。"(《六书音均表序》)

又"疑于义者以声求之,疑于声者以义证之。"(《转语二十章序》)

王念孙:"训诂之旨,本乎声音。……就古音以求古义,引申触类,不限形体。"(《广雅疏证·序》)

阮元:"义从音生也,字从音造也,……明乎此,可知古人造字出乎义,而本乎音也。"(《研经室集·释矢》)

刘师培:"义本乎声,声即是义,声音训诂,本出一原。"(《正名隅论》)

黄侃:"完全之训诂中必义与声皆相应……唯声训乃真正之训诂也。"(《文字声韵·训诂笔记》)

这些对声训原理的精辟论述,有助于我们深入理解声训。

三、声训应注意的三个问题

1. 运用声训应通晓古音

古代文献产生于古代。王念孙说:"就古音以求古义,引申触类,不限形体。"可见明古音是声训的关键。例如:

①"宅,择也,择吉处而营之也。"(《释名·释宫室》)

按:"择"、"宅"今读音不同,但在古代同为定母铎部,同音相训。

②"吾恐季孙之忧不在颛臾,而在萧墙之内也。"(《论语·季氏》)

郑玄注:"萧之言肃也,墙谓屏也,君臣相见之礼,至屏而加肃敬焉,是以谓之萧墙。"按:萧,上古心母幽部;肃,上古心母觉部,声母相同而韵部对转,故能声训。

2. 形声字的声符是声训的重要线索

形声字由形符和声符两部分构成的,大多数形声字产生于古代,因此其声符往往与古代读音相联系,随着读音的发展变化,许多形声字与声符的读音不同了,但其古音应是相同的。因而形声字的声符是声训的重要线索,古代许多声训都是从形声字的声符入手的。例如:

"嫂,叟也。叟,老者称也。"(《释名·释亲属》)

"犁,利也,利发土绝草根也。"(《释名·释用器》)

"锄,助也,去秽助苗长也。"(同上)

"智,知也,无所不知也。"(《释名·释语言》)

以上四例,刘熙皆用其声符去解释其词义的。

3."右文"说

"右文"说是在形声字的声符部分能表义的基础上,夸大表义范围,由宋代王子韶(圣美)提出的一种观点。他发现同一声符的形声字往往意义相通,而这个共同的意思是声符赋予的,而声符往往居右,故称"右文说"。

在王圣美之前就有人提及这种现象,晋代杨泉在其《物理论》中已论及,只是此书已亡佚。王圣美之后的王观国、张世南、戴侗都谈及"右文"的作用,戴侗还把王圣美的观点向前推进一步。明代的黄生,清代的段玉裁、王念孙、郝懿行、黄承吉等都有一些有关"右文"说的理论和例句。

从杨泉开始,历代都有训诂学家想完善"右文"说,如:

"所谓'右文'者,如'戋',小也:水之小者曰'浅';金之小者曰'钱',歹之小者曰'残',贝之小者曰'贱',如此之类皆以'戋'为义也。"(沈括《梦溪笔谈》卷

十四《文艺一》）

"自《说文》以字画为类,而《玉篇》从之,不知右旁亦多以类相从。如'戋'有浅小之义,故水之可涉者曰'浅',疾而有所不足者曰'残',货而不足贵重者曰'贱',木而轻薄者为'栈'。'青'字有精明之义,故口之无障蔽者为'晴',水之无混浊者曰'清',目之能明见者为'睛',米之去粗皮者为'精'。凡此皆可类求,聊述两端,以见其凡。"(南宋·张世南《游宦纪闻》卷九)

"余家有《六书总要》五卷,《谐声指南》一卷,为吴元满撰。……以声为纲,如以'公'声为纲,而系以'鬶'、'蚣'、'伀'、'松'、'颂'、'瓮';以'户'声为纲,而系以'雇'、'昈'、'扈'、'妒'、'所'。虽未能精,而在明人中可谓铮铮。"(明·焦循《易余籥录》)

"'皮',剥取兽革也,'柀',析也。凡从皮之字皆有分析之意,故'诐'为辩论也。"(《说文》言部"诐"段注)

"'桻'者,《玉篇》'桻,木上也'。兵耑谓之'锋',山耑谓之'峰',义并同也。'(《广雅疏证》卷一"末也"条)

一直到近代人们都在研究"右文"说,到底应如何看待这种学说,应该"古文"说既有其合理的一方面,亦有其不科学的方面。

首先,"右文"说能着眼于众多的相关文字(形声字),注意到了汉字音义关系的某种系统性。如:"句"之与"钩、笱、拘"等都有弯曲义,这比声训应是一个进步;第二,但是"右文"说与声训研究的对象和旨趣不同,前者研究的是文字,研究的是某种文字的共同性,而声训则是研究语词,它探究和解释的是词源。这就说明"右文"说是倒退了。但是,如果"右文"说所研究的形声字意义的某种共性意义很可能是语词的命名之义的话,"右文"所代表的语词很可能就是众多形声字所代表的语词的共同语源。这又使"右文"说与声训具有共性,但声训所研究的是文字所代表的语词,而"右文"研究的是文字中的形声字,这是二者的不同之一;第三,同一声符的字未必同义,如以"分"为声符的"豮"(fén)是"公羊","鼢"是"偃鼠","盆"是"瓦器","邠"是国名,"汾"是水名,五个字都是以"分"得声的形声字,但意义各不相关。即使几个同源字所使用共同声符,与另一些非该组同源字结合时,它们的意义也不能相通。如以"农"为声符的一组字大都有"厚"义,水厚为"浓",汁厚为"脓"、酒厚为"醲",衣厚为"襛"、花木厚为"秾",但"农"却没有"厚"义,其本义为"耕"。又"哝"没有"厚"义,其义为"痛"。第四,不同声符的字,只要读音相同或相近,也可能是同源词。(王力《同源字典》就是从语音方面分析同源字)如"遇"、"晤"、"迕",三字声近而同源。从这点来说,"右文"说涉及面又窄小了。

四、声训的类型

声训的条例,可由训释字与被训释之字的字形关系及字音关系两方面而定。

(一)从字形关系上看,有如下几类:

1. 同字为训(本字释本字)例如:

"《蒙》者,蒙也。"(《易·说卦》)

"《比》者,比也。"(同上)

"《剥》者,剥也。"(同上)

"夫也者,夫也。"(《礼记·效特牲》)

"亲之也者,亲之也。"(同上)

"齐之为言齐也。"(《祭统》)

以本字训本字有其根据,刘师培说:"有以本字训本字者,此类字包括数音,音包数义,或以虚义释实义,或以此音拟彼音。"胡楚生说:凡是本字训本字的时候,其被训字与训解字之间,词性多不相从,音读亦必相异,自然意义也就有差别了。例①《蒙》指蒙卦,"蒙"指事物蒙昧状态;《比》指比卦,"比"为比附。其余本此。

2. 以初文训孳乳字,即用声符训其形声字。例如:

"政者,正也。"(《论语·颜渊》)

"征之为言正也。"(《孟子·尽心下》)

"跪,危也。"(《释名·释姿容》)

"诰,告也。"(《说文·卷三上》)

"悌,弟也。"(《释名·释言语》)

"锄,助也。"(《释名·释器用》)

本类训释,训释之字既体现了被训字的语源,也是被释字的字源,语源与字源保持了一致性,所以就语词孳乳规律来说,是容易被人们接受的。一般说来,训释字就是被训释字的初文,而初文义就是被训释字词的意义,如"政"是做官从政要"正"之义。其余本此。

3. 以孳乳字训初文,即用形声字去训释该字声符。例如:

"咸,感也。"(《易·感卦》)

"光,晃也。"(《释名·释天》)

"亭,停也。"(《释名·释宫室》)

本类训释,被释字是训释字词的语源,从文字学上是字源,这种训释从语言发展角度上是讲得通的,同时文献言语中也存在这种情况。

4. 同声符的形声字为训。例如:

"暑,煮也。"(《释名·释天》)

"赠,增也。"(《诗·崧高》毛传》)

"暑,煮也。"(《释名·释天》)

"功,攻也,攻治之乃成也。"(《释名·释言语》)

此类训释,被训释字与训释字词是同源字,又是同源词,所以从道理和实践中都是讲得通的,究竟谁为源谁为流,要从事理上分。如"功"、"攻"二字,"攻"为源而"功"为流。

5. 被训释字与训释字在形体上没有任何联系。例如:

"需,须也。"(《易·需卦》)

"男,任也。"(《白虎通德论·舜》)

"狱,确也。"(《诗·行露》毛传)

"身,伸也,可屈伸也。"(《释名·释形体》)

"家,居也。"(《说文》七下)

(二)从语音关系上看,有如下几类:

1. 同音为训。例如:

"腊之言夕也。"(《周礼·天官序》郑注)

"田,陈也。"(《说文》十三下)

以上释词与被释词在声训上是一致的。同音之"音"是指古音而言的。

2. 双声为训。例:

"晚,暮也。"(《说文·日部》)

"逼,迫也。"(《尔雅·释言》)

"馨,香也。"(《广雅·释器》)

"契,刻也,刻识其数也。"(《释名·释书契》)

3. 叠韵为训。例:

"月,阙也。"(《说文·月部》)

"坎,险也。"(《说文·土部》)

"薄,迫也。"(《释名·释言语》)

4. 声近韵近为训。例:

"弓,穷也。"(《说文·弓部》)

"比,密也。"(《说文·比部》)

"间,隙也。"(《说文·门部》)

(三)古代声训材料中反映出来的"义类"现象,大致有如下几种情况。

1. 揭示据客观物体的外形状貌而命名。例:

"颈,径也,径挺而长也。"(《释名·释形体》)

"山大而高曰嵩。嵩,竦也,亦高称也。"(《释名·释山》)

"澜,连也,波体转流相及连也。"(《释名·释水》)

2. 揭示据客观事物的时空次第而命名。例:

"冬,终也,物终成也。"(《释名·释天》)

"天,颠也,至高无上。"(《说文解字》卷一上)

"栋,中也,居室之中也。"(《释宫室》)

3. 揭示据事物的制作方法而命名。例如:

"饼,并也,溲面使合并也。"(《释名·释饮食》)

"枷,加也,加杖于柄头,以挞穗而出其谷也。"《释器用》

4. 揭示据事物动作行为特征而命名。例如:

"臣,牵也,事君者也。"(《说文》卷三下)

"木,冒也。冒地而生者。"(《说文》卷六上)

5. 揭示据事物的手段而命名。例:

"助者,藉也。"(《孟子·滕文公上》)

"禋之言烟。"(《周礼·大宗伯》)

6. 揭示据事物的性质品德而命名。例:

"夫坤,天下之至顺也。"(《易·系辞下》)

"马,怒也。"(《说文解字》卷十上)

"暑,煮也,热如煮物也。"(《释名·释天》)

7. 揭示据事物的功能而命名。例:

"笄,系也,所以系冠使之不坠也。"(《释名·释首饰》)

"仓,藏也,藏谷物也。"(《释名·释宫室》)

"笏,忽也,君有教命,及所启白,则书其上,备忽忘也。"(《释名·释书契》)

8. 据其声音而命名。例:

"春日载阳,有鸣仓庚。"(《诗经·豳风·七月》)

按:仓庚:李时珍《本草纲目》:"谓即伯劳鸟。曰:'伯劳,象其声也。'

"鸱鸮鸱鸮,既取我子。"(《诗经·豳风·鸱鸮》)

李时珍《本草纲目》:"鸱,其声也。"

"维鹈在梁,不濡其翼。(《诗经·曹风·侯人》)

笔者按："鹈为鹈鹕之单出。"李时珍《本草纲目》："时珍按：《山海经》云：沙水多梨鹕,其名自呼,后人转为鹈鹕耳。"

五、声训的作用

声训的功能是多方面的,有些上面已谈及,如以上所述求取同声共训的"右文"说,这里重点论述求取通假字、求取同源词及解说转语三个部分。

（一）破假借、寻求本字

古代文献中经常出现不用本字（或无本字）而往往用音同音近的字替代的通假现象,其义不在文字而在声音,研讨它的含义就要通过声音去寻找它的本字,而不能为其形体所限。

王氏父子说："字之声同声近者,经传往往假借。学者以声求义,破其假借之字而读以本字,则涣然冰释；如其假借之字而强为之读,则诘籲为病矣。"（《经义述闻·叙》）又说："凡字之相通,皆由于声之相近,不求诸声而求诸字,则窒矣。"（《经义述闻》卷三"嗣也"）

如果违背王氏父子所说,就会产生"望文生训"的毛病。如借"光"为"广",而解者误以为光明之"光"；借"有"为"又",而解者误以为有无之"有"；借"蛊"为"故",而解者误以为蛊惑之"蛊"。

（二）探求同源词

求取同源词是声训的重要任务之一。同源词是指读音（古音）相同相近、意义相同或相关的词,如"狗、狗、驹、羔"这一组词为同源,它有一个相同的成分就是"小"。同源词是词义引申演变分化的结果,它往往由一音一义为基础派生分化出一系列音义与原音义有细微差别而又有着密切联系的词。例如：

遏止为"遏（影母月部）,字亦作"阏"（影母鱼部）,音转为"按"（影母元部）。遏水的堤坝叫"碣"（影母月部）,音转为"堰"（影母元部）,遏义与塞义近,塞则不流,故水不流通为"淤"（影母鱼部）,血不通为"瘀"（影母鱼部）。遏与抑义近,故音转为"抑"（影母质部）,为"压"（影母叶部）。（转引自杨端志《训诂学》）

以上关系可理解为："

$$遏（阏）\begin{cases} 碣 \to 堰（结果）\to 淤（水）\to 瘀（血）\\ 按 \to 抑、压 \end{cases}$$

就声韵关系来说,皆为影扭,就韵部来说：月（at）、鱼（a）、叶（ap）、元（an）和质（et）,大部分主要元音为"a",与遏,可为叠韵,只有"质"主要元音为"e",与"月"可旁转。就意思来说,皆含有不通义,"碣"为平行不通,"淤"为具体不

通,一为水、一为血。而"抑"、"压"、"按"由上施压,使之不通。再如:

(1)"晤,明也。"(《说文·日部》)段玉裁注:"晤,启之明也。《心部》之'悟',《寤部》之'寤',皆训觉,觉亦明。同声之义必相近。"

(2)"张,弓施弦也。张之满曰张,去声。《传》曰:'随张必弃小国。''少师侈情赢师以张之。'张帷幕亦曰张。《汉书》曰:'张御如汉王居。'又曰:'张饮三日'。《史记》曰:"以刀决张,道从醉卒直出。'后人加'巾'作'帐'。肌肉膜起亦曰张。《传》曰:'张脉偾兴。'另作'胀'。亦张盛亦曰张,别作'涨。'"

例(1)明白指出"晤"、"悟"、"寤"皆有明义,皆"吾"声。例(2)"张"、"帐"、"胀"、"涨"为一族,其语源为"张"。

(三)探求转语

转语是指因时间、地点不同等原因,一个词产生音变或义变而形成与原词形体不同的表示原词含义或与原来含义相关的词。

转语最早由扬雄在《方言》中提出,共有六条。如第三卷"庸谓之倯(sōng),转语也。"晋代郭璞注《方言》,指出有十三处"转语",如认为"蝇,东齐谓之羊",为"语转"等等。北魏郦道元注《水经》,曾用转语来考察地名讹变,如由于语讹,民众呼高奴县为高楼城。(《卷三·河水》),北齐的颜之推及以后的颜师古、明代的陈第、方以智对转语都有研究。到了清代、戴震、王念孙等对"转语"有深入研究,研究对象、研究方法、研究目的都有巨大突破。近人章太炎、丁惟汾、王力等,在"转语"研究方面做出了贡献。

转语就其成因来说,一为音变,一为义变。就音变来说,亦分为两种:

1. 古今音变而形成的转语。例如:

"敦、丰、厖、𠇷、帆、般、嘏、奕、戎、京、奘、将,大也。凡物之大貌曰丰;厖,深之大也。东齐海岱之间曰𠇷,或曰帆。宋鲁陈卫之间谓之嘏,或曰戎。秦晋之间,凡物状大谓之嘏,或曰夏。秦晋之间,凡人之大谓之奘,或谓之壮。燕之北鄙,齐楚之郊或曰京,或曰将。皆古今语也。"(《方言·卷一》)

"沭水又南,经东海县即丘县,故《春秋》之'祝丘'也。……阚骃曰:'即、祝,鲁之音。"(《水经注》卷二十六"沭水")

以上二例,例(1)中扬雄谈及"古今语",即古今音变而产生的转语,即今语是古语的转语。例(2)历史变化致使地名变化,"即丘"为"祝丘"的转语。

2. 因方言形成的转语。例:

"南楚……物空尽者曰铤。……铤,空也,语之转也。"(《方言》卷三)

"煤,火也,楚转语也,犹齐言烌,火也。"(《方言》卷十)

"𦀖,末,纪,绪也。南楚皆曰𦀖。或曰端、或曰纪、或曰末,皆楚转语也。"

以上三条皆取自扬雄《方言》,其中有些是转语,是由通语或方言音转而来。如"铤"由通语"空"音变而来,又如楚语"煤"、齐语"煋"是通语"火"的转语。

转语亦由义变而成,程瑶田《果赢转语记》所载甚详,但它同样离不开声韵变化,此处从略。

六、声训的局限性

声训是一种重要的训诂方法,它打破汉字形体的局限,以声求义,应是训诂的一大进步,但单凭声音解说词义也有其局限性。主要有如下三条:

(一)主观臆测

前人所作声训有主观臆测的毛病。特别是早期的探求事物命名之源的声训更是如此。再加上所训义难以找到文献佐证,因此有些提法使人难以理解,难以信服。例:

"脚,却也。以其坐时却在后也。"(《释名·释形体》)

"老而不死曰仙。仙,迁也,迁入山也。故其制字人傍作山也。"(《释名·释长幼》)

"人,仁也,仁生物也。故《易》曰:'立人之道曰仁与义。'"(《释名·释形体》)

以上三例皆选自《释名》,例(1)释"脚"为"却",因坐时在其后,本身就不通,脚只坐时在后,但行、立、躺时它都在身前,以偏概全,令人难以信服,亦不见其他文献证明。例(2)"仙"字释为"老而不死",而且要"迁入山中",纯粹是一种臆造。例(3)对"人"的界定为"仁"也是说不清楚,且不说人是有阶级性的,即使劳动人民也有不同个性,界定难免牵强。

(二)滥用声训

滥用声训就是无条件地扩大了声训。声训是有条件的,即在声韵上有音同音近关系,在语义上是同源关系的词语,且有文献佐证。否则,即使同音也不能采用声训方法,如"河"、"禾"二字,古代同音(匣母歌部),但"河"指今"黄河","禾"指禾苗,二字在意义上没有关涉。又如"诗"与"失",在古代音近,(皆书母,"诗"之部而"失"质部)但"诗"是文学体裁而"失"是失掉,二者内容亦毫无关系。如果对声训不加控制而只要双声或叠韵就认为相通,就会闹出"庄周"就是"杨朱"的笑语。因此,对声训要采取宁缺勿滥的态度才好。

(三)不明古音致误

王念孙指出声训是"就古音以求古义,引申触类,不限形体。"(《广雅疏证·自序》)所谓"古字通用,存乎声音"。这里所指声音当然是指古音。因为无论是词从其基础音义引申分化还是文献中的通假、音转现象,都是语言史上的现象,其语音的内部联系发展自然是古代音。因此,声训时所依据的注释词与被释词的音同、音近指的是古音而不是现代音。如果不识古音而强为声训就会出现差错。洪诚先生曾举出误释《韩非子》一例。

《韩非子·外储说左下》:"管仲父出,朱盖青衣,置鼓而归。庭有陈鼎,家有三归。孔子曰:'良大夫也,其侈偪上。'孙叔敖相楚,栈车牝马,粝饭菜羹,枯鱼之膳。冬羔裘,夏葛衣,面有饥色。则良大夫也,其俭偪下。"陈奇猷《韩非子集释》说:"偪当为匹,同音借字,谓管仲之侈匹拟于君,孙叔敖之俭匹拟于下贱之人。若释偪为迫,俭何迫于下? 不通。"(《训诂杂议》)

陈其猷在这里犯了滥通假的毛病,将"匹"看作"偪"的本字,认为其二字读音相近。但此二字古音不同,这是因为他不懂古音造成的。洪诚先生说:"偪字古音属职部,之部的入声,帮纽。匹字古音属质部,脂部的入声,滂纽。两字既非同声,又非叠韵。……改偪下为匹下,不合原意。"

第四节　义训

一、何谓义训

义训是不管词的形体和声音而直接训释词义的训诂方法。朱宗莱《文字学形义篇》指出:"义训者,训诂之常法。通异言,辨名物,前人所以诏后,后人所以识古,胥赖乎此。其法或直言其义,或陈说其义,或以狭义释广义,或以虚义释实义,或递相为训,或增字以释。要其为析疑解纷一也。"

义训有着悠久的历史,在先秦文献的正文中已有大量的义训资料。如《周易大传·系辞上》:"形而上者谓之道,形而下者谓之器,化而裁之谓之变,推而行之谓之通。"又如《左·昭·二十九年》:"龙,水物也。"又如颜师古注《汉书·卜式传》:"仓,粟所积也。府,钱所聚也。"我国古代的训诂专著《尔雅》的释义,大都采用义训法。

义训这种训诂方法的产生是训诂发展的必然产物。无论从汉字三要素而论,还是从词的形、音、义说起,其义都是其核心内容。声是内在形式,但开始与义的关系却是偶然的,且声随义转;形又是其外在形式,即语言外壳,因此,段玉裁指出:"有义而后有音,有音而后有形。"形训和声训都是借助于词义的载体来解释词的。如上两节所论,形训和声训都有它的局限性、形训以形索义,但所寻求之义只限于本义,对于假借义、引申义、比喻义都无法从其形体上反映出来,何况随着汉字形体的发展,特别是后来随意的简化,其词义已经无法从其形体上反映出来了。声训是因声求义,但音义关系并非是必然的。在汉字音节有限的情况下,有大量同音词出现,但在其意义上有些却是毫无关系。况且词的读音也在不断变化,同一个"义",在先秦读"ɛ",在唐代就读"yì"了,致使李隆基都产生了误读。因此,要诠释一个词的含义,最稳妥的办法,还是从词(字)义本身入手,于是人们便看中了义训。

义训的依据上面已涉及到了一点。义训的存在是由词的本身决定的。词义是词的核心,是词所表示的客观世界中的事物、现象和关系的意义,是由某一运用此语言的人群或团体中的成员共同约定的,所以当义训直接阐述出某一词的意义时,只要符合客观,同时也符合共同的约定,人们就能理解,并且予以承认。由于义训具备自身的优点,故历史上为训诂者所重视,特别是后来的专著训诂书,即字典、词典多采用义训的方法训释典籍。

二、义训的类型

义训虽是直接解说词义,方法却是多种多样,前人多采用如下方法义训:

1. 同义词训释

这种训释方法为用一个与被释词词义相同或相近的词来解释被注释的词。是让人们通过对注释词的理解去领会被注释词的含义。这种方法又分为下列类型:

(1)直训

直训是古代使用最普遍的一种方法,就是用一个义同或义近的词直接去解释另一个词。例:

"逊",遁(循)也。"(《尔雅·释言》)

"弄,玩也。"(同上)

"假,借也。"(《说文·人部》)

"叔,拾也。"(《说文·又部》)

直训,可以用今语释古语。例:

"卡,豆也。"(《说文·卡部》)段注:"卡、豆古今语,亦古今字。此以汉时语释古时语也。"

直训又可以通语释方言,以方言释方言,《方言》中的同训人都可以拆开解

释,如:"虔,散,杀也。东齐曰散,青徐淮楚之间曰虔。"以直训表示则为:

"虔,杀也。""散,杀也。"(《方言》卷三)

(2)互训

即同义词辗转相释,例:

"宫谓之室,室谓之宫。"(《尔雅·释宫》)

"茅,菅也。"又"菅,茅也。"(《说文·艹部》)

"咽,嗌也。"又"嗌,咽也。"(《说文·口部》)

(3)递训

即几个同义词传递相训。例:

"煽,炽也。炽,盛也。"(《尔雅·释言》)

"咙,喉也";"喉,咽也";"咽,嗌也。"(《说文·口部》)

"恚,恨也";"恨,怨也";"怨,恚也。"(《说文·心部》)

(4)同训

同一个词训释几个意思相同相近的词,其常见格式为将一组义同义近词放在一起,然后用一个同义词去解释它,例:

"如、适、之、嫁、徂、逝,往也。"(《尔雅·释诂》)

"悽,痛也。""恫,痛也。""悲,痛也。""恻,痛也。""惜,痛也。""愍,痛也。"(《说文·心部》)

同训词之间的关系从训释词与被释词之间的关系来说,应是不一样的。从这种关系上可以看出彼此的差异,如古今差异、种属关系、通语方言关系等。今举例具体说明。

①古今语相释。体现了同义词之间的时代差异。例:

"舟,船也。""船,舟也。"(《说文·舟部》)段玉裁注:"古人言舟,今人言船。"

"必也正名乎?"(《论语·子路》)郑注:"古者曰名,今者曰字。"

②通语方言相释。通语即雅言,今谓之普通话。通语方言相释,体现了同义词的地方差异。例:

"党、晓、哲,知也。楚谓之党,或曰晓,齐、楚之间谓之哲。"(《方言一》)

"咺,秦晋谓儿泣不止曰咺。"(《说文·口部》)

③常用语与冷僻语相释。这体现了同义词的使用频率的多少。多者为常用义,一般以其释冷僻义。例:

"作,起也。"(《说文·人部》)

"殷、齐,中也。"(《尔雅·释言》)

"韪,是也。"(《广雅·释言》)

④词义交叉者相释。同义词之间有一种为交搭同义,即本来不同义,但在某一点形成交搭而作为同义词使用,且还可以互相训释。例:

"洒,汛也。""汛,洒也。"(《说文·水部》)

"集于灌木。"(《诗·周南·葛覃》)《毛传》"灌木,丛集木也。"笔者按,"丛"与"灌"用于木的修饰语,同义。

⑤共名别名相释。这是一种古代训诂的特有现象。共名指某一类事物的名字,而别名为其中一物之名。由于别名含于共名之中,故可训释。例:

"菽,艸也。""葵,菜也。"(《说文·艸部》)

"李,果也。""橙,桔属。"(《说文·木部》)

⑥狭义广义相释。即以外延小的词语解释外延大的词语。例:

"经谓经脉,所以流通营卫气血者也。"(黄帝《内经素问·金匮真言论》)

"道谓仁义也,欲谓淫邪也。"(《礼记·乐记》)

2. 反义相训。

即以反义词互相训释,这在古代不乏其例。例:

"徂,存也。"(《尔雅·释诂》)

"乱,治也。:"(同上)

"故,今也。"(同上)

"曩,曏也。"(《尔雅·释言》)

对于"反训"这一提法,目前还有不同意见。怎样称呼,无关大局,但确实存在这样一种现象——一个词中包括两种正反截然不同的义项,这是词义引申发展的结果,是语言的现实。晋代郭璞首先从训诂学的角度提出了这一现象。他在《尔雅·释诂》"治、肆、古,故也;肆、故,今也"条下注云:"肆既为故,又为今;今亦为故,故亦为今,此义相反而兼通者。"又在同篇"徂、在,存也"条下注云:"以徂为存,犹以乱为治,以曩为曏,以故为今,此皆训诂义有反复,旁通美恶,不嫌同名。"这种说法也是符合语言发展规律的。

3. 界说释义

该义训方法是采用下定义的方式来阐明一个词的含义。定义是指用简要的语言揭示概念所反映的对象的特有属性或本质属性的逻辑方法,也就是用简要的语言将一个词所反映的事物的属性或特点表现出来。这样就避免了以单音词训释词由于一词多义带来的不准确性。界说释义的例子如:

"男子,先生为兄,后生为弟。男子谓女子先生为姊,后生为妹。父之姊妹为姑。"(《尔雅·释亲》)

"宫中之门谓之闱,其小者谓之闺,小闺谓之阁,巷门谓之阌。"(《尔雅·释宫》)

"琼,赤玉也。"(《说文·玉部》)

4. 描述性状释义

该释义方法通过对所释词所表示的事物的形状、性质、性能等加以描述、比拟来解释词义。古注中,解释名词多使用此法。例:

"狒狒,如人,被发,迅走,食人。"(《尔雅·释兽》)

"駮,如马,倨牙,食虎豹。"(《尔雅·释畜》)

"菔,芦菔,似芜菁,实如小卡者。"(《说文·艸部》)

"岑,山小而高。"(《说文·山部》)

5. 推因

推因是通过推求使用某些词的原因来解释词义的方法。例:

"南望荆山,北望汝海。"(枚乘《七发》)李善注:"郭璞《山海经》注曰:'汝水出鲁阳山东,北入淮海。'称大海,大言之也。"杨端志:李注指出"海"是在修辞意义上用的,实际上也是解释了"海"的意义。

"秦二世元年。"(《汉书·高帝纪》)颜师古注引应劭曰:"始皇欲一至万,示不相袭。始者一,故称二世。"杨按:解释了"二世"的来由,等于解释了"二世"的含义。

"上居南宫,从复道上见诸将往往耦语。"(《汉书·高帝纪》)颜师古注:"复音複,上下有道,故谓之复。"杨按:颜注推用"复"之因,解释了"复道"之义。

三、古代义训的不足

义训比起形训和声训来说,有其更加广泛的使用范围,但其本身却仍有着一定的局限性。特别是古人在训诂实践中,有时并不能恰切地应用这种训诂方法,使得早期的义训存在这样那样的缺憾。义训的局限性主要表现如下:

1. 前后不同义。

运用同义词训释词义是义训的一种常用方法,它具备直接简洁的特点,但既是同义相释,两词之间总有差别,因此,要用同义词准确地解释某词的含义就很难。如果在训释时找不到两词含义差别小的词,就只好寻找含义有较大差别的词来训释,这样便使被释词的含义因此而产生误差。例:

①"祥,福也。"(《说文·示部》)

"祥"与"福"含义不全同。"祥"本表征兆,含有吉凶两类,后来才专指"吉祥";"福"的含义以酒祭祀鬼神以求其保佑,后由其引申为"福气"。这两个字在含义上有相通之外,即福气是吉祥的,吉祥也是福气,但这两个字含义差别是很大的。凶兆就不在福气之内。

2. 释义不通俗

运用同义词训释词义,所用来释义的同义词有时是偏僻的词,利用它来给被释词释义,反而给读者带来了新的麻烦,即由于人们对它不熟悉而无法理解被释词。例:

①"删,剟也。"(《说文·刀部》)

②"蒿,菣也。"(《说文·艹部》)

例(1)中如果人们不明白"删"的含义,那么对"剟"的意义更不容易明白了;例(2)"蒿"一词人们还常见到,而用"菣"去解释,反而所释词比被释词更难认解了。

3. 释义不具体

义训中有一类以共名释别名的训释方法,这种方法不能给被释词以明确的答案,即释义是不具体的,人们由此获得的对某事某物的认识是非特点非本质的。例:

①"杨,木也。"(《说文·木部》)

②"莐,艹也。"(《说文·艹部》)

以上二例的解释共同特点是欠具体,例(1)指出"杨"是一种"树",但弄不清该树的特点性质。例(2)"莐(qiū)"是一种芦苇,但仅解释为"草",都是以共名释别名,使人无法把握所释的事物的全貌。

4. 义界不精确

一般说来,采用下定义的方法解释词的含义是非常科学的,因为它可以避免同义释义的弊端。在古代训诂中也确有很多释义精当的训诂。例如《说文·口部》:"口,人所以言食也。"但由于时代的局限,或是训诂者本人的水平,古代的义训也存在义界不精确的毛病。例:

①"菇,水边草也。"(《说文·艹部》)

②"妒,妇妒夫也。"(《说文·女部》)

上两例义界都不精确。例(1)"菇"被释为"水边草",水边草多得很,到底指哪种,交待不清,界定过宽。实际上"菇"是臭蒲。例(2)释"妒"为"妇妒夫",是什么意思,不清楚。同时,义界训释法中还存有一些封建糟粕,如《说文》中释"三"为"天地人之道","王"为"一贯三为王"等。这些不仅不能反映事物的本质,而且是错误的。

5. 描述不详细

该条专指描述名物特点、性状而言。描述客观事物应准确具体,使人一看就知道所释为何物。但古人训诂有时失之粗略,不能抓住事物的特点,使人看后不知为何物。例:

①"豻,狗足。"(《尔雅·释兽》)

②"猩猩,小而好啼"(同上)

以上两例描述皆不详尽。例(1)对"豻"的描述只说"狗足",我们无法勾画出一个完整的形象。清人郝懿行《尔雅义疏》引《吕氏春秋》高诱注:"豻,兽也,似狗而长毛,其色黄,于是月(十月)杀兽四围陈之,世所谓祭兽。"这就描述得比较详尽了,使我们对豻有一个较完整的认识。例(2)对猩猩的界定也过于简单,"小而好啼"就是"猩猩",实在令人费解。就连郝懿行也说其"文义难通"。我们今天对"猩猩"的界定是:哺乳动物,比猴子大,两臂长,全身长满赤褐色的毛,没有臀疣,生活于热带丛林中。这样其形象就清楚了。

四、据境索义

1. 何谓据境索义

据境索义,就是根据词语所处的语言环境来解释词义的方法。无论是形训,还是声训,所释词义是否正确,都需要文献来验证。这是因为文字的产生晚于语言,加上文字的形体是不断变化的,其形义关系不是必然的;语音虽然是词义的内部形式,但音义关系亦非必然,何况词的读音亦不断发展变化,因而通过形训和声训得出的词义要放到古典文献中去检验,"以经证字"。例如:

①"侪,等辈也。从人齐声。《春秋传》曰:'吾侪小人。'"(《说文·人部》)

②"忡,忧也,从心,中声。《诗》曰:"'忧心忡忡。'"(《说文·心部》)

以上两例《说文》对"侪"和"忡"的解释都附有例证,有说服力。

2. 据文证义的方法。

(1)根据文献的行文习惯确定词义。古人连词成文有固定文例,即构词组句有一定法则、习惯,这为我们寻求词义提供了方便。例:

①"天作之合,在洽之阳,在渭之涘。"(《诗·大雅·大明》)

"洽,水也。"(《毛传》)

②"葛之覃兮,施于中谷。"(《诗·周南·葛覃》)

"中谷,谷中。倒其言者,古人之语皆然,诗文多其类也。"

③孔颖达《毛诗正义》"东夏之命,古今之法,言异而典殊。"(《吕氏春秋·

察名篇》)

孙鸣镝说:"东夏与古今对文,犹言夷夏也。东方曰夷,故亦可言东。

以上各例释词都采用分析文献行文习惯特点。例(1)"洽"《说文》释为"霝",文中与"渭"对文,故毛《传》释为洽水。例(2)"中谷"为古人行文习惯,即今"谷中";例(3)"东夏"释为"夷夏",亦是从对文的角度作出的训释。

(2)根据修辞方式推敲词义。

词在句子中的含义还受修辞方式的影响,因此,研究修辞对推敲词义大有裨益。如果否定这一点,就会出现释义不准的错误。例:

①"桂棹兮兰枻,斲冰兮积雪。"(《楚辞·湘君》)

王逸注:"斲,砍也。言己乘船遭天盛寒,举其櫂棹,斲砍冰冻,纷然如积雪,言己勤苦也。"然姜亮夫先生指出"冰雪"是一种比喻,言行船激起浪花如冰雪。

②"子玉使斗勃请战,曰:'请与君之士戏。'"(《左传·僖公·二十八年》)

以上两例,例①已讲明,由于王逸不懂句内修辞,致使释义错误。例②的"戏"既非"玩耍",亦非"戏剧",是由于委婉辞格形成的含义,即"交战"。

(3)根据文章主旨确定词义

文章的主旨,即整篇文章要表达一个什么思想,是文章的中心,文章词语选择,句式的使用都与它有密切的关系。因此,把握文章的主旨,对解释词语是十分重要的。例:

①"吾闻庖丁之言,得养生焉!"(《庄子·养生主》)

②"臣闻吏议逐客,窃以为过矣。"(李斯《谏逐客书》)

以上二例中,"养生"与"客"的解释都不能离开文章主旨。例①选自《庄子·养生主》,因"养生"与题旨是统一的,是护养精神之义;例②中的"客"结合文章题旨应是指六国去秦为官的人,而不是一般的"客人"。

第七章

训诂术语

任何一门学科都有自己的专门术语。训诂学经过两千多年的发展,已经成为一门系统独立的学科,形成了一套自己的专用术语。所谓训诂术语就是阐释、分析、辨别语言所用的专门用语。这些术语体现了语言训释的方方面面,每一个术语都有自己的特定功用,了解并掌握这些术语的含义和作用,对于学习训诂学有一定的帮助,有助于我们"释古今之异言,通方俗之殊语"。

第一节　释义术语

一、曰、为

这组术语相当于现代汉语的"叫做",均为动词。使用这类术语时,被解释的词在后,用来解释的词在前。构成"甲曰乙"、"甲为乙"的格式。在释义时采用下定义的方式。如:

关关雎鸠,在河之洲。(《诗经·周南·关雎》)毛亨传曰:"水中可居者曰洲。"

不狩不猎,胡瞻尔庭有县貆兮?(《魏风·伐檀》)郑玄笺曰:"貉子曰貆。"

各兴心而嫉妒。(《楚辞·离骚》)王逸注:"害贤为嫉,害色为妒。"

尝息大泽之陂。(《汉书·高帝纪》)颜师古注:"蓄水曰陂,盖于泽堤陂塘之上休息而寝寐也。"

燎之方扬,宁或灭之?(《诗经·小雅·正月》)郑玄笺曰:"火田为燎。

淇水在右,泉源在左。(《诗经·卫风·竹竿》)陈奂《毛诗传疏》:"水以北为左,南为右。"

窈窕淑女,君子好逑。(《诗经·周南·关雎》)马瑞辰《毛诗传笺通释》:"《方言》:'秦晋之间,美心为窈,美状为窕。"

当"曰"、"为"分别连用时,有对一组词进行辨析比较的作用,指出相近、相关词的细微差别。例如

"降丧饥馑,斩伐四国。"(《诗经·小雅·雨无正》)毛亨传曰:"谷不熟曰饥,蔬不熟曰馑。"

"无功庸者不敢居高位。"(《国语·晋语》)韦昭注:"国功曰功,民功曰庸。"

夏猎为苗,秋猎为狝,冬猎为狩。(《尔雅·释天》)

有朋自远方来,不亦乐乎?(《论语·学而》)郑玄注:"同门曰朋,同志曰友。"

二、谓之、之谓

这组术语是由两个词组成的,在用法上与"曰"、"为"有共同之处,即被释词在后,用以释义的部分在前。可以译为"叫做"。基本格式为:甲谓之乙,甲之谓乙。

(1)谓之。意为"称它作","之"是代词,代替被解释的对象。"谓之"除了解释词语的意义之外,多用以辨析一组意义相关、相近的词,区分其差异。在这一点上与"曰"、"为"的用法是一致的。

门侧之堂谓之塾。(《尔雅·释宫》)

博闻强记而让,敦善行而不怠,谓之君子。(《礼记·曲礼上》)

彼何人斯,居河之麋。(《诗经·小雅·巧言》)毛亨传:"水、草交谓之麋。"

木谓之华,草谓之荣,不荣而实者谓之秀,荣而不实者谓之英。(《尔雅·释草》)

北极谓之北辰,河鼓谓之牵牛,明星谓之启明。(《尔雅·释天》)

少而无父者谓之孤,老而无子者谓之独,老而无妻者谓之矜,老而无夫者谓之寡。(《礼记·王制》)

(2)之谓。本术语为"谓之"的另一个说法,只是顺序上有所不同:代词宾语"之"较"谓之"前置,构成"甲之谓乙"的格式。由于这一格式的特点,使得其使用频率大为下降。训诂著作中多不使用,只是在部分典籍中出现。例如:

周仁之谓信。(《左传·哀公·十六年》)

生之谓性。(《孟子·告子》)

礼仪之谓治,非礼仪之谓乱也。(《荀子·不苟》)

天命之谓性,率性之谓道,修道之谓教。(《礼记·中庸》)

三、谓

本术语相当于现代汉语的"是指"、"指的是"等。其基本的格式是:甲谓乙。作用有二:一是解释词语,一是串讲句子大意。这个术语常用来说明被释词语所指的范围或者说明所比喻、影射的事物。释词时被释词在前,用来解释的话语在后,这一顺序与"曰"、"为"的顺序相反。例如:

击鼓其镗,踊跃用兵。(《诗经·邶风·击鼓》)

郑玄笺:"此用兵,谓用兵时。"

阴阳易位,时不当兮。(《楚辞·涉江》)朱嘉注:"阴谓小人,阳谓君子。"

强本而节用。(《荀子·天论》)杨倞注:"本谓农桑。"

古之帝者,地不过千里。(《史记·秦始皇本纪》)张守节《正义》:"千里,谓王畿。"

有时释语后加"也"字,构成判断句,成为"甲谓乙也"的格式。例如:

恐美人之迟暮。(《楚辞·离骚》)王逸注:"美人谓怀王也。"

利国谓之圻(《国语·晋语》)韦昭注:"利国,谓安社稷、利百姓也。"

何有何亡,黾勉求之。(《诗经·邶风·谷风》)毛亨传:"有,谓富也。亡谓贫也。"

有时加"曰"字,构成"谓甲曰乙"的格式,相当于现代汉语的"把甲叫做乙",成为连动式结构。此时的"谓"与单用时有所不同,释词任务的承担者由"谓"转移到了"曰"。这种形式显然是从"甲谓乙也"脱胎而来的。"谓甲曰乙"多用以解释方言,被释词在后,用以释义的话语在前。例如:

悼,惧也。陈楚谓惧曰悼。(《说文·心部》)

咦,南阳谓大呼曰咦。(《说文·口部》)

四、甲、乙也

这是用判断句的形式来释义,"也"是语气词。这种形式比较常见,多用以解释同义词。例如:

"三岁贯女,莫我肯顾。"(《诗经·魏风·硕鼠》):毛亨传:"贯,事也。"

《说文·水部》:"凉,薄也。""汁,液也。"

《说文·鸟部》:"鸿,鹄也。""鸨,鸨鸟也。""鸳,鸳鸯也。"

初者,始也。(《左传·宣公·十五年》)

除了同义词释义之外,有时还用句子释义,"也"表示判断。例如:

《说文·水部》:"沐,濯发也。""浴,洒身也。""海,天池也。""漠,北方流沙也。"

遇者,志相得也。(《谷梁传·庄公·三十一年》):

有时省掉"也"字,成为"甲,乙"的格式。例如:

于以采蘩,于沼于沚。(《诗经·召南·采蘩》)毛亨传:"于,於;沼,池。"

木直中绳,𫐐以为轮,其曲中规。虽有槁暴,不复挺者。(《荀子·劝学》)

杨倞注:"𫐐,屈;槁,枯;暴,干;挺,直也。"

有时加"者"字,成为"甲者,乙也"的格式,成了典型的判断句。在这一格式中,"者"也是语气词,在句子中表示提顿。例如:

艮者,止也。(《易经·序卦》)

麟者,仁兽也。(《公羊传·哀公·十四年》)

五、言

"言"的用法同"谓"有相同的地方,即用来训释词语、讲解句意,但是"言"更多的是串讲大意,或总括一段话甚至一篇文章的中心思想。所以它解释的对象可以是词、短语,也可以是句子、篇章。释义内容与"谓"大致相当。本术语相当于现代汉语的"说",其基本格式为:甲,言乙也。被解释的对象在前,解释的内容在后。例如:

凡民有丧,匍匐救之。(《诗经·邶风·谷风》)郑玄笺:"匍匐言尽力也。"

勍敌之人,隘而不列。(《左传·僖公·二十年》)杜预注:"勍,强也。言楚在险隘,不得陈列。"

殷商之旅,其会如林。(《诗经·大雅·大明》)毛亨传:"如林,言众而不为用也。"

彼其之子,不称其服。(《曹风·侯人》)郑玄笺:"不称者,言德薄而服尊。"

自以为关中之固,金成千里。(贾谊《过秦论》)李善注:"金成,言坚也。"

以上是解释词或短语的用例。

陟彼砠矣,我马瘏矣,我仆痡矣,云何吁矣。(《诗经·周南·卷耳》)郑玄笺:"此章言臣既勤劳于外,仆马皆病,而今云何乎?其亦忧矣。深闵之词。"

此章言以忠信事君,何质于明神,而为谗邪所蔽,进退不可,惟博采众善以自处而已。(《楚辞·九章·惜诵》王逸注)

尔牧来思,以薪以蒸,以雌以雄。(《诗经·小雅·无羊》)郑玄笺:"此言牧人有余力则取薪蒸,捕禽兽以来归也。"

以上是串讲句子、篇章大意的用例。

有时增加"者",构成"甲者,言乙也"的格式。例如:

二月,攻砀,三日,拔之。(《汉书·高帝纪》)颜师古注:"拔者,破城邑而取之,言若拔树木,并得其根本也。"

六、犹

本术语大致相当于现代汉语的"等于说"、"如同"。基本格式为:甲,犹乙也。被释词在前,释义内容在后。《说文·言部》:"雠,犹应也。"段玉裁注:"凡汉人作注云'犹'者,皆义隔而通之,如《公》、《谷》皆云:'孙,犹孙也。'谓此'子孙'字同'孙遁'之'孙'。《郑风传》:'漂,犹吹也。'谓漂本训浮,因吹而浮,故同首章之'吹'。凡郑君、高诱等每言'犹',皆同此。"这说明用"犹"这个术语来释词,被释词与用以注释的词不是同义词,所释内容是相近的意思。除此之外,"犹"的用法还有用引申义释本字、以本字释借字、以今语释古语等,这些意义,在释词与被释词之间也不是相等的关系。例如:

老吾老以及人之老,幼吾幼以及人之幼。(《孟子·梁惠王》)赵岐注:"老犹敬也,幼犹爱也。"按:"老"与"敬"为非同义词,这里用的当是引申义。

肉食者谋之,又何间焉。(《左传·庄公·十年》)杜预注:"间,犹与也。"按:"间"的"缝隙"义不同于"与"的本义,"参与"义是引申义。

若赘疣然。(《文选·册魏公九锡文》)"李善注引何休《公羊解故》:"赘犹缀也。"按:"赘"是"缀"的通假字。

北溟有鱼,其名为鲲。(《庄子·内篇·逍遥游》)成玄英疏:"溟犹海也,取其溟漠无涯,故谓之溟。"

七、貌、之貌

"貌"本来是指事物外表的形象,作为训诂术语则表示动词、形容词、副词所表现出来的某种情貌,说明事物、行为的性质、状态。相当于现代汉语的"……的样子",其基本格式为:甲,乙貌。被释词在前,所释之词在后。"貌"、"之貌"附于释词之后。例如:

冠切云之崔嵬。(《楚辞·涉江》)王逸注:"崔嵬,高貌也。"

恂恂,恭顺貌。(《周礼》郑玄《注》)

　　夫列子御风而行,泠然善也。(《庄子·内篇·逍遥游》)郭象注:泠然,轻妙之貌。"

　　氓之蚩蚩,抱布贸丝。(《诗经·卫风·氓》)毛亨传:"蚩蚩,敦厚之貌。"

　　有时会在"貌"、"之貌"后边加"也"字,成为"甲,乙貌也"、"甲,乙之貌也"的格式。例如:

　　滔滔孟夏兮,草木莽莽。(《楚辞·九章·怀沙》)王逸注:"滔滔,盛阳貌也。"

　　沌沌浑浑,状如奔马。(枚乘《七发》)李善注:"沌沌浑浑,波相随之貌也。"

第二节　注音术语

　　古人训释词语,不仅训释词义,而且给被释词注音,注音时所用的专门用语就是注音术语。由于汉字的表意性、多音性以及语音的发展变化,训诂中的注音便成了不可缺少的工作,随着训诂实践的进一步发展,出现了标注语音的专用术语。但是,需要指出的是,这些术语有些是纯粹注音的,有些是在注音的同时兼及释义或在释义的同时兼及注音。

一、读若、读如

　　在反切注音方法出现之前,古代有所谓的"读若"、"读如"注音法,本组术语是这一注音法的专门用语。该术语主要用来注音,它们相当于现代汉语的"读音像"。其基本格式为:甲读若乙、甲读如乙。被注音的词在前,注音的词在后。例如:

　　昕,旦明。日将出也。从日,斤声,读若希。(《说文·日部》)

　　吾是以狂而不信也。(《庄子·内篇·逍遥游》)王先谦注:"狂音读如诳,言以为诳。"

　　饬其辞令。(《吕氏春秋·制乐篇》)高诱注:"饬读如敕。"

二、读为、读曰

　　本组术语是用来表明通假关系的,以本字来注释借字。相当于现代汉语的"读作"、"读音是"。被释词在前,释词在后。其基本格式为:甲读为乙;甲读曰乙。例如：

淇则有岸，隰则有泮。（《诗经·卫风·氓》）："郑玄笺："泮读为畔。

百姓罢劳。（《汉书·成帝纪》）颜师古注："罢读曰疲。"

均人掌均地政。（《周礼·地官·均人》）郑玄注："政读为征。谓地守、地职之税也。"

宽缓以荼。（《考工记·弓人》）注："郑司农云：'荼读为舒。'"

"读若"、"读如"与"读为"、"读曰"是不同的。段玉裁在《说文解字注》中云："拟其音曰'读'，凡言'读如'、'读若'皆是也。易其字以释其义曰'读'，凡言'读为'、'读曰'、'当为'皆是也。"又云："凡言'读若'者皆拟其音也。凡传注言'读为'者，皆易其字也。注经必兼兹二者，故有'读为'，有'读若'。'读为'亦言'读曰'，'读若'亦言'读如'。字书但言其本字本音，故有'读若'无'读为'也。"由段玉裁的话我们可以得出这样的结论：

①读如、读若是拟音，读曰、读为是易字。是说前者表明字的读音，后者是表明同音不同字，也就是说明通假。

②读如、读若用于字书之中，读为、读曰用于传注之中。

而钱大昕在《古同音假借说》中云："汉人言'读若'者，皆文字假借之例。不特寓其音，并可通其字。"又云："许氏所云'读若'，云'读与某同'，皆古书假借之例。假其音，并假其义，音同而义亦随之，非后世譬况为音者可同日而语也。"

我们认为段钱之说各有偏颇，细察《说文》，其中确实存在既拟其音，又易其字的；也有只拟其音而不说假借的。

三、甲读与乙同、甲读若乙同

本组注音术语的作用是用同音字来注音，被注者与注者之间有的只是读音上的相同，有的则有着古今关系、异体关系。被注者在前，注者在后。它们相当于现代汉语的"……的读音像……"、"……的读音与……相同"。段玉裁在《说文解字注》中说："凡言'读与某同者'，亦即读若某也。"实际上据后代学者的研究，"甲读与乙同"的作用比"读若"更为宽泛。例如：

裙，衣袍也。从衣，君声。读与君同。（《说文·衣部》）

陛下嫚而侮人。（《汉书·高帝纪》）颜师古注："嫚，易也。读与慢同。"

子拊离代之。（《西域传》）颜师古注："拊读与抚同。"

赴，半步也。从走，圭声。读若跬同。（《说文·走部》）

四、音

这是直音法使用的术语。直音法是用同音字注音的方法。其基本格式是：甲，音乙。被释词在前，释词在后。例如：

佛肸以中牟畔。(《论语·阳货》)朱熹(《集注》)："佛，音弼。"

小子何莫学夫《诗》？(同上)朱熹《集注》："夫，音扶。"

诞，音但。(郭璞《尔雅注》)

从间道走军。(《汉书·高帝纪》)服虔注："走，音奏。"

五、反、切

这是反切注音法所使用的注音术语。反切是用两个字合注一个字的注音方法，上字取声母，下字取韵母和声调。被注音的字是被切字，用以注音的上字是反切上字，下字是反切下字。由于反切又称为"切语"，反切的上字与下字又可以分别称为切语上字、切语下字，又简称切上字、切下字。反也称"翻"。其基本格式为：甲，乙丙反；甲，乙丙切。甲是被切字，乙丙是切字。例如：

诺：日灼切。(《集韵》)

淇：渠之切。(《广韵》)

扑：普木切。(《广韵》)

瞟：匹妙切。(《集韵》)

窈，乌了反。窕，徒了反。(《经典释文·毛诗音义·关雎》)

六、叶

这是叶音法所使用的注音术语。叶音法是一种为了追求押韵而强改字音的注音方法。叶音法是一种主观主义的注音方法。多数注音都不符合语音事实，"叶"同"协"，"协"为协和之意。例如：

《诗经·邶风·燕燕》："燕燕于飞，下上其音，之子于归，远送于南。"《经典释文》注引沈重的《诗音义》释"南"为："协句，宜乃林反。"这是为了与"音"押韵，将读音 nán 强行改为 nín，而朱熹的《诗集传》则注为"协尼心反"。又《诗经·召南·行露》："谁谓鼠无牙，何以穿我墉。谁谓女无家，何以速我讼。随速我讼，亦不女从。"为了求得押韵，朱熹在《诗集传》中，将"牙"注为"协五红反"、注"家"为"叶各空反",注"讼"为"叶祥容反"。这样的注音虽然达到了押韵的目的,但是违反了语言发展的客观规律,是不符合汉语语音的实际情形的,是不可取的。

七、之言、之为言

"之言","之为言"是两个声训方面的专用术语,其作用是用来说明被释词与释词之间存在着音同音近的关系,也就是要么同音,要么双声叠韵。借助于语音上的这一联系,可以去推求词的意义或词义的来源,探求释词与被释词之间的亲缘关系。该术语的基本结构形式为:甲,之言乙;甲,之为言乙。被释词在前,释词在后。例如:

不兴其艺,不能乐学。(《礼记·学记》)郑玄注:"兴,之言喜也,歆也。"

蔽芾甘棠,勿剪勿拜。(《诗·召南·甘棠》)郑玄笺:"拜,之言拔也。"

鬼,之言归也。(《尔雅·释训》)

为政以德。(《论语·为政》)朱熹注:"政,之为言正也,所以正人之不正也;德,之为言得也,得于心而不失也。"

八、破读

所谓破读,又叫读破,是指改变字词的读音以区别词性和词义的方法。例如:

衣:用作名词时,表示"上衣,衣服",平声,读为 yī;用作动词时,表示穿衣,改为去声,读作 yì。

好:本义是女子貌美,上声,读为 hǎo,而表示"爱好"、"喜欢"义时,变为去声,读为 hào。

难:用作形容词,困难,读作 nán;而用作名词时,读作 nàn,表示"灾难"。

通常情况下,破读字只改变声调,而且大部分时候是把平声(或上声、入声)变读为去声。如上三例,再如:

分:用作动词时,分开,分配,平声,读为 fēn;用作名词时,去声,读为 fèn。

有时也改变声母。例如:

食:用作名词时,食物,平声,读作 shí;用作动词时,喂、给东西吃,去声,读为 sì。

从:用作动词时,跟随,平声,读为 cóng;用作使动用法,改为去声,读为

zòng，表示"使……跟随"的意思。

读破大约兴起于汉代，魏晋以后大量出现。宋元以后的读书人往往在破读字的右角上用朱笔画一个小圆圈，叫做读破法或称"圈发之法"。

九、如字

所谓如字是指一个多音字在此应读本字音，故"如字"又叫做"本音"。"如字"是相对于破读音而言的，古注中凡注明"如字"的地方，就表明该字在此处应该读本音。伴随着词义的引申和词性的分化，词的读音也随之发生了变化，于是出现了"如字"和破读音。为了防止产生误解，古人在训注古书时往往需要指明在何种情况下应该读本音。例如：

所谓诚其意者，勿自欺也，如恶恶臭，如好好色。（《礼记·大学》）《经典释文》注曰："恶恶，上乌路反，下如字。……好好，上呼报反，下如字。"

"上乌路反"，是指第一个"恶"是破读音，读"wù"，表示的是动词"厌恶"的意思。"下如字"，是说第二个"恶"应该读本音"è"，用的是本义。同理，"上呼报反"是说第一个"好"字是破读用法，读"hào"，表示动词"喜欢"的意思；"下如字"，是说第二个"好"是本义用法，应该读本音 hǎo。

十、譬况法

所谓譬况法，就是用描述性的语言来说明汉字的读音。譬况法常用的术语有"急言"、"缓言"、"长言"、"短言"、"外言"、"内言"、"以舌头言"、"以舌腹言"、"笼口"、"开口"等。例如：

曷为或言而，或言乃，乃难乎而也。（《公羊传》何休注）

"天，豫、司、兖、冀以舌腹言之，天，显也；青、徐以舌头言之，天，坦也。""风，兖、豫、司、冀横口合唇言之，风，泛也；青、徐跶口开唇推气言之，风，放也。'古人为字作音，类多如此。"（刘熙《释名》）

第三节　词例术语

词例术语是解释词的性质、特点、用法及意义等所使用的术语。借助解释词语在句子中的功用，进而理解词语在句子中的意义。在长期的训诂实践中逐步形成了一套系统的训诂词例术语,现在择其要者加以介绍。

一、对文、散文

对文或叫对言,散文或叫散言。有时对文简称对,散文简称散。这一组术语主要是用来分析同义词用法,说明它们在不同的语境之中所表现出来的共性或差异性。"对文"就是文辞相对而言,相反,单独使用的叫做散文。使用对文说明同义词的差异,使用散文则是说明同义词的共性。有时对文、散文会同时使用,此时,则是用以说明同义词的共性以及差异性。例如:

南山崔崔,雄狐妥妥。(《诗经·齐风·南山》)孔颖达正义:"对文,则飞曰雌雄,走曰牝牡,散则可以相通。"

未成豪,狗。(《尔雅·释畜》)郝懿行正义:"狗犬通名,若对文,则大者名犬,小者名狗。散文,则《月令》言'食犬',《燕礼》言'烹狗',狗亦犬耳。"

情发于声,声成文谓之音。(《毛诗序》)孔颖达正义:"此言声成文谓之音,则声与音别。《乐记》注:'杂比曰音,单出曰声。'《记》又云:'审声以知音,审音以知乐,则声、音、乐三者不同矣。以声变乃成音、音和乃成乐,故别为三名。对文则别,散则可以通。"

空中度以几,堂上度以筵,宫中度以寻。(《周礼·冬官·考工记·匠人》)贾公彦正义:"宫犹室、室犹宫者,是散文宫、室通也。"

本术语除了说明词义之外,有时还用来校勘。例如:

鸟兽之不可同群者,其类异也。虎鹿之不同游者,力不敌也。(《淮南子·主术》)王念孙《读书杂志》:"'不可同群','可'字后人所加,'鸟兽不同群'、'虎鹿不同游'相对为文,则上句内不当有可字。"

不恤是非,然不然之情。(《荀子·儒效》)王念孙《读书杂志》认为:"是非"与"然不"对文,"然不然"中的后一个"然"乃后人误加。

二、浑言、析言

本组是分析同义词的术语。浑言就是笼统地说,所以也叫"通言"、"统言";析言就是分析地说,又称作"别言"。浑言是笼统地指出同义词的共同点,析言则是分析说明同义词的不同点。例如:

宫,室也。(《说文·宫部》)段玉裁注,"按:宫言其外也围绕,室言其内,析言则殊,统言则不别也。"

行,人之步趋也。(《说文·行部》)段玉裁注:"步,行也,趋,走也。二者一徐一疾,皆谓之行,统言之也。《尔雅》:'室中谓之时,堂上谓之行,堂下谓之步,门外谓之趋,中庭谓之走,大路谓之奔。'析言之也。"

生曰父,曰母,曰妻;死曰考,曰妣,曰嫔。(《礼记·曲礼》)孔颖达正义:"此生死异称,出《尔雅》文,言其别于生时耳。若通而言之,亦通也。"

由以上例句可以看出,本组与"散文"、"对文"虽然都是说明同义词的用法,但是二者之间有着明显的区别:

"对文"、"散文"多随文释义,所释词义与具体的语言环境关系密切,而且这组术语还用于修辞、校勘;而"浑言"、"析言"是对词的一般意义的分析、明辨,指出同义词通常状态下的异同,不受具体语言环境的影响。

三、转语、代语

转语是指那些由于时间、地域的差异或者其他原因引起的读音发生转变的词;代语是指那些方言之间意义相同,可以互相代替的词。扬雄《方言》常用此术语说明词的来源。例如:

庸谓之倯,转语也,犹齐言婬火也。(《方言》卷三)

煤,火也。楚转语也。(《方言》卷十)

水注溪曰谷,注谷曰沟,注沟曰浍。(《尔雅·释水》)

大波为澜,小波为沦。(同上)

前二例为语音发生了转变,但是意义未发生变化,一例是叠韵而相转,二例是双声而相转;后二例则是由于语音发生了转变,意义也随之发生了变化,后二例均为双声转语。

恀、鳃、乾、都、耇、革,老也。皆南楚江湘之间代语也。(《方言》卷十)郭璞注云:"凡以异语相易谓之代也。"

由此可以看出这些不同地区的方言,在不同的地方可以互相代替使用。

四、互文

所谓互文就是文章中前后参互见义,互为补充的文字。也就是在叙述两个事物或一个事物的两个方面时,构成互补关系的词语。唐人贾公彦《仪礼》正义:"凡互文者,是两物各举一边而省文,故云互文。""互文"又称"互言"、"互辞",也说成"互其文"、"互以见义"等。例如:

食三老五更于大学。(《礼记·乐记》)郑玄注,"三老、五更,互言之耳。皆老更知三德五事者也。"

公何以不言即位?成公志也。焉成之?言君之不取为公也。君之不取为公,何也?将以让桓也。(《谷梁传·隐公元年》)范宁注:"公,君也。上言君下言公,互辞。"

天子祔郊之事,……王后必自舂其粢。诸侯宗庙之事,……夫人必自舂其盛。(《国语·楚语》)韦昭注:"在器曰盛。上言粢,此言盛,互其文也。"

何其处也,必有与也……何其久也?必有以也。(《诗经·邶风·旄丘》)孔颖达正义:"言'与'言'以'者,互文。"

五、破字

破字指破通假字,即用本字揭示通假字称为"破字"。有时也指破读字(见上一节中"破读")。王引之在其《经义述闻》序言中引王念孙的话说:"训诂之旨存乎声音。字之声同声近者,经传往往假借。学者以声求义,破其假借之字而读以本字,则涣然冰释。如其假借之字而强为之解,则诘籲为病矣。"例如:

谓他人昆,亦莫我闻。(《诗经·王风·葛藟》)

淑问扬乎疆外。(《汉书·匡衡传》)

例一中的"闻"是"问"的假借字,"问"是本字;例二中的"问"是"闻"的假借字,"闻"是本字。再如:

桓桓于征,狄彼东南。(《诗经·鲁颂·泮水》)孔颖达疏:"毛无破字之理,《瞻仰》传以狄为远,则此狄亦为远也。"

六、通语、凡语

通语是指非地区性的普通词语或几个地区普遍使用的词语,并非某一个地区专门用语。凡语是指普遍通行的词语,也是非地区性的,但是其所指为共同语而非几个地区内普遍使用的方言词语。扬雄《方言》中多用该术语。例如:

娥、㜲,好也,秦曰娥,宋、魏之间谓之㜲。""秦晋之间,凡好而轻者谓之娥。自关而东,河、济之间谓之媌,或谓之姣。赵、魏、燕、代之间曰姝,或谓之妷。自关而西,秦、晋之故都曰妍。好,其通语也。(《方言》卷一)

朦、庬,丰也。自关而西,秦、晋之间,凡大貌谓之朦,或谓之庬;丰,其通语也。(《方言》卷二)

例一所指范围大,近乎共同语;例二所指范围小,是几个地区共同使用的词语,而凡语则不受地区限制,其所指相当于现代汉语的普通话。例如:

嫁、逝、徂、适,往也。……逝,秦晋语也。徂,齐语也。适,宋鲁语也。往,凡语也。(《方言》卷一)

七、重言

本术语是指由两个相同的字组成的词语。也就是普通话里所说的叠音词。所以该术语又叫做重文、重语、叠(迭)字等。其主要作用是模拟声音、描绘状貌。正如刘勰在其《文心雕龙·物色》中所说:"是以诗人感物,联类不穷。流连万象之际,沈吟视听之区。写气图貌,既随物以宛转;属采附声,亦与心而徘徊。故'灼灼'状桃花之鲜,'依依'尽杨柳之貌,'杲杲'为日出之容,'漉漉'拟雨雪之状,'喈喈'逐黄鸟之声,'喓喓'学草虫之韵。"例如:

嗟嗟烈祖,有秩斯祜。(《诗经·商颂·烈祖》)郑玄笺:"重言,嗟嗟,美叹之深。"

坎坎伐檀兮,置之河之干兮。(《诗经·周南·伐檀》)

桃之夭夭,灼灼其华。(《诗经·周南·桃夭》)

盈盈公府步,冉冉府中趋。(《陌上桑》)

第四节　校勘术语

同一内容的书籍,采用不同的版本和有关的资料相互对照、核实,订正错误,此类活动称之为校勘,又叫做"校雠"、校订"。这一类活动中所使用的术语叫做校勘术语。古人研究书籍版本所作的考订、校勘,多融会在注释之中,没有受到人们多大的重视。后来,由于技术上的落后,使得传抄、刻印书籍时错误多有出现,同一内容的书籍因为版本的不同而出现各种各样的差异,于是人们开始重视这一问题,逐渐地成为一门学问,校雠学也随之产生。下面简单介绍几种校勘术语。

一、脱、衍

"脱"就是脱落的意思。在抄写、刊印古书过程中而造成文字脱漏的现象叫做"脱",又称为"夺"。这些因为失误而脱漏的文字叫做脱文或夺文,脱字或夺字。"衍"就是多余的意思。在抄写、刊印古书的过程中造成文字增加的现象叫做"衍",由此而误增的文字叫做衍文。由于各方面的原因,古书在抄写、刻印过程中往往较原文增加或减少了文字,古人用这组术语对这些错误加以说明,指出其增加或漏掉的部分。例如:

安国献之。遭巫蛊事,未列于学官。(《汉书·艺文志》)王念孙云:"安国"下脱"家"字。

王者之政也。(《荀子·王制》)王念孙《读书杂志》云:"'王者'上当有'是'字。'是王者之政也'乃总承上文之词。……今本脱'是'字,则语意不完。"

堂下得无微有疾臣者乎?(《韩非子·内储说》)王念孙云:"微"、"无"同义,"无"在此实乃多余,为衍文。

是以圣人之治也,静身以待之,物至而名自治之。(《管子·白心》)王念孙(《读书杂志》):"引之曰:'名自'二字因下文'正名自治'而衍。"

子曰:"好学近乎知,力行近乎仁,知耻近乎勇。"(《中庸》十九章)朱熹章句:"'子曰'二字,衍文。"

二、倒文、倒乙

因为抄写、刊印古书而误倒的文字称倒文。古人常用"倒乙"这一术语加以说明。"倒"是颠倒,意思是将颠倒的字句改正。"乙"是勾乙,即用"乙"字形记号把颠倒的字勾画过来。例如:

游微物,骛恍惚。(《淮南子·原道训》)王念孙认为"恍惚"应该是"惚恍"。

"乱且不息,滑曼无纪"。(贾谊《新书·等齐》)陶鸿庆《读贾子札记》:"二句当倒乙,属上为义。"

三、或作

由于抄写、刊印古书时造成了不同的版本在文字上的差异,即甲版本与乙版本或丙版本虽然内容完全相同,但有文字上的出入,古人便在训释内容里用"或作"加以说明。有时也用"本作"、"一本作"、"本又作"、"或为"等术语,指出该字在不同的版本中有所不同,也就是指出异文,例如:

来者信也。(《易经·系辞》)陆德明《经典释文》:"信也,本又作伸。"

处终而能全其终。(《易经·乾卦·文言》)陆德明《经典释文》:"能全,一本作能令。"

温润而泽。(《礼记·聘义》)郑玄注:"润,或作襦。"

三十二年,始皇之碣石,……刻碣石门。(《史记·秦始皇本纪》)裴骃注引徐广释"门"曰:"一作盟。"

四、古文、今文

所谓古文是指古文字,即隶变之前的文字;今文是指今文字,此处专指隶书而言。汉代把用当时流行的隶书写成的经书叫做今文经,而相对于隶书,用古文字写成的经书叫做古文经。由于今文经是口耳相传,所以与后来发现的古文经相比在文字上往往出现了差异,古人便在训释书籍时古今对比,并以"古文"、"今文"的形式说明某一个字在古文经、今文经中是什么字。例如:

扬觯。(《礼记·射义》)郑玄注:"今文《礼》,扬皆作腾。"

某有子某。(《仪礼·士冠礼》)郑玄注:"古文某为谋。"

五、当为、当作

古人在刻版、抄写时由于字形相似或声音相近而出现一些错误,有时不用本字而用了一个字形相似的字,造成了字形之误;有时不用本字而用了一个声音相近的字,造成了声之误。段玉裁《周礼汉读考》:"'当为'者,定为字之误、声之误,而改其字,力求正词。形近而讹,谓之字之误;声近而讹,谓之声之误。"例如:

兑命曰。(《礼记·学记》)郑玄注:"兑,当为说,字之误也。"

黄池纡曲。(《七发》)李善注:"黄,当为湟。"

尚君之遗谋,备饰素循也。(《盐铁论·非鞅》)孙诒让(《札》):"案饰当作饬,循当为脩。"

第八章

训诂名称

　　训诂名称是指训诂著作所采用的名称。训诂著作要采用什么名称,是由训诂者所训释的古书的具体内容、所站的角度、侧重点以及采用的体例所决定的。不同的内容、不同角度要采取不同方式,选用不同名称,这是正常的现象。特别是随着训诂范围的扩大和训诂本身的深入发展,训诂名称也不断变化和不断丰富。训诂名称标志着训诂著作的形式和特点,为人们了解古注提供帮助。按训诂的侧重点,训诂名称大致可分为:注释类、疏解类和考述类三个类型。

第一节　注释类

　　注释类训诂名称大都侧重解释词语。其名称主要有故、诂、训、注、释、笺、诠等,分述如下:

一、注

　　古籍注释名称。注的本义是灌注。用于经籍解说词语是一种比喻。唐代贾公彦说:"注者,注义于经下,若水之注物。"(《仪礼·士冠礼》)。"注"名称的采用一般认为始自郑玄,他著有《周礼注》、《仪礼注》、《礼记注》等。而与他同时代的人,如孔安国、马融、毛亨、王肃之流,则称之为"传"。"注",后来也写作"註",是"注"的异体字,但用作书名者鲜见。

二、释

　　古籍注释名称。即解释古今异言、方俗殊语及各种事物的名称。《说文》:"释,解也。从采,采取其分别物也。"以"释"为名的训诂大都偏重于对难解词语的解释,《尔雅》十九篇皆以"释"命名。后世以"释"名书的有晋·李颙《尚书新释》、清·黄式三《春秋释》、马瑞辰《毛诗传笺通释》等。

三、训

古籍注释名称。训,解释字词,用以教人。从声训上讲,"训"即是"顺",用今言顺理古言,用通语顺理方言。"训"又有广狭二义。狭义的"训"即是"言形貌也"。(《尔雅·序篇》)广义的"训"是"训说义理"。(《曲礼疏》)称"训"者,如贾逵的《尚书训》。"训"常与"诂"连言,有时称"诂训",如毛亨《毛诗诂训传》;有时称训诂,如贾谊的《左氏传训诂》。又有与"注"连言,有的称"注训",如汉·何休《论语注训》、《孝经注训》,有的称"训注",如晋·刘兆《周易训注》等。又有与"旨"连言的,如汉·卫宏的《古文尚书训旨》。

四、故、诂

古籍注释名称。诂、故古代相通,都是"解释古代语言"之意。但在使用时代上有区分:汉人注书多用"故",后来写作"诂"。注书称"故"的有《毛诗》的《鲁故》、《韩故》、《齐后氏故》、《齐孙氏故》等,后者有《经籍纂诂》、《说文解字诂林》等,皆为收集前人古籍词语注释的专门著作。

五、笺

古籍注释名称。是一种对前人的注释予以发挥、补充、订正的注释方法。《说文·竹部》:"笺,表识书也。"注书称笺始于郑玄注《诗》。唐·孔颖达《毛诗正义》:"郑于诸经皆谓之注,此言笺者,吕忱《字林》云:'笺者,表也,识也'。"郑以毛学审备,遵畅厥旨,所以表明毛意,记识其事,故称为笺。余经无所遵奉,故谓之注。"《四库全书总目提要》说:"康成特因《毛诗》而表识其旁,如今人之笺记,积而成帙,故谓之笺。"这是"笺"与一般"注"的区别。后世注书名笺者不多,有清·徐文靖《禹贡会笺》、清·刘逢禄《公羊何氏诂笺》等。

六、诠

古籍注释名称。诠的本义是语言详备。《说文·言部》:"诠,具也。"《晋书音义》引《字林》云:"诠,具也,谓具说事理"。用作训诂名称,是指对词语较为详细全面的解释。本类著作有唐·李翱的《易诠》、元·赵汸的《周易文诠》、明·郑伯羔的《古易诠》、《今易诠》等,近人杨树达有《词诠》,是解释虚词的专著。

七、音义

该类训诂著作以辨音释义为主要任务,辨音也是为了释义,如假借注音,因此归于注释类。以音义名书的训诂著作很多,唐·陆德明《经典释文》就给十四部古代文献作了音义,如《周易音义》、《尚书音义》等。

音义也称音训,如汉·服虔《汉书音训》、臧竞《范汉音训》;又称音诂,如明·杨慎《周官音诂》;又称音注,如虞薛《周易音注》,元·胡三省《资治通鉴音注》;又称作音证,如刘芳《毛诗音证》;又称音隐,如汉·服虔《春秋音隐》;亦称注音,如鲁世达《毛诗并注音》。

第二节 疏解类

使用疏解类名称的训诂著作,重在疏通文义,即疏通古代典籍中的语句篇章的含义,阐释其中所包含的思想义理等。这类名称有解、说、传、微、章句、疏、义疏、注疏、正义等。

一、解

古籍注释名称,即分析语义的意思。《说文》:"解,判也。""判,分也。""解"用于训诂名称是辗转引申来的,先秦时代就有了这一名称。如《管子》有与经文相对的《牧民解》、《形势解》、《明法解》等。《韩非子》中有《喻老解》,就是对《老子》的注释。晋·孔晁注《周逸书》各篇目下均加有"解"字,如《度训解》、《武称解》、《世俘解》、《商誓解》等。汉代人以"解"注书,多以"解谊"、"解诂"、解故、"解说"、"注解"相连言,如大小夏侯之《书解故》、贾逵之《左氏春秋解故》、何休之《春秋公羊解诂》,许淑之《左氏传注解》。后来注书称解的有宋·苏辙《孟子解》,明·张居正《书经直解》等。

二、说

古籍注释名称。说的本义是解释，是对经文意义的说明和阐释。《说文》："说，说释也。一曰谈说。""释，解也。""说"这一名称出现得很早，早在《墨子》中就有《经说上》和《经说下》的内容，都是对《经》的说明和解释。《韩非子》中有《内储说》和《外储说》等篇目，其体例都是每篇前列出经文，然后逐一加以解说。这是后代注书以说为名的开端。《汉书·艺文志》著录以说注释者有：《诗·韩说》、《鲁说》，《礼·中庸说》、《明堂阴阳说》、《论事齐说》、《鲁夏侯说》；《孝经·长孙氏说》、《翼氏说》。后来又有宋·洪兴祖《论语说》、明·宋濂《新孝经说》等。

三、传

古籍注释名称。本义为通过驿站传递讯息，后引申为解释古今之语言。《说文》："传，遽也。"又："遽，传也。"但"传"并不拘泥于对字词的解释，对原文的义理、思想也有所阐发，或提出自己的见解，或提供背景，或补充材料等等。例如《春秋》三传，即《左传》、《公羊传》、《谷梁传》及《诗》的《毛诗故训传》、《韩诗内外传》，都是解释经文，或以注释方式阐明经之微言大义的。汉以后，"传"为"注"代替，不少训诂书就称"注"而不称"传"了。

传，又有大传、小传、内传、外传、补传、集传之分。内传，为与经义相比附的注解，如左丘明的《左传》；外传则是"杂引古书古语，证以诗词，与经义不相附"的训诂著作，如自东汉以来有些学者认为《国语》为《春秋外传》即是。又有《齐诗外传》、《韩诗外传》等，皆属此类。大传，是大义的意思，即对经文大义所作的解说。它起自汉张生和欧阳生的《尚书大传》，以"大传"名书者还有《易大传》等。小传，与大传相对，亦称禆传，也是对经文意义的解说，是作者谦称自己"不贤识小"，故名。以"小传"、"禆传"名书者有宋·刘敞的《七经小传》、吴棫的《书禆传》等。补传与补注同义。如范处义的《诗补传》，集传与集注同义，如朱熹的《诗集传》。

四、微

古籍注释名称。《说文》："微，隐行也。"经典通借为隐微、精微之微。用作训诂名称有阐发古书中的隐义微旨之意。《汉书·艺文志》载《春秋》类有《左氏微》、《铎氏微》、《张氏微》、《虞氏微》。颜师古注云："微，谓释其微指。"后世又称"发微"，如孙复《春秋尊王发微》；有的称作阐微，如赵匡《春秋阐微》；有的称解微，如徐畸《周易解微》；有的叫析微，如吴源《六官析微论》；有的称见微，如范柔中《春秋见微》；有的称显微，如程迥《春秋显微例目》；有的称明微，如吴希哲《春秋明微》；有的叫表微，如程曒《读礼表微》；有的叫述微，如万思谦《中庸述微》；有的叫穷微，如王弼《周易穷微》；有的叫探微，如马骈《春秋探微》；有的叫参微，如陈仲贤《周易参微录》；有的叫指微，如鲁有开《春秋指微》；有的叫微旨，如陆淳《春秋微旨》；有的叫微言，如徐行的《周礼微言》；有的叫精微，如周镇《周易精微》等等。

五、章句

古籍注释名称。古人除解经、训释词义外，还串讲经文大义，汉人称为"章句"。《后汉书·桓谭传》："章句谓离章辨句，委曲枝派也。"其特点是对古籍作详细的分析解说。具体做法是除了注音释词外还包括明确句读、划分章节，逐章逐句进行串讲，阐明句意章旨。《汉书·艺文志·尚书类》有《大小夏侯章句》、《欧阳章句》、《公羊章句》、《谷梁章句》，东汉王逸有《楚辞章句》，宋朱熹有《大学章句》等。章句的一个毛病就是过于烦琐，西汉时期的今文经学家热衷于在经文的章句上大加繁衍，其中多是"浮辞繁长，多过其实"。（《后汉书·桓荣传》）因此，一些学者不喜欢它，甚至"羞为章句"（《文心雕龙·论说篇》）但东汉时期一些简明的章句还是流传了下来，如《楚辞章句》、《孟子章句》，宋朱熹《大学章句》和《中庸章句》，得到了后人的肯定。

六、疏、义疏、注疏

皆为古籍注释名称，其共同特点是经注兼释，即不仅解释古籍的正文，而且还解释为正文所作的传注。随着社会的发展，语言也不断发展，因此，人们在阅读古书时不仅不明正文，连前人注释也看不懂了。从六朝开始，一些训诂学家在注解古书时，采用经、注双解的办法，这就是注疏的开始。

最初的义疏只不过是讲解经文的稿子，也称讲疏。后来的注疏和正义就是在此基础上发展起来的。因为这种训诂是由讲稿发展而来，因此它比汉儒的讲稿更详细。既释词语，又要串讲句义，阐述章旨，申述全篇大意。《隋书·经籍志》著录六朝义疏颇多,传世者仅皇侃的《论语义疏》。其余如梁武帝的《周易讲疏》、《尚书大义》等,均已亡佚。义疏也称义注,如《尚书义注》、《毛诗义注》。又称义章,如《春秋义章》、《礼大义章》。又称为义赞,如唐·孔颖达《五经义训》,号义赞。义疏义证,如《礼记义证》;又称义略,如《春秋左氏传义略》;又称谊府,如《毛诗谊府》等;又称义钞,如《丧服义钞》等;又称章疏、讲义等。

注疏则是注和疏的合称,即把同一古籍的注和疏合为一编,如《十三经注疏》。

七、正义

古籍注释名称。正义名称起于唐代,是疏和义疏的别名。唐太宗诏孔颖达等整理前代经说,编定统一的经书注释。因其整理、编定之书出于官修,故名正义。孔颖达等人所撰五经疏文,称作《五经正义》。疏、义疏和正义的区别除官修为"正义",而"义疏"多为私家注述之外,还有如下区别:正义的解释只依据指定的注本或疏本,而义疏则广征博引多家注本;正义解释注文采取"疏不破注"的原则,即要完全依照旧注来诠释,不允许改变旧注的任何观点,即使注文错误,也要照着强词辩说,有更好的解释也不能采用,要一概排斥,甚至到"宁道孔孟误,不言贾马非"的程度。而义疏则可以随说经者任意发挥,对旧注加以取舍。因此,正义可以限制说经家派别林立、异说纷争的局面,定经学于一尊,但也容易导致保守的学风;义疏虽可导致众说纷纭,莫衷一是,却能促进学术在争鸣中发展。当然,随着时代发展,个人著述亦有称正义的。

第三节　考述类

使用考述类名称的训诂,重在辨析比较、考证校订等,多侧重于学术研究方面。该类训诂名称有集解、集注、补注、校、订、述、学、证、义证、疏证等。

一、集解、集注

古籍注释名称。亦称集注、集说、集释等。集解之名最早见于魏·何晏的《论语集解》。汉代私学林立,同一经书,往往注家纷纭,标新立异、精芜并存,是非难辨。于是有人比较各家之说,取精去粗,合为一编形成一种新的训诂形式,即为集解。由于集解是博采众家之长而成一书,如何晏的《论语集解》就是在集中了孔安国、包咸等十几家注解的基础上写成的,因此倍受重视,其他注本便相形见绌,渐次失传。《论语集解》的出现,是训诂史上的一件新事物,当时即被训诂界看重。由于集解汇集了众家对同一原文的不同解释,便于读者择优而从,因而倍受欢迎。自《论语集解》后,以"集解'名书者不断出现,著名的有裴骃的《史记集解》、颜师古的《汉书集注》、王先谦的《荀子集解》、郭庆藩《庄子集解》等。

集解还有另外一种类型,即合并经传进行解释。如杜预的《春秋经传集解》就是合并《春秋》经文与《左传》,按年编排在一起进行解释的。

二、补注

古籍注释名称。从注解之间的关系上说,补注有两种类型:一是对原文缺略进行补充。这是刘知几《史通·补注篇》所说的补注。二是指补旧注的遗漏,这是通常所说的补注。一般说来较早的古籍注释,往往不够完备,后人则在此基础上对其阙略、不妥之处进行补充订正。例宋·洪兴祖《楚辞补注》就是洪氏在汉·王逸《楚辞章句》的基础上,对《楚辞》中的名物典制及词语进行了较为详尽的考证解释,而且广征博引,保存了汉魏至宋代的一些旧说,这对《楚辞》的进一步研究提供了重要的参考价值。以"补注"名书者还有清·王先谦《汉书补注》,宋·宋咸之的《易补注》等。

三、校

古籍注释名称。贾逵《国语注》曰:"校,考也。"校又称校雠、校勘,是对古书的一种考察核对,即采用科学的方法和确凿的证据,对古书中因抄写、刻印而造成的字句、篇章等方面的错误进行勘误和考订。如清·阮元《十三经注疏校勘记》就是对《十三经注疏》的考订和校勘。一般说来,校有两种情况,一是辨章学术,考镜源流,如正考父校《商颂》。一是校对文字,改正错误,如《吕氏春秋·察传》篇载子夏过卫,听有读史书说"晋师三豕涉河",他以为"三豕"当是"己亥",因形体相似而致误。也有这两种情况兼而有之的,如汉·刘向父子校理群书时,就对古籍的名称篇目、著述原委、篇目真伪、内容是非、学术源流、文字出入等等进行了认真校勘。

另外,有人将校勘与训释结合起来称"校注",如宋·鲍彪的《战国策校注》

即是。

四、订

　　古籍注释名称。亦称平议、订释、订注、订正、订诂等。《说文》："订,平议也。"即对所注释的古籍进行评议的意思。注书称订,取评议之义,起于宋代,如王与之的《周礼订义》,先分节或分句列经文低一字起,集前人说解;再低一字起阐明己意,加以评断。后来又产生订正之义,此类著作往往在对古书辨析研究的基础上加以注释、评议,订正原文和注文的错误。如明·何楷《古周易订诂》、徐骥《洪范解订正》、郭良翰《周礼古本订注》、清·朱轼《周易传义合订》、管志道《论语订释》、俞樾《诸子平议》、《群经平议》等。

五、述

　　古籍注释名称。《说文》："述,循也。"《论语·述而》："述而不作"。皇侃疏："述者,传于旧章也。"本名称训诂特点为遵循旧解,加以发挥成说。义多不自出,区别于注和传,是一种谦词。《经典释文》载有吴人陆绩《周易述》、晋人王尚《老子述》。"述"与"义"、"注"可以连文使用,如隋·刘炫《论语述义》、清·李光坡《周礼述注》、《仪礼述注》等。

六、学

　　古籍注释名称。采用本训诂名称者,指对某一经籍在深入研究的基础上而写成的训诂著作。《经典释文》云："学者,言为此经之学,即注述之意。"徐彦《春秋公羊传疏》引《博物志》说："何休注《公羊》,云'何休学'。有不解者,或答曰:'休谦词,受学于师,乃宣此义不出于己。'"按:何休注书称"学",是表明自己承学于师,有所得而注《公羊》,并不敢擅自称自己说,可见注书称学是一种谦称。后世注书称学,即本于此,如宋·李涛《春秋学》,范处义《诗学》,明·沈一贯《易学》等。

七、证、义证

　　古籍注释名称。《说文》："证,告也。"通借为征验的征。注书以证为名者,就是广博征引资料,来验证原书之意。如《隋书·经籍志》著录刘芳《礼记义证》、《仪礼义证》、《毛诗笺音证》,无名氏《春秋辨证》,清·桂馥《说文解字义证》等。

八、疏证

古籍注释名称。疏证就是疏通证明、补充订正之意。本类训诂都是在广泛深入地研究某一古籍的章旨及源流的基础上,首先对某古书进行校勘,校正书中讹误,然后会通古书义理、广博地搜求群书故训及例证进行疏解,同时阐明自己的观点。如清·阎若璩《古文尚书疏证》,王念孙《广雅疏证》,刘文淇《左氏传旧注疏证》等。

以上所述训诂名称为古籍注释中常见的。有的是单独名书,有的是结合起来使用。但同一类的训诂名称不管如何使用,都有共同之处,当然,单独立名亦有其区别之处,即使同一名称在不同时代、不同古籍的训释也有细微差别,这就要求我们在阅读训诂书时,既要重视它的题名,把握该类注释的特点及其内容主旨,又要从实际出发,深入研究其内容,方可收到预期的效果。

第九章

训诂简史

训诂学历史源远流长,总结训诂学的发展历史,了解各个时期训诂学家及其训诂著作的优缺点以及在训诂学史上的地位,有助于我们更好地学习训诂学、发展训诂学。训诂学可以分为先秦时期、两汉时期、魏晋隋唐时期、宋元明时期、清代、近现代及当代七个时期。现简要介绍如下:

第一节 先秦时期的训诂学

先秦时期,是训诂的萌芽期。

一、训诂产生的原因

训诂萌芽于先秦时期。当时我国正由奴隶社会向封建社会过渡,社会生产力日益发展,以汉族为主的各族文化蒸蒸日上,语言随着社会的发展也不断地发展。但由于诸侯割据,国家处于四分五裂的状态,于是出现了“言语异声,文字异形”的局面。加以今语和古语的不同,人们阅读古典文献,往往不容易理解,因此需要有人来为他们解释古今的异语和各地的方言,训诂应运而兴。明代古音学家陈第在《毛诗古音考》序言里说:“时有古今,地有南北,字有更革,音有转移。”古今南北之异造成了语言文字的分歧差异,需要人们去“释古今之异言,通方俗之殊语”,于是产生了训诂。

二、先秦训诂的体式及方法

先秦训诂体式主要有正文体和传注体。散见于正文中的训诂材料比比皆是,如《孟子·梁惠王下》:“畜君者,好君也”;《庄子·让王》:“无财谓之贫。”传注体的类型已经包括"传"、"记"、"说"、"解"等,如解释《春秋》经的"三传"(《左传》、《公羊传》和《谷梁传》口耳相传,至汉代始成书)、《周易》"传"。《汉书·艺文志》载:"礼古经记一百三十篇,七十子后学所记也。"如今《仪礼》17篇,其中12篇后面都附有"记"。贾公彦《士冠礼·记》疏曰:"凡言记者,皆是记经不备,兼记经外远古之言。"《韩非子》有《内储说》、《外储说》、《说林》,都是解说经义的。《管子》有五"解"等。可见,训诂工作在先秦已经产生并形成一定的规模。

先秦时期已经形成了形训、声训、义训三种训诂方法,并且出现了丰富多彩的训诂格式,详见第三章第一节"正文体",此不赘述。

三、先秦训诂的特点

先秦训诂是口头的,零散的,不系统的,尚处于萌芽状态,尚未形成系统的专门性的训诂工作。李建国说:"先秦训诂学处于萌芽状态,它的体式和方法还很粗略,它的运用还不够自觉,甚至是随意的和实用的,并且都未脱离具体语言环境。它作为儒家传经和诸子辩学的工具为政治服务,因此没有产生专门的训诂著作,没有形成系统的训诂学科。"[1]尽管如此,先秦训诂实践及其成果为两汉训诂学的发展兴盛奠定了基础,准备了条件。

第二节 两汉时期的训诂学

两汉时期,是训诂学的兴盛期。

真正的以解释文献语言为目的而进行系统的训诂工作是从汉代开始的,汉代,出现了一大批著名的训诂家和训诂专著,是训诂学的兴盛期。

一、兴盛的原因

在政治上,汉初为了愈合长期战乱的创伤,维护和平统一的政治局面,恢复和繁荣文化,汉武帝采取了"罢黜百家,独尊儒术"的政策,在朝廷上设立了五经博士,使儒家经学空前昌盛起来。在文字方面,两汉语言文字的变化比较大,古

---

① 李建国:《汉语训诂学史》,上海辞书出版社2002年版。

文、籀文已成为古董,篆文也被简化了的隶书所替代;加以去古渐远,古音古义也不是一般人所能理解的,需要注解才行,这就势必产生了训诂的要求。在书写工具方面,汉代发明了纸,毛笔作为书写工具也在使用中不断地完善,这无疑也促进了训诂的发展。在文化方面,今文经和古文经之争,更是大大促进了训诂的发展。"今文经"就是用汉隶写成的儒家经典,多数靠口耳相传,不拘字词本身,而好发微言大义,治经重实用而轻学术,虽然也用"传"、"说"、"解"等术语,但实际上只是"为我所用"的义理推阐,很少语言文字上的真正训诂。

真正的语言文字训诂工作的大规模开展,是由古文经学推动的。"古文经"就是用先秦六国古文书写的而且在汉代逐渐被发现的一批儒家经典。如鲁恭王毁孔子宅发现的古文《尚书》、《礼记》、《论语》等。古文经中多古字古语,要明经义,必须先通晓文字,所以古文经学更偏重于识字考词,并且自觉地与传统"小学"相结合,相互为用,从而使训诂工作有了坚实的基础。为了与今文经学相抗衡,让朝廷承认古文经学是真经学而列入学官,古文经学家们展开了广泛而深入地语言文字方面的训诂注释研究工作,出现了一大批系统的训诂专著,从而使汉代的训诂工作空前兴盛。

二、兴盛的表现

1. 出现了一大批训诂家。著名的有毛亨、郑玄、许慎、扬雄、刘熙、孔安国、马融、郑玄、贾逵、孔僖、服虔等。他们的讲经材料都是以训诂的形式出现的。郑玄是两汉经学的集大成者,注有《毛诗笺》、《周礼注》、《仪礼注》和《礼记注》。他将文字、训诂、校勘、考证集于一身,贯穿群经,创建条例,自成家法,后世称之为"郑学",奠定了其在训诂学史上的崇高地位。他考释经典、校订诸本的原则和方法,考证名物礼制的功夫,为后人所遵从。顾炎武《述古》诗盛赞其贡献:"六艺之所传,训诂为之祖。仲尼贵所闻,汉人犹近古。礼器与声容,习之疑可睹。大哉郑康成,探赜靡不举。六艺既该通,百家亦兼取。至今三礼存,其学非小补。"

2. 出现了一大批训诂专著和注释书。就纂集和系统研究训诂材料的专书来说,汉代已有了《尔雅》、《方言》、《说文解字》和《释名》等四部开创性的专著体训诂书。这种训诂专书是在传注训诂的基础上形成的,是释义、探源和析形等训诂手段独立发展的结果。

《尔雅》是最早的一部按事类编排的同训词典,大约在战国时期就已开始辑录,经过长时间的递相增益,汉初才完备。这部由儒家门徒缀辑古代故训而成的专书,按事类分为十九篇,前三篇解释一般词语,后十六篇解释各种名物,往往将相关的归为一条,而用义界的方式分别加以解释。《尔雅》的贡献在于汇集和保存了先秦主要典籍中的常用词语及其训释,并加以归类整理,从而突破了随文释义"既通于此而不必尽通于彼"的局限,开创了词典式的工具书先例,为后代学人学习古代文献、继承古代遗产,特别是为注经传经提供了方便,因而受到学界的高度重视,被奉为训诂之祖,并擢为经书。

《方言》全名为《辎轩使者绝代语释别国方言》,西汉扬雄著。全书搜集了二千三百多个词语,归为六百七十五条,以音义为线索,区分古今和方域的异同,并创造一整套术语(如"通语"、"某地语"、"古今语"、"转语"等)加以表述。这种综合时空来研究语言的原则,以及以方言释古语、以通语释方言的兼贯纵横的训诂方法,给后世训诂学带来很大影响。特别是通过语音转变来考察词语,把不同的词用"语转"联系起来,说明它们是同一语音形式的变体,这种方法更直接地为后世训诂家所继承。

班固的《白虎通义》是中国历史上第一部考证体式的训诂专著。该书运用声训、征引等训诂方法,对汉代礼制方面的词语,礼仪制度进行了全面、深刻的考释,对声训的兴盛和发展起了推动作用,对许慎的《说文解字》、刘熙的《释名》产生了较大的影响。

刘熙的《释名》是一部用声训方法推求名源的专书,也是我国第一部语源学专著。他提出了"义类"说,重点揭示词语音义的来源,其运用的理论和方法大致上是正确的,但其中也有不少牵强附会的解释。

许慎的《说文解字》是我国第一部按部首编排的字书,是文字学的开山之作,是我们今天借以解读古代文献的重要训诂专著。

应劭的《风俗通义》是一部反映东汉风俗的重要著作。《后汉书·应劭传》说:"劭撰《风俗通》,辨物类名号,释时俗嫌疑。"该书全面采用了训诂方法考释东汉时期的风俗名物典章,是一部非常重要的考证体训诂专著。

除此之外,汉代还出现了大量的注释书,如毛亨《毛诗诂训传》、马融《尚书注》和《老子注》、何休《春秋公羊解诂》、赵岐《孟子章句》、高诱《淮南子注》、《吕氏春秋注》和《战国策注》、王逸《楚辞章句》等。据《汉书·艺文志》记载,仅《诗经》,两汉列于学官的就有鲁、齐、韩三家。西汉有:"《鲁故》二十五卷,《鲁说》二十八卷,《齐后氏故》二十卷,《齐孙氏故》二十七卷,《齐后氏传》三十九卷,《齐孙氏传》二十八卷,《齐杂记》十八卷,《韩故》三十六卷,《韩内传》四卷,《韩外传》六卷,《韩说》四十一卷,《毛诗》二十九卷,《毛诗诂训》三十卷。"其它儒家经书也各有数家乃至十多家注释同时行世,可见两汉注释成果之丰硕。

3. 训诂体式的完善

两汉训诂体式主要有传注体和专著体，前者随文释义，重在实用；后者旨在总括，归纳类聚词义。陈绂说："在汉代，这两种训诂实践日渐兴盛，逐渐形成了各自的体系，这也就构成了整个训诂学的体系。体系的完善说明了传统训诂学已进入自觉阶段。"①训诂体式的完善表现在训诂方法的成熟、训诂名称的丰富以及训诂术语的多样化方面。

传统的训诂方法如形训、声训、义训在汉代已经非常成熟。出现了"传"、"笺"、"章句"、"诂"、"训"、"训诂"、"注"、"微"等多种训诂名称，形成了多个训诂术语，如《说文》用'象××之形'表示象形字，用"从×从×"表示会意字，用"从×，×声"表示形声字，用"读若"来注音。"毛传"用"××声"、"××貌"、"××然"等术语"道物之形貌"，用"犹"、"亦"来比拟词义。《尔雅》用"谓之"、"曰"、"为"等术语，《方言》用"曰"、"谓之"、"语之转"等术语。所有这些，标志着两汉训诂学的繁荣兴盛。

三、两汉训诂的特点

从总体来说，西汉训诂以注经为主，东汉有摆脱经学附庸的趋势。西汉统治者尊崇儒术，国家设立五经博士，当时很多人为儒家经典作注释，阐述儒家思想。儒家以外的著作只注《老子》，这与汉初曾经崇尚黄老有关。东汉注释范围比西汉扩大，除注经之外，还注释《国语》、《战国策》、《史记》、《汉书》、《吕氏春秋》、《楚辞》以及纬书、术数之类。这说明当时的训诂学有开始摆脱经学附庸的趋势，也反映出谶纬迷信的思想对训诂学有很深的影响。此外，两汉训诂注重师承家法，口耳相传，因而传承并保留了前人的训诂成果。两汉训诂行文简约，大都只摆出结论，很少作进一步的说解，这与两汉学风朴实无华，求真务实有关。

四、两汉训诂在训诂学史上的地位

汉人遍注群经等，使后人能据以通读古籍并作进一步考释；汉人通释语义，使后人能据以了解字词的意义与作用，并进一步从语言文字学的角度深入探索。其体例与方法也都为后世所依循，为训诂学的发展开辟了蹊径，创造了条

---

① 陈绂：《训诂学基础》，北京师范大学出版社 2005 年版。

件,奠定了基础。毛亨、郑玄、扬雄、班固、刘熙、许慎、应劭等,是两汉训诂学的奠基人物。毛传、郑笺,为《诗经》的传承作出了卓越贡献。《尔雅》成为训释词义专书之祖。《方言》一书,成为比较方言学的先驱。《说文解字》的问世标志着汉代文字学的研究达到了高峰。刘熙的《释名》开了语源学的先河。考证体训诂著作《白虎通义》和《风俗通义》开创了运用训诂方法、专书研究礼仪制度、社会风俗的先河。总之,汉代训诂研究的巨大成就,为后世语言学家所借鉴,为后世提供了丰富的训诂材料,为后世分析研究语言文字做出了楷模。

汉代以释经为主,故训诂范围相对较狭;而师承家法,又难免"枉道徇人",这些都表现了两汉训诂的不足。

第三节　魏晋隋唐时期的训诂学

魏晋隋唐,是训诂学的扩展时期。

齐佩瑢认为魏晋南北朝是"训诂学的中衰"(《训诂学概论》第四章)期,陈绂认为"这一段时期是训诂学在发展过程中趋于保守的时期"(《训诂学基础》第七章),王宁认为这一时期是"训诂的深入与扩展期"。王宁所言颇有道理,这一时期的训诂方法虽没有创新,但在训诂范围、训诂内容、训诂体式方面仍然取得了丰硕的成果,这一时期的训诂仍然沿着两汉"高潮"的余波在发展着,应算是训诂学的扩展时期。其扩展的标志有三:

一、训诂范围的扩大

伴随着三国、南北朝的分裂走向隋唐的统一,佛学盛行、玄学兴起,对训诂学产生了重大影响。训诂学逐渐摆脱了经学附庸的地位而成为各种文献整理的工具,训诂的范围大大扩大了,经史子集四部的重要著作乃至佛教经典,都成了训诂的对象,都有了音义注释。如史部有晋·徐广《史记音义》、宋·裴松之的《三国志注》、宋·裴骃《史记集解》、吴·韦昭《汉书音义》、齐·陆澄《汉书注》、梁·韦棱《汉书续训》、陈·姚察《汉书训纂》及《汉书集解》、隋·萧该《汉书音义》、晋灼《汉书集注》、南朝宋徐广《史记音义》。至唐代,司马贞作《史记索隐》,张守节撰《史记正义》,连同裴骃《史记集解》,后人称之为《史记三家注》。唐颜师古著《汉书注》,堪称集大成之作。

魏晋以后,玄学兴起,带动了对老子、庄子等子书的研究,如张湛《列子注》、皇甫谧(mì)《鬼谷子注》、梁·刘孝标《世说新语注》、曹操《孙子兵法注》、李氏《九宫经注》、吕博望《黄帝众难经注》、陶宏景《本草经集注》、雷公《神农本草集注》等多种。到了唐代，几乎将所有的子书都注解了一遍。

集部有郭璞的《楚辞注》及《子虚上林赋注》、皇甫谧《参解楚辞》、罗潜《江淹拟古诗注》、李善《昭明文选注》、郦道元的《水经注》等。《水经注》是一部文学色彩较浓的训诂文献。它不仅解释水名及其地理位置，还补充了大量风俗民情、奇闻逸事等资料。其价值远远超出了《水经》本身，其考证注重实验和史迹，对后世实学派训诂产生了一定的影响，并因此形成了"郦学"。

二、训诂体式的创新

魏晋时期，出现了四种新的训诂体式，即义疏、集解、音义和征引，标志着训诂学的深入发展。义疏即二度注释，它不但注经文，还要解释前人的注文，这种体式的出现应该是郑笺影响的结果。东汉郑玄的《毛诗笺》既解经文，又释毛传，魏晋受此影响，出现了大量经注兼释的义疏体训诂。究其原因，主要是两汉训诂比较简约，发展到魏晋，很多人看不懂了，于是注家不得不既注经文，又释传注，以便阅读。如皇侃作《礼记义疏》和《论语义疏》，刘炫有《孝经述义》、《毛诗述义》等。义疏中的一些成果已经是考证，这种训诂体式，深化了训诂内容，间接开启了清代的考据之学。义疏体的代表作是唐孔颖达的《五经正义》，该书是南北朝诸儒义疏的集大成之作。《五经正义》把各家注文加以对比分析，补充大量资料，或证实，或反驳，将各家观点统一成孔颖达的观点，以"正义"的形式表现出来。唐太宗将其定为官本，对异说一律否定，由此形成了"五经正义出，六朝义疏亡"的局面。

同一著作有了多种不同的注释，这是形成集解式训诂的前提条件。集解式的注释书，汇集了各家对同一对象的不同训诂材料，便于人们评判得失，论断取舍，如魏何晏《论语集解》、《隋书·经籍志》著录《周易》马郑二王四家集解十卷等。

"音义"类训诂书把各种注音和各种解释都搜集起来，按一定的体例编纂成书，便于训诂应用。著名的有南北朝时陆德明的《经典释文》，唐释玄应和慧琳的《一切经音义》，是研究古汉语形音义的重要训诂资料。玄应《一切经音义》25卷，又称《玄应音义》，收录454部佛家经典中的语词加以注释。所释大都是多音词，其中有很多是汉语固有的词语，征引了一百多种古书，保留了很多失传的古书片断。慧琳《一切经音义》共100卷，注释佛经1300部，是一部佛家经典集大成的训诂专著。《一切经音义》援引群籍,保存了许多早已失传的训诂资料;其注音解义,疏校源流,佛儒合观,相互为用。陆德明的《经典释文》注释了"十三经"中除《孟子》之外的十二经的音义以及《老子》、《庄子》共计14部经书的音义。

李善的《文选注》广泛采用了"征引"的训诂体式。或"举先以明后","或引后以明前",其注文顺应《昭明文选》的文学特点,与作品珠联璧合,是一部颇具文采的训诂著作,后世形成了《文选》"学",足见其影响之大。

三、字书、音书与雅书的分立发展

字书、音书与雅书分立发展,是这一时期训诂的又一特点。字书如魏张揖的《字诂》、《难字》和《错误字》,晋吕忱《字林》、梁顾野王的《玉篇》、王劭《俗语杂字》、李少通《俗语难字》、段仲堪《常用字训》、隋曹宪等著《桂苑珠丛》、唐颜师古的《字样》、张参的《五经文字》,唐玄度的《九经字样》等。顾野王的《玉篇》共三十卷,仿《说文》而作,收字22561个,以楷书易小篆,用反切注音,搜求字训,罗列本义和引申义,博引群书以证词义,其实用价值超过《说文解字》,奠定了我国楷书字典的基础。大量字书的涌现,标志着文字与训诂学的分立已具端倪。

汉末根据梵文的发音原理发明了反切法,魏晋学者深入研究声韵并形成了专书,如魏时李登的《声类》、吕静的《韵集》、李概的《音谱》、王该的《五音韵》、周研的《声韵》、沈约的《四声》等,这些韵书虽已亡佚,但在当时为《切韵》的问世奠定了基础。隋朝陆法言、萧该等人综合南北声韵,编成了《切韵》,分古韵为193韵,确立了韵部系统。唐孙愐增广《切韵》而作《唐韵》,释守温发明三十字母,后来形成了传统的三十六字母,标志着隋唐时期的音韵学,开始独立为专门的学科。

雅书类训诂有郭璞的《尔雅注》、《小尔雅》和《广雅》。魏张揖撰《广雅》,又名《博雅》,其目的是增广《尔雅》,共收了《尔雅》漏收的先秦故训和新产生的词语训诂2343项,"其书之为功于训诂也大矣"(王念孙《广雅疏证序》)。

总之魏晋至隋唐时期,是训诂学的扩展期,训诂领域大大扩大,注释内容有所深入,训诂体式有所创新,字书、韵书、雅书、音义类训诂专著大量出现,并呈现出独立发展的新局面。

第四节　宋元明时期的训诂学

宋元明时期,训诂学因疑古创新而趋中落。

宋元明时期经学式微,理学盛行,这个时期的训诂是对汉唐经学充满怀疑,因而力求摆脱汉唐的影响,纷纷另创新说的时期。他们疑古蔑经,标新立异,好发高远精微之论,形成了这一时期的显著特点。清人桂馥说:"尽破古人之藩篱者,其在赵宋乎!"(《札朴》卷七)

一、疑古创新的时代背景

理学的需要,是形成疑古创新局面的重要原因。宋朝统治者为了巩固统治,大力倡导理学,推行"存天理,灭人欲"的理学精神,视封建伦理道德和等级制度为"天理",视所有违背封建等级制度的思想、行为为"人欲",要"存天理,灭人欲"。从周敦颐,到程颢、程颐,再到朱熹,他们以儒学为中心,结合佛、道,从经书中寻找各种证据,来附会义理。反过来又以"理"说经,把"理"作为高于一切的判断是非的标准,穷理尽性,横发议论;他们轻视考据,大都反对汉学,把训诂由朴学(即"汉学")的手段变成了理学的工具,冲破了前人注疏的框框,凡前代注疏中合乎"理"的就加以认可并充分发挥,不合乎"理"的就坚决否定,甚至肆意诋毁。疑古创新之风自此盛行,附会义理之法由此勃兴。陈绂说:"理学的体系是唯心主义的,它认定'理'先天地而存在,从而把抽象的封建伦理准则提到永恒的、至高无上的地位。这完全是出于统治者'安内'的政治需要。在理学思想的指导下,宋代的学者们对传统的儒家学说进行了一系列的改革,这必然影响到训诂学。宋人开始对经书的旧有的解释提出各种异义,重新作解释。他们中多数人鄙薄汉儒以来的传统训诂,认为重视字词名物是'玩物丧志',于是便依据理学的体系对经文乱加解说,用经书为自己阐发义理服务,后人称这种做法是'六经注我'。在这种情况下,传统训诂学走向中落是十分正常的。"[1]

---

① 陈绂:《训诂学基础》,北京师范大学出版社2005年版。

二、宋代训诂成果及特点

这一时期的训诂成果主要有邢昺的《论语注疏》、《孝经注疏》、《尔雅注疏》，孙奭的《孟子注疏》，这四种注疏与唐代的九种注疏合称为《十三经注疏》。朱熹的《诗集传》、《四书集注》、《周易本义》、《楚辞集注》、洪兴祖的《楚辞补注》，也非常著名。

唐兰认为宋代的"主要进步有二：一是古文字材料的搜集和研究；二是文字构成的理论和六书的研究"。宋代出土了一大批钟鼎彝器，随着对这些钟鼎彝器的研究出现了欧阳修的《集古录》、赵明诚的《金石录》、薛尚功的《历代钟鼎彝器款识》、王俅的《啸堂集古录》、吕大临的《考古图》等一大批文字学著作，导致了古文字学的发端。吕大临的《考古图释文》是古文字学的第一部书，只是当时材料不多。陆佃的《埤雅》、罗愿的《尔雅翼》。王洙、司马光等的《类篇》、王安石的《字说》、徐锴《说文解字系传》（世称"小徐本"。其兄徐铉奉宋太宗之旨校定《说文解字》，世称大徐本）、王若虚《滹南遗老集》都产生了一定的影响。另外还出现了一些研究少数民族语言及外国语言的著作，如《番尔雅》、《羌尔雅》、《天竺字源》等。

宋人疑古创新，随意怀疑和改动经书原文，如欧阳修撰写《易童子问》，认为《易经》的"十翼"是假的；孙复作《春秋尊王发微》，完全抛开了"三传"，任意发挥其尊君抑臣之"大义"。王安石的《字说》，旨在分析文字的构造意图，其说解或依据儒家文献，或来自佛道经典，大都不符合造字之初人们的思维规律和思想观念。这种脱离了语言实际的唯心主义的训诂表现，注定了其不可能长久的必然性，虽然王安石借其政治势力强力推行其说，但当时就曾遭到苏东坡等人的批评。

宋儒们疑古创新，敢于怀疑一切，随心所欲地空衍私说，打破了汉唐时期注不违经、疏不破注的守旧局面，开创了一个敢想敢说、无拘无束的训诂新局面。这种着眼时务、勇于开拓创新的精神具有一定的积极意义。但他们最大的问题是缺乏求实精神，其成果不可能有长久的生命力。

三、朱熹的训诂成就

朱熹（1130～1200）是宋代理学的集大成者，是著名的经学训诂大师。他的《四书集注》（即《大学章句》、《中庸章句》、《论语集注》、《孟子集注》）最为有名,影响最大。他用儒学统一佛、道,通过注释经书阐发义理。他继承了传统训诂的基本原则和方法,又融合了时代精神,形成了独具时代风格的训诂特色。朱熹十分重视字词训释和名物训诂,他公开主张"解经只要依训诂说字"。他强调参考前人的注疏资料,如注《诗》多采《毛传》、《郑笺》,注《楚辞》多用王逸旧说,但他又不排斥当代学者的新思想,这使他高于汉儒而具有时代的特征,独树一帜。朱熹的训诂简明易晓,有汉学之风,为后世所称道。他认为"解经当取易晓底语句解难晓底,不当反取难晓底解易晓底"。(朱熹《朱子语类》卷四六)这使他的训诂成果得到了广泛流传,从而产生了深远的影响。朱熹利用当时刚兴起的古文字学材料,开创出以出土文献证传世文献的训诂新方法。由于时代的影响,朱熹的训诂中也有随意篡改经文的行为,也难免有强经就我、空衍义理的毛病。

四、元明的空疏

元代,北方少数民族统治了中原大地,民族矛盾和阶级矛盾异常尖锐,传统文化受到极大挑战,统治者不重视文化发展,训诂学成果相对较少。

洪焱祖《尔雅翼音义》因附上了《尔雅翼》得以流传下来。郝经的《周易外传》、吴澄的《易纂言》、《书纂言》、《礼记纂言》、《春秋纂言》,胡炳文的《周易本义通释》、胡三省的《资治通鉴音注》、《资治通鉴释文辨误》、吴师道的《战国策校注》、肃士赟的《分类补注李太白集》、郭知达的《九家集注杜诗》、魏仲举的《五百家注音辨昌黎先生文集》等较为有名。研究少数民族语言的著作有托克托的《辽国语解》、《金国语解》,张大卿的《国语类记》以及无名氏的《蒙古译语》等。

明代科举以八股文取士,定朱熹《四书集注》为经学的样本,推崇理学,禁锢思想,学风空疏,训诂学难以发展。训诂专著只有朱谋㙔的《骈雅》、方以智《通雅》、黄生的《字诂》、《义府》较为出名。《骈雅》解释的都是双音词,故称之为"骈雅",开创了以偶释偶的复合词专书体例。《通雅》"通"释古今词语,以经史为主,兼含文字音韵训诂之学,广博近乎大型词典。黄生继承了汉学无征不信的朴实学风,又发扬了宋明时代疑古创新的精神,撰写的《字诂》和《义府》,引证精详,立意新奇而多所发明,是综合性的训诂成果。字书方面出现了梅膺祚的《字汇》及张自烈《正字通》等,它们改革了历代字书沿用的《说文解字》的部首,并按笔画编排,算是个贡献。另外,陈士元《俚言解》、张存绅《雅俗稽言》及李实的《蜀语》,都对方言俗语进行了研究,并取得了一定的成果。

明末,陈第的《毛诗古音考》标志着古音学的建立。他第一次提出了"时有古今,地有南北,字有更革,音有转移,亦势所必至"的观点,旗帜鲜明地反对朱熹的叶音说,扭转了脱离实际的学风,为有清一代古音学的研究发展奠定了基础。

总之,疑古创新是宋元明时期鲜明的时代特色。毫无根据的疑古及随心所欲的创新,基本上否定和割裂了汉唐朴学的传统,使训诂学一度衰落。但勇于创新的精神与传统的求实态度一旦结合起来,就会产生朱熹那样的训诂大师,就会引领起清代训诂学的昌盛。

第五节　清代训诂学

清代是训诂学的复兴期,训诂学真正成了一门独立的学科。从明末清初的顾炎武开始,到乾、嘉时期,训诂学逐步复兴。前后三百年,一代代学者,摆脱了经学的束缚,几乎把所有留传下来的古代书籍都重新作了注释考证,有些已亡佚的书籍也被千方百计地辑录成书。

一、复兴的原因

王力先生《中国语言学史》总结清代训诂学发展的原因有三,一是资本主义萌芽及西学东渐,二是清代研究"汉学师承",三是清儒有"吾爱吾师,吾尤爱真理"的优良学风。这些看法颇有道理。但清代训诂学的空前发展、规模发展与当时的社会政治、经济形势是分不开的。周大璞说:"清王朝统治中国以后,由于采用残酷镇压政策,受到广大汉族人民的反抗。清政府一面继续镇压,另一面也有鉴于元王朝专用镇压手段、终被赶走的历史教训,对汉族人民采取一些怀柔政策,尤其是千方百计地拉扰汉族的知识分子,沿用前代科举取士的办法,使知识分子尽入其牢笼。与此同时,又大兴文字狱,使知识分子不敢再存反抗之心。于是知识分子只有两条出路:一条是努力学习八股文,准备应试,以取得功名,走上仁途;还有一条就是埋头窗下,钻研经史,以求在学术上有所成就。这两条路,不管走哪一条,都要下苦功学习古代的经典;而要学好这些经典,就非学点训诂学不可。清代训诂学的发展,这是一个重要的原因。"①康熙、雍正、

---

① 周大璞:《训诂学要略》,湖北人民出版社1980年版。

乾隆时代采取了一系列措施,政治上稳定,经济上繁荣,促进了乾嘉学派的产生和兴盛,也有利于训诂学的发展。

另外,语音学和语法学的进步也促进了训诂学的发展。以语音学为例,南宋吴棫第一个提出古音问题,但毕竟还很幼稚。至明,陈第作《毛诗古音考》,"排比经文,参证群籍。……以探古音之源",并列举旁证,"以经证经"。这种排比、归纳的方法为清代古音学开辟了门径,为训诂学的发展准备了条件。再加上清代学者用力甚勤,共同推动清代训诂学研究取得了丰硕成果。

二、复兴的表现

清代训诂学硕果累累,几乎将所有的儒家经典都进行了重新注释。对史、子、集各部的重要文献也大都作了整理,其中较著名的有惠栋的《周易述》和《后汉书补注》、阎若璩的《古文尚书疏证》、陈奂的《毛诗传疏》、马瑞辰的《毛诗传笺通释》、胡承珙的《毛诗后笺》、孙诒让的《周礼正义》和《墨子间诂》、胡培翚(huī)的《仪礼正义》、孙希旦的《礼记集解》、刘文淇的《左传旧疏考证》、陈立的《春秋公羊义疏》、柯劭忞(shào mín)的《春秋谷梁传注》、刘宝楠的《论语正义》、焦循的《孟子正义》、梁玉绳的《史记志疑》、沈钦韩的《汉书疏证》、郭庆藩的《庄子集释》、王先谦的《荀子集解》、《庄子集解》、《汉书补注》、皮锡瑞的《孝经郑注考》、郭庆藩的《庄子集释》、王先慎的《韩非子集解》、戴震的《屈原赋注》、孙星衍的《晏子春秋音义》、《尚书今古文注疏》等。

清代通释语义的训诂专著,数量也远远超越前代,而且体例也比前代完备。有注释前代训诂专著的,如邵晋涵的《尔雅正义》、郝懿行的《尔雅义疏》、王念孙的《广雅疏证》、钱大昕的《广雅义疏》、戴震的《方言疏证》、钱绎的《方言笺疏》、胡承珙的《小尔雅义证》、段玉裁的《说文解字注》、桂馥的《说文义证》、朱骏声的《说文通训定声》、王筠的《说文句读》、《说文释例》等;有仿效《尔雅》编撰的,如吴玉搢的《别雅》、洪亮吉的《比雅》、夏味堂的《拾雅》、史梦兰的《叠雅》、陈奂的《毛诗传义类》、朱骏声的《说雅》、张玉书等《康熙字典》、《佩文韵俯》、张廷等《骈字类编》等;有集古代传注汇成一编的,如阮元的《经籍纂诂》;有考订群书,成一家之言的,如顾炎武《日知录》、钱大昕《十驾斋养新录》、王念孙的《读书杂志》、王引之的《经义述闻》、俞樾的《群经平议》、《诸子平议》,有贯通音义、探求词语源流的,如戴震的《转语》,有专释虚词、研究语法的,如刘淇的《助字辨略》、王念孙的《经传释词》等。

以上所列,并非全部。仅经部,据阮元编《皇清经解》及王先谦编《续皇清经解》,就收录著作达四百多种。由此可见清代注疏纂集之盛。

三、功绩卓著的训诂学家

1. 顾炎武

顾炎武(1613~1682)字宁人,号亭林,是开启清代朴学风气,奠定清代学术基础的卓越训诂学家。他崇尚汉学的求实,提倡实事求是,重博征,贵创新,求致用,反对宋明理学的空疏,开启了有清一代优良的治学风气,对后人产生了极大的影响。顾炎武著有《肇域志》、《日知录》、《天下郡国利病书》、《音学五书》、《韵补正》、《金石文字记》、《左传杜解补正》、《三朝纪事图文》、《圣安纪事》、《皇明修文备史》等书,凡四十多种四百余卷。他通过正文字、审音声、明训诂来研究经史,他主张以古音求古义,"读九经自考文始,考文自知音始,以至诸子百家之书亦莫不然"。(顾炎武《日知录》卷二十七)梁启超在《中国近三百年学术史》中指出:"亭林在清学界之特别位置,一在开学风,排斥理气性命之玄谈,专从客观方面研察事物条理。二曰开治学方法,如勤搜资料,综合研究。……三曰开学术门类,如参证经训史迹,如讲求音韵,如说述地理,如研精金石之类皆是。""要而论之,清代学术,都由亭林发其端,而后人衍其绪。"

2. 戴震

戴震(1723~1777)是皖派的开山祖师,他治学具有独特的风格,主张把义理与考核结合起来,以考核为手段去通晓文章,寻求义理,于是形成了既有创新精神,又能实事求是的清代考据学。他与宋代理学彻底划清了界线,使清代学术直接汉代朴学而独立。戴震主张"由文字以通乎语言,由语言以通乎古圣贤之心志"。(《古经解钩沈序》)"疑于义者以声求之,疑于声者以义正之"(《转语二十章序》),把文字、音韵、训诂三者结合起来,开创了近代语言文字学的先河。

戴震著有《转语二十章》、《尔雅文字考》、《方言疏证》、《屈原赋注》、《诗补传》、《毛郑诗考证》、《诗谱》、《古历考》、《声类表》、《声韵考》、《孟子字义疏证》、《校水经注》及《戴震文集》等。他创立了古韵九类二十五部说以及阴阳对转的理论,提出了"六书"的"四体二用"说,在训诂实践中以形证义,以音求义,发展了形音义互求的训诂思想,奠定了语言文字学的基础。

3. 段玉裁

段玉裁与王念孙都是戴震的高足弟子,他们继承、推广戴震的研究方法,开创了文献词义研究的新领域,将乾嘉训诂学推上了高峰,世称"段王之学"。

段玉裁著有《说文解字注》、《六书音均表》、《汲古阁说文订》、《古文尚书撰异》、《诗经小学》等三十多种,《说文解字注》是他的代表作。该书阐明《说文》体例,疏证《说文》解说,详考引文出处,校订传本讹误,贯通小学知识,标明各字古韵,为学界公认的解释《说文》的权威性著作,堪称训诂、文字两学并重的巨著。段玉裁继承了戴震形、音、义互求的研究方法。他说"圣人制字,有义而后有音,有音而后有形。学者之考字,因形以得其音,因音以得其义。治经莫重于得义,得义莫切于得音"。他完善了本义、引申义等一整套术语,善于从词义系统上研究具体字义;他创立"统言"、"析言"术语来辨析古今词义的细微差别,反映了词义在使用状态下的变化,进一步揭示了词汇中的同源规律,为文献训诂考求和确定词义提供了理论根据和操作方法。

4. 王氏父子——王念孙,王引之

王念孙是一位学识渊博、笃好经术,尤精小学的学者,著有《古韵辨》、《广雅疏证》、《读书杂志》、《尔雅郝注刊误》、《释大》等。其子王引之秉承家学,著有《经义述闻》和《经传释词》等。

王念孙的《广雅疏证》建立起了以声求义的训诂理论。他说:"就古音以求古义,引伸触类,不限形体。""窃以诂训之旨本于声音,故有声同字异,声近义同,虽或类聚群分,实亦同条共贯,譬如振裘必提其领,举网必挈其纲。"(王念孙《广雅疏证·自序》)"诂训之旨,存乎声音。字之声同声近者,经传往往假借。学者以声求义,破其假借之字而读以本字,则涣然冰释。"(王引之《经义述闻·序》)王氏注重研究复音词,揭示了"凡连语之字,皆上下同义,不可分训"的本质特征,推进了汉语词汇构成的分类研究。王氏把归纳与演绎相结合,"比例而知,触类长之",揭示了许多修辞条例和语法规律,直接开启了清末以俞樾《古书疑义举例》为代表的"文辞条例之学"(章太炎语)。

综上所述,清代训诂学具有以下特点:

1. 具有朴素的历史观念。很多训诂家都知道时有古今,地有南北,语言是发展变化的,它随着时间的不同而不同。如段玉裁《广雅疏证·序》说:"有古形,有今形;有古音,有今音;有古义,有今义。"正因为清代学者有此认识,他们取得超越前人的成就才有了可能。

2. 善于由音求义。古代训诂学家对音义关系的原理的认识是模糊的,对声训从未作过理论的说明。一些人拘于文字的形体,更是隔绝了音义的联系。清代训诂学家开始揭示音义关系的原理。段玉裁说:"学者之考字,因形以得其音,因音以得其义。"由于重视了古音,改变了长期以来重形不重音的观点,训诂学便被推到新的历史发展阶段。按王力说法,"这是训诂学上的革命"。(《中

国语言学史》）

3. 采用了综合比较的方法。王引之说："凡其散见于经传者,皆可比例而知,触类长之。"以王引之为代表的清代训诂学家是这样认识的,也是这样实践的。

4. 有一定的实事求是精神。许多训诂学家不盲从旧说,也不妄立新说。破旧说也好,立新说也好,都强调有充分的根据。戴震提出过义理、考据、词章三者合一,这也正是求实精神的一种表现,值为我们借鉴。今天我们可以给义理、考据、词章作具体的解释:义理指指导思想;考据指名物制度的考核与校雠、辨伪、辑佚工作,亦即资料的搜集与鉴别;词章指语法、修辞、逻辑,即领会古人的遣词造句和行文布局。这些恰好跟元明的空疏形成了对照。

总之,清代训诂学秉承汉代朴学之风,自觉总结训诂原理和方法,取得了丰硕的成果。清人以空前的著述,全面展示了各领域的训诂研究成果,标志着训诂学走向成熟、走向繁荣。

第六节　近现代训诂学

近现代是训诂学学科理论体系的创建期。

一、训诂学学科理论体系的初步构建

章太炎(1868～1936),字枚叔,名炳麟,别号太炎,浙江余杭人,他是第一个把西方的科学理论与中国的传统学术结合起来进行研究的人,是现代训诂学的开创人,是著名的反清革命家。章氏师承于俞樾,除参加革命活动以外,致力于语言文字之学,著有《国故论衡》、《小学答问》、《新方言》、《文始》等。章氏的贡献之一是提出了用"语言文字学"这个名称来取代传统的"小学",并明确其中包括文字学、音韵学、训诂学三个门类,从而确立了训诂学的独立地位。他说"今日言小学者,皆似以此为经学之附属品。实则小学之用,非专以通经而已","当名语言文字之学"。他认为"这种学问,中国称为小学,与那欧洲比较语言学范围相同,性质也有几分相近"(《国学讲演录》)。这些观点标志着传统语言学摆脱了经学的附庸地位,开始进入以语言为研究对象的近现代语言学新阶段,具有划时代的意义。章氏贡献之二是对语言文字的发生发展、对汉语和汉字的形、音、义结合、对语言文字进化和统一等各种理论问题进行了深入探讨和全面总结,为新的语言文字学科的创建和发展构筑了框架。如《国故论衡》是语言文字学的总论,《小学答问》因声求义,《新方言》沟通古今异域之语,《文始》探求语源,是汉语语源学的开山之作。章氏秉承了清代小学的研究成果,运用西方科学的理论和方法,开创了语言文字之学,开启了近代学术的新纪元

真正使训诂学成为一门独立系统学科的人是章太炎的学生——黄侃。

黄侃(1886~1935),字季刚,晚号量守居士,湖北蕲春人。曾留学日本,从章氏受小学,著有《尔雅义训》、《说文笺识四种》、《广韵校录》、《文选评点》、《文字声韵训诂笔记》、《量守庐群书笺识》、《训诂学讲词》、《训诂述略》等,是中国第一个建立训诂学理论体系的大师。

《训诂学讲稿》是黄侃撰写的中国第一部训诂学教材,分为"训诂述略"和"十种小学根柢书"两部分。"训诂述略"介绍"训诂之意义"、"训诂之方法"、"本有之训诂与后起之训诂"、"独立之训诂与隶属之训诂"、"义训与声训"、"说字之训诂与解文之训诂不同"、"《说文》之训诂必与形相帖切"、"以声韵求训诂之根源"、"求训诂之次序"、"声训"、"声训分类"等训诂理论;"十种小学根柢书"介绍了《尔雅》、《小尔雅》、《方言》、《说文》、《释名》、《广雅》、《玉篇》、《广韵》、《集韵》、《类篇》等十部训诂学要籍。该书构建了训诂学的理论框架,使训诂学变成了一门可以传授、可以实践的独立的学科。黄侃说:"诂者,故也,即本来之谓。训者,顺也,即引申之谓。训诂者,用语言解释语言之谓。若以此地之语释彼地之语,或以今时之语释昔时之语,虽属训诂之所有事,而非构成之原理。真正之训诂学,即以语言解释语言,初无时地之限域,且论其法式,明其义例,以求语言文字之系统与根源是也。"(《训诂述略》)他指出训诂的"方式有三:一曰互训,二曰义界,三曰推因"。他将词义分为若干类,如本有之训诂与后起之训诂,独立之训诂与隶属之训诂等,构成了比较完整的汉语词义系统。总之,黄侃全面系统地总结了训诂学的经验方法,第一个建立起了训诂学的学科理论体系,成为现代训诂学的奠基大师之一。

二、训诂学学科理论体系的逐渐完善

继章太炎、黄侃之后,胡朴安的《中国训诂学史》、齐佩瑢的《训诂学概论》,使训诂学理论体系日趋完善,标志着训诂学走向现代、走向成熟。

胡朴安(1878~1947)《中国训诂学史》成书于1937年。全书不含《绪言》分为六章。《绪言》分为"训诂学未兴以前时代"、"训诂学初兴时代"、"训诂学起原之因"、"训诂之意义"、"训诂学史之分期",全面概述了训诂学的基本情

况。第一章《尔雅》派之训诂；第二章传注派之训诂；第三章《释名》派之训诂；第四章《方言》派之训诂，将训诂学分为四大派，并详细介绍了重要训诂著作的作者、年代、内容、条例及其学术价值。第五章介绍了清代训诂学之方法，即文字通假、训诂异同、声韵流变、语词辨别、章句离析、名物考证、义理推求等七种方法。第六章"今后训诂学之趋势"，则主要介绍了考证法和推测法。胡氏认为"凡称为学，必有学术之方法。训诂之方法，至清朝汉学家，始能有条理、有统系之发见"，所以"自今日以前，所有诸训诂书，只可谓之训诂学材料，而不可谓之训诂学"。《中国训诂学史》将训诂学分为《尔雅》派、传注派、《释名》派、《方言》派，初步确立了训诂学的范围，勾勒了专书训诂与传注训诂的源流派别，总结了传统训诂学的方法和成果，从"史"的角度确定了训诂学的独立存在。但也应看到，该书未能从总体上显示出"训诂学变迁之迹"，在内容叙述和材料取舍方面也存有不当之处。

齐佩瑢（1911～1961）的《训诂学概论》出版于上世纪40年代，分为四章，第一章"绪说"，介绍训诂学及其起因、效用和工具。第二章"训诂的基本概念"，介绍了语义和语音、语义的单位、语义的演变、字义的种类。第三章"训诂的施用方术"，则主要介绍了音训、义训和术语。第四章"训诂的源渊流派"，介绍了实用的训诂学、理论的训诂学、训诂学的中衰、训诂学的复兴等内容。该书勾勒了训诂学史的基本轮廓，标志着现代训诂学理论体系的基本完善。

齐氏吸取了章太炎、黄侃、王国维等研究成果，用比较语言学的理论来阐述语义的单位、语义与语言的关系等训诂的基本概念。他说："要想使训诂脱离了文字形体的拘束，抛弃了玄学的空疏的不科学的氛围，走入现代比较语言学的领域，那么非得以比较语言学的理论作出发点不可。"他给训诂学下的定义是："研究前人的注疏、历代的训诂，分析归纳，明其源流，辨其指归，阐其枢要，述其方法，演为统系而条理之；更进而温故知新，评其优劣，根据我国语文的特质提出研究古语的新方法、新途径，这便是训诂学。"当然，齐氏《训诂学概论》也有不足之处，例如他说"严格地站在语言方面来说，只有训释古语古字的用义才能配称训诂。文字本义的研究应该属于文字学的范围之内的"。他因此把《说文》、形训排斥在训诂之外，显然是不妥当的。

在近现代训诂史上，沈兼士、何仲英、杨树达促进了训诂学学科理论体系的进一步完善。

沈兼士是章太炎的学生，他写过一系列训诂学方面的论文，其中《右文说在训诂学上之沿革及其推阐》、《声训论》、《研究文字学"形"和"义"的几个方法》影响最大。《研究文字学"形"和"义"的几个方法》从总体上提出了训诂学的体系纲要,他认为应该从训诂学概论、代语沿革考和现代方言三个角度去研究训诂学。"概论"着眼于从理论的角度全面总结训诂学的源流、要义和研究方法。"代语沿革考"是从纵向角度,依据古籍来探寻历代文语蜕变之轨迹。"现代方言"是从横向的角度来研究各地方言流变的情况。

何仲英的《训诂学引论》,引进科学分析方法,重视活语言研究,力图将传统训诂学改造为符合现代科学精神的古代语言学,但有些观点难以为学人接受。

杨树达著有《积微居小学述林》、《积微居小学金石论丛》、《词诠》、《汉书窥管》、《高等国文法》、《〈马氏文通〉刊误》等,对汉语词源学、语法理论颇有研究。20世纪40年代初,杨树达在湖南大学讲授训诂学,并因此形成了《训诂学讲义》一书。该书由训诂学之意义、训诂学之内容、训诂学之形成、训诂学之演变、训诂学之贡献五个部分构成,形成了一套相对完善的训诂学体系,为训诂学学科理论体系的建设作出了贡献。

另外,这段时期还出现了一批大型的和有特色的字典辞书,如《中华大字典》、《辞源》、《辞海》、《辞通》、《国语辞典》、《联绵字典》、《古书虚字集释》、《诗词曲语辞汇释》等。

张相(1877~1945)《诗词曲语辞汇释》汇集了唐宋金元明以来流行于诗词曲中的特殊语辞,详引例证,解释辞义与用法,兼谈其流变与演化,考证严密。该书"叙言",介绍了解释语辞的五种方法:体会声韵、辨认字形、玩绎章法、揣摩情节、比照意义,系作者研究诗词曲语辞汇的经验总结。

第七节　当代训诂学

当代是训诂学的繁荣期。

一、繁荣的表现

1949年解放以来,党和政府十分重视古籍整理。毛泽东同志在《新民主主义论》中指出:"中国的长期封建社会中,创造了灿烂的古代文代。清理古代文代的发展过程,剔除其封建性的糟粕,吸取其民主性的精华,是发展民族新文化,提高民族自尊心的必要条件,但是决不能无批判地兼收并蓄,必须将古代封建统治阶级的一切腐朽的东西和古代优秀的人民文化即多少带有民主性和革命性的东西区别开来。"要发展民族新文化,首先必须要继承传统文化。根据中央古籍整理小组的统计,仅1949年至1981年,我国就整理和出版了1559种古籍,改革开改以来,各省市均成立了古籍整理规划办公室,党和政府拨出专门经费,每年立项数百种古籍整理项目,截至现在,数以万计的古代文献得以整理和出版,大大促进了训诂学的繁荣发展。

在训诂工具书方面,出版了大量的字典,词典。且不说人们常用的《新华字典》、《现代汉语词典》、《汉语成语小词典》等。1958年,在国家的统一规划下,开始对旧《辞源》和旧《辞海》进行修订,并使这两部书各有分工,成为性质不同的两部中型工具书。修订后的《辞海》仍是综合性辞书,包括成语、典故、人名、地名以及各门学科的名词术语等。《辞源》修订为阅读古籍用的工具书和古典文史研究工作者的参考书。这两部书经过反复修订以后,在收词、注音、释义和体例方面,都以崭新的面貌出现,使我国工具书的编写工作向前迈进了一大步。

《汉语大字典》收列单字56000多个,是当今收字最多的大型字典。自1975年提出编写计划以来,被列为国家哲学社会科学"六五"规划的重点科研项目,于1985年定稿并分八册出版。该书注重每一个字的形、音、义描述,尽可能历史地、正确地反映每一个汉字形、音、义的发展历史。在字形方面,于楷书单字条目下收列了能够反映该字形体演变关系的、有代表性的甲骨文、金文、小篆和隶书形体,并简要说明其结构的演变。在字音方面,对所收列的楷书单字尽可能地注出了现代读音,并收列了中古的反切,标注了上古的韵部。在字义方面,不仅注重收列常用字的常用义,而且注意考释常用字的生僻义和生僻字的义项,还适当地收录了复音词中的词素义。可惜这部字典在释义方面过于求细,往往忽视词义的概括性,有时出现义项分合不当、释义不正确的情况,有待于进一步修订。

《汉语大词典》是一部大型的、历史性的汉语语文词典,是华东五省一市四百余人自1975年始,历时十年编纂而成的大型词书。共收词目约三十七万条,五千余万字,分为十二卷,另有检索表和附录一卷。该书只收汉语的一般词语,着重从词语的历史演变过程加以全面阐述。所收条目力求义项完备,释义确切,层次清楚,文字简练。单字则以有文献例证者为限,没有例证的僻字、死字一般不收列。专科词只收已经进入一般语词范围的,以与其它专科辞书相区别。这部词典以训释词义为主要任务,所有例证都是从古今著作原书摘录下来的第一手资料,准确可靠;具有体现源流、揭示用法、辅助释义、提供知识的作用。一般例证均标明时代、作者、书名、篇名,或卷次章节,并按时代顺序排列,书证的丰满,是其他汉语词典难以比拟的。《汉语大词典》从整体上反映了汉语词汇发展、演变的面貌,是一部科学性、知识性、实用性兼备的高质量的工具书,是我国辞书史上的里程碑。

伴随着改革开放的进程,我国高等教育事业蓬勃发展,本科院校的汉语言文学专业、文献学、考古学、历史学等专业相继开设了训诂学课,随之问世了一大批训诂学方面的教材,如周大璞主编的《训诂学初稿》、陆宗达的《训诂简论》、陆宗达、王宁的《训诂方法论》及《训诂与训诂学》、王宁的《训诂学原理》及《训诂学》、洪诚的《训诂学》、张永言的《训诂学简论》、郭在贻的《训诂丛稿》、黄大荣的《训诂学基础》、孙永选《训诂学纲要》、李建国的《汉语训诂学史》、白兆麟的《简明训诂学》及《新著训诂学引论》、许威汉的《训诂学导论》、杨端志的《训诂学》、孙雍长《训诂原理》、陈绂的《训诂学基础》、宋永培的《当代中国训诂学》、路广正的《训诂学通论》、郭芹纳的《训诂学》、苏宝荣、武建宇的《训诂学》、孟昭水、梁宗奎的《新编训诂学》、孟昭水的《训诂概论》等。另外,围绕着训诂学,还出现了一大批研究专著,如陆宗达、王宁、宋永培的《训诂学的知识和应用》、王云路的《词汇训诂论稿》等。训诂学教材及其研究专著的大量问世,标志着训诂学真正成为一门独立完善的学科并且进入空前的繁荣期。

周大璞的《训诂学初稿》是1982年受国家教委的委托而编写的一部适合于高等院校本科使用的训诂学教材。该书以周大璞的《训诂学要略》为基础,吸收了当时训诂学研究的最新成果和兄弟院校的宝贵经验,经过充分讨论,反复修订而写成的,注重理论性、系统性、知识性和实践性,观点正确,材料丰富,体例适当,论证周密,适合于高等院校文科使用。

王宁是当代著名的训诂学家,中国传统语言学的重要继承人之一,主要著作有《训诂方法论》、《训诂与训诂学》(与其师陆宗达合写)、《训诂学原理》、《训诂学》、《说文解字与汉字学》、《汉字构形学导论》等专著。其中的《训诂学》是受教育部的委托为中学教师进修而编写的一部高校教材。王宁说:"编写这本教材的宗旨,是把训诂学中最基础的部分选出,引导初学者较顺利地入门。"(王宁《训诂学》)所以该书重点对训诂理论进行阐释,努力创建一个科学的适合于现代人入门的训诂学教学体系。该书第一章阐释了训诂及训诂学的历史脉络。第二章介绍了随文释义的训诂材料,第三章介绍了训诂纂集专书,第四章介绍注释原理,第五章介绍了训诂考证的工作与材料。作者注重让学生多接触训诂材料,注重语例的选用。王宁认为"训诂的真正体例,是包含在它的原理之中的。所以,本书以阐释训诂原理为主,以便培养学生自觉地知其所以然地运用训诂材料的能力。(王宁《训诂学·编写说明》)该书之所以在第二、三章之后设第四章专门来阐释训释原理,"是因为随文释义的训诂和'小学'纂集专书的训诂都是以训释的方式存在的,其中所包含的原理,由在这两章之后的第四章来进行语言文字学的讲解"(引文同上),这种安排是恰当的。第六章阐释了训诂方法。第七章即最后一章介绍了训诂学的综合运用。该书的特点之一,在"绪论"中进一步区别了训诂与训诂学,强调了训诂是一种工作,这种工作的结果就是训诂材料,而训诂学则是以前代训诂工作为研究对象而建立起来的一门科学。该书的特点之二,设专章阐释了注释原理,明确了字与词、义与训之间的关系。该书的第三个特点是设专章阐释了训诂考证的工作与材料,综述了考证的两大类型及考证的结构,其论证之详细,超过了其它训诂学著作。总之,王宁的《训诂学》是一本适合现代人入门的好教材。

二、中国训诂学研究会的成长壮大

当代训诂学的繁荣,与中国训诂学研究会的成立、发展壮大是息息相关的,或者说,中国训诂学研究会是伴随着训诂学复苏、发展而诞生、壮大的。它的成立、发展过程,它的每一次学术活动,都映射着我国训诂学成长的身影,记录着我国训诂学前进的步伐。

1979年秋,南京大学洪诚教授、山东大学殷孟伦教授、南京师范学院(现南京师范大学)徐复教授带领教育部委托南京大学主办的"高校训诂学师资培训班"的28名学员,联名向全国语言学界发出了成立中国训诂学研究会的倡仪,得到了广泛而热烈的响应。此后,经过1980年一年的酝酿,1981年3月,在武汉召开了筹备会议,成立了以北京师范大学陆宗达教授为首的筹备组。

1981年5月2日至5月5日,中国训诂学研究会在武汉召开成立大会。湖北省党政领导到会祝贺,武汉大学、华中工学院、湖北大学的领导出席大会并讲话。参加会议的正式代表80多人,列席代表30多人,提交论文70多篇。会议就训诂学的研究对象、性质、方法、理论等问题进行了讨论,同时讨论并通过了中国训诂学研究会章程,选举了中国训诂学研究会第一届理事会。

中国训诂学研究会章程规定,中国训诂学研究会是中国传统语言学、训诂学工作者全国性的群众学术团体。学会的宗旨是:坚持党的四项基本原则,贯彻"百花齐放,百家争鸣"的方针,团结全国广大语文工作者,研究我国传统语言学,为继承和弘扬民族优秀文化,促进社会主义物质文明与精神文明建设,加强与港澳台及海外的文化交流,丰富世界文化宝库做贡献。学会的主要任务是继承、整理、研究中国传统语言学的理论和方法,加强训诂学的应用研究,开展全国性学术活动,组织学术交流,促进学术繁荣。

中国训诂学研究会历任会长为陆宗达(第一届,北京师范大学)、徐复(第二届,南京师范大学)、许嘉璐(第三届、第四届,北京师范大学)、李建国(第五、六、七、八届,国家语委)。

中国训诂学研究会成立以来,举行过多次学术活动。

1982年6月,在北京召开"全国高校训诂学教学大纲讨论会"。50多人出席了讨论会。会议讨论通过了训诂学大纲,决定编写高校通用的训诂学教材。

1982年11月,在苏州举行学术年会。出席会议的正式代表160多人,列席代表40多人,提交论文142篇。陆宗达、殷孟伦、徐复、王力、周祖谟等语言学界前辈云集,使本次年会成为中国语言学界盛况空前的一次学术活动。会议就训诂学领域的一些重大学术问题进行了研讨。

1983年11月,在扬州召开"纪念段玉裁、王念孙父子学术讨论会"。中国训诂学研究会协助江苏高邮县政府在王氏祖居的基础上建立了王氏父子纪念馆。为语言学历史名人修建纪念馆,在中国尚属首创,此举在中国语言学界引起很大反响。

1984年春,在西安举行学术年会。100多位代表出席了会议,提交论文80多篇。会议讨论了训诂学与相关学科的关系问题。

1985年4月,在开封——洛阳召开"纪念许慎学术讨论会"。120多人参加了会议,提交论文70多篇。中国训诂学研究会得到河南省政府的支持,重修了许慎墓(郾城县),修建了许慎纪念馆,树立了许慎塑像(洛阳)。

同年10月,中国训诂学研究会与武汉大学、南京大学等单位在武汉——南京联合举行"纪念黄侃诞辰100周年、逝世50周年学术讨论会"。100多位代表出席了会议,提交论文80多篇。同年10月,在江苏金坛举行"纪念段玉裁诞生250周年学术讨论会"。协助金坛县政府建立了段玉裁纪念馆。这次会议和本年度前两次会议一样,在国内外产生了重大影响。

1987年5月,在浙江富阳召开学术年会。近160人出席了会议,提交论文120篇。会议讨论了训诂学与古籍整理问题。

1988年4月,中国训诂学研究会与山东大学、高密县政府等在山东高密联合举行"郑玄学术讨论会"。60余人出席了会议,提交论文50余篇。与会代表瞻仰了郑玄墓和郑公祠。同年8月,在长春举行学术年会。会议交流了训诂教学和研究情况。

1990年11月,在苏州举行学术讨论会,并纪念南京大学洪诚先生逝世5周年。

1991年11月,在贵阳举行学术年会。会议就训诂学与古籍整理、训诂学的教学等问题进行了讨论。

1992 年 8 月,在湖南索溪峪举行学术年会。会议讨论了训诂学的理论建构等问题。

1994 年 9 月,在合肥举行学术年会。会议就训诂学与传统文化、皖派训诂成就等问题展开了深入的讨论。

1996 年 8 月 15 日至 17 日,在北京举行学术年会。会议以"训诂与辞书编纂"为中心议题进行了研讨。

1998 年 10 月 8 日至 14 日,在云南昆明——大理举行学术年会。会议就"训诂与辞书编纂理论研究"和"训诂与方言研究"这两个中心议题展开了深入的讨论。

2000 年 4 月,在南京举行学术年会。会议就"《说文解字》及《说文》学研究"和"徐复教授学术思想研究"这两个中心议题展开了深入讨论。

2000 年 11 月,中国训诂学研究会与瑞安市政府联合在浙江瑞安举行"孙诒让研究国际研讨会"。会议围绕"孙诒让学术思想研究"、"孙诒让生平事迹研究"、"孙诒让与清代学术"以及"有关孙诒让其他方面的研究"等议题进行了专门的研讨。

2002 年 8 月 11 日至 15 日,中国训诂学研究会学术年会在新疆师范大学召开。会议就"训诂与中学语文教学"和"西北地域文献研究"两个中心议题展开了深入的讨论。"训诂与中学语文教学",是中国训诂学研究会一直关注的问题,如 1991 年贵阳学术年会后,学会就曾主持编纂过《中学文言文标准注释》。这次专门加以研讨,是针对新编中学语文教材的文言课文增多的需要而进行的;以"西北地域文献研究"为议题,既是因为这次会议的地点在新疆,更是因为国家正在实行西部大开发战略。这两个议题都体现了中国训诂学研究会同仁关心社会、为国服务的热忱。

2004 年,中国训诂学研究会第七届年会在广西桂林举行,由广西师范大学中文系承办,商务印书馆和语文出版社协办。本次会议的研讨主题是:训诂学与古汉语词汇、训诂学与文言文教学。中国训诂学研究会会长李建国致开幕辞,四川大学教授赵振铎,北京大学教授郭锡良作学术演讲。安徽大学白兆麟教授、南京师范大学董志翘教授、浙江大学方一新教授也在会上作了专题学术报告。会议分训诂理论与实践探索、训诂学理论与方法的现代运用、古代文献与词义考释三个小组进行了热烈的讨论。理事会决定筹办专门性的学术刊物——《中国训诂学报》。

2006 年 10 月,中国训诂学研究会学术年会暨庆祝刘又辛教授从教 60 周年学术研讨会在重庆举行,由西南大学文献所和文学院承办。130 多位专家学者

以及博士生、硕士生与会,共提交论文 160 余篇。94 岁高龄的西南大学教授刘又辛先生出席开幕式并讲话,

2007 年 9 月,全国训诂学暨燕赵历史文化学术研讨会在邯郸学院隆重召开,全国各地 54 所院校、学术机构的近 80 位专家学者参加了会议。会议的主题有三,一是训诂学研究,二是燕赵历史文化研究,三是古籍整理。研究会会长、原语文出版社社长李建国致开幕词,北京大学教授、博导,年近 80 高龄的著名学者郭锡良老先生等四位专家作了专题发言。

2008 年 10 月,中国训诂学研究会学术年会暨黄侃国际学术研讨会在武汉大学举行。出席会议的有来自全国各地的 66 所高校、科研机构及出版单位的 100 多位专家学者,共提交论文 110 篇,其内容涉及到黄侃的学术思想、《辞源》修订和词典编撰、音韵、词汇及语法等方面的研究,比较集中地展示了训诂学领域近年来的最新研究成果。北京大学郭锡良教授、武汉大学宗福邦教授、广州大学孙雍长教授、山东大学杨端志教授、语文出版社李建国教授、南京师范大学董志翘教授、浙江大学方一新教授等作了大会学术报告。在闭幕式上,副会长董志翘教授回顾了训诂学研究会与武汉的渊源,认为训诂学研究会自 1981 年 5 月在武汉空军招待所正式成立以来,活动从未间断,研究队伍日益壮大。湖北是黄侃先生的故乡,黄侃先生既是伟大的革命家、爱国者,又是伟大的学者,他成功地衔接了两个时代的文化。章黄学派传承朴学、求真务实,对我国人文学科优良学风的形成影响深远,而武汉大学学者在做《故训汇纂》、《古音汇纂》等项目时表现出来的踏实作风正是黄侃精神的继承和发扬。

2009 年 7 月 1 日,《中国训诂学报》第一辑出版。《中国训诂学报》由中国训诂学研究会主办,是研究训诂学的专门期刊。本刊的宗旨是:接续传统,弘扬和发展中国固有学术文化;荟萃训诂研究最新成果,介绍最新理念方法;集结训诂专业人才,开展学术交流,促进学术发展。训诂学是中国的本土学术,也是中国发端最早、历史最久、实用性最强的应用学科。

2010 年 11 月,中国训诂学研究会学术年会在武夷山召开。本次年会由中国训诂学研究会秘书处、厦门大学中文系、国家语言资源监测与研究中心教育教材语言分中心联合主办,共收到论文 87 篇。来自全国 21 个省市及香港特区的 89 位学者围绕"训诂与国学传承"和"训诂与方言文化"两个议题进行了热烈而深入的讨论。

2011 年 8 月,中国训诂学研究会主办、西南交通大学艺术与传播学院承办的"2011 年海峡两岸'文献与方言研究'学术研讨会"在西南交通大学举行。来自台湾、香港和大陆两岸三地的高校、科研、出版单位近 120 位专家学者出席了

会议,共收到 109 篇论文,内容涉及到训诂学、经学、文学、史学、宗教学、文献学、辞书学等诸多领域,涵盖了文字、音韵、词汇、语法等各个方面。本次研讨会的一大特色,就是突破了训诂学语言研究的单一性,体现了训诂学与文化学的交叉和渗透。赵振铎、蔡根祥、单周尧、李建国、虞万里先生的大会学术报告,从文化学的角度对训诂学的对象、内容、方法作了深入的探讨。来自海峡彼岸及香港特区的 10 多位专家学者,带来了训诂学研究的最新信息和研究成果。炎黄子孙汇聚一堂,以文会友,以友辅仁,使此次会议成了一次高品位的学术会议。

　　中国训诂学研究会此前还先后编辑、出版过《黄侃学术论丛》、《金坛段玉裁研究论集》、《王念孙、王引之研究论丛》、《许慎与说文研究论集》、《高邮王氏四种》、《中学文言文标准注释》、《文白对照〈十三经〉》、《文白对照〈诸子集成〉》等著作。还举办过三次训诂学讲习班,培养过一大批训诂学教学、科研人才。

　　31 年来,中国训诂学研究会在积极促进训诂学不断发展的同时,自身的组织建设也在不断完善,已成为具有独立法人资格的全国性社团。学会内部管理日趋规范,对外交流日益加强。德高望重的年长会员热情关注学会的成长,始终把握着学会发展的正确方向;而一批新的、学有所成的年轻会员的加入,又使学会的生命力更加旺盛。中国训诂学研究会正在为我国训诂学、语言学的发展做出新的贡献。

02

实践篇

第一章

古书的校勘

第一节 校勘及其历史

自从有了文字便有了古籍文献,要想推广传播古籍文献便要抄写、印刷,而抄写、印刷的过程就难免出现差错,年深日久就容易以讹传讹,这自然会影响古籍文献的准确性和可靠性。为了恢复历史文献的本来面目并保证古籍能够顺利流传,于是对历史文献的校勘工作便应运而生。

一、何谓校勘

校勘最初叫校雠(chóu),作为一门独立的学问,始于西汉。西汉刘向《别录》:"校雠,一人读书,校其上下,得其谬误为'校';一人持本,一人读书,若冤家相对,故曰'雠'也。"①湖南长沙曾出土过一个晋永宁二年坟墓中的校雠俑,两人相向跪坐,一人读书,一人执笔校正讹字,十分形象地展现了当时人们校勘书籍的活动。

校雠是简册时代校书的一个重要环节,根据刘向的定义,"校"和"雠"是有区别的。"校"是由一个人完成的,侧重于"校其上下"文义,即通过一书的不同版本和它书的有关记载,以及对该书前后有关文字的核对,尽可能地找出并改正这部书在流传过程中所产生的文字讹误、衍脱、倒置、重文、错简等问题,以恢复这部古书的本来面目。这个工作过程相当于我们今天的校勘。"雠"是由两个人共同完成的(由于那时简册笨重,这一工作通常由两个人来完成)。其工作特点"一人持本,一人读书",相当于我们今天的校对。校对在今天是出版的一

① 李昉:《太平御览》,中华书局1960年版。

个必不可少的环节,即通过校对保障出版物和原稿绝对一致。校对是一种机械性工作,必须忠实于原稿,对原稿中的内容甚至错误不能有任何的改动,这与作为学术工作的校勘有明显的不同。

孙培镜先生在《汉文字校雠的源流与传承》一文中指出:"关于校勘与校对的关联性和共同点,从两千多年前刘向的校雠实践中就能够窥见端倪。刘向在《别录》中告诉我们:他整理好每一种古籍后,总要提出,'定以杀青,书可缮写'。'杀青'的本义是烘干竹简,以便于书写,引申为定稿。'书可缮写',就是可以依照定稿缮写在帛素(丝织品)上,使之成书。在这两个过程中,都需要'比勘图文',以纠正讹误,也就是都需要校雠。后人通常称前者为校勘,后者为校对。由此可见两者的关联性和共同点。至于两者的不同点主要是:校勘所纠正的是祖本或底本中的讹误,包括原著作者有悖于客观事实、事理的讹误和以往的整理者、复制者有违于原著本意的讹误。清代校雠学者段玉裁称前者为'作者之是非',称后者为'本子之是非',后者实即原著本与复制本之间的'异同'。而校对所纠正的,则侧重于当前的复制样本中有'异'于定稿的讹误。也可以说,校勘一般是校是非和校异同并重,而校对侧重于校异同。"①由此可见"校雠"析言则异,浑言则同。

东汉以后,"校雠"又叫做"校勘"。《说文解字》:"勘,校也。"《玉篇》:"勘,覆定也。"可见,"勘"与"校"是同义词,有复核审定的意思。"勘"字古亦作"刊"。《玉篇》:"刊,削也、定也、除也。"古人写字于竹简,如有错误,便用刀削除改正,然后成为定本,故"刊"、"勘"有削除覆定之义。应劭《风俗通义》曰:"刘向为孝成皇帝典校书籍二十余年,皆先竹书,为易刊定。"可见,古人整理图书先写在竹简上,以便于削除改正错误,待校定无误,也就是"杀青"后,再写在缣帛上。本来"刊"、"勘"二字义近而常通用,后世将其分开,习惯用"刊"指刻书,"勘"指定书。

"校勘"一词合用,最早见于梁沈约《上言宜校勘谱籍》:"宜选史传学士谙究流品者,为左民郎、左民尚书,专典校勘。"②此处指广义校勘,包括现在目录、版本、校勘等内容。到唐宋时期,校勘一词应用渐多,词义多转为狭义,如欧阳修《文忠集·春秋繁露》:"予在馆中校勘群书,见有八十余篇,然多错乱重复。"主要指校正文字而言。

所谓"校勘",就是把一种古籍的不同版本搜集起来,利用同一部书的不同

---

① 孙培镜:《汉文字校雠的源流与传承》,载《出版科学》,2002 年第 1 期。
② 严可均:《全梁文》,商务印书馆 1999 年版。

版本以及有关资料加以比较,考订文字的异同,审定其中的正误,恢复原书的真貌,达到"以贾还贾,以孔还孔,以陆还陆,以杜还杜,以郑还郑"的目的的学科。

校勘是进行训诂的第一步工作,是传统训诂学的一项重要内容。唐代以前,没有雕版印刷,全靠手抄行世。这些手抄本,文字常有错讹、衍脱,加上抄书的人水平不等。其所用的本子也时有差异,这都需要校订。晚唐以后,发明了雕版印刷,紧随着也就出现了版本问题。版本不同,难免就有文字方面的讹误、衍脱等毛病出现。加上古代学术各有流派,师承不同,虽然同说一经,文字亦有不同。其章节断句,往往有异。东汉以后,以注附经,又出现了经注混淆的现象,或注误入经中,或经混入注中,这些都需要分清楚,否则古代文献就无法理解。

二、校勘的历史演变

校勘之学,由来已久,春秋是校勘学的源头。据《国语·鲁语》记载:"昔正考父校商之名《颂》十二篇于周太师,以《那》为首。"这是中国古代有文献记载的最早的校事,距今约 2800 年。正考父为孔子的七世祖,当时为宋国大夫。正考父请求在周王朝掌管礼乐的长官周太师校商代的十二篇《颂》诗,首篇为《那》(nuó,有美好、盛多的含义)。孔子曾经对《诗》、《书》、《礼》、《乐》进行过"删"、"定",也就是对先秦典籍进行过校勘、整理。孔子的学生子夏也长于校勘。《吕氏春秋·察传》记载:"子夏之晋,过卫,有读《史记》者曰:'晋师三豕涉河。'子夏曰:'非也,是己亥也。夫己与三相近,豕与亥相似。'至于晋而问之,则曰:'晋师己亥涉河也。'"但这时的校勘是偶一为之,不是有组织、有计划的校勘活动。

真正有组织有计划地进行大规模的校书活动是从汉代开始的。汉初,图书散乱,高祖命"萧何次律令,韩信申军法,张苍为章程,叔孙通定礼仪"。(《汉书·高帝纪》)这里面就有校勘古代文献的内容。汉武帝采纳董仲舒"罢黜百家,独尊儒术"的建议,于是掀起了轰轰烈烈的校经书、注经书的活动。据《汉书·艺文志》记载:"昔仲尼没而微言绝,七十子丧而大义乖。故《春秋》分为五,《诗》分为四,《易》有数家之传。战国从衡,真伪分争,诸子之言纷然殽乱。至秦患之,乃燔灭文章,以愚黔首。汉兴,改秦之败,大收篇籍,广开献书之路。迄孝武世,书缺简脱,礼坏乐崩,圣上喟然而称曰:'朕甚闵焉!'于是建藏书之策,置写书之官,下及诸子传说,皆充秘府。至成帝时,以书颇散亡,使谒者陈农求遗书于天下。诏光禄大夫刘向校经传诸子诗赋,步兵校尉任宏校兵书,太史令尹咸校数术,侍医李柱国校方技。每一书已,向辄条其篇目,撮其指意,录而奏之。会向卒,哀帝复使向子侍中奉车都尉歆卒父业。歆于是总群书而奏其《七略》,故有《辑略》,有《六艺略》,有《诸子略》,有《诗赋略》,有《兵书略》,有《术数略》,有《方技略》。"可见,汉代以刘向、刘歆父子为首组织专业人士分工合作,整理古籍,开创了校勘之学,取得了巨大的成绩。据《汉书·艺文志》记载:"凡《易》十三家,二百九十四篇。""凡《书》九家,四百一十二篇。""凡《诗》六家,四百一十六卷。""凡《礼》十三家,五百五十五篇。""凡乐六家,百六十五篇。""凡《春秋》二十三家,九百四十八篇。""凡《论语》十二家,二百二十九篇。""凡《孝经》十一家,五十九篇。""凡《六艺》一百三家,三千一百二十三篇。"可见汉代的文献校勘、整理工作取得了辉煌的成就。汉人的传注常常包含着校书,郑玄的《周礼注》、《仪礼注》和《礼记注》以及《毛诗笺》尤为如此。唐人陆德明的《经典释文》将音、义、校三者结合起来,取得了突出成绩。清人成绩更是辉煌,惠栋、戴震、王念孙、王引之、俞樾都做出了杰出贡献。校书同样受到人们的重视,而且与训诂合流。

第二节　校勘的内容

根据校勘的对象,校勘可以分为:校文字、校篇章、校标题款式三种

一、校文字

校文字,又可以分为校异文、讹文、脱文、衍文、倒文五类。

1. 校异文:

异文就是指同一语言环境中同一位置上的不同的文字,出现这种情况的原因是多方面的:

或因音近而致误:《史记·五帝本纪》:"涿鹿"作"浊鹿"

或因形近而误:《礼记·典礼下》:"倾"作"侧";《后汉书·荀悦传》"欢"作"观"。

或因古今字致误:《仪礼·士冠礼》"緟"后作"熏";《礼记·王制》"圭"作"珪"。

或因正俗字致异:《周礼·地官·大司徒职》:"鳞"作"麶";《周礼·天官》"殰"作"殠"。

或因抄写致误:《礼记·月令》:"渔师"作"榜人";《史记·五帝本纪》:"载"作"履"等。

校正异文的方法是为校而记异,一般不作是非判定,让读者自己去斟酌确定。

校异文时常用"X作X",或"X亦作X"的格式。例如:

"杜蒉自外来。"(《礼记·檀弓下》)

郑注:"杜蒉,或作屠蒯。"

"人不乐生,不可劝以善。"(《后汉书·荀悦传》)

中华书局点校本《校勘记》:"按:《申鉴》'劝'作'观'。"

另外,因避讳而故意使字的笔画缺少而形成的避讳字,也属于异文的一种。如为避康熙帝名(爱新觉罗·玄烨)讳,清代古籍中的郑玄便写作"郑玄"。再如孔子名丘,清朝避孔丘讳,雍正三年上谕除《四书》《五经》外,凡遇"丘"字,一律加"阝"旁写作"邱",地名字亦作"邱",因此,泰山南面的"介丘山",在清唐仲冕的《岱览》中一律写成了"介邱山"。

2. 校讹文

讹文即古籍文献中的错别字(异文中也有错别字)。出现讹文的原因除了上面所讲的几种外,还有如下原因:

或因字体相近而致误:例如:

"尧以天下让舜。鲧为诸侯……以尧为失伦。欲得三公。怒甚猛兽,欲以为乱。"(《吕氏春秋·行论》)

王念孙《读书杂志》曰:"《论衡·率性篇》作'怒其猛兽',当从之。"

再如《时则》"戊"误作"戈"。在古籍中"己"、"已"、"巳"三字,"人"、"入"二字,经常因形似而致误,对这类字要特别注意辨析。

或因妄改而致误:如《杂志·原道》"六"误作"人"。

或由于自然损耗,造成字形缺失而致误。《老学庵笔记》曾记载过这样一个故事:宋朝考官姚祐以"乾为金,坤又为金,何也"命题,考生皆罔然不知所云,无法下笔答卷。原来,他根据的是麻沙镇刻的《周易》,麻沙本校勘不精,错乱很多,在宋本书中是下品。当时人们找来国子监的刻本一对,原来"坤为金"是"坤为釜"之误,"釜"字上脱两点,于是变成了"金"字。再如:

《战国策·秦策》:"血流至足。"案,《史记·苏秦列传》集解、《太平御览》人事部、器物部引此并作"血流至踵"。清儒王念孙曰:"作踵者是也,今本作足,传写脱其右畔耳。《曲礼》曰:'行不举足、车轮曳踵。'是足为总名,而踵为专称。踵着于地,故血流至踵而止,若泛言至足,则其义不明。《庄子》亦言汗流至踵,不言至足也。"(《读战国策杂志》)可见,"血流至足",当作"血流至踵"。

或一字误分二字,如俞樾《举例》:"靦"误作"见间";"忘"误作"正心"。传说有个县令差下人买猪舌,结果下人把"舌"字看成了"千口",下人遂买猪千口,闹出了大笑话。

或二字误合为一字,如《礼记·檀弓》:"二夫人相为服。""夫"字是衍文,盖原文本作"二人相为服","二人"两字竖写,误合为"夫",有人旁记"二人"以正其误,而传写者误合之,遂成"二夫人。(见俞樾《古书疑义举例》卷五)。

再如《后汉书·祭祀上》有"立坛丙地"。考此句的前后文,并没有提及"甲地"、"乙地",故此句不应该突然出现"丙地"。按:清人唐仲冕《岱览·岱礼上》引用此文时作"立坛之内地",可知"丙"当是"之内"二字的的误写。究其原因,古书为竖排版,当"之"字的上部模糊不清时,竖排版的"之内"二字就变成了"丙"字,因而造成了错误。

既然是错误,就应当给予更正,所以校正讹文常用"X 当作 X","X 当为 X"的格式。例如:

"周作尸,诏佑武方。"(《礼记·礼器》)

郑玄注:"'武'为'无'之声误也,'方'犹'常'也。"据此可知,"武"当作"无","方当作常"。"武方"当作"无常"。

3. 校脱文

脱文为古籍在传抄刻印的过程中脱落、丢失的文字,亦称夺文。古籍书写时常用"口"表示脱文。

出现脱文的原因有:

或自然脱落,如刘向校《尚书》,指出《酒诰》脱简一(25 字),《诏诰》脱简二,等等。

或因不慎脱落,或妄删脱落,或刻书妄删者(例略)

校脱文一般用指出无某字的办法。例如:

(1)"酒正奉之。"(《周礼·天官·酒正》)

郑玄注:"故书'酒正'无'酒'字。"再如:

(2)"太后怒,鏦嘉以矛,王止太后。"

王念孙《读书杂志》"汉书第十四"校:"宋祁曰:鏦字上别本有'欲'字。念孙按:别本是也。若无'欲'字,则与下文不合。景祐本及《史记》皆有欲字。"

(3)"夫兵不可偃也,譬之若水火然。"(《吕氏春秋·荡兵》)

孙人和《吕氏春秋举正》:"'兵'下本有'之'字,而今本脱之,《治要》、《书钞》一百十三引'兵'下并有'之'字。"

校脱文的格式今天常用"脱X字"或"X,脱文"来表示。如按照格式,例(1)可以写作"脱'酒'字",或写作"酒,脱文";例(2)可以写作"脱'欲'字",或写作"欲,脱文"。例(3)可写作"脱'之'字",或写作"之,脱文"。

4. 校衍文

衍文是指古书在传抄刻印的过程中多出的不应该有的文字,亦称羡文、衍字。出现衍文的原因是多方面的。

或两字义同误衍。如《墨子·各城门》:"知智"同义,误衍一"知"字。

或因上下文误衍:如《周书·太匡》因下文有"墙"字而上文衍出一"墙"字。

或因注文而误衍。如俞樾《举例》:《商子·垦令》因注文有"朴,根株也"。而窜入正文一"朴"字。

或因误加而衍。如王念孙《杂志·览冥》引文于"燧"上加"阳"字。

校正衍文大都采用指出衍文的办法。校衍文常用的格式有:"X,衍文";"X,衍字"或"衍X字"。例如:

"栉縰笄总角拂髦。"(《礼让·内则》)

郑玄注:"角,衍字也。"再如:

"子为之乎?必不为。何故?则冠履不若手足之贵也。"(《墨子·贵义》)

王念孙说:"'何故则'皆本作'何则',后人误以'则'字下属为句,故于'何'下加'故'字耳。'何则'与'何也'同义。……《太平御览》人事部十一、六十二、资产部二,引此并作'何则',无'故'字。"(《读墨子杂志》)再如:

"非兹是无以理人,非兹是无以生财。"(《管子·君臣上篇》)

俞樾按:"是"字衍文,"非兹"即"非是",有"兹"不必更有"是"字。

5. 校倒文

倒文是指在古文献中,由于种种原因而出现的文字错倒现象。出现倒文的原因如下:

或因两字平列而误倒。如《礼记·月令》将"短长"误作"长短"。

或因不识通假而误倒。如王氏《读书杂志》指出《人间》将"不而"误作"而不"。

或因写、刻、排印不慎而误倒。如《十三经注疏·周礼·天官》将"田兽者"误排"罟"之前。

校勘应指出正常语序应如何排列。例如:

"人之救火者死,比死敌之赏。"(《韩非子·内储说上》)

王先慎《韩非子集解》:"'者死'当做'死者'"。依其言,原文应为:"人之救火死者,比死敌之赏。"再如:

237

"荐加豆笾"(《周礼·春官·内宗》)

郑玄注:"故书为'笾豆'。"再如:

"木益枯则劲,涂益乾则轻。"(《吕氏春秋·别类》)

王念孙《读书杂志》:"据下文及《淮南·人间篇》,此文当作'木枯则益劲,涂乾则益轻。"再如:

"与兄世基同受学于吴顾野王余十年。"(《新唐书·虞世南传》:)

"余十年"不通,查《旧唐书》作"十余年",可见"余十"当乙正。

改正古籍文献中词句的倒文,又叫做"乙正"。例如清俞樾《诸子平议·吕氏春秋一》:"人之情":"两句传写互易……当乙正。"郭沫若《奴隶制时代·古代文字之辩证的发展》:"'毋或弗敬',原作'毋弗或敬',乃误倒,今为乙正。"

"乙正"又简称"乙",《汉语大词典》云:"乙,校勘术语,表示勾转倒误。"例如唐韩愈《读鹖冠子》:"文字脱谬为之正三十有五字,乙者三,灭者二十有二,注十有二字云。"

二、校篇章

1. 校篇

此指校勘一部书中篇章的存佚真伪情况,使读者对此书有全面真实的认识。如《毛传》、郑笺对《诗·小雅》前三篇《南陔》、《白华》、《华黍》的亡佚时间作了说明。日本人内田吟风考校《魏书·刑罚志》指出:"百衲本《魏书·刑罚志》(即影印宋绍兴眉山刊本)这一部分,其第十四页末行作:'父卖为婢体。本是良回卖转之曰应有迟疑而',后面没有十五页,就直接跳到十六页等。"——这就告诉我们本篇不完整。又如刘蔚华先生指出《管子》里面的一些篇目是阴阳五行家的伪作。

清代学者王国维用明抄本的《张说之文集》,校对明嘉靖刻本,结果发现嘉靖本脱掉两页,卷二十三内脱文一篇,又脱落一行者共十处。(见吴枫《中国古典文献学》190页)

再如《水经注·江水》写三峡最精彩的一段,实际出自盛弘之的《荆州记》,而非郦道元的手笔。由于《水经注》脱落了"盛弘之《荆州记》曰"七字,致使后人搞错了作者的姓名。

校篇及考校篇次:一部书内的篇目前后安排不同,应加以考校说明。如《仪礼》十七篇,两汉大戴、小戴、刘向三家传本篇次各一,郑玄作考校说明。

2. 校章

不同的版本在一章内含有多少句,句与句之间的次第安排如何,每句有多少字,都要校考,此不赘述。

第三节　校勘的方法

校勘的方法一般采纳陈垣校《元典章》采用的四种方法,即对校法、本校法、他校法和理校法。

一、对校法

指用同一部书的不同版本加以对照比较进行校勘的方法。陈垣说:"对校法,即以同书之祖本或别本对读,遇不同之处,则注于其旁。刘向《别录》所谓'一人持本,一人读书,若冤家相对'者,即此法也。此法最简便,最稳当,纯属机械法。其主旨在校异同,不校是非。故其短处在不负责任,虽祖本或别本有讹,亦照式录之;而其长处在不参己见,得此校本,可知祖本或别本之本来面目。故凡校一书,必须先用对校法,然后再用其他校法。"对校是要校出底本、祖本或别本的异同,是一个获得异文资料、发现错误的过程。① 例如:

"民之难治,以其多智。"(《老子》六十五章)

查 1973 年湖南长沙马王堆三号汉墓出土的帛书《老子》,作"民之难治,以其智。"可知今本《老子》六十五章中的"多"字是衍文。再如:

"貉汶则死。"(《周礼·考工记》)

郑玄注:"貉,或作猿,谓善缘木之猿也。"

"貉或作猿",是郑玄看到当时的其他版本所作的校,仅指出异同而已。

二、本校法

即用同一部书的前后文进行比较、互证以校正异同、判定是非的校勘方法。

陈垣说:"本校法者,以本书前后互证,而抉择其异同,则知其中之谬误。吴缜之《新唐书纠缪》,汪辉祖之《元史本正》,即用此法。此法于未得祖本或别本

---

① 陈垣:《校勘学释例》,见《中国现代学术经典·陈垣卷》,河北教育出版社 1996 年版。

之前,最宜用之。予于《元典章》曾以纲目校目录,以目录校书,以书校表,以正集校新集,得其节目讹误者若干条。至于字句之间,则循览上下文义,近而数页,远而数卷,属词比事,牴牾自见,不必尽据异本也。"①例如:

《说文·卅部》:"芘(zǐ),芘卅也。"段玉裁注:"三字句,'芘'字仅得免删,可以证'蒉'下必云'蒉草也','蘆'下必云'蘆卅也',皆浅人删之。"杨端志按:今大徐本《说文》:"蒉,卅也。""蘆,卅也。"按照《说文解字》的释词条例,"蒉,卅也",当作"蒉,蒉草也";蘆,卅也",当作"蘆,蘆卅也"。再如:

清唐仲冕《岱览》"卷目""岱阳全图"当作"岱阳总图";"岱阴全图"当作"岱阴总图",因为该书所附录的"图"上清清楚楚地写着"岱阳总图"和"岱阴总图",这是画图者亲自题名的,所以唐仲冕在编纂《岱览》时应该根据图名来编辑目录,而不该随意改变画图者自题的图名。再如:

"乃年岁之未晏兮,时亦犹其未央。"(《离骚》)

闻一多《离骚校补》:案"犹其"二字当互乙。原因是上文有"虽九死其犹未悔"、"唯昭质其犹未亏"、"览余初其犹未悔"、"览察草木其犹未得兮",这些句子并作"其犹未",可见"犹其未"当作"其犹未"。

三、他校法

指用本书或其它援引本书的文字材料来比较异同、断定是非的校勘方法。

陈垣说:"他校法者,以他书校本书。凡其书有采自前人者,可以前人之书校之;有为后人所引用者,可以后人之书校之;其史料有为同时之书所并载者,可以同时之书校之。此等校法,范围较广,用力较劳,而有时非此不能证明其讹误。丁国钧《晋书校文》;岑刻之《旧唐书校勘记》,皆此法也。"②陈垣校《元典章》时沈刻本与元刻本都有"纳尖尖"的字样,不知何意。他查对《元史》"祭祀志"和"舆服志",才知道原来是"纳失失",因字形相似而写错了,从而更正了元刻本和沈家本刻本的错误。再如:

"良夜未半往。"(《史记·留侯世家》)

梁玉绳《史记志疑》:"案《汉书》无'未'字,是。"此依《汉书》校《史记》。再如:

清唐仲冕《岱览·原岱上》引用《公羊传》云:"触石而出,肤寸而合,不崇朝

---

① 陈垣:《校勘学释例》,见《中国现代学术经典·陈垣卷》,河北教育出版社1996年版。
② 同上书。

而遍雨乎天下，唯泰山尔。"据中华书局影印本《十三经注疏·公羊传》，《岱览》的这段引文脱落了"者"字，当作"不崇朝而遍雨乎天下者"。再如《岱览·原岱上》：

> 《白虎通》云："岱，言万物更相代于东方。"《汉书·眭宏传》云："泰山，岱宗之岳，王者易姓告代之处。"袁宏《后汉纪》云："东方者，万物之所始；山岳者，灵气之所宅。"《文献通考》云："岱宗，东岳，以其处东北，居寅丑之间，万物终始之地，阴阳交泰之所，为众山之所宗主也。"

据上海书店印行的《四部丛刊·白虎通德论》卷第五"巡狩"，可知"岱"的后面脱"宗者"二字，"东方"的后面脱"也"字，《岱览》引文当作："岱宗者，言万物更相代于东方也"。《岱览》中的《汉书·眭宏传》，中华书局版《汉书》作《汉书·眭弘传》。袁宏《后汉纪》中的"东方者"，据《岱史》及《文献通考》中的录文当作"夫东方者"，《岱览》脱"夫"字。据中华书局版《文献通考》，《岱览》中的引文脱"也特谓泰山为岱宗者"，脱"此其所以谓之岱宗是"诸字。《岱览》中的引文应改作："岱宗，东岳也，特谓泰山为岱宗者，以其处东北，居寅丑之间，万物始终之地，阴阳交泰之所，为众山之所宗主，此其所以谓之岱宗是也。"

"他校法"的取材范围甚广，著名文献学家张舜徽先生说"就过去学者们校书工作言，大半是采用许多较早、较好的本子来供校勘。……但在今天，便不应停留在这一境地；所根据的底本，也不应局限于宋元旧椠了。就实物言，有龟甲和金石刻辞；就纸本言，有六朝隋唐的写卷；都可以拿来校订古书。所以取材的范围自然比过去广阔得多了。"[1]譬如颜之推根据秦权铭文指出《史记·始皇本纪》"丞相隗林"系"隗状"之误。这是利用古代文物进行的校勘。白兆麟先生说："与传世典籍不存在'版本'关系而有着某种源流关系的所有'文物'，应当都是可资'他校'利用的材料，如同类书、引文、古注、典故等，其方法自然属于陈氏之'他校法'，这是毫无疑义的。"[2]

四、理校法

这是综合运用各种知识，据理推断是非的校勘方法。

陈垣说："段玉裁曰：'校书之难，非照本改字不讹不漏之难，定其是非之难。'所谓理校法也，遇无古本可据，或数本互异，而无所适从之时，则须用此法。

① 张舜徽：《中国古代史籍校读法》，上海古籍出版社 1981 年版。
② 白兆麟：《陈垣的校勘方法》，载《学术月刊》，1997 年第 1 期。

此法须通识为之,否则鲁莽灭裂,以不误为误,而纠纷愈甚矣。故最高妙者此法,最危险者亦此法。"①

此法虽危险,然古人运用此法者亦甚多。如:

"人之见之者,皆以为葬也。其慎也,盖殡也。"郑玄注:"慎"当为"引",礼家读为"然",声之误也。

杨端志按:"郑注是从声韵关系上进行理校的,他认为"慎"、"引"、"然"读音相近,文中用"慎",礼家读为"然",都是音近而误,只有"引"才是正确的。再如:

"由所杀蛇白帝子,所杀者赤帝子故也。(《汉书·高帝记》)

王念孙《读汉书杂志》:"下'所'字涉上'所'字而衍,'杀者'谓杀蛇者也,则'杀者'上不当有'所'字。"《史记·高祖本纪》正作"杀者",无"所"字。——这是根据语法进行理校的。再如:

"大天而思之,孰与畜物而制之? 从天而颂之,孰与制天命而用之? 望时而待之,孰与应时而使之? 因物而多之,孰与骋能而化之?"(《荀子·天论》)

王念孙《读荀子杂志》认为,第一个"制"字当是"裁"字之误,因为这一段是韵文,"思""裁"为韵、"颂""用"为韵、"待""使"为韵、"多""化"为韵。"思""裁"二字,于古音并属之部,"制"字于古音属祭部,不得与"思"为韵也。"——这是根据音韵进行的校勘。

五、综合校勘法

古人在校勘时,将以上几种方法并用,以免发生偏颇疏漏。例如:

西使张奉于(孙)权前列尚书阚泽姓名以嘲泽,泽不能答。综下行酒,因劝酒曰:'蜀者何也? 有犬为独,无犬为蜀,横目苟身,虫入其腹。'(《三国志·吴书·薛综传》)裴松之《三国志注》:"臣松之见诸书本,'苟身'或作'句身',以为既云'横目',则宜曰'句身'。"

本例为对校与理校的综合校法。

---

① 陈垣:《校勘学释例》,见《中国现代学术经典·陈垣卷》,河北教育出版社1996年版。

六、发凡起例

(一)何谓发凡起例

发凡起例就是说明体例。一部书,尤其工具书,作者往往于正文前叙述全书的编写目的和体例,称为凡例,或称"例言",或称"发凡"。"发凡"非常重要,好的凡例能起到导读的作用。古人,特别是唐以前,其凡例多散见于著作的各部分之内,不集中,起不到导读的作用。因此,训诂学家往往有发凡起例之作,给读者一个读此书的向导。例如

《说文·一部》:"凡一之属皆从一。"段玉裁《说文解字注》:"凡云'凡某之属皆从某'者,《自序》所谓'分别部居,不相杂厕'也。"

(二)训诂家的发凡起例有如下类型:

1. 考察某部书的写作条例,编成一部揭示训诂条例的辅助读物。如杜预的《春秋释例》等。

2. 考察某书注释条例,编成一部揭示训诂体例的独立著作。如清·陈立《公羊解诂释例》。

3. 考察某书编写条例,把揭示条例的文字分散于各有关注文之中,段玉裁《说文解字注》中便常揭示许慎《说文解字》的条例。

4. 说明自己作注条例,如李善《文选》注中即有注解条例的文字。唐颜师古为《汉书》作注,亲自撰写的《汉书叙例》。再如中华书局出版的《史记》,书后所附录的《点校后记》,详细说明了标点、校勘的条例。

第四节　校勘记举例

所谓校勘记,就是把校勘中发现的异文、讹文、脱文、衍文、倒文等用文字标记出来。校勘记常用一些固定的术语,如校异文时常用"X作X",或"X亦作X";校讹文时常用"X当作X","X当为X";校衍文时常用"X,衍文",或"衍X字";校脱文时用"X,脱文",或"脱X字"等。

校勘古书的结果,一般都要写成"校勘记"。我们以著名的《十三经注疏》"校勘记"、《史记》、《汉书》中的"校勘记"为例,说明如何阅读"校勘记",如何写作"校勘记"。

一、阮元的《十三经注疏》"校勘记"

清人阮元为《十三经注疏》作出的"校勘记",颇为流行。从阮元的《十三经注疏》"校勘记"可以看出,阮元不但校勘了"十三经"正文,而且还为前人的注释,如毛传、郑笺等都作出了校勘记。例如:

《毛诗正义·硕鼠》郑笺云:"曾无教令恩德来顾眷我。"

阮元的"校勘记"曰:"小字本、相台本同。案:依《正义》当作'眷顾',各本皆误倒也。"

阮元所说的《正义》,指唐代孔颖达的"疏",又称《五经正义》。孔颖达的"正义曰:……国人疾其君重敛畏人,比之硕鼠,言硕鼠硕鼠,无食我黍,犹言国君国君,无重敛我财,君非直重敛于我,又不修其政也。我三岁以来,事汝矣,曾无于我之处,肯以教令恩德眷顾我也"。阮元依据孔颖达的《五经正义》,指出郑笺中的"顾眷"当作"眷顾"。

再如阮元对《毛诗正义·召南·摽有梅》作出的部分"校勘记":

男女及时也:唐石经、小字本、相台本同。案:《释文》云:"本或作'得以及时'者,从下而误。《正义》云:俗本'男女'下有'得以'二字者,误也。亦谓此句,非谓下句也。"

冰泮杀止:闽本、明监本、毛本同。案:此不误。浦镗云:"'内'误'止',非也。考《周礼疏》载王肃引此,亦作'止'"。又云:"《韩诗传》亦曰:'古者霜降送女,冰泮杀止',是。荀卿本作'止',杨倞所注作'内',而连下文'十日一御'为解,其说非,是不当据以改《正义》所引也。'东门之杨',《正义》引亦作'止'。"

喻去春光远:(补)毛本"光"作"尤"。

故季夏去春远矣:闽本、明监本、毛本同。案:浦镗云:"'故',疑'至'字误,是也。"

二月绥多女士:闽本、明监本、毛本"女士"误"士女"。案:山井鼎云:"检《夏小正》宋版为是,是也。《士冠礼》媒氏两疏引皆作'士女',所见本不同耳。"

所以蕃育民人也:小字本、相台本同,闽本、明监本、毛本"民人"误"人民"。案:《正义》"標起止云至民人",又云"所以蕃育民人也",皆可证其序。下及后《正义》有作"人民"者,即自为文,故不与注相应。

此梅落故顷筐取之于地:明监本、毛本"落"下有"尽"字,闽本剜入。案:所补是也。

如不待礼:(补)毛本"如"作"始"。案:"始"字是也。

二、《史记》中的"校勘记"

《史记》的版本很多,各本的史文及注文出入较大。中华书局编辑部点校的《史记·点校后记》中说:"我们不用比较古的如黄善夫本,也不用比较通行的如武英殿本,而用清朝同治年间金陵书局刊行的《史记集解·索引·正义》合刻本(简称金陵局本)作为底本,分段标点,因为这是一个比较完善的本子。……张文虎校勘《史记》的时候,不主一本,择善而从,兼采诸家意见,应当改正的他就给改正了,……但有些地方明明有脱误或者有衍文,而张文虎未加改动,只是在札记中说明疑脱某字,疑衍某字,或某字疑某字之讹。现在我们为便利读者起见,认为应删的就把它删了,可是并不删去原字,只给加上个圆括弧,用小一号字排;认为应增的就给增上了,增上的字加上个方括弧,以便识别。"①

这段文字告诉我们,中华书局版《史记》是以清朝同治年间金陵书局刊行的《史记集解·索引·正义》合刻本作为底本来校勘的,而且还告诉我们,该书的校勘格式是在正文中直接用小一号的圆括弧表示应删之字,用方括弧表示应增之字,同时给出注释,交代删改的原因及背景,而不再单独写出"校勘记"。这是中华书局开创的一种校勘新体式。例如:

"帝挚立,不善(崩)。"(《史记·五纪本纪》)

圆括弧中的"崩"字表示应删之文。《史记》"点校后记"云:"单刻《索引》本出'不善'二字,无'崩'字。《索引》及《正义》注都说帝挚在位九年而禅位给尧,《正义》还说尧受禅以后,封挚于高辛。可见这个'崩'字乃后人妄增,我们就给他加上个圆括弧。"再如:

"与杠里秦军夹壁破魏二军。"(《高祖本纪》)

"破魏二军",《汉书》作"破其二军","其"指秦军,那么这里的"魏"字明明是"秦"字之误,中华书局编辑部就校勘成:

"与杠里秦军夹壁,破(魏)[秦]二军。"

圆括弧中的"魏",表示当删之字;方括弧中的"秦"表示当增之字。用圆括弧和方括弧表示"魏"字是"秦"字之误。再如:

"于是灵王使弃疾杀之。"(《楚世家》)

《左传》作"王使速杀之。""疾"、"速"同义,"疾杀之"就是"速杀之"。由于

---

① 中华书局编辑部:《〈史记〉点校后记》,见司马迁著:《史记》,中华书局 1959 年版。

下文有"公子弃疾",所以此句就衍了一个"弃"字。如果不删去"弃"字,"弃疾"二字连读,那就变成人名了,所以中华书局编辑部就校勘成:

"于是灵王使(弃)疾杀之"。

圆括弧中的"弃"字表示当删之字。再如:

"平为人长美色"。(《陈丞相世家》)

《汉书》作"长大美色",可见脱一"大"字。王念孙说:"下文人谓陈平何食而肥,'肥'与'大'同义,若无'大'字,则与下文义不相属。"《太平御览》饮食部引《史记》正作"长大美色"。因此中华书局编辑部就校勘成:

平为人长[大]美色。

方括弧中的"大"字,表示应增之字。再如:

"即封吴起为西河守甚有声名。"(《孙子吴起列传》)

梁玉绳认为"守"不可以说"封","即封"二字是衍文。中华书局编辑部认为即使"守"也可以说"封",但是吴起在魏文侯时已作西河守,何以要魏武侯重新"封"他,而况下文紧接"魏置相,相田文,吴起不悦,谓田文曰"云云,可见史公原意明明是说吴起西河守声名很好,可是魏置相却相田文而不相吴起,所以吴起不高兴,要跟田文讨论谁的功劳大。现在衍了"即封"二字,文意就不连贯了。因此中华书局校勘作:

(即封)吴起为西河守,甚有声名。

对于倒置的文字,仍然用圆括弧和方括弧来移正。例如:

予辛壬娶塗山癸甲生启予不子。(《史记·夏本纪》)

《尚书》作"娶于塗山,辛壬癸甲,启呱呱而泣,予弗子。"裴骃《集解》引伪《孔传》只增一"四"字,说:"辛日娶妻,至于甲四日,复往治水。"张守节《正义》也只据《集解》为说,可见他们所见的本子都作"予娶塗山,辛壬癸甲",而别本传写偶误,把"辛壬"错在"塗山"上了。中华书局编辑部将其移正,校勘作:

予(辛壬)娶塗山,[辛壬]癸甲,生启予不子。

"辛壬"本在"娶塗山"之后,在传抄中却错误地放到了"娶塗山"之前,对于这种倒置的现象,中华书局编辑部先用圆括弧将"娶塗山"之前的"辛壬"二字删掉,再用方括弧在"娶塗山"之后补出"辛壬"二字。尽管这样的校勘调整幅度很大,但这样的移正是非常重要的,如果不移正,就会闹出笑话。司马贞说:"岂有辛壬娶妻,经二日生子? 不经之甚!"

三、《汉书》中的"校勘记"

《汉书》沿袭了《史记》的校勘方式,即在正文中用小一号的圆括弧表示应删之文,用方括弧表示应该增加的文字,同时在每卷之后再写出"校勘记"。例如中华书局编辑部为《汉书·司马迁传》写出的"校勘记":①

二七二七页一五行:"攻城(战野)[野战]:景祐、殿本作"野战"。

二七三七页八行:"上(继)[断]唐尧,下讫秦缪。吴承仕说:"继"字无义,字当为"断"。《艺文志》"断自尧典",《儒林传》"上断唐虞",并其证。按《艺文志》作"上断于尧"

二七三七页一二行:"接其后事,讫于(大)[天]汉。杨树达说:"大汉"无义,当作"天汉"。天汉,武帝年号。

二七〇七页一一行:"失其[所]守之职也;景祐、殿本都有'所'字。"

二七〇八页一六行:"错音千(古)[各]反:景祐、殿本都作'各',王先谦说作'各'是。"

二七三一页一四行:以(其当)[当其]破败之罪。殿本作"当其"。王先谦说殿本是。

二七三四页一三行:(助)[即]见囚执。景祐、殿本都作"即"。王先谦说作"即"是。

前三例是对《汉书·司马迁传》正文作出的"校勘记",后四例是对前人的注释作出的"校勘记"。

再如对《汉书·叙传第七十下》作出的"校勘记":②

四二三六页四行:不言(然)[作]而改言述。景祐本作"作"。

四二三八页三行:谁(能)[可]任用。景祐、殿本都作"可"。王先谦说作"可"是。

四二三九页八行:一曰(王)[主]奄闭门者。景祐、殿本都作"主",此误。

四二四〇页六行:言其自号(宁)[宰]衡。景祐、殿、局本都作"宰"。此误。

四二四三页四行:秦文公造(四)[西]畴祭天是也。殿本作"西"。王先谦说作"西"是。

---

① 《汉书·司马迁传》"校勘记",见《汉书》,中华书局1962年版。
② 《汉书·司马迁传》"校勘记",见《汉书》,中华书局1962年版。

再如对《汉书·艺文志》作出的"校勘记":①

一七〇二页一七行:转(为)[写]脱误。景祐、殿本都作"写"。

一七〇三页二行:号九师(法)[说]。京祐、殿本都作"说"。

一七〇四页一二行:汉兴,田(和)[何]传之。钱大昭说"和"当作"何"。按景祐、殿本都作"何"。

一七〇五页五行:欧阳经(二)[三]十二卷。景祐、殿本都作"三"。

一七〇八十行:诗言志,(哥)[歌]詠言。景祐、殿本都作"歌"。

---

① 《汉书·司马迁传》"校勘记",见《汉书》,中华书局1962年版。

第二章

古书的句读标点

当我们翻开古书,映入眼帘的常常是一篇篇的白文。不管这部书有多厚,有时从头到尾,看不到一个标点符号,看不到一个段落标志,那么古人是如何去阅读古书的呢? 从训诂学的角度,我们今天又将如何去断句标点、整理古籍呢?

第一节　古书的句读符号

最初的古书是没有标点符号的。一篇长长的文章,古人是不可能一口气从头读到尾的,那么古人在读书的时候需要自己给文章断句,并用一些符号加以标志。譬如汉代人研究"章句"时开始使用"句读(dòu)",并形成了所谓的"钩识"法。"句读"二字最早见于东汉何休的《公羊传解诂·序》:"援引他经,失其句读。""句逗"则见于《法华经》。所谓"句读",其实就是断句,汉代人用"ㄟ"和"、"作断句的符号。人们通常认为,在语意已完,有较大停顿的地方画上"ㄟ"(jué),这就叫"句";而语意未完,在需要稍作停顿的地方点上一个点"、"(zhù),这就叫"读"。"句"和"读"合起来就叫做"句读",又叫"句投"、"句逗"、"句度"(皆为一声之转)。其实句和读在最初并没有什么区别,只是表示句子间的停顿而已。《说文解字》曰:"ㄟ,钩识也,从反ㄟ"。又曰:"、有所绝止,、而识之也"(绝,《说文》:"断丝也",引申为停顿。识,Zhì,即"志",标志)。何处用"ㄟ钩识",何处"、而识之",何处为"句",何处为"读",许慎并没有加以区分,仅仅指出了"ㄟ"和"、"是两个语音停顿的标志符号。黄季刚先生认为:"句读章言四名,其初但以同声势,从其终竟称之则为章,从其小有停顿言之则为句、为曲、为读、为言。降后乃以文之辞意完具者为一句,结连数句为一章。"起初语意已完,可称为句,也可称为读;语意未完,可称为读,也可称为句,句和读是混在一起的,正如"ㄟ"和"、"不加区分一样。《马氏文通》从重视句式的角度对之进行了区分,说"辞意已全者曰句,未全者曰读",这实际上是一个很大的进步。

汉代经学盛行,人们讲究章句,随手在字旁打上"、"、"ㄥ"进行句读,但经典著作本身并不采用。直到唐朝,才出现"朱墨围"的说法,即在句读经典时,在旁边以朱墨打上小圆圈"o",又叫圈书。宋代刻书即用这种符号,宋代馆、阁校书时,大都使用圈点。在语绝处于字旁画圈,这就是句;语未绝,为便于诵读,于字中间画点,这就是读。

句读,是古代读书人必须掌握的一个基本功。句读正确与否,说明一个人对文章的理解程度,表明一个读书人的水平高低,所以历代都非常重视对读书人的句读训练。《礼记·学记》中说:"比年入学,中年考校,一年视离经辨志。"孔颖达《五经正义》曰:"离经谓离析经理,使章句断绝也。"这里的"离经"就是指句读,它是读经的第一步。汉高诱《淮南子·叙》曰:"自诱之少,从故侍中同县卢君,受其句读。"韩愈《师说》:"彼童子之师,授之书而习其句读者也。"宋王应麟在其撰写的《三字经》中写道:"凡训蒙,须讲究。详训诂,明句读。"足见古人对断句的重视。无论童叟初学,还是儒林解经,都把句读训练当作首要内容来学习。

一、简帛句读符号

古人读书的时候,需要自己断句,需要自己添加句读符号。句读符号确实方便于人们阅读古书,大概从宋代开始,人们在抄书、刻印古书的时候开始使用句读符号。"、"和"ㄥ"是古人最常用的句读符号,除此之外,古人还使用了很多其它的断句符号。我们研究训诂学的目的,是为了阅读、整理古籍;而为了更好地实现这一目的,我们有必要了解一些古书的断句符号。为了与今天的标点符号相区别,我们把古人所使用的断句标志符号一律称之为句读符号。

张显成先生潜心研究秦汉简帛,他撰写的《简帛标点符号初探》①一文,为我们揭开了秦汉时代古书句读符号的真貌。

据统计,20 世纪以来出土的秦汉简帛已达 20 万枚(件)之多,总字数达到了近 700 万字。这些简帛长期埋于地下,未经流传,真实地保留了当时的原貌,为我们研究汉语史、研究古书句读符号提供了宝贵资料。张显成先生指出,简帛中的句读符号已经有了重文号、合文号、章句号、着重号、分隔号以及其它具有区别意义和指示作用的符号。下面以张显成先生的研究为例说明之:

---

① 张显成:《简帛标点符号初探》,见《中国训诂学研究会论文集(2002)》,中国文史出版社 2002 年版。

1. 、

重文号。表示重复前面的文字,位于上一字的右下方。重文号在简帛中颇为常见,直到今天我们在书写的时候还经常使用。例如:

(1)"大黄、芩勺药各一两。"(《武威医简》46)

此句当读为:"大黄、黄芩、勺药各一两。"

(2)"取逢(蜂)房中子、狗阴,乾而冶之,以饮怀子、产男。"(马王堆汉墓帛书《胎产书》23)

"以饮怀子、产男",即"以饮怀子,怀子产男"。

2. =

双短横线。位于上一字的右下方,意义有二:一是表示重文,二是表示合文。例如:

(1)"肠 = 少人。"(上海博物馆藏战国楚竹书《孔子诗论》25)

" = "表示重文,"肠 = 少人"即"肠肠少人"。

(2)"昊 = 成命,二后受之。"(上海博物馆藏战国楚竹书《孔子诗论》6)

"昊 = 成命",即"昊天成命"。" = "表示前一"昊"字为"昊天"的合文。再如:

(3)"孔 = 曰。"(同上,1)

"孔 = 曰",即"孔子曰"。" = "表示前一"孔"字为"孔子"的合文。再如:

(4)"亓(其)木器:八方琦,廿 = 豆。"(《战国楚竹简汇编》)

"廿 = 豆",即二十个豆器," = "表示前一字"廿"为"二十"的合文。由上可见,所谓"合文",即用一字代表二字,或合二字为一字。

3. _

一短横线。位于上一字的右下方,表示的意义有三:一是表示重文,二是表示合文,三是表示句读。先看重文例:

(1)"……崇叩头死_罪_。"(《敦煌汉简》125)

"_"表示重文,"崇叩头死_罪_"即"崇叩头死罪死罪"。"_"的作用与" = "相同。"_"还可以表示合文。例如:

(2)"子曰:可言不可行,翠_弗言;可行不可言,翠_弗行。"(上海博物馆藏战国楚竹书《绪书》16)

"_"表示前一"翠"字为"君子"的合文。

"_"还可以表示句读。例如:

(3)"一大房_,三(四)皇俎_,三(四)皇豆_。"(《战国楚竹简汇编》)

"_"为断句的符号,既表示句中的停顿,如"房"、"俎"后面的"_",相当于逗号;又表示句尾的停顿,如"豆"后面的"一",相当于句号。

4. ■

小方点号。位于上一字的右下方,表示的意义有二,一是表示句读,二是表示分章号。例如:

(1)"羕(养)性者习也■长性者道也■凡见者之胃(谓)勿(物)■囿于其者之胃(谓)兑(悦)■勿(物)之势者之胃(谓)势■"(上海博物馆藏战国楚竹书《性情论》6)

若给上文加上今天的标点,则为:""羕(养)性者,习也;长性者,道也。凡见者之胃(谓)勿(物),囿于其者之胃(谓)兑(悦),勿(物)之势者之胃(谓)势。"由此可见,"■"作为断句的符号,相当于今天的分号、逗号和句号。

"■"还可以表示分章号。如郭店楚简《缁衣》共23章,每章末均有"■"号,用"■"来分开各章。

5. ▬

长粗横线号。位于上一字的下方,占一个字的宽度,表示段落,可称之为段落符。例如:

(1)"戉寅,登偝。訌月乙亥……。▬夏己亥……五庆。▬八月辛未……衰耳。▬九月戊戌……石苍。▬十月己丑……"(《包山楚简》171~178)

此段中的"▬",表示一个相对独立的文意段落。

古人有时用"▬",表示对上文的总结,可称之为总结符。例如:

(2)牛白羹一鼎,鹿肉鲍鱼笋白羹一鼎,鹿肉芋白羹一鼎,小叔鹿胁白羹一鼎,鸡白羹一鼎瓠菜,鳍白羹一鼎,鲜鱴禺(藕)鲍白羹一鼎。▬右方白羹七鼎。狗巾羹一鼎,雁巾羹一鼎,鳍禺(藕)肉巾羹一鼎。▬右方巾羹三鼎。牛逢羹一鼎,牛封羹一鼎,豕逢羹一鼎,▬右方逢羹三鼎。

以上"▬右方白羹七鼎"、"▬右方巾羹三鼎"、"▬右方逢羹三鼎"分别表示对上文的总结,用"▬"作标志。

6. ■

方墨块号。占一个字的位置,表示分书、分篇、分章,可称之为篇章号。例子详见下"长方墨块"。

7. ▮

长方墨块号。书写方向从上往下(竖排版),一般宽度占一字、长度占两个字的位置(为便于横排版,将其长度缩为一字,宽度缩为半字,下同),有时上端还画作椭圆。与上面的方墨块号"■"的用法大致相同,是分书、分篇、分章的标志符号。例如马王堆汉墓帛书《老子乙》及卷前古佚书四种使用了长方墨块号和方墨块号,二者在用法上略有区别。"■"一般在上一字后空一字左右的位置书写,也有的不空;而"▋"所书位置则在行首并高于正文文字,即不同的书籍之间提行并用"▋",同一书内各篇之间不提行而用"■"。整幅卷子的情况如下:

第一种为《经法》。开篇无墨块符号,第一篇《道法》结束后空近两字书"■",抄第二篇《国次》。第二篇结束后空一字书"■",抄第三篇《君正》。第三篇结束后空半字书"■",抄第四篇《六分》,其余各篇结束时皆空半字书"■"。

《经法》结束后提行并在高于正文文字处书"▋",抄第二种《经》。第一篇《立命》结束后空约一字书"■",抄第二篇《观》。第二篇结束后未空即书"■",其余各篇均在结束后书"■"。

《经》结束后提行并在高于正文文字处书"▋",抄第三种《称》。《称》内各章之间用小黑圆点"·"(章句号)隔开。"·"前不留空。

《称》结束后提行并在高于正文文字处书"▋",抄第四种《道原》。其中无分章号。

《道原》结束后提行并在高于正文文字处书"▋",抄《老子》。

由上可见,两种符号同时使用时,"▋"用来区别不同的书籍,是分书号;"■"用来区别同一部书中的各篇章,是分篇号。但有时两种符号并无区别,甚至其用法正相反。如张家山 247 号汉墓竹简《二年律令》:

■二年律令 　　　　　　　(1. 书名)

■盗律 　　　　　　　(81. 章名)

▋具律 　　　　　　　(125. 章名)

▋告律 　　　　　　　(136. 章名)

■襍律 　　　　　　　(196. 章名)

▋钱律 　　　　　　　(209. 章名)

■置吏律 　　　　　　(224. 章名)

▋复律 　　　　　　　(281. 章名)

■赐律 　　　　　　　(304. 章名)

■效律 　　　　　　　(353. 章名)

■爵律 　　　　　　　(395. 章名)

▋ 津关令 　　　　　　(525. 章名)

从此例可见,《二年律令》书名前没有用长方墨块号"▋",而是用了方墨块号"■";而在章名前既用"■",又用"▋",可见这两种符号在实际应用中并无质的区别,书写者是把这两种符号当成一种符号来使用的。

8. ▋

粗竖线。书写方向从上向下,原样实际上为"●"、"◆"等形状,位置不固定。表示的意义有三。一是位于简(行)首端,或在正文文字中,均表示下文是独立的一段(例略)。二是表示对上文的总结,如《武威医简》(78):"▌右治百病方。"三是表示句读。例如:

"治痹手足雍(臃)种(肿)方:秦瘳(胶)五分,付(附)子一分▌。凡二物,治,合和,半方寸匕一,先饭酒饮,日三,以愈为度。"(《武威医简》81)

"▌"之前是此方的药物名,之后是制作法和服用法,用"▌"隔开。

9./

斜线号。书写方向从右上至左下,为落款署名的标志,即在正文的后面先打上斜线,然后署名。例如:

(1)"狱所逮一牒:河平四年四月癸未朔甲辰,效縠长增县(悬)泉啬夫、吏,书到,捕此牒人,毋令漏泄,先阅知,得遣吏送/掾赏、狱史庆。"(敦煌悬泉汉简 I0210①:54)

这是一封效谷县长增移书委托悬泉置通缉、追捕一名逃犯的牒书,"/"前是正文,后面是收牒者"掾赏、狱史庆"的署名。再如:

(2)"建始二年三月戊子朔乙巳,氐池长延寿移过所,遣传舍佐普就,为诏送徒民敦煌郡,乘轺车一乘,马一匹,当舍传舍,从者如律令。/掾长、令史临、佐光。●四月己亥过,西。"(敦煌悬泉汉简 I0210①:63)

这是一封为氐池长送徒民至敦煌郡而开具的过所官文书。"/"后为过所悬泉置官吏"掾长、令史临、佐光"收到文书的具名。"●"后为氐池长一行在悬泉置受到接待后西行日期的记载。(注:氐池:是张掖郡的属县;"传舍佐":指负责传舍的官员;"当舍传舍,从者如律令":意思是住宿传舍与接待随从均要依照律令的规定。

10.●

大圆点号。一般略小于正文文字,少数与正文文字等大。书写于该行正中,用法同下面的小圆点号。

11.·

小圆点号。明显比正文的文字小,或只有正文文字的一半大,或只是一个小黑点。书写于该行正中。"●"与"·"表示的作用相同,意义相类,其表示的意义有三:一是表示强调,或强调重要性,或强调区别性,一般写在被强调文字之首,少数写在被强调文字之后。例如:

(1)"身有体痛种(肿)者方:取牡□一,夸就□□□□□□□□炊之,候其洎不尽一斗,抒臧(藏)之,稍取以涂体种(肿)者而炙之,□□□□□□[痛]

种(肿)尽去,已。尝试。·令。"(马王堆汉墓帛书《五十二病方》376～377)

所谓"尝试·令",即此方已经经过试验,效果良好(令)。这里是在用"·"强调"令",这里的"·"是名副其实的着重号。

二是表示总结,说明下文是上文的总结语,或书丁简端(或行首)正文文字前。例如:

(2)[乘舆(舆)]弩万一千一百八十一。

[乘]舆(舆)素木弩檗(臂)五十。

乘舆(舆)盾二千六百五十。

……

●右乘舆(舆)兵车器五十八物十一万四千六百九十三。

弩五十二万六千五百廿六。

……

●右库兵车种百八十二物二千三百一十五万三千七百九十四。

●凡兵车器种二百廿物三(二)千三百廿六万八千四百八十七。(尹湾汉简第6号木牍《武库永始四年兵车器集簿》)

以上"●右乘舆(舆)兵车器五十八物十一万四千六百九十三",是皇室所用器物(器物名前均冠以"乘舆"二字)的总结数。"●右库兵车种百八十二物二千三百一十五万三千七百九十四"是非皇室所用器物的总结数。"凡兵车器种二百廿物三(二)千三百廿六万八千四百八十七",则是前两类相加的合计数,为整个兵车器总结数。

三是表示章句。用"●"与"·"表示下文为一章或独立的一个文意段落,有时还兼有与上文相隔断的作用。例如张家山汉简《盖庐》为问答形式的文体,每章均以盖庐的提问开始,然后是申胥(伍子胥)的回答。全书共九章,每章独立成段。在章首高于正文文字处书写大圆点"●","●"有领起一章的作用。如:

●盖庐问申胥曰:凡有天下,何毁而举,何上何下? 申胥曰:……

●盖庐曰:何胃(谓)天之时? 申胥曰:……

●盖庐曰:凡军之举,何处何去? ……

●盖庐曰:凡战之道,何如而顺,何如而逆? 何如而进,何如而邻? ……

●盖庐曰:凡攻之道,何如而喜,何如而有咎? ……

●盖庐曰:改军回众,何去何就? ……

●盖庐曰:凡击适(敌)人,何前何后,何取何予? ……

●盖庐曰:天之生民,无有恒亲,相得则吉,相害则灭……

●盖庐曰:以德[攻何如]? ……

12. ○

圆圈号。或表示一章之起始,或表示句读。一般比正文文字小一点,占一字或半个字的位置,实是"●"的草率写法。例如武威汉简《仪礼甲本·服传》31,在简首高于正文文字处书写"○",表示一章开始:

○疎衰常,资牡麻绖,无绶者……。

又如:《特牲》5 简,在正文文字中间用"○",表示上一个文章段落结束,下一个文章段落开始:

主人再拜稽首,尸入,主人退。○宿宾如主人服,出门左,西面再拜。主人东面合拜……。

13. ╏

终结号。表示文章结束。位于上一字正下方或偏右。例如:

(1)"也。攻述身退,天之道也╏。"(郭店楚简《老子甲本》39)

"╏"号位于全文之末,表示全文结束。再如:

(2)"……又(有)大咎,以遂阻╏。"(《战国楚竹简汇编》)

"╏"前的 6 个字是该简的最后几个字,"╏"既表示文意结束,又表示对上文的总结。

14. ⻏

确认符。有时也写作"阝",多见于汉代簿籍,常表示对上文所记事物的核定、验证、认定、认可。所书写的位置或紧接上文,或空数字后书写。例如《居延新简》E. P. T51:61:

(1)"第七隧长王庆粟三石三斗三升少陈尊取⻏

卒杨武粟三石三斗三升少陈尊取⻏

卒陈尊粟三石三斗三升少自取⻏"

以上"⻏"表示对领取粟的确认,即表示已经领取。

15. │

竖线确认符。作用同"⻏",表示对上文所记事物的核定、验证、认定、认可。也多见于汉代簿籍,有时画得不规范(如画成了右钩,画成了斜竖线),有时作两竖"‖"或三竖"川",甚至画成上下两排。所画线的多少往往与所确认物的数量有关。例如:

(1)绣被二领 ‖

缥被一领 │

单被二领 ‖

皂单五领川‖

白毋尊单衣一领｜

白布单衣一领｜（尹湾汉简 12 号木牍《君兄衣物疏》）

由上可见，所画竖线与确认数是一致的。

16. ⊕

⊕为确认符。用法同下面的符号"方"。

17. 方

"方"为确认符。表示对上文所记事物的核定、验证、认定、认可。多在上文书写完后空数字甚至十多字方书写。例如：

（1）车一乘	⊕
马一匹	
御者一人	⊕
从者四人	⊕
盛一双	
柯一双	方
小酱杯十	方
黑杯十	
大书脯盉一具	方
小脯盉一具	方
小斗虒一具	方
大皁虒一具	方
小皁虒一具	方
画卮一	方

上例为萧家草场汉简遗策，上面同时使用了"⊕"和"方"两种符号，表示的意义完全相同，即对数量进行确认。该批遗策共 35 枚，用"方"确认者 13 枚，用"⊕"确认者 13 枚，无确认符者 9 枚。上例所举为其中的前 14 枚，所书位置距离上文末最近者为第 3 简和第 4 简，约距四、五字；距上文末最远者为第 7 简，约距 14 字。以上无确认符者，当是在下葬时因故未得到确认，故未打上确认符。

18. ∟

钩折号。或作"√"、"Ⅴ"等形，甚至有的画作斜线"／"者，写法不固定。位于上一字右下方，明显小于正文文字。若是抄写时所书，则"∟"上下两字间的距离略大于一般字距；若是读者所标，则"∟"上下两字间的距离同于一般字距。其表示的意义有四：

一是表示分隔。处于并列词语之间，表示并列词语不能连读。例如：

(1)"隧长常贤∟充世∟绾∟福等，廋索部界中问戍卒五韦等十八，皆相从。"(《敦煌汉简》1722)

此例在四个人名"常贤、充世、绾、福"之间打上"∟"，区分这是四个人，有防止人名混淆、意义含混的作用。若标上今天的标点，则"∟"相当于顿号。再如：

(2)"李公主∟申徒公主∟荣公主∟傅公[主]家丞，秩各三百石。"(张家山汉简《二年律令》472)

"∟"的作用同上，也是区分人名的作用。

二是表示句读。例如：

(3)"·献祝边燔从，如初义∟，及佐食如初，卒以爵入于房·。宾三献如初∟，燔从如初∟，爵止。·延于户内∟，主妇洗酌，致爵于主人∟。主人拜受爵，主妇拜送爵。"(武威汉简《仪礼甲本·特牲》27)

前四个"∟"为句读号，表示停顿；后一个"∟"为分隔号，表示前一个"主人"和后一个"主人"不能连读，必须分开读。

三是表示分章，四是表示确认。(例略)

19. ▲

三角号。表示的意义有二：

一是表示开篇，表示一篇之开始。置于开篇首简之前端，高于正文文字，比正文文字小些。例如：

"▲燕礼。小臣戒与者，善宰具，官选于寝东……"(武威汉简《仪礼甲本·燕礼》1)

二是表示句读，置于正文文字中间，表示需要特别指出的停顿。例如：

"昇，再拜稽首。公合(答)再拜。宾以旅州(酬)于西阶上。▲射人作夫=(大夫)长，升受旅。"(武威汉简《仪礼甲本·燕礼》21)

"▲"表示"射人"前必须停顿，不能与上文连读。"="表示合文，即"夫"为"大夫"二字的合文。

简制中的句读符号还有双三角号、半圆网状符、半圆墨块符等，在此不再赘述。

从上可知，简帛中的句读符号已经相当地丰富，其用法也多种多样，既可以表示字词的性质，如重文号、合文号、分隔号、着重号、确认号等，又可以表示相对独立的文意段落，大到篇章，小到句子、词语。尽管简帛中的符号还不很规范,如写法很随意,同一种符号的外形有时相差很大;有时用一种符号表示多种意义,一个意义又用多个符号来表示;但实事求是地说,简帛中的很多符号已明显具备了现代标点符号的性质,可以说,秦汉简帛中的句读符号既是对甲骨文、金文符号的大发展,又是现代标点符号的滥觞。

二、程式句读符号

句读符号发展到元代,形成了一套非常完善的句读标识系统,可谓达到了鼎盛,其代表作是程端礼的《程氏家塾读书分年日程》。

程端礼(1271~1345),字敬叔,号畏斋,鄞县(浙江宁波)人,元代著名理学家、教育家。他的《程氏家塾读书分年日程》是元明清三代近七百年的教学准则。该书卷二有《批点经书凡例》一章,其中《续补句读例》和《批点韩文凡例》不仅介绍了书写句读的工具——"点子"和书写颜料"丹"和"铅"的制作、使用方法,而且详细地介绍了标识句读的方法,可谓是文化史上的创举和盛事。

今摘录《批点韩文凡例》中关于"议论体"和"叙事体"的句读标识方法,以飨读者:

点抹例。红中抹(一本作黄旁抹),纲、凡例。红旁抹,警语、要语。红点,字义、字眼。黑抹,考订、制度。黑点,补不足。

议论体。一句读并依点经法。一大段意尽,黑画截(于此玩篇法)。一大段内小段,红画截(于此玩章法)。一小段内细节目及换易句法,黄半画截(于此玩句法)。一论所举所行事实,及来书之目,及所以作此篇之故,每篇首末常式,黑侧抹。一所论援引他书,及考证,及举制度,及举前代国名,青侧抹。一所论纲要,及再举纲要,及或问体问目,及提问之语,及断制之策,黄侧抹。一义理精微之论,黄中抹。一凡人姓名初见者,红中抹。一缴上文,结上文,紧切全句,或发明于事实之下,或先发明事之所以然,于事实之上者,红侧圈。一转换呼应字,及用力字,及缴结句内,虽已用红侧圈,而字合此例者,每字黄侧圈(于此玩字法)。一假借字,先考始音,随四声,红圈。一有韵之韵,黑侧圈。一造句奇妙者,红侧点。一补文义不足(反复提论德行,及推说虚叙,总述其所以然),黑侧点。臂喻,青侧点。一要字为骨初见者,黄正大圈。一要字为骨再见者,黄正大点。

叙事体,一句读并依点经法。一大段意尽,黑画截(篇法)。一大段内小段,红画截(章法)。一小段细节目,及换易句法,黄半画截(句法)。一叙所行事实及年号,及人名爵里谥号父祖妻子兄弟等,及叙所以作此篇之故,铭曰诗曰,及每篇首末常式,黑侧抹。一叙教诏对答之语,红侧抹。一所叙引援他书,及考证,及举制度,及举前代国名,青侧抹。一所叙纲要,及再举纲要,及提问之语,所提问难事实,虽已用黑侧抹,而合此例者,黄侧抹。一义理精微之论,黄中抹。一凡姓名初见者,红中抹。一造句奇妙者,红侧点。一反复提论其德行,及推说其用心,而虚叙总述其所以然,及补文义不足,黑侧点。一譬喻,青侧点。一缴上文,结上文,切紧全句,或发明于事实之下,或先发明事之所以然,于事实之上者(叙事此例颇少,不可强求),红侧圈。一转换呼应字,及缴结句内,虽已用红侧圈,而字合此例者,每字黄侧圈。一假借字,先考字始音,随四声,红侧圈。一有韵之韵,黑侧圈。一要字为骨,初见者,黄正大圈。一要字为骨,再见者,黄正大点。

　　由上可见,程氏发明的句读方法是一个缜密、翔实、功能强大的句读标识系统。从使用的颜色来看,有"黄"、"红"、"青"、"黑"等;从标识的符号来看,有"点"、"抹"、"画截"、"半画截"、"圈"、"大圈"等;从标识的对象来看,有"纲要"、"凡例"、"警语"、"要语"、"字义"、"字眼"、"大段"、"小段"、"节目"、"细节目"、"首末常式"、"引文"、"国名"、"初见姓名"、"承上文"、"结上文"、"假借字"、"用韵"等;从标识的位置来看,有"中"、"正"、"旁"、"侧"等等。程氏的句读标识系统确实非常地完善,是古代劳动人民智慧的结晶,堪称古代文化史上的奇葩。但由于这套系统过于繁琐,所以并没能得到广泛地普及应用。尽管如此,程氏的句读标识系统对后世的影响还是很大的,在我国古代文化史上享有一定的地位。

三、句读符号与现代标点的异同

　　尽管秦汉简帛中已经出现了大量的句读符号,但这套丰富的句读符号并没有引起古代统治者的重视,并没有随着"车同轨,书同文"而被规范成一套体系完备、且广泛使用的符号标志系统。直到宋代,人们刻书才开始使用句读,但宋代以后的书籍真正能够使用句读的毕竟还是少数。句读符号发展到元代,程端礼创制的句读标识系统可谓体系完善,代表了句读符号发展的最高水平。但由于过于繁琐,还是没有被广泛地推广使用。直到1919年12月1日,《新青年》杂志发布了《本志所用标点符号和行款的说明》,对"。"、","、";"、"、"、":"、"?"、"!"、"——'、"……"、"( )'等13种符号的功能和用法作了统一的规范和说明,才使得现代标点符号得以广泛地使用。

　　长期以来,有些人认为古代的句读就是今天的句号和逗号,果真如此吗?

其实,古人所说的句读和我们今天所说的标点并不完全一样。

首先,古人所说的"句"并不等于我们今天的句号。古人在一句话结束的地方,就在字的旁边加一个圆圈(有时加一个点或加一个"l"),这就叫"句";例如《庖丁解牛》"技(枝)经肯綮之未尝,而况大轱乎?"这两句话的后边如果用古人断句的方法,后面都是圆圈,但现在的标点就不同了,一处用",",一处用"?"。同时古人所说的一句话的概念和我们现代所说的句子也不一样。现代汉语的句子有单句和复句的分别,如果是个复句的话,那就是有两个或两个以上的分句构成的,象"技经肯綮之未尝,而况大轱乎"是一个复句,这个复句是由两个分句构成的,而古人却把它看做两个句子。

其次,古代也没有感叹号、问号、引号、破折号等等标点符号。也就是说,古代所谓的"句读",只是标明了一篇文章中各个句子的起讫。把一篇文章分成了一个一个的句子,却没有指明这些句子的语气、句与句之间的关系。至于各个句子是什么语气,各个句子之间是什么关系,是和前一个分句构成复句,还是和后一个分句构成复句,还是自己本身就是一个完整的句子,这些只有标点者心里清楚,而在句读上是表现不出来的。

再次,古代的"读"(逗)表示一个句子中间的短小停顿,而在今天,句子中间的短小停顿有时可能用逗号来表示,而有时也可能用顿号、冒号、间隔号甚至括号等来表示,所以古代的"读"并不完全相当于今天的"逗号",古代的"读"表示的范围相对较广。

我们今天给古书作标点,其实就是要做两件事情:

第一是要断句,就是要把句子的起讫弄清楚。这件事情如果做的不正确,该断的地方没有断,不该断的地方却断开了,或者错误的把一个句子的一部分和另一个句子的一部分连在了一起,这就叫把句子点破了。能够正确地断句,不把句子点破,这是给古书作注最起码的要求。

第二要弄清楚句子本身的语气(要注意语气词、尾词、祈使句、判断句、感叹句、陈述句),弄清楚句子与句子本身之间的关系,也就是说要在弄清楚文意的基础上正确地使用标点符号。如果断句断对了,但是标点符号用得不对,那就说明对这几句话的理解还是有问题的。

第二节　古书的标点

中国文化源远流长,辉煌灿烂;中国古籍浩如烟海,大约有八万多种,而经过现代人标点整理过的古书大概还不到万种。经过标点整理过的古籍,对于我们阅读古书无疑有很大的帮助。但我们要想对古代文化遗产有进一步的了解,或者想做进一步地研究工作,那就不能只限于已经整理过的古书。没有整理过的古书大都是没有断句的,这就需要我们自己去断句、去标点;即使已经整理过的古书里面,也难免存在一些标点错误。因此,当我们读已经标点过了的古书时,也需要具有一定的标点判断能力,对标点错了的地方能够发现并予以纠正。

那么,怎样才能正确地标点古书、怎样才能更快地提高标点古书的能力呢?

首先应该掌握标点古文的步骤和方法,其次应该掌握鉴定标点正确与否的原则,能诊断标点错误的原因,同时加强对古代汉语知识、对古代文化的学习。

一、标点古文的步骤

1. 通读全文,深入理解原文。

句读标点古文,切忌看一句断一句,因为那样缺少整体观念,容易支离破碎。标点古文之前一定要从头到尾仔细通读全文数遍,深入把握重点词语,力求准确理解每一个句子的内容,切实搞懂句与句之间的关系,从整体上去掌握全文,这是断句标点的第一步,也是非常重要的一个环节。

2. 着手断句

在全面把握文章内容的基础上,然后开始断句。此时只要求先断开,不必考虑是"句"还是"读",也不必考虑用什么标点符号。最好先用铅笔打打草稿,以便修改。

3. 细加斟酌,确定标点符号。

断句之后,仔细琢磨每一句话的意思是否完整,深入揣摩每一句话的语气,然后根据各种标点符号的含义,给古文一一地加上标点符号。标点完后,一定要再仔细地审查一下每一句是否讲得通,是否符合情理,是否符合古代的语法和音韵。如果全都符合这三个原则,就可以把标点符号确定下来。

二、标点古文的方法

1. 细审文理词义断句标点

断句标点首先要弄清词义,在此基础上弄清楚句义以至段意,一字字,一句句,一段段,把文章内容全部搞清楚,才有可能断得正确、标点得正确。反之,如果字、词、句、段都搞不清楚,标点就谈不上正确与否了。例如:

今有声于此耳听之必慊己听之则使人聋必弗听有色于此目视之必慊己视之则使人盲必弗视有味于此口食之则慊己食之则使人瘖必弗食(《吕氏春秋·孟春纪·本生》)

慊(qiè):"满足"的意思;慊己:使动用法,使自己满足。瘖 yīn,嗓子哑,不能出声。

此段文字读来颇费心思,句读亦不易。一般注家受高诱注解的影响,以"慊"为断,"己"字属下,但仍费解。陈昌齐《吕氏春秋正误》和陶鸿庆《读吕氏春秋札记》都认为三"必慊"字与下字"己"连文成句。近人孙文和同意这种观点,并指出:"然不解三'则'字之义,文亦不了。余谓'则'犹'若'也。此言:声所以快耳,听之若使人聋,则必不听矣;色所以快目,视之若使人盲,则必不视矣;味所以快口,食之若使人瘖,则必不食矣。"(杨树达《古书句读释例》)若照此断句,似乎已通,但与上文三个"必慊己"联系起来看仍觉文章不通,因此杨树达据文意做了新的断句标点,全文如下:

今有声于此,耳听之必慊己,听之;则使人聋,必弗听。有色于此,目视之必慊己,视之;则使人盲,必弗视。有味于此,口食之则慊己,食之;则使人瘖,必弗食。

从此例可以看出,细审词义文理对标点是多么的重要。

2. 利用虚词断句

许多虚词是我们断句的标志词。南朝刘勰在《文心雕龙·章句》中提到:"至于'夫'、'惟'、'盖'、'故'者,发端之首唱;'之'、'而'、'于'、'以'者,乃札句之旧体;'乎'、'哉'、'矣'、'也'者,亦送末之常科。据事似闲,在用实切。"①此句意思是说:至于"夫"、"惟"、"盖"、"故"等,是句子开头的发语词;'之'、'而'、'于'、'以'等,是插入句中的常用语;'乎'、'哉'、'矣'、'也'等,则是用于句末的老话头。对于说明事理,这些虚词本身似乎没有具体意义,但在句子中的作用却是很重要的。文言虚词,特别是语气词,是我们断句时不可忽视的依据。

(1)常用的句首虚词

经常用在句首的虚词有语气词:夫(且夫、若夫、今夫、故夫、乃夫)、盖、其、岂、请、唯(维、惟)、凡;有连词:苟、即、使、若、即使、向使、向、则、故、虽、虽然、至于、已而、是故。

一般要在这些词的前面断句。例如:

---

① 陆侃如、牟世金:《文心雕龙译注》,齐鲁书社 1982 年版。

且夫水之积也不厚，则其浮大舟也无力(《庄子·逍遥游》)

不赂者以赂者丧，盖失强援，不能自完。(《六国论》)

向吾不为斯役，则久已病矣。(柳宗元《捕蛇者说》)

要注意"夫"字，它不仅可以作句首语气词(发语词)，而且还可以作句尾感叹词。例如：

子在川上曰："逝者如斯夫！"(《论语·子罕》)

另外要注意"其"，它不仅用作代词，而且经常用作语气词。"其"作语气词，有时用在句首，有时也用在句中，相当于"大概"。例如：

天之苍苍，其正色耶？(《庄子·逍遥游》)

齐其为陈氏矣。(《左传·晏婴论季世》)

呜呼！其信然耶？其梦耶？其传之非其真耶？(韩愈《祭十二郎文》)

有时"其"还可以用在反问句中，加强反问的语气。和"岂"、"难道"的语气相似。例如：

若火之燎于原，不可向迩，其(同"岂"，难道)犹可扑灭？(《尚书》)

若阙地及泉，隧而相见，其谁曰不然？(《左传·郑伯克段于鄢》)

(2)常用的句尾语气词

主要有：也、矣、焉、尔、耳、而已、哉、乎、与(欤)、耶(邪)

一般要在这些词的后面断句。例如：

子曰："学而时习之，不亦说乎？有朋自远方来，不亦乐乎？人不知而不愠，不亦君子乎？"(《论语·学而》)

岂吾相不当侯邪？且固命也。(《史记·李将军列传》)

(3)词头、词尾

古汉语常用的词头有"有"、"其"、"言"、"于"、"薄"等。其用法如下：

①有

置于朝代名、国名、部族名等专用名词的前面。例如：

乃不知有汉，无论魏晋。(陶渊明《桃花源记》)

禹攻有扈。(《庄子·人间世》)

号之曰有巢氏。(《韩非子·五蠹》)

有时也可以放在普通名词的前面。例如：

豺虎不食，投畀有北；有北不受，投畀有昊。(《诗经·小雅·巷伯》)

②其

用作词头，一般用在不及物动词或形容词的前面。例如：

既见君子，云何其忧。(《诗经·唐风·扬之水》)

北风其凉,雨雪其雱(雪盛的样子)。(《诗经·邶风·北风》)

③言、于、薄

只能放在动词前面作词头。

言告师氏(贵族家中管教女奴的管家婆),言告言归。(《诗经·周南·葛覃》)

陟彼南山,言采其薇。(《诗经·召南·草虫》)

之子于归,宜其室家。(《诗经·周南·桃夭》)

君子于役,不知其期。(《诗经·王风·君子于役》)

薄污我私,薄浣我衣。(《诗经·周南·葛覃》)

3. 利用声律韵脚断句

古代诗词曲赋讲究声韵,即讲究平仄和押韵。韵有韵脚,且往往句数固定、字数固定。如五言律诗每首有 8 句,且每句有 5 字,共计 40 字;七言律诗每首有 8 句,每句 7 字,共计 56 字。五言绝句为 4 句 5 言计 20 字,七言绝句为 4 句 7 言计 28 字。再如辞赋也是押韵的,且讲究字数,有四字句和六字句(不含中间的"兮"字)。所有这些,都可以帮助我们断句标点。例如:

其声呜呜然,如怨如慕,如泣如诉;余音嫋嫋,不绝如缕,舞深壑之潜蛟,泣孤舟之嫠妇。(苏轼《前赤壁赋》)

此例中的韵脚字为"诉"、"缕"、"妇",每韵之中有两个四字句或六字句组成,句式整齐,便于断句。再如:

吾闻夫齐魏徭戍,荆韩召募;万里奔走,连年暴露。沙草晨牧,河冰夜渡;地阔天长,不知归路。寄身锋镝,腷臆(郁结、愤懑)谁诉。(李华《吊古战场文》)

此例也是两句一韵,每句四字,句子形式整齐。句中的韵脚字为"募"、"露"、"渡"、"路"、"诉",是我们断句的标志词。

另:散文中也常夹有韵句。例如:

夫功者难成而易败,时者难得而易失也,时乎,时不再来。愿足下详察之。(《史记·淮阴侯列传》)

这是蒯通劝说韩信反汉时的几句话,意思是让韩信抓住机会,当机立断,不要错过时机。像上面这样的标点虽然也能讲通,但是没有照顾到韵文方面的问题。在古人的作品中,散文里有时也夹杂着一两句韵文,蒯通的话正是这样。正确的标点应该是:"时乎时,不再来"。"时"和"来"今天读起来差得很远,但是在上古,他们都是"之"部字,它们是押韵的。如果我们把标点改成"时乎时,不再来",不仅符合了古代汉语的音韵,而且能使得蒯通劝说韩信时的神情跃然纸上。

4. 根据排比句式、对偶句式来断句。例如：

这一个依银铮,步瀛州;

这一个吹铁笛,依幽岩;

这一个弹锦瑟,上孤舟。(王安石《竹叶舟》)

离娄之明,公输子之巧,不以规矩,不能成方圆;

师旷之聪,不以六律,不能正五音;

尧舜之道,不以仁政,不能平治天下。(《孟子·离娄上》)

以上两个例句,都是对偶中有排比,排比中有对偶,按其形式规律即可断句标点。

5. 根据语法习惯断句。

根据语法特点、语法习惯断句,主要抓以下三个方面:

(1)抓动词(谓语)断句

对于一些比较难懂的句子或比较复杂的句子,一定要先找出动词谓语这个句子的核心,再寻找前面的主语和后面的宾语,从而确定主干成分,分清次要成分,然后断句标点。一般说来,一个句子不能没有谓语,找到谓语后,一般前面的名词、代词可能就是主语;谓语后面的名词、代词可能就是宾语。当然,主语前面可能还有定语。谓语前面可能有副词或介词结构充当状语;谓语后面可能有副词、数量词、介词结构作补语。宾语前面也可能有定语等次要成分。例如:

故天将降大任于斯人也,必先苦其心志,劳其筋骨,饿其体肤,空乏其身,行拂乱其所为,所以动心忍性,曾益其所不能。人恒过,然后能改。困于心,衡于虑,而后作;征于色,发于声,而后喻。(《孟子·告子下》)

以上例文就是按照抓住动词,分析连带成分标点出来的。例如第一个句子的动词谓语是"降",其前面的"天"是主语,后面的"大任"是宾语,这是这个句子的主干成分,其它为次要成分。即"将"作状语,"于斯人"作补语。其它各句可照此类推进行标点。

(2)按照固定句式断句

①判断句

古今汉语的判断句式比较固定,现代汉语用"是"表示判断,而古代汉语用"者"、"也"表示判断,而且形成了四种判断句的形式。

第一种:主语+者,谓语+也。如:陈胜者,阳城人也。

第二种:主语+者,谓语。如:陈胜者,阳城人。

第三种:主语,谓语+也。如:陈胜,阳城人也。

第四种:主语,谓语。如:陈胜,阳城人。

判断句的谓语是由名词来充当的,而主语也是由名词来充当的(代词虽然也可以作主语,但它代指的仍然是名词),所谓"主语+者,谓语+也",实际上就是"名词+者,名词+也"。对于有"者"、"也"的判断句,其判断句的形式非常明显,"者"和"也"是我们断句标点的标志词,对这类判断句的标点不存在困难。但对于既不用"者",也不用"也"的第四种判断句,标点时就会困难一些。例如:

夫鲁齐晋之唇。(《左传·哀公八年》)

这是一个偏正结构的短语呢,还是一个判断句?如果是判断句,那么它的主语是"鲁"呢,还是"鲁齐"?该句找不出动词,无法用抓动词谓语的办法来断句。对这类很特殊的句子,必须结合具体的上下文,看看它所指的对象即主语是什么,所要表示的意思是什么。根据《左传》的语言环境,我们知道这句话是在打比方,是说鲁国和齐国、晋国之间的关系就像是嘴唇的关系(唇亡齿寒),主语是"鲁"而非"鲁齐",据此我们就可以将其标点为:"夫鲁,齐晋之唇。"意思是鲁国就像是齐国、晋国的嘴唇,这显然是在用判断句的形式表示一种比喻的关系,属于判断句的活用。再如:

君子之德风小人之德草草上之风必偃(《论语·颜渊》)

"君子之德风"和"小人之德草"是不是两个偏正短语呢?分析其语言环境可知,这是孔子在打比方告诫季康子要以身作则行"善",方能不令而行。所以"君子之德风"和"小人之德草"不是偏正短语,而是两个判断句。此句应该标点为:

君子之德,风;小人之德,草。草上之风,必偃。(《论语·颜渊》)

意思是:君子的品德好比风,老百姓的品德好比草。风向哪边吹,草向哪边倒。

《论语》中的这句话确实不太好懂,容易误解,所以孟子在引用这句话时,巧妙地加上了两个"也"字:

君子之德,风也;小人之德,草也。草上之风,必偃。(《孟子·滕文公上》)

有了这两个"也"字,判断句的形式明显了,难懂的句子因此变得好懂了。

由上可见,对于一些难懂的句子,一定要结合具体的上下文去作分析,一定要搞清楚它的句式,一定要善于抓住"者"、"也"等标志词,以帮助我们断句标点。

②被动句:

古汉语的被动句主要有以下六种形式:见……;于……;见……于……;为……;为……所……;被……。这些被动句的标志词可以帮助我们断句标点。

例如：

故君子耻不修，不耻见污；耻不信，不耻不见信；耻不能，不耻不见用。（《荀子·非十二子》）

此例中的三个"见"字对于我们断句标点有特别重要的意义，"见污"、"见信"、"见用"是三个表被动的词组，"见污"就是被玷污，"见信"就是被信任，"见用"就是被重用。此句的意思是：所以君子以不修养品德为耻辱，不以被玷污为耻辱；以不诚实为耻辱，不以不被信任为耻辱；以没有能耐为耻辱，不以不被重用为耻辱。再如：

然而公不见信于人，私不见助于友。（韩愈《进学解》）

这两个并列分句都是用"见……于"式表被动，抓住了"见"、"于"二字，这个句子就很容易标点了。

（3）参考凝固格式断句

古汉语中有很多已经凝固的格式，例如：如……何；若……何；奈……何；如何；若何；奈何。无乃……乎；不亦……乎；得无……乎；其……乎；其……与；其……矣。何……之有；何以……为；奚以……为。唯（惟）……是……；唯（惟）……之……。有……者。这些固定的格式可以帮助我们断句标点。例如：

子曰："学而时习之，不亦说乎？有朋自远方来，不亦乐乎？人不知而不愠，不亦君子乎？"（《论语·学而》）

抓住了"不亦……乎"，就可以执简御繁地标点此文。

6. 在前人注疏的地方断句标点

凡是前人加注的地方，一般就是前人认为应该断句的地方，往往也是我们今天需要加标点的地方。例如：

子曰雍也可使南面^{包曰可使南面言任诸侯治}［疏］……仲弓问子桑伯子^{王曰伯子书传无见焉}子曰可也简^{孔子以其能简故曰可也}仲弓曰居敬而行简以临其民不亦可乎^{孔曰居身敬肃临下宽略则可}居简而行简无乃太简乎^{包曰伯子之简太简}子曰雍之言然［疏］……（《十三经注疏·论语·雍也》）

参考前人注疏的地方，我们可以将此例的正文标点为：

子曰："雍也可使南面。"仲弓问子桑伯子。子曰："可也，简。"仲弓曰："居敬而行简，以临其民，不亦可乎？居简而行简，无乃太简乎？"子曰："雍之言然。"

三、鉴定标点的原则

按照上述步骤和方法标点完古文之后，一定要审查一下标点后的古文是否正确。那么如何鉴定标点正确与否呢？

鉴定标点是否正确，需要掌握客观性原则、科学性原则和时代性原则，这是我们鉴定标点是否正确的三个标准。

1. 客观性原则

所谓客观性原则，是指标点后的字句必须能讲得通，必须要文通字顺。很多错误的标点，就是因为误解了词义而造成的。例如：

今往仆少小所著辞赋一通，相与夫街谈巷说，必有可采。击辕之歌，有应风雅。匹夫之思，未易轻弃也。(《曹植·与杨修书》)

这里的标点是错误的，因为第二句话讲不通。第一句能讲得通，即：现在送上我年轻时候所作的辞赋一份。"一通"即"一份"，是六朝、隋唐时的用语，若干篇诗赋文章抄在一起，就叫"一通"。但第二句就讲不通了，什么叫"相与夫街谈巷说"呢？究其原因，"相与"二字原来是上一个句子的尾，现在却强安在了这个句子的头上了。"相与"的"相"不是"互相"的意思，而是偏指一方，此处表示"你"，"相与"就是"给你"，当属上读。"今往仆少小所著辞赋一通相与"就是说：现在送上我年轻时候写的辞赋一份给你。这样标点，第二句话"夫街谈巷说"就能讲通了。"夫"为发语词，起领起后话的作用。从此例可以看出，标点后的字句必须能讲得通，这是我们鉴定标点是否正确的第一个标准。再如：

子厚前时少年，勇于为人，不自贵重。顾籍谓功业可立就。(韩愈《柳子厚墓志铭》)

这里的标点也是错误的，"顾籍谓功业可立就"一句讲不通。造成错误的原因就是因为不理解"顾籍"是顾惜的意思，当从上读。正确的标点应是"不自贵重顾籍，谓功业可立就"。柳宗元年轻时参加了王叔文领导的政治革新运动，运动失败后，主要成员有的被杀，有的被贬，柳宗元是被贬的。韩愈认为柳宗元这样做是不顾惜自己的名誉。标点者没有弄清楚"顾籍"的含义，把"顾籍"安到下一句的头上，致使下一句讲不通了。

2. 科学性原则

所谓科学性原则，是指标点后的古义必须符合情理，既要符合客观事物的情理(事物的内在规律)，又要符合人之常情。例如《韩非子·外储说左下》记载了这样的一个故事：

哀公问孔子曰:"吾闻夔一足,信乎?"曰:"夔,人也,何故一足? 彼其无他异,而独通于声。尧曰:'夔一而足矣。'使为乐正。故君子曰:'夔有一,足也。'非有一足也。"

人人都有两只脚,乐正夔也不例外,鲁哀公说"夔一足"(夔有一只脚),显然违背了人之常理,所以这样的标点肯定是错误的。孔子向鲁哀公解释说:夔是人,怎么能有一只脚呢? 他与其他人没有什么不同,只是单单地精通音律,尧说'像夔这样懂音乐的人,有一个就足够了',所以君子们都说:夔这样的乐官有一个就足够了,并不是有一只脚啊。再如:

李当尚书镇南梁,境内有朝士庄产,子孙侨寓其间,而不肖者相效为非……当严明有断,处分宽,织蒉笼,召其尤者……遽命盛以竹笼,沉于汉江。(《唐语林·政事》)

这是古典文学出版社1957年出版时的标点,独立地看,每一句话都能讲得通。但整体来看却自相矛盾,不符合情理,前面说"处分宽",即处分很宽大,后面却将人"盛以竹笼,沉于汉江"溺死了,这样的处分还能说宽吗? 这里的标点肯定是有问题的。仔细分析就可发现,"处分"一词在六朝、隋唐时是"吩咐"的意思,并不是现在"处罚"的意思。"处分宽织蒉笼"就是吩咐做一个宽大的竹笼子,为什么要做得宽大呢? 就是因为要用来装人。标点者因为误解了"处分"的词义,以今律古,用现在的词义去理解古时的词义,把"处分宽织蒉笼"这一句给点破了。1978年上海古籍出版社重印时就改正了这个错误的标点,标点为"处分宽织蒉笼",这个句子就符合情理了。

3. 时代性原则

所谓时代性原则,是指标点后的古文必须符合古代的语法和音韵规律。标点古文时必须具有历史唯物主义的观点,不能以今律古,拿现代的语法、音韵规律去衡量古文,例如《论语·乡党》:

厩焚子退朝曰伤人乎不问马

《论语》中的这句话,到底应该如何断句标点,历来争论颇大。唐朝陆德明在《经典释文》中说:"一读至'不'字绝句。"按照陆德明在"'不'字绝句"的观点,这句话有两种标点的可能性:

①厩焚,子退朝。曰:"伤人乎不?"问马。

——这意思是说:孔子先问伤人了没有,然后再问马。

②厩焚,子退朝。曰:"伤人乎?""不。"问马。

——这意思是说:孔子先问伤人了没有? 别人回答说"不",于是孔子接着问是否伤了马。

这样的标点显然有他的意图。王若虚在《滹南遗老集》卷五"论语辨惑"中批评这种断句说:这样的断句,意味着"圣人至仁,必不至贱畜而无所恤也。义理之是非,姑置勿论,且道世之为文者,有如此语法乎? 故凡解经,其论虽高,其于文势语法不顺者,亦未可遽从,况未高乎?"由于标点者认为"圣人至仁,必不至贱畜而无所恤也",所以千方百计地把"不问马"的"不"字从这一句去掉,或者把它归到上一句去,或干脆让这个"不"字单独成句,这样做显然是错误的,因为先秦汉语里没有这种在疑问语气词的后面再加上"不"字的疑问句,也不用"不"作为独词句单独表示否定。这样的标点违背了时代性原则,宛如王若虚所说:"世之为文者,有如此语法乎?"根据时代性原则,此句应标点为:

厩焚,子退朝。曰:"伤人乎?"不问马。

从这个例子可以看出,标点也是有政治性、阶级性的,为了证明"圣人至仁"并不贱畜,不惜违背时代性原则,歪曲语法事实,这样的标点是不可能正确的。

可能有人会说"伤人乎不"这样的语法格式不是和现代汉语"伤人了没有"一样吗? 蒋绍愚先生在中央广播电视大学《古代汉语录音讲义》中说:要注意语法的时代性问题。"伤人了没有"这样的问句格式在先秦是没有的。在《史记》里面可以看到这样的句子,如《史记·魏其武安侯列传》说"君除吏已尽未? 吾亦欲除吏"。意思是说:你任命官吏任命完了吗? 我也想任命官吏了。在《汉书·于定国传》里也有这样的话:"公卿有可以防其未然,救其已然者不?"《史记》的这一句是用"未"字作为疑问句的句尾的,《汉书》的这一句是用"不"字作为疑问句句尾的,但在先秦这样格式的问句是没有的。"伤人了没有"这样的意思,如果用先秦的语法格式来表达就是"伤人乎"? 譬如同样是《论语》,在"子路从而后"这一章里,就有"子见夫子乎"? 而不说成"子见夫子未"? 更不会说成"子见夫子乎否"? 所以,要注意读古书或者标点古书时不能拿现代汉语的,或者中古汉语的语法去硬套先秦时代的作品。《经典释文》中所说的"至'不'字绝句"的意见,除了故意要抬高圣人的地位以外,就是用了唐代的汉语语法格式去理解先秦时代的作品,犯了以今律古、以唐代语法律先秦语法的毛病。再如:

"建一官而三物成,能举善也夫。唯善,故能举其类。"(《左传·襄公三年》)

这个标点错误有二,一是割裂了"夫唯……故"这个在古汉语常用的凝固格式,二是"也夫"连用时,在古汉语中表示感叹,而此句却不是感叹的语气。这个标点违背了语法的时代性原则。分析上下文可知,晋国新设了一个官位,晋大夫祁奚推举了三个人去担负这个职位。《左传》的作者盛赞祁奚的这种做法。

说建一官而三物成,是因为能够举善的缘故。所以,该句的标点应改正为:

"建一官而三物成,能举善也。夫唯善,故能举其类。"(《左传·襄公三年》)

"也"字用在句尾,正好用来说明原因。

凡是符合这三个原则的标点,应该说就是正确的标点,否则就是错误的标点。我们要牢牢把握这三个标准去衡量标点的正确与否。

第三节　句读标点错因种种

造成标点错误的原因主要有以下几种情况:

一、由于古代文化知识所限而致误

这里又分为几种情况。

1. 不明古音通假而致误。例如:

今之教者呻其占毕多其讯^{呻,吟也。占,视也。毕,谓之毕,讯犹问也。言今之师自不晓经之义,但吟诵其所视简之文,多其难问也。}言及于数(《礼记·学记》)

郑玄在"多其讯"处加注。郑玄认为"言"属下读,即"言及于数",并注为:"其发言出说不首其义,动云'有所法象而已'"。其实,"讯"通"谇"(suì),王引之说:"以言属下读,不知'讯'与'谇'通,'谇言'犹'告语'也。"(《经义述闻·通说下》)。据此,正确的标点应是:

今之教者,呻其占毕,多其讯言及于数。(《礼记·学记》)

——现在的老师,只知道照着课本诵读(甚至不解其义),多是告语(不让学生思索),而且发言急速且频数快。呻:念;占:看;毕:书,竹简。

2. 不识古韵而误断。例如:

赵王饿乃歌曰诸吕用事兮刘氏微迫协王侯兮强授我妃我妃既妒兮诬我以恶谗女乱国兮上曾不寤我无忠臣兮何故^{谓不能明白也。}弃国自快中野兮苍天与直吁嗟不可悔兮宁早自贼^{悔不早弃赵国,而快意白杀于田野之中。}(《汉书·高王传》)

颜师古认为"故"为韵脚字,所以以"我无忠臣兮何故"为句,造成了错误。按照古韵,此例中的韵脚字应是"微"、"妃"、"恶"、"寤"、"国"、"直"、"贼"。

"微"、"妃"属"微"韵;"恶"属铎韵,"寤"属"鱼"韵,两者属于阴入对转;"国"、"直"、"贼"属职部韵。可见"何故"后面不该断句,应以"何故弃国"为句,"国"与"直"、"贼"押韵。再说"兮"字前后一般均为4字或3字,句式匀称,如果按颜师古的观点断句,"兮"字前面有4字,而后面则只有"何故"2字,造成了句子形式的不对称。据此,此例应该标点为:

赵王饿,乃歌曰:"诸吕用事兮,刘氏微;迫协王侯兮,强授我妃。我妃既妒兮,诬我以恶;谗女乱国兮,上曾不寤。我无忠臣兮,何故弃国?自快中野兮,苍天与直。吁嗟不可悔兮,宁早自贼。(《汉书·高王传》)

3. 因校勘而误断

故君子之行仁也无厌志好之行安之乐言之故言 ^{杨倞曰:所以好言 说,由此三者也。} 君子必辩
(《荀子·非相》)

王念孙指出杨倞误断,并指明原因是"言"字为衍文:"此言君子志好之,行安之,乐言之,故君子必辩。是其证。今言'故言君子必辩','言'乃涉上文而衍。杨断'故言'为一句以结上文,则'君子必辩'四字竟成赘语矣。"杨树达曰:"王说是也。"据此,正确的标点应是:

故君子之行仁也,无厌。志好之,行安之,乐言之,故君子必辩。(《荀子·非相》)

二、不明词义致误

庄蹻起楚分而为四参是岂无坚兵利革哉(《史记·礼书》)

司马贞《史记索引》在"四"和"哉"下作注,意为此处可断句。据其意,上句则断为:

庄蹻(qiáo)起,楚分而为四,参是岂无坚兵利革哉。

——这样司马贞将"参"义及全句的意思全搞错了。错的原因是误认为"参"为动词,实际上"参"即"三",与"四"连读,"分而为四参"即"四分五裂"的意思。此句出自《荀子·议兵篇》:"楚分而为三四"。引文略变。此为不当读而误读,当属上而误下。正确标点应是:

庄蹻(qiáo)起,楚分而为四参。是岂无坚兵利革哉?(《史记·礼书》)

三、不合语法致误

不明语法,也是造成断句标点错误的重要原因。反过来,误断误点也会割

裂语法关系,致使语句不通。例如:

项羽乃悉引兵渡河,皆沉船,破釜甑,烧庐舍,持三日粮,以示士卒必死,无一还心。(《史记·项羽本纪》)

许嘉璐指出:"死"后不应读,据上下文,"示"的宾语应是"心"字。正确标点应是:

项羽乃悉引兵渡河,皆沉船,破釜甑,烧庐舍,持三日粮,以示士卒必死无一还心。

标点古文,看似简单,实非易事。它需要熟悉古汉语的词汇、语法、音韵知识,需要了解古代的历史文化知识,需要具备一定的学识。唐代学者李济翁说过:"学识如何观点书。"鲁迅先生说过:"标点古文,不但使应试的学生为难,也往往害得有名的学者出丑。"(《"题未定"草》)他指出:"破句,不就是看不懂的分明的标记吗?"他还说;"标点古文真是一种试金石,只消几圈几点,就把真颜色显出来了。"(《花边文学·点句的难》)可见,标点古书需要一定的知识功底,标点古书不是一日之功。我们平时应该加强对古汉语词汇、语法、音韵等知识的学习,应该加强对古代天文、地理、名物典章制度等文化的学习,多读古书,多做练习,日积月累,标点古书的能力自然就会提高。

第三章

古书的今译

为了帮助现代人能够读懂古代的作品,一般采用两种方法:一种是注释,一种是今译,这两种办法各有优缺点。注释的优点是可以把古文的字、词、成语典故、典章制度乃至语法修辞等解释得比较深入、比较清楚,但注释不可能把每句话、每个字词全都注出来,而且比较零散。今译的优点是通顺、连贯,浅显易懂,对初学者来说,如果他们看了注释还不能读懂古文的话,那么就可以利用今译来了解原文。但今译不可能把原文字形的演变、词义的引申、典故的来源、语法、修辞等关系一一地揭示出来,所以这两种办法可以相辅而行。

从我们学习训诂学的角度来说,练习把古文翻译成现代汉语,是提高古书阅读能力的一种有效办法。有一种古文的今译,如《九歌》今译、《诗经今译》等,它不是按照原作一字一句翻译过来的,这与我们今天所要讲的"古文今译"的性质是不一样的。例如:

"望夫君兮未来,吹参差兮谁思?"(《楚辞·九歌·湘君》)

姜亮夫译为:

"我且行且望,夫人啊,仍是不来,我吹起了洞箫,你想我心中思念的是谁?"(《屈原赋今译》)

这种译文应该算是一种艺术再创作,不同于我们今天所要讲的古文今译。

我们今天所讲的古书的今译,是为了帮助别人能够比较容易地看懂古书,或者作为提高古文阅读能力的一种训练。这样的古文今译,就要求尽可能地忠实于原文,同时又要符合现代汉语的语法规范,要做到这一点,并非易事,需要注意以下几方面的问题。

第一节　今译的原则

"信"、"达"、"雅",是我们翻译古文时需要掌握的三个原则,是我们翻译时要努力实现的三个目标,也是检验译文质量高低的三个标准。

"信"、"达"、"雅"是近代著名翻译家、思想家、教育家严复先生提出来的。严复说:"译文有三难,信、达、雅。求其信已大难矣。顾信不达,虽译犹不译也,则达尚焉。……信、达而外,求其尔雅。"(《天演论·译例言》)

"信"、"达"、"雅"本是对外文汉译提出的要求,但它同样适合于古文今译。我们在翻译的时候,一定要先保证"信"、"达",在此基础上,再去追求"雅"。"信""达"是基本要求,而"雅"则是译文追求的较高目标。

一、信

所谓"信",就是指译文要准确,要忠实于原文,不歪曲,不遗漏,不增减,不走样,将古文的词义内容、情感语气都准确地翻译出来。例如:

射其右,毙于车中。(《左传·鞌之战》

[译]射那个车右(负责保卫的人),[车右]倒在了车中。

有人把"毙于车中"翻译成"死在车中",这样翻译就不准确,因为"毙"是"倒下"的意思,而不是"死"的意思。

为了忠实于原文,要尽可能地采用直译的办法,一词对译一词,一句对译一句。例如:

吴广素爱人,士卒多为用者。将尉醉,广故数言欲亡,忿恚尉,令辱之,以激怒其众。(《史记·陈涉世家》)

[译]吴广平常爱护别人,士兵中很多愿意为他出力的人。将尉喝醉了,吴广故意多次扬言要逃跑,使将尉愤怒,让他侮辱自己,用来激怒众人。

这段译文基本采用了直译的办法来对译,就比较忠实于原文。再如:

见其生不忍见其死,闻其声不忍食其肉,是以君子远庖厨也。(《孟子·梁惠王上》)

这里的"远"是使动用法,"远庖厨"的意思是"使庖厨远离"。有的译文不了解这一点,把它译成了"君子远离厨房",这就不妥当了。再如:

则千里虽远,亦或迟或速,或先或后,胡为乎其不可以相及也。(《荀子·修身》)

句中的"或",是个无定代词,意思是"有的(人、东西)",但有的译文却不了解这一点,把"或"译成了"或者"的意思,整句译成了"……或者慢或者快,或者先或者后……",这就翻译错了,错的原因就是因为没有弄清楚"或"字的古代含义。

古代汉语的词有它常见的意义,也有它特指的意义,对于某个词的特指含义,我们必须把它弄清楚,否则就会出错。例如范仲淹的《岳阳楼记》中有句话:"是进亦忧,退亦忧,然则何时而乐耶?"这里的"进"和"退"是特指,"进"指在朝廷做官;"退"指不做官了,免官下野。有的译文把这句话翻译成:"这就是上进也担忧,后退也担忧,那么要到什么时候才享乐呢?"这样翻译显然不妥,使人感到迷惑。

二、达

所谓"达",是指文辞通顺,没有语病。要求译文的语言要符合现代汉语的语法规范和表达习惯,明白顺畅,读起来流畅自然。"信"和"达"是一篇译文的基础,要做到"信"、"达",必须在翻译之前,一定要反复通读全段或全篇古文,做到准确理解全段、全篇的内容、意旨。而要想准确掌握全篇内容,首先就必须搞清楚古文中每一个字词的含义,搞清楚每一个句子的结构。如果对原文不甚理解,或理解得不准确,似懂非懂就动手翻译,那么翻译出来的文字自然也不会正确。如果对原文理解对了,但译文的用词、造句不符合现代汉语的语法规范,这样的译文也不能算是成功。例如:

芳草鲜美,落英缤纷。(陶渊明《桃花源记》)

"芳"是"芬芳","鲜"是"鲜嫩","美"是美丽,但连起来说"芬芳的草鲜嫩美丽"是不可以的,因为现代汉语中没有"芬芳的草"这种说法,也不能说"草鲜嫩"或"草美丽",因此,必须采用意译的办法,将其意译为:"芳草青翠可爱,落花纷纷。"

古今汉语有同的一面,也有异的一面。异的一面是:词语有所不同,词语的搭配有所不同,句子结构有所不同,表达方法有所不同。碰到这些不同于现代汉语的地方,就要适当地进行意译,要妥善处理。例如:

黄发垂髫,并怡然快乐。(陶渊明《桃花源记》)

"怡然"是安适愉快的样子。但是如果把句子译成"安适愉快地自个儿快乐",那就不通了。古汉语中,"怡然快乐"这种格式很普遍,比如"莞尔而笑"、"喟然而叹"、"熙熙而乐",前面的形容词就是后面动作的状态。"莞乐"就是微笑貌,"喟然"就是叹息貌,"熙熙"就是和乐貌。现代汉语中没有这种格式,所以前面的形容词一般不用翻译出来。斟酌情况,可意译为:"老人小孩,都很安适快乐。"再如"夫子莞乐而笑"(《论语》),可译为:孔子微微地笑着。

三、雅

所谓"雅"是指文辞要优美,译文要典雅,能保持原文的语言特色和风格,富有表现力。在保证"信"、"达"基础上,译文还要尽可能地追求"雅",这是翻译的较高要求。一篇好译文,不仅要准确、通畅,而且还要尽量保持原文的语言风格。文章的风格是多种多样的,或质朴,或华丽,或流畅,或缜密,或节奏铿锵,或文字整齐。能够保持原文语言风格的译文,才能称得上是好译文。例如:

"苟全性命于乱世,不求闻达于诸侯。"(诸葛亮《出师表》)

有人翻译成:"只想在乱世中苟全性命,并不企图飞黄腾达,使名声传播到诸侯之中。"这个译文只重意译,忽视了原文对偶成文、铿锵有力的特点,增加了一些不必要的字词,未能保持原文的风格。而有人将其对译成:"只求在乱世里苟全性命,不想在诸侯中显身扬名。"这样的译文就比较好,无论从思想内容还是从语言形式来看,都是比较接近原文的,保持了原文的语言特色。

第二节　今译的方法

古文翻译的方法,可以笼统地分为两大类:一是直译,一是意译。

一、直译

所谓"直译",又可以叫做"对译",即把原文中的字词一个一个对应着翻译成现代汉语,而且要尽可能地保留原文遣词造句的特点,力求表达风格与原文一致。"直译"要求"字字落实",即要求原文字字在译文中有着落,译文字字在原文中有根据。例如:

"见素抱朴,少私寡欲。"(《老子·上篇》)

任继愈先生将其直译为:"外表单纯,内心朴素,减少私心,降低欲望。"

二、意译

所谓意译,就是只译出原文意义,只求表述原文的基本内容和思想,不拘泥于"字字落实",不强求与原文语序一致。例如:

"夫晋,何厌之有?"(《烛之武退秦师》)

有人意译为"晋国,有什么满足?"其实这个译文并不符合现代汉语的表达习惯,应该打破语序,意译为:"晋国,哪有满足的时候?"或译为:"晋国,哪里满足得了?"

遇到古今语法结构迥异,或现代汉语没有对等的词来直译,或用直译难以表达原文意蕴的时候,就必须使用意译。例如:

"振长策而御宇内。"(《过秦论》)

此句如果直译为"举起马鞭子驾御天下"显然是讲不通的,可意译为:"用武力来统绐各国。"再如:

"秋毫不敢有所近。"《(鸿门宴)》

此句如果直译为"连秋天里野兽的毫毛也不敢接近",与原文表达的意思相差就太远了,可意译为:"财物丝毫不敢据为己有。"再如:

"主人下马客在船,举杯欲饮无管弦。"(白居易《琵琶行》)。

此句"主人"与"客"互文,如果直译为"主人下了马,客人在船里",显然意思不完整,所以应意译为:"主人和客人一起下了马并登上了船。"

一般来说,今译时首先要使用直译法,意译只是一种辅助手段,不得已的时候才可以使用意译法。例如:

"夫食为民天,民非食不生矣。三日不粒,父子不能相存。"(颜之推《颜氏家训·涉务》)

[译]吃饭是老百姓最大的事,老百姓没有吃的就无法生存了。三天不吃饭,父亲和儿子就不能保全。

该译文主要采用直译,但考虑到句子的通顺,对"夫食为民天"、"三日不粒"采用了意译的方法。这个译文就译得比较好,既准确,又通顺。

三、翻译八法

在翻译的过程中,有一些具体的小方法,有人将其概括为"对、留、补、调、删、换、分合、反正"八类,叫做"翻译八法"。

1. 对,就是指对换,也就是把文言词语转换为相应的现代汉语的词语,把单音词转换为相应的双音节词,这是古文今译最基本的方法。

(1)天行有常,不为尧存,不为桀亡。(《荀子·天论》)

[译]自然界运行有规律,不因为尧(圣明)存在,不因为桀(残暴)消亡。

(2)前辟四窗,垣墙周庭。(《项脊轩志》)

[译]前面开辟了四个窗子,矮墙围绕着院子。

2. 留,即保留,就是将原文的词语保留在译文之中。这里分为两种情况,一种是文言词语被现代汉语保留下来的,其意义和用法古今是一样的,如"山"、"水"、"天"、"地"、"人"、"火"、"车"等,这类词无需翻译;另一种是古代的国名、地名、人名、书名、官职、朝代、帝号、王号、年号、度量衡等,都可照原文抄录,不必翻译。例如:

(1)积土成山,风雨兴焉。(《荀子·劝学》)

[译]积土成为山,风雨就会从那里兴起。

(2)厉王薨,武王即位。(《韩非子·和氏》)

[译](楚国)厉王死,武王登上王位。

3. 补,指补充,是指译文时要适当补充一些词语,以便使句子更加顺畅,意义更加清楚。需要补充的,有的是属于句子成分的省略,有的是古今句法的不同,有的是作者意念上有但未行文,例如:

(1)沛公不先破关中,公岂敢入乎?《史记·项羽本纪》

[译]沛公(如果)不先攻破关中,您难道敢进去吗?

这是一个假设句,作者意念上是作为假设句来表达的,但文中没有使用表示假设的连词,从句子结构本身来看不是省略了什么成分,译文中增加"如果"之类的连词会更加晓畅。再如:

(2)一人、一桌、一椅、一扇、一抚尺而已。(林嗣环《口技》)

[译]一[个]人,一[张]桌子,一[把]椅子,一[把]扇子和一[块]醒木罢了。

古汉语没有量词,一般都是直接把数词放到名词之前。那么我们在翻译的时候就应该补出量词。

(3)"因屏人曰:汉室倾颓,奸臣窃命,主上蒙尘。孤不度德量力,欲信大义于天下,而智术浅短,遂用猖蹶,至于今日。"(陈寿《隆中对》)

[译]"于是就叫(旁边的)人避开,说:'汉朝(的统治)崩溃,奸臣盗用皇帝的政令,皇帝遭难出奔蒙受风尘。我不衡量(自己的)德行(能否服人),估计(自己的)力量(能否胜人),想要在天下伸张大义,然而智慧与手段浅薄不足,因此失败,(弄)到今天(这个局面)。'"

这段译文补出了括号内的内容,所以就比较顺畅,文意清楚;如果去掉括号内的内容,直接对译,译文就会语无伦次,意思难明。

4. 调。就是调整,主要是对语序(句子结构)而言的。文言文中的语序有时和现代汉语是不一样的,在译文中要根据现代汉语的习惯加为调整。例如:

（1）古之人不余欺也。（苏轼《古钟山记》）

[译]古代的人不欺骗我们啊。

（2）先生助之奈何？（《战国策·赵策》）

[译]先生怎么帮助它（赵国）呢？

（3）蚓无爪牙之利，筋骨之强（《劝学》）

[译]"蚯蚓没有锋利的爪牙，强壮的筋骨。"

（4）"孔子曰：'苛政猛于虎也。'"（《捕蛇者说》），

[译]孔子说："苛酷的统治比老虎凶狠。"

例（4）如果按原文的语序直译为"苛酷的统治凶狠比老虎"，显然不符合现代词语的习惯，所以必须把"比老虎"调整到"凶狠"之前，方可通顺。

5. 删，就是删掉一些不必要的文言虚词。去掉后不影响句子意义表达的虚词，今译时就要对之进行删减。例如：

（1）夫战，勇气也。（《左传·庄公十年》）

[译]作战（是靠）勇气的。

夫：句首语气词；"也"，句尾语气词，翻译时一定要将其删掉。再如：

（2）吾请无攻宋矣。（《墨子·公输》）

[译]我不攻打宋国了。

（3）孤之有孔明，犹鱼之有水也。

[译]我有了孔明，就像鱼有了水。

（4）公将鼓之。（《左传·曹刿论战》）

[译]鲁庄公将要击鼓（进军）。

上面句子中加点的词，翻译时都应该删掉。

6. 换，就是替换，包括两种情况，一是用今天的词语换掉文言词语。如

（1）十年春，齐师伐我，公将战，曹刿请见。（《左传·曹刿论战》）

"师"，翻译时用"军队"替换；"伐"用"攻打"替换。

二是当没有可替换的词语时，就要运用意译的办法来替换。例如：

（2）上书乞骸骨。（《后汉书·张衡传》）

[译]（给皇帝）上书要求退休。

（3）肉食者谋之，又何间焉？（《左传·曹刿论战》）

[译]有权位的人谋划这事，（您）又何必参与呢？

（4）野马也，尘埃也，生物之以息相吹也。（《庄子·逍遥游》）

——蒸腾的雾气，动荡的尘埃，都是生物用气息相互吹拂的结果。

7. 分合：把原文的一句话分成几句译，如合叙句中总分或分合的句式；或把

原文的几句合译成一句,如某些互文句,这种翻译的方法叫分合法。例如:

(1)每至晴初霜旦,林寒涧肃。(《三峡》)

[译]每逢刚刚放晴或有霜的早晨,树林一片寒意,山涧一片肃穆。

(2)秦时明月汉时关。

[译]秦汉时的明月秦汉时的关。

(3)洎酒阑欢极,毅辞起。(《柳毅传》)

[译]等到酒喝够了,欢娱到了极点,柳毅告辞起身。

(4)豫章故郡,洪都新府。(《滕王阁序》)

[译]过去的豫章郡,就是现今的洪都府。

8. 反正法,也是调法的一种,单独拿出来说明。它是将肯定句式和否定句式互相替换,以求更适合现代汉语的表达习惯。例如:

(1)鲁连一说,使终生杜口。(曹植《与杨祖德书》)

译文1:鲁仲连一旦陈说,使他终生不敢开口。

译文2:鲁仲连一旦陈说,使他终生闭口。

译文2采用一般译法,显得平淡而无说服力,而译文1采用正反译法,将肯定句换作否定句,使人读起来顺口,听起来明析,觉得更有力量。再如

(2)夫钟期不失于听,于今称之。(曹植《与杨祖德书》)

译文1:钟子期善于辨析音乐,现在人们还称颂他。

译文2:钟子期不在音乐上失误,现在人们还称颂他。

译文1将否定句换作肯定句,效果较好。译文2为直译,但不符合现代汉语的表达习惯。

第三节　译文失误的十种情况

译文中经常存在一些毛病,陈蒲清先生在《文言今译学》中总结了十六种译文失误的情况,今结合自己的翻译实践,将其汇总为以下十类:

1. 不明古义,犯了以今律古的错误。例如:

(1)追张仪不及。(《史记·屈原列传》)

[译]追赶张仪,来不及了。

(2)巫医乐师百工之人,君子不齿。(韩愈《师说》)

[译]:巫婆、医生、音乐家、各种工匠,君子对他们不屑一提。

例(1)"及",古义为"赶上",译文用了"来不及",致使错误。例(2)"齿"字

的古义为"排列"、"并列",译者误把"不齿"译为"不启齿",即"不屑一提"。

2. 受词语常用义的干扰,而忽略了冷僻义,使译文失误。例如:

(1)池塘生春草。(谢灵运《登池上楼》)

[译]池塘里边生出嫩嫩的春草。

(2)邑人奇之,稍稍宾客其父,或以钱币乞之。(王安石《伤仲永》)

[译]同邑的人认为他奇特出众,稍稍把他父亲当宾客接待,有人还用钱币求他。

例(1)使用了"池塘"的常用义来翻译,致使错误。其实"塘"的本义是"堤坝",由于与"池"经常连用,被"池"的词义渗透,才具备了今天的常用义。"池塘"的正确译文应是:"池塘的堤岸"。

例(2)"乞"的常用义为"求",但还有一个相反的词义"给予",此文正是使用的后义。"或以钱币乞之"一句的正确译文应是"有人还拿了钱物送给他"。

另外,翻译时还要注意词类活用的翻译:使动用法的翻译要突出"使……";形容词的意动用法,翻译时要突出"认为宾语怎么样";名词的意动用法,翻译时要突出:"以……为"或"把……当作……"。

3. 望文生义,致误。

(1)若乃夫没人,则未尝见舟而便操之也。(《庄子·达生篇》)

[译]若是那些潜水人,便不曾看到船就可操纵他。

(2)肉食者谋之,又何间焉。(《左传·庄公十年》)

[译]当官吃肉的人谋划这件事,你又何必补充纠正呢?

例(1)中"便"的古义为便捷、熟练,后起义才是副词"就",译者不知,随文乱译,正确的译文应当是:"若是那些潜水能手,眼中即使没有看到船却能熟练敏捷地驾驶它。"

例(2)的"间"为动词,含"参与"、"掺合"义,不能随心所欲地译为"补充纠正"。

4. 不识通假而致误。例如:

(1)远方之能疑者,并举而争起矣。(贾谊《论积贮疏》)

[译]远方有能力有疑心的人,就会同时行动,争着起事了。

(2)故有舍本而问末者耶?(《战国策·齐四》)

[译]因此有所询问,难道不先问根本而问枝节吗?

例(1)"疑"通"拟","比拟"的意思,而不是"怀疑"的意思,"能拟者"指能与朝廷力量相当的诸侯,他们对朝廷会构成危险。原文应译为:"远方能与朝廷力量相当的诸侯,就会同时行动,争着起事了。"

例(2)"故"通"胡",疑问代词,表示"为什么"。所以该句话应译为:"为什么舍弃根本而问枝节呢?"

5. 不审事理,违背情理而致误。例如:

(1)愚人无智,便空食盐。食已口爽,返为其患。(《百喻经·愚人食盐喻》)

[译]愚人不聪明,便光吃盐,吃时嘴里爽快,回家得了病。

(2)与僚友饮,酒酣,斗力毙之。(李渔《秦淮健儿传》)

[译]健儿与同事的朋友饮酒,喝醉了酒,相互打起来,健儿用力把他打死了。

按:上述二例的译文均不合事理。例(1)"光吃盐"便"口爽"不合事理。致错的原因是译者对"爽"的一个义项"败坏"不知,因此闹了笑话。该句是个比喻,义为盐能调味,但光吃盐就会败坏口味,比喻做事不可过头。应译为:"愚人不聪明,便光吃盐,吃时嘴里败坏了口味,回家得了病。"

例(2)与好友饮酒本是乐事,但健儿却无缘无故地打死人,于理未妥。错因有二:一是将"酣"理解错了,即将其"畅快"义理解成了"醉";二是断错了句,将"斗力,毙之"读成了"斗,力毙之"。全句应译为:"健儿与同事的朋友饮酒,喝到畅快之时,两人比力气,对方受伤致死。"

6. 不懂典章制度而致误。例如:

(1)霾两轮分絷四马。(《楚辞·国殇》)

[译]车轮被陷了啊,马也不能动。

(2)待其酒力醒,茶烟歇,送夕阳,迎素月,亦谪居之胜概也。(王禹偁《黄冈竹楼记》)

[译]等待我酒醒了,茶品完了,烟抽完了,便目送夕阳,迎来明月,这也是谪居生活中的佳境啊。

例(1)译文大误。"霾(通"埋")轮絷马"是古代的一种作战部署:埋住车轮,系住战马,排成方阵,阻止敌人进攻。这种方法有利于防守,但不灵活。《孙子兵法·九地》:"方马埋轮,未足恃也。"

例(2)中的"烟",不是今天吸的烟,今天所吸的烟始自明代万历年间。此处的"烟",是封建士大夫薰香之烟,故此句应译为:"茶品完了,香薰过了。"

7. 以偏概全,把单音词误为双音词。例如:

(1)毛羽者,飞行之类也,故属于阳。(《淮南子·天文训》)

[译]有羽毛的鸟类,是飞行的动物,所以属于阳。

(2)沙鸥翔集,锦鳞游泳。(范仲淹《岳阳楼记》)

[译]沙鸥时而飞翔,时而停歇,美丽的鱼儿在水中游泳。

例(1)"毛羽"为两类动物,"毛"指走兽,"羽"指"飞禽"。"飞行"也是两个词,是分承鸟兽而言的。该句可译为:"有羽翼的鸟,是飞翔类动物;有毛的野兽,是行走类动物,所以属于阳。"

例(2)中的"游"指浮游,"泳"指潜入水底,与"翔集"对文。本句应译为:"时而浮出水面,时而潜入水底。"

8. 误拆双音词为单音词而致误。例如:

(1)蒙冲斗舰,乃以千计。(《资治通鉴·赤壁之战》)

[译]蒙着生牛皮的冲锋用的小战船,竟上千艘。

(2)且矫诏纷出,钩党之捕,遍于天下。(张溥《五人墓碑记》)

[译]况且当时伪造的圣旨纷纷下传,搜求东林党人,把他们逮捕,普天下都这样干。

例(1)"蒙冲"为联绵词,为一种大型战舰,不能拆开解释。可译为:"大小战船,竟上千艘。"

例(2)"钩党"为一专用名词,即"同党",此指东林党人,拆解为"搜求东林党人"不当。该句应译为:"况且当时伪造的圣旨纷纷下传,全国到处都在搜捕东林党人。"

9. 不合文法而致误。例如:

(1)其所谓忠者不忠,而所谓贤者不贤也。(《史记·屈原列传》)

[译]他们把忠当作不忠,把贤当作不贤。

(2)焚百家之言,以愚黔首。(贾谊《过秦论》)

[译]烧毁了百家的言论,想愚笨天下的人。

该两例皆以词法致误。例(1)中的"者"是辅助性代词,意思是"……的人";"谓"是"认为"的意思,全句应译为:"他们认为忠诚的人并不忠诚,而所认为贤能的人并不贤能。"

例(2)"烧毁……言论"搭配不当,应是"烧毁诸子百家的著作";"愚黔首"是使动用法,即"使天下百姓愚笨"。原文译成"想愚笨天下的人",则成了意动用法,造成了错误。

10. 不察文体特点、行文习惯、修辞习惯而致误

(1)自我徂尔,三岁食贫。(《诗经·卫风·氓》)

[译]自从我嫁往你家,三年来吃的食物缺乏。

(2)故劳苦倦极,未尝不呼也;疾痛惨怛,未尝不呼父母也。(《史记·屈原列传》)

[译]所以,劳累、辛苦、疲劳到了极点,没有不呼喊天的;疾病、痛苦、忧伤的时候,没有不呼喊父母的。

例(1)"三岁"应是虚指,即多年;"食贫"为"受尽贫困的折磨",其它译法不当。

例(2)"极"与"倦"为同义词连用,义同"倦",而非"极点"的意思,故译文不妥。

总之,在翻译的时候,一定要注意上述十个方面的问题,以免译文失误。

第四章

读注和作注

第一节 读注

阅读古注,首先应该坚持实事求是的原则,坚持唯物主义的原则,坚持不迷信古注、不盲从古注的原则。

一、读注应坚持的原则

1. 坚持实事求是的原则

语音、词汇、语法都是发展变化的,尤其是词汇的发展变化最快。同一个词,在不同的句子中可能表示不同的意义,所以我们在读古注的时候,一定要本着实事求是的治学态度,具体问题具体分析,决不能以偏概全。例如:

(1)"孟子谓齐宣王曰:'为巨室,则必使工师求大木,工师得大木,则王喜,以为能胜其任也。'"(《孟子·梁惠王章句下》)赵注:"巨室,大宫也。《尔雅》曰:'宫谓之室。'"

(2)"孟子曰:'为政不难,不得罪于巨室。'"赵注:"巨室,大家也,谓贤卿大夫之家。"(《孟子·离娄章句上》)

同一个词出现在不同的句子中,未必表示相同的意义。赵岐采取务实的态度,根据具体的上下文,将例(1)中的"巨室"解释成了"大宫",将例(2)中的"巨室"解释成了"大家",就非常地切合上下文,释义就非常地正确。

前代训诂学家秉承实事求是的精神,因而取得了丰硕的训诂成果。如王氏父子。王引之在《经义述闻·自序》中说:"大人又曰'说经者,期于得经义而已。前人传注不皆合于经,则择其合经者从之。其皆不合,则以己意逆经意,而参之他经证以成训。虽别为之说,亦无不可。必欲专守 家,无少出入,则何邵公之墨守,见伐于康成者矣。'故大人之治经也,诸说并列则求其是,字有假借则改其读,盖孰于汉学之门户,而不囿于汉学之藩篱者也。"凡是正确的前人传注,王念孙"择其合经者从之";凡是错误的前人传注,王念孙"参之他经证以成训",他批评了专守一家,囿于汉学藩篱的保守态度。这种不迷信前人传注,实事求是的治学态度对其子王引之影响颇大。王引之对戴震、段玉裁等通儒以及自己的父亲,也是抱着"吾爱吾师,吾更爱真理"的态度,不作苟合之论。他在《经义述闻》中多次驳斥戴氏、段氏之观点,对其父《读书杂志》也时有补正。这种实事求是的精神是非常值得我们学习的。

2. 坚持唯物主义的原则

任何事物都是发展变化的,语言也不例外。读古注一定要有历史唯物主义和辩证唯物主义的观念,不能以现代的观念、后起的观念去理解古人的观念。例如:

妇者,服也,以礼屈服也。(《白虎通义》卷八)

女者,如也,从如人也。(《白虎通义》卷十)

"妇"和"女"这两个名词出现较早,其音义不可能源于"服"(服从)、"如"(顺从)。因为女性并不是天生就是侍奉人、服从人的。根据社会的发展,母系氏族社会过渡到父系氏族社会乃至阶级社会,女性由于体力的限制,由户外生产劳动转变为主要在家操持家务,养儿育女,慢慢形成了女性服从男子、侍奉他人的观念意识。"服从"、"顺从"的观念是后起的,根本不可能成为"妇"、"女"的语源,班固拿汉代的观念解释原始社会的词语,显然是错误的。

王力先生曾指出:"从思想上去体会还是从语言上去说明"(《训诂学上的一些问题》),这是训诂思想的唯心论与唯物论的差别。研究训诂学一定要坚持唯物主义的原则,即从古籍的实际内容出发,采取唯物主义的立场和方法。仅从词义的角度讲,就是要研究其内在的形式、使用状况和运动规律,而不能强加给它一些唯心的内容。陆九渊说:"六经注我,我注六经。"这显然是很错误的。《论语》中无一"理"字,而朱熹的《论语集注》却大谈"理"与"天理",这些都是唯心主义、主观主义的表现。唯心论导致训诂偏离语言事实,信口雌黄;而唯物论则指导学者准确理解古人思想,让训诂接近语言事实。

3. 坚持不迷信古注、不盲从古注的原则

有些古注脱离原文,主观臆测;有些古注存在封建迷信思想、唯心思想,因此我们在读注的时候,一定仔细鉴别,不要轻信古注、盲从古注。例如:

《公羊传·襄公二十七年》:"公子鱄云:'苟有履卫地、食卫粟者,昧雉彼视。'"《注》:"昧,割也。时割雉为盟。"按,愚谓昧雉犹死雉也。雉死目瞑,故曰

昧雉。（黄生《义府·昧雉》）

黄生认为旧注将"昧"训为"割"，没有根据。于是他根据"昧雉"的命名之源对之重新作了解释："昧雉犹死雉也。"

二、读注前应尽可能地掌握该书的注释体例

任何一部注释书，一般都有自己的释义体例，有自己习惯的训诂格式。这些体例、格式有时集中表现于该书的凡例、发凡、例言中，有时散见于该书的前言、序及后记中，有的甚至直接在注文中体现，需要读注的人自己去总结。

读注前，应该先看看该书的凡例、前言及后记等，了解该书的注释条例，有助于我们阅读古注。例如王引之的《经义述闻》，用"（家）大人曰"阐述王念孙的观点，用"引之谨案"、"予谓"、"今案"表明自己观点。引用前代注疏，一般按照本注、笺、疏为顺序，多不称姓。如果引用本经之外的其它注释则称某注，如虞翻注称虞注，荀爽注称荀注；姓氏相同的，则以官职相区别，如"三礼注"中郑玄注称郑注，郑众注称郑司农注或郑众注；有时也直呼其名，如京房注、干宝注等。有不详姓氏的注，往往说"某氏云"。《经义述闻》引用群经本注、笺、疏和《十三经注疏》相同，即《周易》：王弼、韩康伯注，唐孔颖达正义；《尚书》：旧题汉孔安国传，唐孔颖达正义；《诗经》汉毛亨传，郑玄笺，唐孔颖达正义；三《礼》：汉郑玄注，唐贾公彦疏；《左传》：晋杜预注，唐孔颖达正义；《公羊传》：汉何休注，唐徐彦疏；《谷梁传》：晋范宁传，唐杨士勋疏；《尔雅》：晋郭璞注，宋邢昺疏；《国语》：韦昭注。

对同一句话，诸儒都有训诂者，则按照先本注、后他注的顺序排列。若有数家他注，则依据时代先后排列。如《经义述闻·尚书》先孔传后马、郑、王注；《经义述闻·周易》先王、韩注后马、郑、陆注。这样排列表现了对字词释义的先后顺序，便于读者研究学习。

引用文献资料时，按照时代先后排列，较早的资料排在前面。如《史记》排在《汉书》之前，《左传》排在《国语》之前。

了解了这些训诂体例，显然有助于阅读《经义述闻》。例如《经义述闻》卷十九"亨神人"条：

"是以先王务修德音以亨神人。"杜注曰："亨，通也。"陆粲附注曰："刘向《新序》援此文'亨'作'享'。古字亨、享通。"引之谨按："亨"当从《新序》读为"享"，杜不读为享者，盖以神可言享，人不可言享耳。不知古人之文，多有从一而省者。人固不可言"亨"，亦得因神而并称之。襄二年《传》："莱人使正舆子

赂凤沙卫以索马牛,皆百匹。"《正义》曰:"《司马法》:'邱出马一匹,牛三头。'则牛当称头,而亦云匹者,因马而名,牛曰匹,并言之耳。经传之文,此类多矣。《易·系辞》云:'润之以风雨。'《论语》云:'沽酒市脯,不食。'《玉藻》云:'大夫不得造车马。'皆从一而省文也。"然则"以享神人",亦是从一而省文耳。襄二年《传》:"能歆神人。"杜注曰:"歆,享也。"使神享其祭,人怀其德。彼言"歆神人",此言"享神人"皆是因神而并及于人也。

杜注即杜预的注释。因为是本注,所以排在陆粲附注之前。"引之谨按",表示下文是王引之的考释。其中"《易·系辞》云"、"《论语》云"、"《玉藻》云",皆按时代顺序排列。

除此之外,在此条考释中,王引之所提到的"从一而省"、"从一而省文"、"并言之"、"并及"等条例术语,都是指"连及"这种修辞方式。王引之引用《易经》中因"雨"而连及"风"、《论语》中因"脯"连及"酒"、《玉藻》因"车"连及"马"的例子,证明古文中"连及"的情况是非常普遍的,并以此来证明人"以神可言享"的道理,从而反驳了杜注中把"亨"释为"通"的错误观点。

三、读注前要反复地阅读正文

任何注疏,都是帮助我们疏通文字障碍的,如果我们能够读懂古书,那么根本就没有必要再去阅读古注(当然开拓眼界除外)。宋代理学大师朱熹说:"大凡人读书,且当虚心一意将正文熟读。""须是将本文熟读,字字咀嚼,教有味。若理会不得处,深思之又不得,然后却将注解看,方有意味"。(《朱子语类辑略》卷二)朱熹认为读书应该分为两个步骤,第一步是先"虚心一意"熟读正文,要"字字咀嚼",深入理解正文,要读出味道,"教有味"。在读书的过程中,如果遇到了疑难字词,"深思之又不得",那么才可以进行第二步,即"将注解看,方有意味。"朱熹说:"学者观书,先须读得正文,记得注解,成诵精熟。注中训释文意、事物名义,发明经指,相穿纽处,一一认得,如自己做出来一般,方能玩味反复,向上有透处。若不读此,只是虚设议论,如举业一般,非为己之学也。"(《朱子语类辑略》卷二)可见朱熹把读注视同正文一样的重要,只不过从阅读程序上一定要先读正文,再"记得注解"。朱熹的观点实际上正如孔子所说:"不愤不启,不悱不发。"读书中碰到了困难,心里想求通而又未通,想说又不知道怎么说,这个时候就可以借助于注解而得到启发,可能就会有怡然理顺,豁然开朗之快感。罗邦柱说:"我们读注,本是由于阅读正文,碰到一些疑难问题,想从注疏中寻找解决疑难的钥匙。如果不先读正文,根本就无从发现疑难问题,那么又何必读注？读注又有什么用处？读下去又有什么味道呢？如果先读正文,然后看注,情况就不同了。初读正文,疑难问题也许很多。于是再读一遍二遍,有些疑难问题就可以解决。经过熟读深思,仍有一些问题不能解决,那么,你的求知欲就会达到如饥似渴的程度,这时才去看注。倘若注疏替你解决了问题,你该是多么高兴!倘若注疏没有给你解决问题,你就会去看别的注疏,以满足你的未知欲望。这种读书的方法可以养成你学习的主动性。不用这种读书方法,在你没有读过正文的时候,就要求你去读注疏,那就会味同嚼蜡,哪会有什么学习的积极性呢?"①

四、必须把注文与正文联系起来参互对照

有些注释未必准确,如果离开了正文,就无从鉴别,所以在读注的时候,必须把正文与注文结合起来参互对照,方能择善而从。例如:

《诗·卫风·芃兰》:"容兮遂兮,垂带悸兮。"毛传:"容仪可观,佩玉遂遂然、垂其绅带悸悸然有节度。"郑笺曰:"容,容刀也。遂,瑞也。言惠公佩容刀与瑞及垂带三尺,则悸悸然行止有节度,然其德不称服。"

毛传以"容兮"为主语,"遂兮、垂带悸兮"为并列谓语;郑笺以"容刀"、"瑞"、"垂带"为"悸兮"的并列主语。那么哪一种注释更正确呢?黄焯对此评析说:"焯谨按:《传》意以'容兮'总括两句,佩玉遂遂然、垂带悸悸然,皆仪容可观者。《笺》以容为容刀,义殊未允。先从父季刚先生云,古人之文,词调虽相同而词性不必同。不解此义,则有改古文以为后世之骈俪之患。'绿兮衣兮',第一兮字乃足句词,'琐兮尾兮',第一兮字亦足句词。'容兮遂兮','容'为名词,'遂'为形容词,应谓'其容遂兮'。康成不悟,乃强为解。"黄焯分析甚是精当,《诗经》"容兮遂兮,垂带悸兮",其主语为"容兮",其谓语为"遂兮垂带悸兮",毛传为是,郑笺为非。可见,读注也必须结合正文去甄别是非,否则将无所适从。再如《论语·里仁》:

"苟志于仁矣,无恶也。"何晏注引孔曰:"苟,诚也。"

何注"诚"是"如果"、"果真"的意思,表假设。有人理解为"专诚致力",那就错了。因为根据正文"志于仁"来看,"志"本身就有"专诚致力"的意思,是名词活用作动词;如果再把"苟"理解成"专诚致力",那就造成了文意重复,而且原文的假设语气也不明显了。所以根据正义,何注中的"诚"只能是"如果"义。

---

① 周大璞:《训诂学初稿》,武汉大学出版社1987年版。

《诗·小雅·大东》:"或以其酒,不以其浆。"毛传:"或醉于酒,或不得浆。"

陈奂《毛诗传疏》曰:"经中'或'字领下句,兼以'以'、'不以'言,故传分释之云:'或醉于酒,或不得浆。'以见王政之偏也。"陈奂根据毛传的解释,看出了《诗经》正文,即第二句省略了主语"或"字。这是结合注文分析正文而得出的正确解释。而马瑞辰《毛诗传笺通释》却说第二句的"不"字是助句词,这显然是主观臆测,洪诚说他"真不通文理"。①

五、甄别注文,择善而从

一部古书,往往有多家注解。有时甚至一个字词、一句话,也会出现多家不同的注释,面对这种情况,我们在读注的时候,就应该结合上下文,运用唯物主义的世界观,仔细分析,择善而从。例如:

《史记·项羽本纪》:"头发上指,目眦尽裂。"

"眦"为何意?上海古籍出版社出版的朱东润主编《中国历代文学作品选》注曰:"眦,眼眶。两句形容极端愤怒。"吉林人民出版社出版的曹蔚文等主编的《两汉文学作品选》注说:"眦——眼眶。这两句是说,头发直竖,眼眶都裂开了。"《辞源》、《辞海》也都释"眦"为"眼眶"。这么解释,表面上看似乎文义能通,而且也有一定的训诂依据,但是从实际情况来说,将"眦"译为"眼眶"不够准确。因为无论怎么愤怒,也不至于夸张到整个眼眶都裂开了。按:"眦"当为"眼角"的意思。《灵枢·癫狂篇》:"目眦外决于面者为锐眦,在内近鼻者为内眦。上为外眦,下为内眦。"其注曰:"眦者,眼外之眼角也。"郭锡良主编《古代汉语·鸿门宴》注:"目眦尽裂:眼角全都裂开了。眦:上下眼皮结合的地方,眼角。"郭氏《古代汉语》注"眦"为眼角就比较妥当。。

第二节　作注

作注的目的,是为了疏通古籍文献中的阅读障碍,是为了帮助别人能够看懂古书,所以作注前的第一步工作,就是要先确定作注的对象。

---

① 洪诚:《训诂学》,江苏古籍出版社 1984 年版。

一、确定注释对象

注什么,似乎不应该成为一个问题。但往届同学在做注释方面的作业、选择注释对象的时候却暴露了这一问题的严重性,即有些同学根本不会选择注释的对象,根本不知道要注什么,其结果是胡子眉毛一把抓,没轻没重地乱注一气。

注释的目的是为了疏通语言障碍,所以凡是大家能够读懂的字词句篇就没有必要再对它们进行注释。也许个别同学是为了应付作业,选择了一些非常简单的字词来注释,这样的注释除了应付作业之外毫无价值、毫无意义。为一般人所看不懂,是我们选择注释对象时所要依据的原则。一般人能够看懂的的字、词、句,就没有必要再去作注;选择一般人所看不懂的有一定难度的字、词、句去作注释,才能起到帮助人们扫除阅读障碍的作用,这样的注释才有价值。周大璞说:"针对读者对象,抓住注释的重点,合理安排内容,详略得当。属于普及读物,读者是初学者,注释就要详尽些,历史人名、地名及典章制度,一定要注释清楚。属于为专家阅读的古籍,可以旁征博引,多所汇纂,并着重在观点、方法上的启示。但不管哪一种注释,容易使人误解的词语,一定要出注。……与此相反,一些不容易误解的词则不必多所阐述,如王维《九月九日忆山东兄弟》'每逢佳节倍思亲'这一名句,大家都很熟悉,也不难懂,任何一个词都没有注释的必要。"①

注释的对象确定了,然后就可以确定注释的内容。前面已经介绍过,注释的内容有注音、辨形、释词、通句、解释语法、修辞现象,解释典制,补充史实等。譬如注音,一定要选择生僻字、多音字、通假字、破读字来注音,大家都会读的字就没必要再去注音。注音的时候一定要用现代通行的汉语拼音去注音,而不能用反切、读若、读如等方法去注音,就像现代人不能用文言文去解词释句一样。再如辨形,要去辨析那些形成阅读障碍的古今字、异体字、通假字、繁简字,如果这类字没有形成阅读障碍,就没必要去注释。要去辨析那些因字形相似、相近而致讹的字。再如释词,大家能够看懂的常用词就没必要再去作注,要去注释难懂的词,要去注释词类活用等有特殊用法的词,要去注释用法复杂的虚词,要去注释名物典章制度、成语典故等。再如通句,没必要把每一句文言文都翻译成现代汉语,只翻译、串讲那些难懂的句子就可以了,只揭示那些特殊的句式、

---

① 周人璞:《训诂学初稿》,武汉大学出版社 1987 年版。

特殊的语法结构、修辞现象就可以了。例如郑玄《诗经·郑谱》记载：

"初，宣王封母弟友于宗周畿内咸林之地，是为郑桓公。"

何为"咸林"？这是一个两千多年的疑案。今天陕西华县，古人又称作"咸林"，实际上是"棫林"之误。今案：棫林，周代郑国之都。公元前806年，周宣王姬静封幼弟姬友于都城镐京附近棫林（今陕西华县东），建立了郑国，姬友即郑桓公。"棫林"何以变成"咸林"的呢？据王引之考证："'咸'当作'或'，'或'者，'棫'之借字也。古音'或'如'棫'，故'棫'通作'或'。'或'与'咸'字形相似，因误作'咸'"耳。《史记·郑世家索隐》引《世本》云："桓公居棫林。'"（《经义述闻》卷五"咸林"）

在这条考释中，王引之首先进行了辨形，他认为"'咸'当作'或'"，二字因字形相似而致误。然后因声求义，指出"古音'或'如'棫'，故'棫'通作'或'"，并且引《世本》"桓公居棫林"一例来证明自己的观点。这样的考释有理有据，令人信服。

二、参考旧注，择善而用

有些古籍文献，前人已经作出了注释，为我们今天重新作注提供了可资借鉴的宝贵资料。例如：

"故闻柳下惠之风者，鄙夫宽，薄夫敦。"（《万章章句下》）

东汉赵岐注："鄙狭者更宽优，薄浅者更深厚。"

按：赵岐以"鄙狭"释"鄙"，以"宽优"释"宽"，以"薄浅"释"薄"，以"深厚"释"敦"，释词简明而准确。

朱熹《四书集注》曰："鄙，狭陋也。敦：厚也。"

杨伯峻《孟子译注》曰："所以听到柳下惠风节的人，胸襟狭小的人也宽大起来了，刻薄的人也厚道起来了。"

杨伯峻的译注，显然参考了赵岐、朱熹的注释。

某一部书如果有多家注释，在借鉴的时候一定要注意择善而用。例如黄生《义府》）：

《诗·王风》："将其来施施。"《毛传》："难进之意。"《郑笺》："舒行之貌。"以诗注观之，则《孟子》"施施从外来"，形容齐人醉归，欹斜偃蹇之状可掬矣。赵注："喜悦之貌。"朱因之云："喜悦自得之貌。"详施字于喜义不近，及观《韵会》"訑"字释云："自得之意"，乃知赵读"施"为"訑"，故有此训。"施施"用《诗》训自佳，不必借"訑"义也。

按:《毛传》、《郑笺》对《诗经》"施施"的解释是"难进之意"、"舒行之貌",也就是徐行的样子。《孟子》"施施从外来",与《诗经》"将其来施施"义同。赵岐和朱熹皆解释为"喜悦(自得)之貌"。黄生认为,以《诗经》毛亨《传》和郑玄《笺》观之,则《孟子》之"施施""用《诗》训自佳",因为"'施'字于喜义不近"。这是黄生分析旧注、择善而从的例子。

三、联系语境,准确释义

解释字词,一定要结合该词所在的句子去作分析。例如《孟子·万章章句上》:

(1)"咸丘蒙曰:'舜之不臣尧,则吾既得闻命矣。'"赵注:"不以尧为臣也。"

按:"不臣尧",赵岐注释为"不以尧为臣也"。"臣"本为名词,但在此句中却活用成了意动词,表示"以……为臣"的意思,赵岐紧密结合句子,准确解释出了"臣"字的这一特殊用法。

只有结合具体的句子,才能解释出词语的特定含义。再如:

(2)"昔者孔子没,三年之外,门人治任将归,入揖于子贡,相向而哭,皆失声,然后归。子贡反,筑室于场,独居三年,然后归。"(《孟子·滕文公章句上》)赵注:"场,孔子冢上祭祀坛场也。"

(3)"入则无法家拂士、出则无敌国外患者,国恒亡。然后知生于忧患,而死于安乐也。"(《告子章句下》)赵注:"入,谓国内也。出,谓国外也。"

赵岐结合具体的句子,指出"场"、"入"、"出"三词的特指意义。

汉语是一种没有词形变化的语言,词的语法功能及意义与其在句中的位置有着重要的联系。同一个词,在句中的位置不同,联系的前后词不同,所表示的意义和用法也可能不同,所以解释词义一定要联系具体的句子。例如《孟子·告子章句上》:

(4)"彼长而我长之,非有长于我也。"赵注:"告子言见彼人年长大,故我长敬之。"杨伯峻《孟子译注》:"因为他年纪大,于是我去恭敬他,恭敬之心不是我所预有。"

这句话中有三个"长"字,根据语境,赵注解释前两个"长"的意义分别为"长大"和"长敬"。今按:"彼长"的"长"为形容词,作谓语,表示"年纪大"的意思;"我长之"的"长"为动词,后面带上了宾语"之",表示"对长者尊敬"的意思;"有长"之"长"为名词,作"有"的宾语,表示"恭敬长者之心"的意思。同一个"长"字,因为用在了不同的位置,所表示的词义和用法也就出现了差异。可见结合句子分析词义是多么的重要。

　　"断章取义"、"望文生义"是训诂的大忌,前代训诂家紧密结合语境来解释词义,以"词不离句,句不离篇"为训诂的原则,为我们做出了榜样。如王氏父子多次强调文句之间"义应相属",多次指责一些脱离了语境的解释是"义不相属"、"文义难解"、"文不成义"。例如:

　　(5)《谷风》篇:"不念昔者,伊予来墍。"毛传曰:"墍,息也。"笺曰:"君子忘旧,不念往昔年稚我始来之时安息我。"引之谨按:如传笺说,则"伊予来"三字与"墍"字义不相属。今案:伊,惟也。来,犹是也。皆语词也。墍读为忔。忔,怒也。此承上"有洸有溃"也言之。言君子不念昔日之情而惟我是怒也。(《经义述闻》卷五"伊予来墍")

　　毛传解释"墍"为"息也",郑笺解释"墍"为"安息",王引之发现"墍"作"息"义解不合语境,"伊予来"三字与"墍"字义不相属。于是他根据上下文对"墍"字重新作了解释。王氏因声求义,指出"墍"通"忔",而"忔"为"怒"义,故"墍"为"怒"义。此句上承"有洸有溃"(有洸:相当于"洸洸";有溃:相当于"溃溃",指激流溃决之貌),意思是借水激流貌来形容丈夫发怒而动武貌。

　　从此例可以看出,解释词义,不但要结合具体的句子,而且还要联系句子的上下文去作分析,方能得到正确的解释。再如:

　　(6)《十月之交篇》:"百川沸腾,山冢崒崩。"《笺》曰:"崒者,崔嵬,山顶崔嵬者崩。"……引之谨案:"崒当读猝。猝,急也,暴也。言山冢猝然崩坏也。崒崩与沸腾相对为训,若训卒为崔嵬,而以山冢连读,则与上句文义不伦矣。"

　　"百川沸腾"与"山冢崒崩"相对成文,也"相对为训",王引之结合上下文义,反驳了旧注,确立了"崒当读猝"的新观点。

四、由源及流,分层注释

　　如果一个词在句子中用的是引申义,周大璞认为:"最好先注出其本义,再及引申义(即句中义),这样可使读者更透彻体会词义。"①例如:

《颜氏家训·书证》引延笃《战国策音义》苏秦的一句话:"宁为鸡尸,无为牛从。"延笃注曰:"尸,鸡中之主;从,牛子。"延笃直接解释了句中义。《尔雅翼·释豰篇》也对此作了注释:"尸,主也,一群之主,所以将众也。从,从物者也,随物而往,制不在我也。"

---

　　①　周大璞:《训诂学初稿》,武汉大学出版社 1987 年版。

比较这两种注释,后注显然比前注明了得多。后注先注出了"尸"、"从"的本义,然后再解释其比喻义,层层注释,清清楚楚。再如:

"不虞君之涉吾地也,何故?"(《左传·僖公四年》)

涉:郭锡良主编《古代汉语》注曰:"蹚水过河。这里有进入的意思。不说侵入而说"涉",是委婉的说法。"

先解释本义"蹚水过河",再解释句中引申义"进入",最后点明修辞手法,由源及流,层次清晰。

五、注文要符合情理

解词释义一定要符合情理,既要符合客观事物的情理,如符合语法规律、音韵规律等,又要符合人之常情。违背了情理的注文是站不住脚的,是没有说服力的。例如:

《左传·隐公元年》:"庄公寤生,惊姜氏,故名曰寤生,遂恶之。"杜预解释为:"寐寤而庄公已生。"

杜预的解释甚谬,因为它违背了人之常理。黄生对此进行了反驳:

"此说非也。寤而已生,此正产之极易者,何必反惊而恶之?予谓寤当与牾通。牾,逆也。凡生子首出为顺,足出为逆,至有手及臂先出者,此等皆不利于父母,或其子不祥,故世俗恶之。庄公寤生,是逆生也。逆生则产必难,其母之惊且恶也宜矣。"(《义府·寤生》)

黄生的解释符合孩子出生之规律,令人信服。此说一出,即为不刊之论。再如:

《礼记·内则》:"鱼去乙。"郑注:"今东海鯒鱼有骨名乙,在颊旁,状如篆乙字,食之鲠人不可出。"此说凿甚。凡骨皆能鲠,何独颊骨?且《礼经》岂专为鯒鱼戒耶?按《尔雅》:"鱼肠谓之乙"。《内则》当指此耳。(黄生《义府·乙》)

黄生认为"凡骨皆能鲠,何独颊骨"?郑玄之说违背了常理,黄生认为"此说凿甚"。他参考《尔雅》"鱼肠谓之乙",解释"鱼去乙"之"乙"当指"鱼肠"。

六、注文要简明扼要、准确恰当

注文要尽可能地追求简明扼要,切忌繁琐冗长。如汉人训诂,常犯繁琐之毛病,"说五字之文,至于二、三万言"(《汉书·艺文志》);"秦近君能说《尧典》,篇目两字之说至十余万言,但说'曰若稽古'四字三万言"(师古注引《桓檀新论》)《汉书·儒林传》称当时往往"一经说至百余万言",可谓繁琐之至,令人生厌。同样是汉代人,也有简明扼要的训诂著作,如毛亨的《毛诗故训传》、郑玄的《毛诗笺》、《三礼注》、王逸《楚辞章句》等。洪诚说:"郑玄注经,最为简约,其注文有少于经文者。如《仪礼·少牢》经 2979 字,注 2787 字;《仪礼·有司彻》经 4790 字,注 3456 字;《礼记·学记》、《乐记》二篇,经 6495 字,注 5532 字。"①例如郑玄《周礼》注:

州长各掌其州之教治政令之法。_{郑司农云:二千五百家为州。《论语》曰:虽州里行乎哉。《春秋传》曰:乡取一人焉以归,谓之夏州。}正月之吉,各属其州之民而读法,以考其德行、道艺而劝之,以纠其过恶而戒之。_{属犹合也,聚也。因聚众而劝戒之者,欲其善。}若以岁时祭祀州社,则属其民而读法,亦如之。春秋,以礼会民而射于州序。_{序,州党之学也。会民而射,所以正其志也。《射义》曰:射之为言绎也。绎者,各绎己之志。}凡州之大祭祀、大丧,皆莅其事。_{大祭祀,谓州社稷也。大丧,乡老、乡大夫于是卒者也。莅,临也。}若国作民而师田行役之事,则帅而致之,掌其戒令与其赏罚。_{致之,致之于司徒也。掌其戒令赏罚,则是于军,因为师帅。}岁终,则会其州之政令。正岁,则读教法如初。_{虽以正月读之,至正岁犹复读之,因此四时之正重申之。}三年大比,则大考州里,以赞乡大夫废兴。_{废兴,所废退、所兴进也。郑司农云:赞,助也。}

（《周礼·地官·司徒第二》）

从此例可见,郑玄注释言简意明,令人称快。皮锡瑞《经学通论·三礼通论》盛赞郑注"三礼""有功于圣经甚大,注极简妙并不失之于繁",所言极是。

从今天看来,凡是能够流传下来,并对后世产生深远影响的,恰恰是那些释义简明的著作,如《尔雅》、《说文解字》、《释名》等,堪称要言不烦、解释精要的训诂名著。至于那些故弄玄虚、繁琐冗长的训诂著作,则早已被历史所湮灭。简明扼要是训诂学的优良传统,繁琐冗长是训诂学之大忌。当然也不能因为一味求简,致使释义不明,反而失去了训诂的作用。只要能解释明白,就要尽可能地简洁语言。如《说文解字》:"衣,依也。"这个解释运用声训,可谓非常简洁,但没能做到使人明了,这个解释使人迷惑。刘熙意识到了这个问题,所以他在《释名》中稍加补充,解释为:"衣,依也,人所依以蔽寒暑也。"刘熙的解释可谓既简洁,又明了。

---

① 洪诚:《训诂学》,江苏古籍出版社 1984 年版。

第五章

训诂实践

一、标点、注释、翻译

（一）标点、注释下文

1. 言者心之声也立言之则曰有序有物物有通蔽心之存不存系焉心有存不存言之深浅醇驳系焉陶山先生以文章名海内数十年自服官以后事功日隆隆起其求民瘼熙庶绩区画经纬早作夜维一心营职业卒卒无须臾闲岂复得如少壮时键户端著作哉而文章事功乃俱日新而月盛壬午秋晤先生于青门亲德辉者两月肃乎其度盎乎其容对之者傲慢鄙吝之气不知何以顿消信乎诚能动物也已而出其所存陶山文录十卷相示煜敬受而卒读也怃然曰其斯为陶山子之文乎其斯为陶山子之心乎陶山子之心无日不在家国天下家国天下芸芸相酬对其忧喜苦乐无一不系乎陶山子之心而陶山子之心不第有家国天下芸芸相酬对之形状也不第有芸芸相酬对忧喜苦乐之情况也与之同忧喜共苦乐必为之祛其忧苦生其喜乐勤勤焉恳恳焉以为吾所当然竭吾才而犹未已而陶山子之心洋洋乎莫非物理之流动充周矣夫物理之涵于吾心则岂弗以轩豁呈露灿然外著为贵哉经者天地之心圣人之心陶山子之说经不剿说不立异时或旁见侧出而必有协乎天地圣人之心尚论古人则为之设身处地准情度势而有以彰乎其微指陈时务则为之深思远虑通德类情而有以当乎其宜昆弟宗亲交游偶尔之投赠寻常之交际莫不有至性至情流露于句里行间小之一山水之游玩一器物之品题莫不若有寄托者岂故为是斤斤者自矜异也哉心之中既皆物理之充周流动有所感而不觉引而伸触类而长也言者心之声岂偶然耶陶山集风骨近两汉神理类八家而要非班马之文非韩柳欧苏之文自成其为陶山子之文也夫天下后世人同此心人心同则物理虽有通蔽而莫不同有此物得理足情至才真之言牖之撼之忧喜苦乐不禁歌泣从之矣煜知天下后世读陶山子之文必有同于煜也则煜所为读陶山子之文也愚侄溆江严如煜顿首谨识（清·唐仲冕《陶山文录序》）

2. 六书者造字之本阙一则造字不备六者相因而不相同也然五书易明而转注难识说文前叙所云建类一首同意相受考老是也其义确不可移易徐楚金乃谓耆耋寿耄孝子养老皆是若松柏等皆木之别名同受意于木江河同受名于水此与形声何异是转注为赘文矣且比之医家鬼疰不亦异乎周礼注疏乃云文意相受左右相注正徐氏所谓左回为考右回为老为委巷之言也然则转注当如何曰建类一首同意相受象形处事会意谐声皆不能该无论假借考老之外如在存同为在载哉同为始之类若宫之为室室之为宫亦形声而非转注也徐氏谓散言之曰形声总言之曰转注误矣即如处事与会意亦须别白处事者视而可识察而可见上下及一二三皆是会意者比类合谊以见指撝止戈为武十口为古皿虫为蛊之类皆有谊理存焉形声由象形来象形者画成其物随体诘诎日月山水皆是形声者以事为名取譬相成譬谓声也江河松柏之属周礼疏云形声有六体有左形右声右形左声上形下声下形上声内形外声外形内声详矣然岂能分出为转注乎且转注与假借兼以字义造字转注从形以通义假借从声以通义故假借曰本无其字依声托事令长是也而字之孳为无穷矣或谓转注之字太少何弗合并于形声乎余谓转注实非谐声亦非会意不得不单立一门古人立言行事不肯苟且牵就大率如此即以五百四十部而论有数十百文居一部者亦有一二文居一部者后人乃强合之韵部亦然日趋简便此古人所以不可及也（清·唐仲冕《陶山文录·六书转注说》）

3. 六枳字也余生而父名之长而兄字之自应举至通籍以字行乃自为之字三十而字曰六幕六十而字曰六枳义有取也橘踰淮而北为枳文者化为皱皮香者化为搐鼻甘者化为螫口而何取乎尔取诸木高多刺可为篱实辛而苦可降气夫篱所以自守也能守而降可以永年然则何取乎六也曰行也唐以来士相见多呼以行故先六而后枳也系枳于六亦有说乎曰有逸周书云德枳维大人大人枳维卿卿枳维大夫大夫枳维士又云国枳维都都枳维邑邑枳维家家枳维欲无疆汉冯衍显志赋捷六枳以为篱东观汉记作八枳是与周书皆不限以六盘州种枳六本立小门曰六枳关则实有其地也余之说则主于棘其外而虚其中一曰目枳遇陋而瞥遇侈丽而送逆缘眸生歆毋张而睫二曰耳枳奸声荡志恶声起恚莫如勿闻黜聪为聩三曰鼻枳芳醪绮馔由臭生津饕餮可以亡身当杜其门四曰口枳尊者瞋矣夷者讪矣卑者恭矣悔而设防人或赉尔五曰手枳簌簌之物不可选也欲以揜人而祇自揜也詹詹之笔不可持也欲以欺世而祇自欺也六曰足枳足生于吾身而为人所驭失之踬步也末路可回庶鉴而户夫枳者人以为荆榛我以为垣壁人以为钩刺我以为药石岂特编柴援理喘逆已乎或谓昔之字六幕也何其廓而大也今之字六枳也何其窒而隘也宇宙至广胡不逍遥自得而如含瓦石为鸣呼此六枳之所以为六幕也前六者树枳既密外无阑入内无逸出胸次洞然万虚归一夫是之谓六枳夫是之谓六幕（清

·唐仲冕《陶山文录·六枳说》）

4. 中峰有岫曰云衢云气往来时有车马旌旆之状翠柏苍松相掩映最为奇观其前为南天门登顶者由悬迳转上界断桥绝堑迥隔尘寰旁有铁练牵引猿跳雀跃而后可过而升也府志汉武帝以甘露降建甘露庙于南天门今改建县城东中峰左为灵宝山右为天台山峥嵘峭岈翠色可餐皆回巧献秀于中峰张相汉记所云拱揖环抱皈礼大士也中峰迤西为麻塔崮高亚于顶而险隘过之有道人结茅舍为白云庵其上有老虎窝其下有水寨溪溪水渟泓由五云洞出蒸气如云西北为挂斗岩斗杓东指横斜天半有人祖庙祀三皇庙西有白云洞上有池为天河水源藏云根泻若银汉下有曲沼承之注而不倾其下有千人洞深广不可测中峰迤东为朱霞岭丹崖绀壁中有洞曰朝阳虚受暾旭隆冬不寒其下有春榜沟沟上削壁如横榜苔藓春深若有文字其东南有仙人洞洞中石榻瓦枕及几案洼罻之属皆备焉由春榜沟而来路甚险奥仙人桥天然两石横架绝壑间非定静者恒目眙而不能上也崖间有上中下三圈悬流飞瀑直达春榜沟闻春榜沟诸洞天嵌空玲珑俯见流泉仰见日月乱时人多入之近如武陵之迷径矣其前有朱子坊云衢岫北三峰为义山嵯峨削成得天地严凝之气又北为黄岭荆关画本也其下有蟠龙洞深窅无底东北有师旷墓（清·唐仲冕《岱览·新甫山》）

（二）注释、翻译下文

1. 少小习举业四十通籍始弃而学古文簿领余闲手先君子遗编研究模仿十无一二似先君子源出马班墙仞过峻后稍涉猎韩欧神韵亦隔自审所作不过散体时文耳江左诸名宿颇加奖进今年七十矣同人怂恿哀集剞劂亦可谓老将知而耄及之者已文兼诗笔言诗已先刻今只杂笔八卷内经说多出通籍以前并以就正有道云壬午岁日南至仲冕自识（清·唐仲冕《陶山文录自序》）

2. 礼记云灭天理而穷人欲理欲之说自此始然尚非对举盖理有文理条理实义修理疏理虚义孟子所谓理义则理即礼也从无以天理为心性者理与不理对凡紊乱皆其反面欲与恶对天理人欲对举自宋儒始后乃以理气对举因而有性理之称至谓理在太极之前是道之外又有理焉且谓微妙难名吾不知本何经也夫古之所谓理为文理条理皆主礼节而言自清谈名理而理已虚渺后儒益深其说易启人蔑视礼法之意故不可以不辨（清·唐仲冕《陶山文录·天理人欲说》）

3. 能言而不能不言与不能言而不言者较是不能言者胜能行而不行与不能行而不能不行者较是不能行者胜即使能言而不言已多一能言之累不言而人或疑之不能言而不能不言先有一不能言之美不能不言而人必信之故曰不能言者胜即使能行而不能不行已自恃有能行之才不能不行而行之途未必至不能行而不行先自抱不能行之媿不行而行之心正未已故曰不能行者胜且言之多而无当

不如寡而有要也行之多而弗专不如寡而独精也能则多矣不能则寡矣故曰不能者胜也(清·唐仲冕《陶山文录·言行论》)

4. 作书之法先审搦管把笔之要总在凌空体无论真行格无拘大小肘必悬而不倚笔必正而不斜手腕回而向怀手背圆而若抱自背至拇皆有下注之势若腕及掌豪无摇动之形掌虚如握骊珠指劲如持铁戟身之使臂臂之使指以全力赴之字正由笔笔正由心以中锋出之力不可猛伸缩自如锋贵能藏含蓄不尽灵气往来于腕底精神隐跃于豪端气之凝也如山神之行也如川一点一画逆折而成一磔一波超逸为妙矜严既久默参和婉之情运掉益灵自得挥洒之趣所谓熟能生巧技进于道者也要之庖丁解牛之初怵然为戒丈人承蜩之始用志不纷倘或急于求工必致轻于易辙纵见赏于众目终地当于予心故宁使人笑其迂疏不可同俗习为软美此固字法书谱所不具而即吾儒正谊明道之一端也学而未能书以自勖(清·唐仲冕《陶山文录·执笔说》)

5. 大观峰当绝顶之南上勒分书弥高亦曰弥高岩岩壁平削南向唐开元勒隶书御制纪泰山铭世称磨崖碑高二丈九尺广丈六尺七寸额高三尺九寸广四尺铭字径五寸额字径尺有九寸玉海云宋太宗时宋白知兖州召还泰山有唐玄宗刻铭白摹本以献且述承平东人望幸之意即此碑也岩巅有大小悬鼓石以状名碑前左东岳庙从征记所谓泰山上庙也元张志纯拓建明嘉靖间巡抚曾铣重修今皇上赐额资始惟元又曰上摩苍昊廊檐东偏有明万历甲寅年所刻五岳真形图碑右桃花洞裂天泉云水池夹之泉甘澹异于诸泉西壁连岩曰云峰康熙甲子恭勒御题云峰下方及西侧摩勒今皇上御制诗三章峰上峙一石高丈所阳勒一拳石阴勒聪明正直窿窪类真形图所肖东岳俗谓之真泰山大观峰东壁西南向宋磨崖残碑在焉今为德星岩(清·唐仲冕《岱览·岱顶中》)

6. 回马岭一曰瑞仙岩重峦叠嶂旧名石关汉官仪记所谓天关也唐乐瑰记云各携茶果徂候于回马岭盖登者至此不得不解铁獭而扶青猿矣明李裕记云自山麓抵回马岭十余里群峰对峙巀嶭峥嵘势相噬啮中央溪流转腾谏洌触崖石激堆埼其声澎湃濩濩泐泐萦迂数里又有巨石大者如轮小者如瓮砗砆砢碨碨偃卧路径难以数计策马单行崎岖至岭下是岭岌嶪陡绝车骑不可前驰少憩石上饮茗易肩舆穿深林蹑大石而行皇上御制诗三首东西勒崖迤西为九峰山折而东为十峰岭峰峦重沓不可枚数望若夏云之多奇也泰山志称古云岩下为鹰石沟旁一石状鹰立轙水南流至石经峪(清·唐仲冕《岱览·岱阳上》)

7. 新甫绝顶为九峰之主峰曰小泰山奇峰凌汉群嶂倚霄苍翠若画屏百里外望之空青缥缈层叠不尽上有古柏九株轮困蟠裂盖所谓鲁侯之柏说者谓其数应九峰也峰端因石为基构大士殿雕题虁桷有飞云卷雨之势祈祷者趾相错也观音

白衣两岩雄杰夭矫有天然石屏风为之间厕若东西分陕八峰如八索坎高离明震下空而兑上缺四隅参差错落各肖卦体又如八阵图风云鱼鸟箕翕翼舒疑有天工位置非直鬼斧开通主峰端严不倚群峰向背有情即西南一峰若欲离而去者行不数里即回睇转抱东北诸峰权枒驰骤若不相能皆如兰锜排列万马奔赴一尘不惊此宫山所以为宫也(清·唐仲冕《岱览·新甫山》)

二、校勘

(一)先用本校法,再用他校法校勘《史记》、《汉书》对《汉武帝改元元封诏》的记载,并写出校勘记。

1. 朕以眇眇之身承至尊,兢兢焉惧弗任。维德菲薄,不明于礼乐。修祀泰一,若有象景光,屑如有望,依依震于怪物,欲止不敢,遂登封泰山,至于梁父,而后禅肃然。自新,嘉与士大夫更始,赐民百户牛一酒十石,加年八十孤寡布帛二匹。复博、奉高、蛇丘、历城,毋出今年租税。其赦天下,如乙卯赦令。行所过毋有复作。事在二年前,皆勿听治。(《史记·孝武本纪》)

2. 朕以眇眇之身承至尊,兢兢焉惧不任。维德菲薄,不明于礼乐。修祠太一,若有象景光,屑如有望,震于怪物,欲止不敢,遂登封太山,至于梁父,而后禅肃然。自新,嘉与士大夫更始,赐民百户牛一酒十石,加年八十孤寡布帛二匹。复博、奉高、蛇丘、历城,无出今年租税。其大赦天下,如乙卯赦令。行所过毋有复作。事在二年前,皆勿听治。"(《史记·封禅书》)

3. 诏曰:"朕以眇身承至尊,兢兢焉惟德菲薄,不明于礼乐,故用事八神。遭天地况施,著见景象,屑然如有闻。震于怪物,欲止不敢,遂登封泰山,至于梁父,然后升禅肃然。自新,嘉与士大夫更始,其以十月为元封元年。行所巡至,博、奉高、蛇丘、历城、梁父,民田租逋赋贷,已除。加年七十以上孤寡帛,人二匹。四县无出今年算。赐天下民爵一级,女子百户牛酒。"(《汉书·武帝纪》)

(二)校勘《宋书》、《晋书》对蒋济《请封禅奏》的记载,并写出校勘记。

1. 魏明帝时,中护军蒋济奏曰:"夫帝王大礼,巡狩为先;昭祖扬祢,封禅为首。是以自古革命受符,未有不蹈梁父,登泰山,刊无竟之名,纪天人之际者也。故司马相如谓有文以来七十二君,或从所由于前,谨遗迹于后。太史公曰:'主上有圣明而不宣布,有司之过也。'然则元功懿德,不刊山、梁之石,无以显帝王之功,布生民不朽之观也。语曰,当君而叹尧、舜之美,譬犹人子对厥所生,誉他人之父。今大魏振百王之弊乱,拯流遁之艰危,接千载之衰绪,继百世之废治。自武、义至于圣躬,所以参成天地之道,纲维人神之化,上天报应,嘉瑞显祥,以比往古,其优衍丰隆,无所取喻。至于历世迄今,未发大礼。虽志在扫尽残盗,荡涤余秽,未遑斯事。若尔,三苗堀强于江海,大舜当废东巡之仪;徐夷跳梁于淮、泗,周成当止岱岳之礼也。且昔岁破吴虏于江、汉,今兹屠蜀贼于陇右。其震荡内溃,在不复淹,就当探其窟穴,无累于封禅之事也。此仪久废,非仓卒所定。宜下公卿,广纂其礼,卜年考时,昭告上帝,以副天下之望。臣待罪军旅,不胜大愿,冒死以闻。"(《宋书》卷十六"志"第六)

2. 魏明帝黄初中,护军蒋济奏曰:"夫帝王大礼,巡狩为先;昭祖扬祢,封禅为首。是以自古革命受符,未有不蹈梁父,登泰山,刊无竟之名,纪天人之际者也。故司马相如谓有文以来,七十二君,或顺所繇于前,谨遗教于后。太史公曰,主上有圣明而不宣布,有司之过也。然则元功懿德,不刊梁山之石,无以显帝王之功,示兆庶不朽之观也。语曰,'当君而叹尧舜之美,譬犹人子对厥所生而誉他人之父'。今大魏承百王之弊乱,拯流遁之艰厄,接千载之衰绪,继百代之废业。始自武文,至于圣躬,所以参成天地之道,纲维人神之化。上天报应,嘉瑞显祥,以比往古,无所取喻。至于历世迄今,未发大礼。虽志在扫尽残盗,荡涤余秽,未遑斯事。若尔,三苗屈强于江海,大舜当废东巡之仪;徐夷跳梁于淮泗,周成当止岱岳之礼。且去岁破吴虏于江汉,今兹屠蜀贼于陇右,其震荡内溃,在不复淹,无累于封禅之事也。此仪久废,非仓卒所定。宜下公卿,广撰其礼,卜年考时,昭告上帝,以副天下之望。臣待罪军旅,不胜大愿,冒死以闻。"(《晋书》卷二十一"志"第十一)

(三)校勘《宋书》、《晋书》记载的王公有司封禅泰山的奏文,并写出校勘记。

1. 太康元年冬,王公有司又奏:"自古圣明,光宅四海,封禅名山,著于史籍,作者七十四君矣。舜、禹之有天下,巡狩四岳,躬行其道。《易》著'观民省方',《礼》有'升中于天',《诗》颂'陟其高山',皆载在方策。文王为西伯,以服事殷;周公以鲁蕃,列于诸侯,或享于岐山,或有事泰山。徒以圣德,犹得为其事。自是以来,功薄而僭其仪者,不可胜言,号谥不泯,以至于今。况高祖宣皇帝肇开王业,海外有截;世宗景皇帝济以大功,辑宁区夏;太祖文皇帝受命造晋,荡定蜀汉;陛下应期龙兴,混壹六合,泽被群生,威震无外。昔汉氏失统,吴、蜀鼎峙,兵兴以来,近将百年。地险俗殊,民望绝塞,以为分外,其日久矣。大业之隆,重光四叶,不羁之寇,二世而平。非聪明神武,先天弗违,孰能巍巍其有成功若兹者欤!臣等幸以千载,得遭运会,亲奉大化,目睹太平,至公之美,谁与为让!宜祖述先朝,宪章古昔,勒功岱岳,登封告成,弘礼乐之制,正三雍之典,扬名万世,以显祖宗。是以不胜大愿,敢昧死以闻。请告太常具礼仪。"(《宋书》

卷十六"志"第六）

2. 王公有司又奏："自古圣明,光宅四海,封禅名山,著于史籍,作者七十四君矣。舜禹之有天下也,巡狩四岳,躬行其道。《易》著观俗省方,《礼》有升中于天,《诗》颂陟其高山,皆载在方策。文王为西伯以服事殷,周公以鲁籓列于诸侯,或享于岐山,或有事泰山,徒以圣德,犹得为其事。自是以来,功薄而僭其义者,不可胜数。号谥不泯,以至于今。况高祖宣皇帝肇开王业,海外有截;世宗景皇帝济以大功,辑宁区夏;太祖文皇帝受命造晋,荡定蜀汉;陛下应期龙兴,混一六合,泽被群生,威震无外。昔汉氏失统,吴蜀鼎峙,兵兴以来,近将百年,地险俗殊,人望绝塞。今不羁之寇,二代而平,非聪明神武,先天弗违,孰能巍巍其有成功若兹者欤!臣等幸以千载得遭运会,亲服大化,目睹太平,至公至美,谁与为让。宜祖述先朝,宪章古昔,勒功岱岳,登封告成,弘礼乐之制,正三雍之典,扬名万世,以显祖宗。是以不胜大愿,敢昧死以闻。请告太常,具礼仪。"
（《晋书》卷二十一"志"第十一）

（四）利用《史记》、《岱览》、《泰山历代石刻选注》校勘秦泰山刻石文,并写出校勘记。

1. 二十八年,始皇东行郡县,……乃遂上泰山,立石,封,祠祀。……禅梁父,刻所立石。其辞曰："皇帝临位,作制明法,臣下修饬。二十有六年,初并天下,罔不宾服。亲巡远方黎民,登兹泰山,周览东极。从臣思迹,本原事业,祗诵功德。治道运行,诸产得宜,皆有法式。大义休明,垂于后世,顺承勿革。皇帝躬圣,既平天下,不懈于治。夙兴夜寐,建设长利,专隆教诲。训经宣达,远近毕理,咸承圣志。贵贱分明,男女礼顺,慎遵职事。昭隔内外,靡不清净,施于后嗣。化及无穷,遵奉遗诏,永承重戒。"（《史记·秦始皇本纪》）

2. 秦始皇帝刻石,文曰："皇帝临位,作制明法,臣下修饬。廿有六年,初并天下,罔不宾服。亲巡远黎,登兹泰山,周览东极。从臣思迹,本原事业,祗诵功德。治道运行,诸产得宜,皆有法式。大义著明,陲于后嗣,顺承勿革。皇帝躬听,既平天下,不懈于治。夙兴夜寐,建设长利,专隆教诲。训经宣达,远近毕礼,咸承圣志。贵贱分明,男女体顺,慎遵职事。昭隔内外,靡不清净,施于昆嗣。化及无穷,遵奉遗诏,永承重戒。"（选自清·唐仲冕《岱览·岱礼》）

3. （始皇帝刻辞）"皇帝临立,作制明法,臣下修饬。廿有六年,初并天下,罔不宾服。亲巡远黎,登兹泰山,周览东极。从臣思迹,本原事业,祗诵功德。治道运行,者产得宜,皆有法式。大义著明,隆于后嗣,顺承勿革。皇帝躬听,既平天下,不懈于治。夙兴夜寐,建设长利,专隆教诲。训经宣达,远近毕礼,咸承圣志。贵贱分明,男女体顺,慎遵职事。昭隔内外,靡不清净,施于昆嗣。化及无

穷,遵奉遗诏,永承重戒。"(选自姜丰荣《泰山历代石刻选注》)

(五)利用他校法校勘下文,并写出校勘记。

岱泰山也坐镇青齐横障渤澥近毓尼防遥拱畿甸领报德之维占确功之首谓之东岳天地之产物也云雨之宣气也五行之含魄也皆于是乎始故帝王必先有事焉虞书曰岱宗禹贡曰岱周礼职方曰岱山诗周颂言乔岳传云乔高也高岳岱宗也鲁颂春秋传皆曰泰山尔雅泰山为东岳疏案诗传言四岳之名东岳岱此及诸经传多云泰山为东岳盖山有二名也又曰河东岱注云在东河之东又曰中有岱岳疏云此言中国也公羊传云触石而出肤寸而合不崇朝而遍雨乎天下唯泰山尔战国策云泰山不让土壤故能成其大五经通义云岱者代也三礼义宗云代谢之意阳春用事除故生新万物更相生代之道故名岱也风俗通云泰山山之尊者岱始也宗长也万物之始阴阳交代故为五岳之长白虎通云岱言万物更相代于东方汉书眭宏传云泰山岱宗之岳王者易姓告代之处袁宏后汉纪云东方者万物之所始山岳者灵气之所宅文献通考》云岱宗东岳以其处东北居寅丑之间万物终始之地阴阳交泰之所为众山之所宗主也子华子泰山之高非一石之积也扬子云五岳宗山又云升东岳而知众山之剡巍也况介邱淮南子曰中央之美者有岱岳以生五谷桑麻鱼盐出焉又云泰山之容巍巍然高焦氏易林云嵩高岱宗峻直且神尸子曰泰山中有神房阿阁帝王录博物志云泰山一曰天孙言为天帝孙也博闻录云泰山名蓬元太空洞天岳帝所居寰宇记引茅君内传]云泰山名三宫空洞之天三十六洞天之一也史记》注引道书福地记云泰山下有洞天鬼神之府盖道家者流因其灵异而神之耳(选自清·唐仲冕《岱览·原岱》)

参考书目(以姓氏笔画为序)

1. 王宁:《训诂学》、《训诂学原理》

2. 冯浩菲:《中国训诂学》

3. 白兆麟:《简明训诂学》及《新著训诂学引论》

4. 齐佩瑢:《训诂学概论》

5. 孙雍长:《训诂原理》

6. 孙永选、阚景忠、季云起:《训诂学纲要》

7. 许嘉璐:《古代汉语》(训诂部分)

8. 许威汉:《训诂学导论》

9. 李建国:《汉语训诂学史》

10. 陆宗达:《训诂方法论》、《说文解字通论》、《训诂方法论》

11. 汪耀楠:《注释学纲要》

12. 吴孟复:《训诂通论》

13. 张永言:《训诂学简论》

14. 陈绂的:《训诂学基础》

15. 宋永培:《当代中国训诂学》

16. 苏宝荣、武建宇:《训诂学》

17. 杨端志:《训诂学》

18. 周大璞:《训诂学要略》、《训诂学初稿》

19. 孟昭水、梁宗奎:《新编训诂学》;孟昭水《训诂概论》

20. 洪诚:《训诂学》

21. 殷孟伦:《子云乡人论稿》

22. 郭在贻:《训诂丛稿》

23. 郭芹纳:《训诂学》

24. 郭锡良等主编:《古代汉语》

25. 黄大荣:《训诂学基础》

26. 路广正:《训诂学通论》

27. 中国训诂学研究、杭州师范学院主编:《中国训诂学研究会论文集》,2002 年版

《中国书籍文库》部分书目

一、政治与哲学

1	马克思主义大众化——基于国际金融危机视野下的研究	2	马克思主义哲学前沿理论研究
3	社会关系与和谐社会——马克思社会关系视域中的"和谐社会"解读	4	孙中山民生社会主义思想研究
5	保守主义：一种审慎的政治哲学	6	复杂性科学研究
7	九鬼周造的哲学——漂泊之魂	8	论黑格尔哲学

二、历史与文化

9	《老子》与现代人生	10	二十五史梦文化解读
11	桂海越裔文化钩沉	12	历史文化村镇景观保护与开发利用
13	民俗信仰与双向认知	14	透视大众文化
15	文化观与翻译观——鲁迅、林语堂文化翻译对比研究	16	行政法视野下非物质文化遗产保护研究
17	中国动漫文化：本体与心理论	18	中国货币文化简史

19	《四书》微揽	20	边疆民族史探究
21	东亚坐标中的跨国人物研究	22	东亚坐标中的遣隋唐使研究
23	东亚坐标中的书籍之路研究	24	两汉之际社会与文学
25	训诂通论与实践	26	雅典海上帝国研究

三、文学与艺术

27	《尤利西斯》的小说艺术	28	历代中国画技法之美
29	美术教育质的研究案例	30	美术考古文存
31	商周青铜器与青铜器雕塑艺术	32	舞蹈创作思维
33	歌谣的多学科研究	34	美学理论视野中的文学翻译研究
35	《红楼梦》研究新论	36	谁为情种——《红楼梦》精神生态论

四、法律与社会

37	城乡一体化之现代农业形态	38	当代都市报研究
39	当代中国科技进步与低碳社会构建	40	地方治理创新视角下的地方政府债务危机防范研究
41	电子政府与服务型政府	42	犯罪空间分析与治安系统优化
43	服务行政与服务型政府	44	公共安全管理研究
45	公共选择理论探索	46	农村劳动者素质与现代化

47	生态价值取向研究	48	现代性批判的技术与方法
49	中国和平发展战略实施的国际环境	50	公益诉讼——基于经济法视野下的研究
51	经济法基础理论与实务问题研究	52	侵权责任法案解
53	物流法律制度研究		

五、经济与管理

54	信息资源获取与应用	55	资本论的方法研究
56	数据挖掘模式下的审计风险预警系统研究	57	公平与效率不可兼得吗——美国、瑞典模式的比较与借鉴
58	网络信息资源理论与实践研究	59	比较：制度经济和产权理论
60	资源型城市产业兴衰与转化之规律	61	现代人力资源开发与E时代
62	市场经济与区域发展	63	经济全球化与社会主义经济体制
64	北京发展连锁经营理论及对策研究	65	中国教育经济与管理研究
66	教学档案的管理与信息化建设	67	人力资源：高校无形资产管理危机的核心要素研究
68	绩效导向型公共预算管理研究	69	精细化管理
70	银行风险管理研究——以民营商业为例	71	政府海洋产业管理研究

六、教育与语言

72	超文本写作论	73	对应阅读心理的表达意识
74	教师校本培训项目制	75	教师在校本教研中成长
76	高等学校管理新视野——基于师资队伍建设与教学质量管理研究	77	教育伦理探微
78	培养学生创新精神和实践能力的支持系统研究	79	多维大学校园文化研究
80	高校数字图书馆建设评估研究	81	图书馆核心价值及其实现策略
82	图书馆科学发展的理念与实践	83	现代图书馆及数字资源利用
84	汉语方言地理学——入门与实践	85	汉语交际中的得体性
86	现代汉语指人名词研究	87	言语交际新思维
88	语言问题八讲	89	语言与逻辑
90	语用学研究与运用		

七、其他

91	技术认识范畴研究	92	数字信息检索与创新
93	运动性心理疲劳研究	94	现代旅游业应用型人才培养研究
95	创新整合论——科技创新与文化创新的整合机制	96	竞技体育与科技前沿
97	钱谦益年谱		